「知覧」の誕生

特攻の記憶はいかに創られてきたのか

福間良明・山口誠 編

柏書房

「知覧」の誕生――特攻の記憶はいかに創られてきたのか

目次

プロローグ――戦跡の編成とメディアの力学（福間良明） 5

第一部 「戦跡としての知覧」の成立

第一章 特攻戦跡の発明――知覧航空基地跡と護国神社の相克（福間良明） 31
第二章 〈平和の象徴〉になった特攻――一九八〇年代の知覧町における観光と平和（山本昭宏） 74
第三章 「特攻の母」の発見――鳥濱トメをめぐる「真正性」の構築（高井昌吏） 101
第四章 「知覧」の真正性――「ホタル」化する特攻と「わかりやすい戦跡」（山口誠） 136

第二部 複数の「知覧」

第五章 万世特攻基地の戦後――観光化の峻拒と慰霊への固執（白戸健一郎） 181
第六章 海軍鹿屋航空基地の遺産――特攻をめぐる寡黙さの所以（松永智子） 208

第七章　朝鮮人特攻隊員のイメージの変容……（権学俊）241
——韓国における「特攻」の受け入れがたさ

第三部　「知覧」イメージのメディア文化史

第八章　「戦闘機」への執着……（佐藤彰宣）285
——ミリタリー・ファンの成立と戦記雑誌の変容

第九章　コンビニエンスなマンガ体験としての「知覧」……（吉村和真）323
——『実録神風』のメディア力学

第一〇章　記憶の継承から遺志の継承へ……（井上義和）357
——知覧巡礼の活入れ効果に着目して

エピローグ……（山口誠）413
——戦跡が「ある」ということ

事項索引　421
人名索引　425

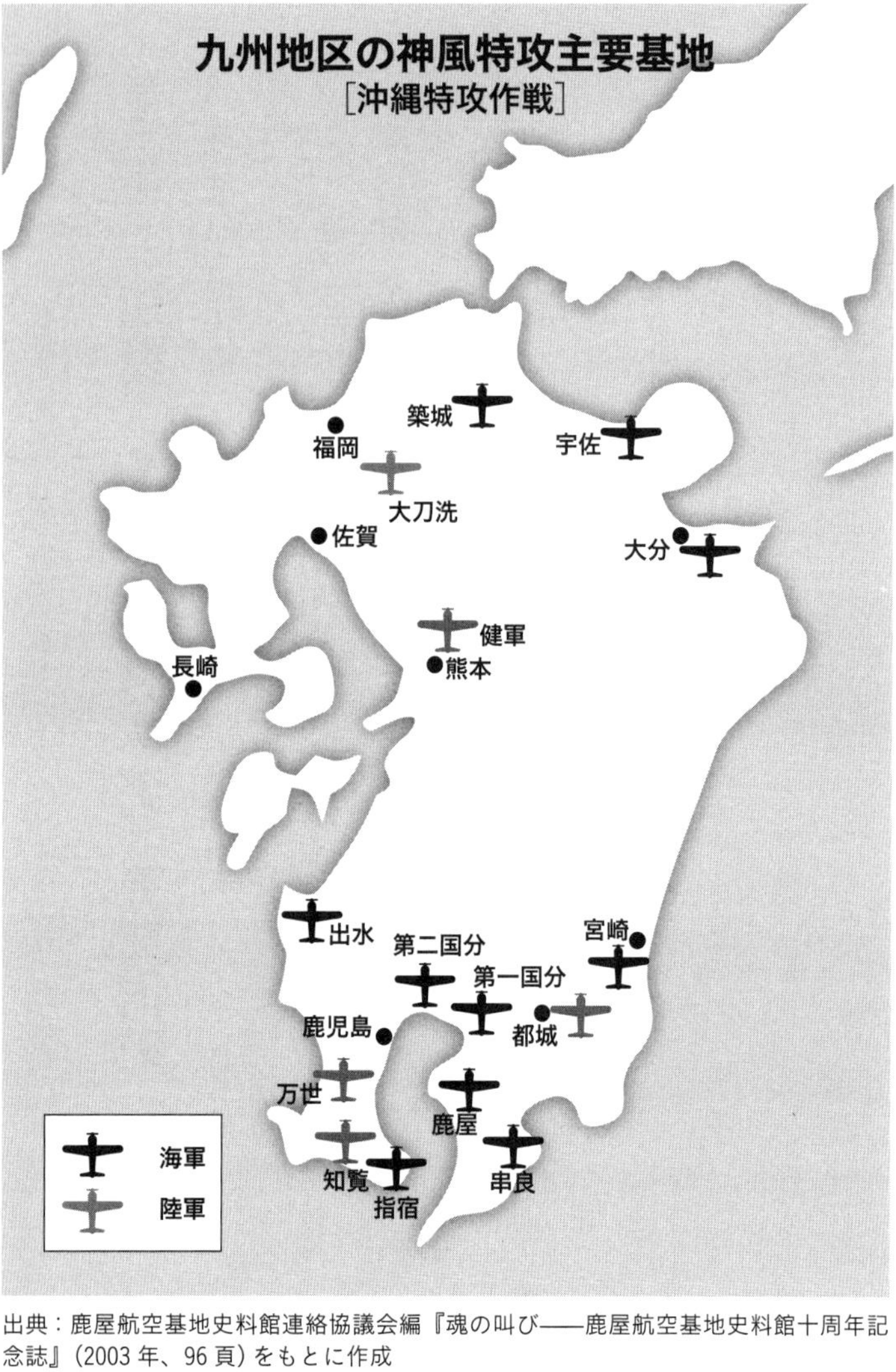

出典：鹿屋航空基地史料館連絡協議会編『魂の叫び——鹿屋航空基地史料館十周年記念誌』（2003 年、96 頁）をもとに作成

プロローグ――戦跡の編成とメディアの力学

福間良明

一　問いの設定

戦跡の「発明」

「戦争体験の風化」が言われつつも、特攻隊員を扱った作品は好調な売れ行きを示している。百田尚樹『永遠の0』（二〇〇六年）は大ヒットし、累計発行部数は五四六万部以上を記録している。同書を原作とした映画も、初日二日間で約四三万の観客を動員し、興行成績は八週にわたり一位を維持した。

それ以外でも、石原慎太郎が製作総指揮を務めた『俺は、君のためにこそ死ににいく』（二〇〇七年）は、興行成績こそ振るわなかったものの、社会的に大きな話題となった。朝鮮人特攻隊員にも焦点を当てた映画『ホタル』（二〇〇一年）は、同年の邦画第五位の売れ行きを記録した。

こうしたなか、かつて陸軍特攻基地があった鹿児島県の知覧が、戦跡観光地として着目されるようになった。知覧特攻平和会館の年間入館者数は五三万六〇〇〇人、累計一六九〇万人に及び（二〇一二年度)、九州や近畿圏からの修学旅行も増えている。これは、長崎原爆資料館（同年度年間六四万人）や沖縄県平和祈念資料館（同年度年間四八万人）に匹敵する入館者数である。周囲に目立った観光地もなく、交通アクセスも良くない立地を考えれば、同館の来館者数はある意味、驚異的なものである。

もっとも、戦後の初期から、知覧が「特攻」にローカル・アイデンティティを見出していたわけではない。知覧は、戦前期より日本有数の茶の生産地であったが、陸軍航空基地（当初は大刀洗《たちあらい》陸軍飛行学校知覧分教所）の建設（一九四二年）に伴い、広大な茶畑が軍用地と化した。必然的に、基地跡は戦後すぐに茶畑へと「復員」した。

一九五五年には、元陸軍航空総軍司令官・河辺正三《かわべまさかず》や第六航空軍司令官・菅原道大《すがわらみちお》らにより特攻平和観音堂が建立され、特攻戦没者慰霊祭も開かれるようになるが、それが地域の行事として大きく扱われ、来訪者数の増加も見られるようになるのは、一九七〇年代以降のことである。

そもそも、知覧住民にとって、「特攻」は自らの戦争体験ではない。彼らが体験したのは、基地での勤労動員や食堂などでの隊員たちとの触れ合いではあっても、特攻出撃そのものではない。しいていうなら、特攻隊員の苦悶に寄り添う「感情移入」が、彼らの戦争体験であった。それは、地上戦や原爆の惨禍を住民が広く共有した沖縄や広島・長崎の場合とは異質なものである。

しかしながら、今日では知覧特攻平和会館は他の戦跡地に劣らぬ賑わいを見せている。二〇一四年二月には、南九州市（旧知覧町）は特攻隊員遺書の「世界記憶遺産」登録を目指して、ユネスコ本部に申請書を提出している。

では、なぜ、そしていつから、知覧の旧飛行場跡が戦跡として発見されるようになったのか。知覧はいかなる社会背景のもとで、「感情移入」を自らに固有の経験として見出すようになったのか。それは、日本全体の戦争観、あるいは特攻イメージの変容過程といかに重なり、どのような齟齬があっ

知覧特攻平和会館（撮影：山口誠、2014年8月6日）

たのか。

本書は、これらの問題意識のもと、「知覧＝特攻」というイメージが社会的に構築され、特攻戦跡が「発見」されるに至るプロセスを、歴史社会学的に跡づける。

「知覧」に浮かび上がる戦跡史

これらの作業は、「知覧」のみならず、戦後日本の戦跡観光史、ひいては戦争認識を問い直すことにもつながるものである。

現存する戦跡は、必ずしも戦後の初期から「継承すべきもの」「敬虔なもの」として認知されてきたわけではない。原爆ドームは、戦後二〇年近くにわたり、撤去すべきかどうかの議論が繰り広げられた。長崎に至っては、被災した浦上天主堂は撤去され、新たな天主堂が再建された。

そもそも、戦跡は観光とつねに親和的であったわけでもない。ひめゆりの塔は、沖縄戦末期に多くの女子学生（沖縄師範学校女子部・沖縄県立第一高等女学校）の死者を出した第三外科壕跡に建立されたものだが（一九四六年）、関係者はしばしば、物見遊山の観光客が同碑に集うことに対して、違和感を吐露していた。同様のことは、知覧や広島でも見られなかったわけではない。

では、なぜ、特定の地域や遺構が「戦跡」として発見されたのか。それらは観光の対象として、どのように見出されたのか。地域社会は、それをどう受容し、内面化したのか。

こうした問題を考えるうえで、知覧は特異な位置にある。先述のように、住民が広く体験を共有した広島・長崎・沖縄などとは異なり、知覧で共有されてきたのは、総じて「感情移入」であった。だが、見方を変えれば、「感情移入」に基づくものでしかない「知覧」の構築プロセスには、人びとが「戦跡」を発見するに至るポリティクスが集約されているともいえまいか。「実体験」でもないものを、なぜ、「自分たちの体験」と見なすのか。そこには、地域社会の欲望と日本社会の欲望とがいかに絡まり合っているのか。あるいは、ときに両者のあいだに齟齬はなかったのか。

これらの問いを念頭に置きながら、本書は「知覧」が戦跡化される力学を跡づけ、その延長で、戦後日本の戦跡をめぐるポリティクスを照射したい。折しも、『永遠の0』が話題になり、特攻隊員手記の「世界記憶遺産」申請までなされている。そこには、今日の戦争の受容をめぐる複雑な力学が浮かび上がるのではないだろうか。

二　分析の視角

「記憶」の発見と社会の力学

本書のこうした問題意識は、既存の慰霊研究や戦争体験研究とは異なるものである。

地域の戦争の記憶や慰霊の実践については、宗教学や文化人類学、地理学において、一定の蓄積がなされている。[1] これらの研究では、慰霊碑建立や慰霊祭にいかなる意味が込められ、そこにどのような戦争の記憶が投影されていたのかについて、多く議論されている。また、体験者の内在的な思惟やその類型を考察したものとしては、森岡清美『決死の世代と遺書』（新地書房、一九九一年）、同『若き特攻隊員と太平洋戦争』（吉川弘文館、一九九五年）、大貫恵美子『ねじ曲げられた桜』（岩波書店、二〇〇三年）、同『学徒兵の精神誌』（岩波書店、二〇〇六年）などが挙げられる。

これらに対し、本書では、戦跡が創られるうえで「いかなる体験や記憶が、語り継ぐべきものとして、どのように見出されるに至ったのか」に着目する。戦争体験があったとしても、多くの人びとに共通するものであれば、それは「ありふれた経験」であるがゆえに、語られないことも少なくなかった。逆に、必ずしも地域住民の体験ではないものが、その地域の戦争の記憶として語られることもないわけではなかった。知覧はまさに、この典型であった。

だとすれば、これまで多くなされてきた記憶や体験を内在的に問う作業に加えて、いかなる記憶がなぜ、どのような社会背景のもとで「語る価値があるもの」として見出されたのかを問わなければならない。

地域の記憶とメディアの往還

こうした問題を考えるうえで、本書は戦跡とメディアとの相互作用に着目する。たとえば、二〇〇一年度の知覧特攻平和会館の入館者数は約七二万人、前年比で三割以上の伸びを示しているが、これは知覧を舞台にした映画『ホタル』（二〇〇一年）の公開と時期的に重なっている。二〇〇七年には来館者が六八万人に達しているが、これも映画『俺は、君のためにこそ死ににいく』と同時期に当たる。

これは何も、近年に限るものではない。一九八二年度の知覧特攻遺品館（特攻平和会館の前身）の入場者数は、三年前に比べて倍増しているが、これには、知覧の特攻隊員を描いたTBS特別企画三時間ドラマ『空よ海よ息子たちよ』の影響があったとされる。それ以外にも、歴史教科書問題（一九八二年）や戦後五〇年論争、靖国問題をめぐる報道が、来館者数の持続的な増加につながる側面はあっただろう。

むろん、映画やドラマ、新聞といったメディアでの扱いが、知覧への来訪者数を一義的に規定したわけではあるまい。鹿児島県や知覧町の観光政策も、知覧観光を大きく左右するものであった。ただ、ここで重要なのは、メディアにおける「知覧」イメージを、知覧が自らのものとして追認し、内面化していくプロセスである。既述のように、特攻体験は知覧住民の戦争体験ではない。しかしながら、戦後数十年を経て、彼らは「特攻」を地域に固有の体験として見出すに至った。

のみならず、メディアによる「承認」を積極的に誇示しようとするさまもうかがえる。知覧特攻平和会館に隣接する旧飛行場跡の敷地には、映画『ホタル』の完成を記念した石碑や、映画『俺は、君のためにこそ死ににいく』の撮影で用いられた隼（陸軍一式戦闘機）のレプリカが展示されている。ことに後者は、知覧町が「戦史資料にと購入した」ものであった（『朝日新聞』二〇〇七年二月一一日）。そこには、メディアでの「知覧」イメージ（たとえそれがレプリカであっても）を知覧が跡づけ、追認し、内面化している様子がうかがえる。

だとすれば、映画やドラマ、大衆小説（高木俊朗『知覧』一九六五年など）、新聞報道は「知覧」をいかに発見し、どのように描いてきたのか。そして、知覧はそれをどのように受け止めてきたのか。その社会背景は何だったのか。

さらにいえば、知覧がメディア表象を内面化するだけではなく、両者のあいだには相互に参照し合

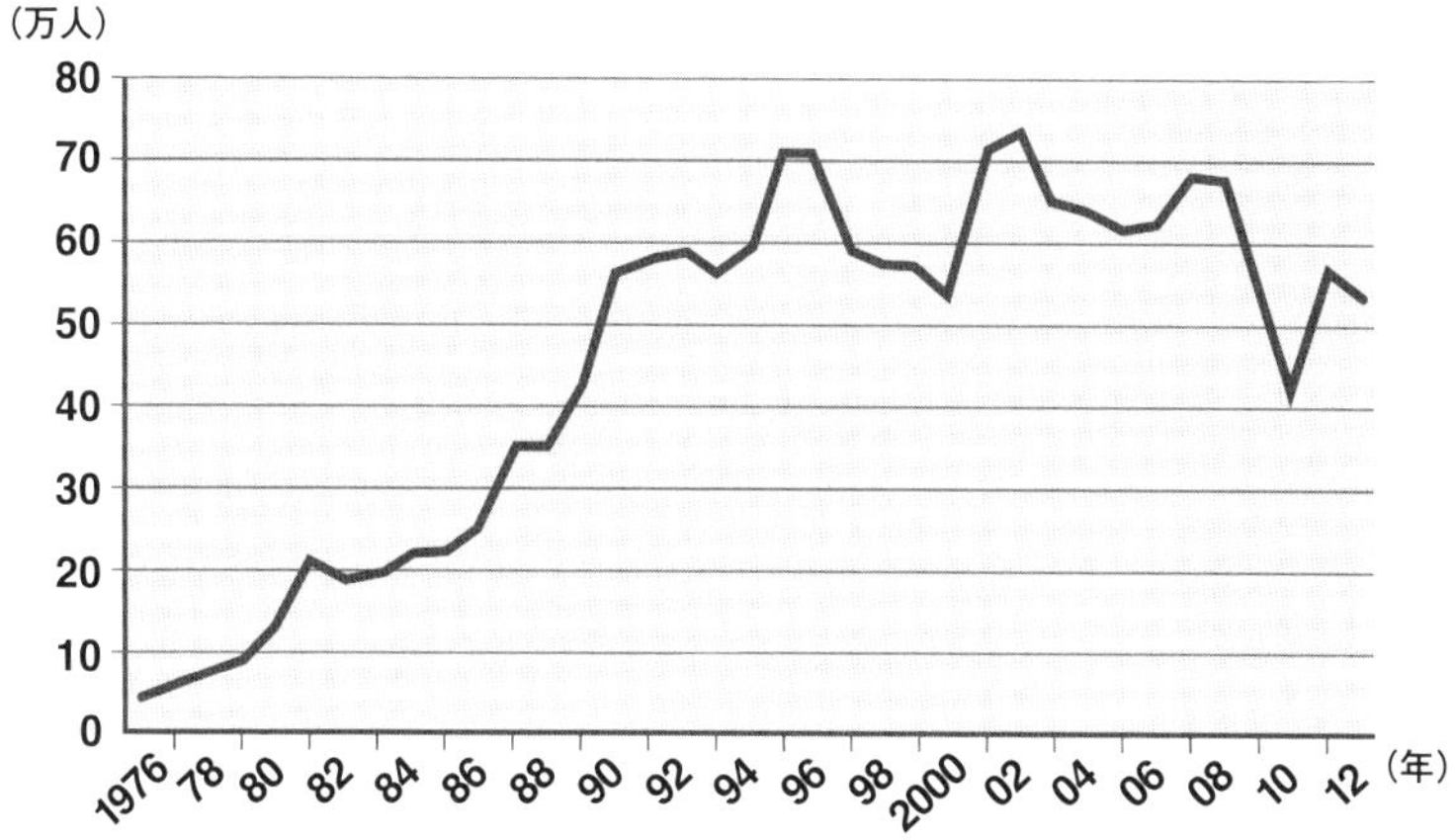

知覧特攻平和会館年度別入館者数
注：ただし、1986年度以前は前身にあたる知覧特攻遺品館の入場者数。
出典：「知覧特攻平和会館入館者数」知覧特攻平和会館提供、2012年

う状況も見て取れる。「特攻の町」としての知覧の自己像は、旅行ガイドブック、新聞、テレビ番組、書籍などで取り上げられるなかで、ますます確証され、それがさらにメディアで扱われることで、そのイメージが広く流布していく。いうなれば、知覧とマス・メディアは相互に参照し合い、両者のあいだを往還しながら、「特攻の町」としてのイメージや地域アイデンティティが紡がれていく。

空間の（再）編成

このことは知覧の観光政策や地域の空間編成を左右するものでもあった。旧飛行場跡は、戦後、一度は茶畑に戻されたが、一九五五年に特攻平和観音堂が建立されると、少しずつ「聖域」としての輪郭を帯びるようになった（第一章参照）。

とはいえ、それは一気に加速したわけでは全くない。同町町報を紐解いてみても、特攻平和観音やその慰霊祭が大きく扱われるようになるのは、一九六〇年代後半以降、折しも戦記ブームが盛り

上がりを見せていた時期であった。

また、一九六〇年代後半は戦友会の創設がピークを迎え、その活動が活発化していた。それに伴い、特攻平和観音慰霊祭への戦友会関係者の参加が急増した。とくに一九七〇年代以降はその傾向が顕著だった。一九七四年の慰霊祭では参加者は四〇〇人であったが、町民人口が約一万であることを考えると、相当な参加者数であった。これが一九八二年になると八〇〇人、一九八五年には二〇〇〇人に達し、鶴田浩二やデューク・エイセスのコンサートも行われるなど、大規模化していった。

鶴田浩二は『雲ながるる果てに』(一九五三年)や『あゝ同期の桜』(一九六八年)、『あゝ予科練』(一九六八年)、『あゝ決戦航空隊』(一九七四年)といった特攻映画で主演・準主演を務め、また、学徒出陣により戦争末期を海軍航空隊で過ごした経験から、「特攻の生き残り」とも目されていた(実際は整備科予備士官)。もっとも鶴田が演じた大半は海軍の特攻隊員であったが、旧陸軍特攻基地であった知覧はその像を積極的に内面化しようとしていたと見ることもできよう。

こうしたなか、特攻平和観音堂を除けば茶畑でしかなかった旧飛行場跡地には、さまざまなモニュメントや資料館が林立するようになる。一九七四年には戦友会(少飛会・特操会)の後押しもあり、特攻銅像「とこしえに」が建立され、翌年には特攻遺品館が建設された。

時を同じくして、知覧町は過疎化対策として観光に活路を見出し、武家屋敷とともに旧飛行場跡の観光整備に乗り出すようになる。遺品館や特攻平和観音までの道路が整備され、付近には広大な駐車場が設けられた。一九八七年には遺品館の四倍以上の広さを有する特攻平和記念館が建設された。二〇〇〇年代に入って、映画『ホタル』の石碑や『俺は、君のためにこそ死にに行く』の隼レプリカが配されたのは既述のとおりである。

戦記ブームや特攻映画、戦友会の活動が複雑に絡み合いながら、知名度が低かった知覧が戦跡地として知られるようになり、それを受けて、旧飛行場跡、ひいては知覧町の空間が再編された。かつては茶畑でしかなかった地は、メディアや戦友会の動きと重なりながら、特攻の「聖域」と化していった。それは知覧の空間を作り替え、その過程で、自らのものではない「特攻体験」にローカル・アイデンティティが見出されるようになった。戦跡観光は、ナショナルな戦争イメージを投影すると同時に、地域の記憶を紡ぎ出し、地域の空間編成を駆動するものでもあったのである。

ジェンダーの力学

知覧が特攻戦跡として広く認知されるようになるうえでは、ジェンダーの観点も見落とすべきではない。なかでも重要なのが、鳥濱トメや「なでしこ会」（知覧高等女学校同窓会）の存在である（第三章参照）。

鳥濱トメは軍指定された富屋食堂を経営していた。そこには、多くの特攻隊員や面会にきた親族が訪れた。死を目前に苦悩する特攻隊員に寄り添い、時に軍内部の検閲を逃れるべく、彼らから手紙を受け取り、投函することもしばしばであった。戦後も特攻隊員への思い入れは変わらず、特攻観音の建立をかつての恩師であった町長に働きかけ、その後も特攻平和観音堂への参拝と周囲の清掃を日課としたという。

こうしたことから、鳥濱トメは「特攻の母」「特攻おばさん」と呼ばれ、映画『ホタル』『俺は、君のためにこそ死ににいく』のなかでも主要な登場人物として描かれた。一九七六年には県民表彰を受け、一九九二年には名誉町民の称号が贈られた。知覧特攻平和会館では鳥濱トメの証言映像が流されており、富屋食堂に由来するホタル館（私設ミュージアム）や富屋旅館も、知覧の観光地のひとつとなっている。

こうしたなかで、若い（もしくは幼い）特攻隊員と慈愛に満ちた「母＝鳥濱トメ」の物語が再生産された。映画『ホタル』『俺は、君のためにこそ死ににいく』はもとより、朝日新聞西部本社編『出撃・知覧飛行場　空のかなたに　特攻おばさんの回想』（葦書房、二〇〇一年）、赤羽礼子・石井宏『ホタル帰る　特攻隊員と母トメと娘礼子』（草思社、二〇〇一年）、佐藤早苗『特攻の町　知覧』（光人社、一九九七年）といった書物でも、「慈母」としての鳥濱トメが描かれていた。

とはいえ、鳥濱トメが「名士」の扱いを受けるようになったのは、戦後かなりの歳月が過ぎてからのことである。終戦後になると、「特攻隊でもうけた富屋」「軍の協力者」と見られることも少なくなかった。また、占領初期には、富屋食堂は地元警察署長の要請で進駐米軍の宿舎とされ、トメは郷愁に荒みがちな若い兵士に温かく接した。だが、そのことは「特攻」から「アメリカ」への変節とも目された(2)。

しかしながら、知覧が全国的に戦跡として認知され、地域もそれを積極的に受容するようになると、鳥濱トメは映画や出版物のなかで多く言及されるようになり、地域でも県民表彰や名誉町民号を受けるほどの「名士」となった。

同様のことは「なでしこ会」（知覧高等女学校同窓会）にも見ることができる。戦争最末期の知覧高等女学校の生徒たちは、軍の要請もあって、陸軍航空基地での勤労動員に従事した。主な職務は隊員宿舎の清掃や隊員の衣類の洗濯などであった。

基地での作業であっただけに、基地が空襲に晒されると、彼女らも機銃掃射や爆撃のなかを逃げ惑わねばならなかった。なかにはそこで命を落としたり、そこまでは至らずとも、片脚を失うなどのケースもあった。

だが、その一方で、彼女らは出撃前の隊員に接するなかで、しばしば彼らへの同情や共感を抱いた。

戦後、彼女らはその心情を『知覧特攻基地』『群青』（いずれも知覧高女なでしこ会編、それぞれ一九七九年・一九九六年刊）などの手記集にまとめている。前述の映画でも、知覧高女の生徒たちが涙ながらに出撃する特攻隊員を見送り、なかには恋情に苦悩するさまが描かれている。いうなれば、彼女たちの存在は、「特攻」の記憶を「淡い恋愛物語」として受容することを可能ならしめるものであった。

知覧飛行場跡を眺める鳥濱トメ
出典：赤羽礼子・石井宏『ホタル帰る』草思社文庫、2011年

とはいえ、知覧特攻をめぐる言説において、「なでしこ会」の存在が際立つようになるのは、戦後三〇余年を経てのことである。『町報知覧』（一九七九年五月二〇日）には、「旧知覧高女なでしこ会の方々も、多感な青春時代、直接特攻隊員を世話し、見送った思い出を胸に（慰霊祭に際し特攻平和観音堂を）参拝された姿が、特に人目をひきました」とあるが、それ以前にはこうした記述はさほど見られない。

だとすれば、鳥濱トメや「なでしこ会」は、いかなる社会的な文脈のなかで「発見」されたのか。そこにおける「母」「少女」のイメージは、いかなる特攻像を生み出したのか。知覧が戦跡として成立するプロセスを跡づけるうえでは、こうしたジェンダーの視角は不可欠であろう。

「ほんもの」との距離

実物への「こだわりのなさ」も、知覧戦跡を特徴づけるものかもしれない。一九八〇年、薩摩沖に墜落した零式戦闘機（零戦）が発見された。知覧町は多額の費用を投じてこれを引き上げ、特攻遺品館に展示した。今日の特攻平和会館にも、この零戦の「残骸」は置かれている。しかしながら、零戦はあくまで海軍機であって、知覧基地から飛び立った陸軍機ではない。

戦前の陸軍と海軍はきわめて意思疎通が悪く、相互に不信の念を募らせていた。部品規格にしても、陸海軍それぞれで異なっており、コストダウンや大量生産が阻まれた。資材の融通や軍事機密の共有も十分になされず、両者のセクショナリズムは日本軍全体の円滑な作戦遂行の妨げになっていた。こうした状況を考え合わせるならば、旧陸軍特攻基地に海軍機が展示されるというのは、いささか奇妙なことではある。

もっとも、知覧基地を統括する第六航空軍（陸軍）は、沖縄戦期には海軍・連合艦隊指揮下に置かれた。したがって、知覧と海軍は全く無関係というわけではない。だが、そのことを念頭に置いてのものであれば、海軍特攻も大きく扱われてもおかしくないが、知覧特攻平和会館に展示されている遺影・遺書は、陸軍パイロットのものに限られている。

他方で、同館展示の遺影・遺書のなかには義烈空挺隊員のものもある。陸軍空挺部隊に所属していた彼らは、爆撃機で沖縄に運ばれ、米軍支配下にある飛行場に強行着陸したのち、斬り込みの任に当たった。だが、義烈空挺隊は、知覧基地と同じく第六航空軍に所属していたものの、彼らが飛び立ったのは熊本・健軍基地であって、知覧ではない。

その意味で、知覧戦跡は、知覧の戦時期に特化するのか、その範囲の拡散を志向しているのか。その点はやや不明瞭なままにされている。

さらにいえば、必ずしも「現物」にこだわらない姿勢も見え隠れする。かつて特攻平和会館には、陸軍一式戦闘機・隼の一〇分の八模型が展示されていた。これは元陸軍少年飛行兵一九期生が製作したもので、当初は本人が経営するペットショップの店頭に置かれていたという。現在は、『俺は、君のためにこそ死ににいく』の撮影で用いられた隼のレプリカが、一機は館内に、もう一機は戸外の敷地に展示されている。

これらはいずれも主要な展示物のひとつではあるが、それらが「本物」でないことへの違和感はうかがえない。むしろ、映画で用いられたことを機に、レプリカを積極的に受け入れようとする姿勢が見て取れよう。

むろん、そのこと自体はとくに咎めるべきものでもない。往時を視覚的にイメージさせるためには、模型が必要な場合もあるだろう。だが同時に、レプリカを積極的に受け入れるほどに、「本物」あるいは「知覧史」にこだわらない姿勢も、また、そこには浮かび上がるのではないだろうか。戦跡としての「知覧」イメージは、いわば「虚実」が綯《な》い交ぜになりながら、紡がれている。

「知覧」の派生と増殖

知覧が戦跡観光地として「成功」したことは、第二・第三の「知覧」が見出されることにもつながった。

知覧はたしかに特攻基地として大規模のものであったが、九州各地にはそのほかにも特攻基地が点在していた。知覧と同じく薩摩半島には万世《ばんせい》航空基地があった。これは、一九四三年夏から一九四四年末にかけて建設された「陸軍最後の特攻基地」であった。戦況悪化に伴い、知覧基地だけでは運用に支障を来すようになり、同じく九州南端部に補助的な基地が求められたことが、背景にあった。出撃した特攻隊員は知覧の半数の約二〇〇人であったが、基地として使用された期間は四か月のみであった。同地には、知覧の特攻銅像「とこしえに」に先立つ一九七二年に、特攻慰霊碑「よろずよに」が建立され、一九九七年には万世特攻平和祈念資料館（当初は加世田市平和祈念館）が開館した。

福岡・筑前町でも、町立大刀洗平和記念館が二〇〇九年に創設された。一九一九年に開所した陸軍大刀洗飛行場は、大陸と半島の中継基地として運用され、「東洋一の飛行場」を誇っていた。一九四〇年には、大刀洗陸軍飛行学校が創設されたが、それは翌年に開所された知覧分教所（知覧飛行場）の「本校」であった。しかしながら、「戦跡としての大刀洗」が発見されたのは、戦後すぐではなく、ようやく二〇〇〇年代に入ってからであった。

その「発見」に際しては、知覧や万世の影響もうかがえる。同館が生み出される過程では、知覧特攻平和会館初代館長の板津忠正や、万世の慰霊碑・資料館の設立に奔走した苗村七郎の助言もあったという。他方で、「観光地化した知覧」への違和感も見え隠れしている。(3)

旧海軍特攻基地についても、資料館や戦跡の整備が進みつつある。旧鹿屋《かのや》航空基地跡にある海上自衛隊鹿屋航空基地史料館は、一九七二年に開館した。当初は年平均四万六〇〇〇人ほどの入場であったが、一九九三年に新史料館が建設されると、入館者数は年平均七万四〇〇〇人ほどに増加した。二〇一〇年には、鹿屋防衛協会青年部会と基地隊員とでプロジェクトを組織し、「基地と大隅《まち》――その真実《こころ》」と題した展示を始めている。

もともとは練習航空隊が置かれながら、戦争末期は海軍特攻基地として用いられた大分県・宇佐海軍基地跡には、二〇一三年になって、宇佐市平和資料館が創設された。同館では映画『永遠の0』の撮影で用いられた実物大の零戦二一型模型が展示されているほか、かつては「戦跡」として意識されていなかった「城井《じょうい》一号掩体壕《えんたいごう》」「宇佐海軍航空隊落下傘整備所（レンガ建物）」「宇佐海軍航空隊関係蓮光寺生き残り門」が、市の重要な「遺構」として紹介されている。

近年のこれら第二・第三の「知覧」の動きも、やはりメディアを意識したものではある。大刀洗・宇佐・鹿屋・知覧の四資料館（記念館）は、「映画『永遠の0』公開記念」として、パンフレット『映画ゆかりの地を巡る…九州一周　零戦展示MAP』を製作している。特攻映画が、これまで「ただの残骸」でしかなかったものを「戦跡」として発見することを促し、資料館整備を後押ししていることがうかがえよう。

他方で、これらがすべて「知覧」と同様であるわけでもない。知覧への対抗関係や違和感・距離感のようなものも見え隠れする。だとすれば、万世や鹿屋、大刀洗、宇佐と知覧とのあいだには、いかなる共通性や差異を見ることができるのか。

零れ落ちるもの

以上のような知覧（および第二・第三の「知覧」）が創られていくプロセスとともに、そこから零れ落ちるものにも着目すべきであろう。

知覧特攻平和観音堂のすぐわきには、知覧町護国神社が置かれている。むろん、これは地域戦没者を追悼する施設であり、一九五九年にこの地に移設された。地理的な近接性もあって、特攻隊員慰霊祭と地域戦没者慰霊祭は同日に挙行され、町報もそのことを毎年大きく報じていた。しかし、知覧が特攻戦跡へと傾斜する一九七〇年代以降、町報では護国神社の慰霊祭が取り上げられなくなり、特攻慰霊祭のみが大きく扱われるようになる。「特攻」の盛り上がりが、地域の「英霊」を掻き消したように見えなくもない。実際、今日の特攻平和観音堂はそれなりに美しく整備され、岩をくりぬいた手水《ちょうず》にはつねに水が湧いているが、護国神社のほうは、さほど手入れがなされている形跡はなく、昭和三〇年代の造りのような無機質なコンクリート製の手水は、水が干上がっている。両者のコントラストは明らかである。

また、戦争をめぐる議論のありようについても、考えてみる必要があるだろう。かつて報道班員として知覧に滞在し、多くの特攻隊員に取材した高木俊朗は、その後の取材も重ねて、『知覧』（一九六五年）を著した。特攻隊員の心情に寄り添おうとする点では、知覧戦跡の語り口に通じるものである。しかしながら、高木は特攻隊員の「清らかさ」「真情」に涙するのではなく、彼らに「死ななくてもよかったはずの死」を強いた軍の組織病理や責任の問題を追及した。いうなれば、「死者に寄り添う」ことの先に、戦時のありようや戦争責任を問いただす論理が構想されていた。

それは、「殉国美談」とまではいかずとも、隊員の心情の「清らかさ」に焦点を当てがちだった「知覧」の言説とは、齟齬を来した。『南日本新聞』（一九七九年八月一三日）では、「特攻遺品館は低俗「美談、浪曲調は困る」」という高木の発言が引かれている。だが、こうした論理は、その後の知覧戦跡の議論でもあまり見られなかった。

では、そこにはいかなる要因や背景があったのか。あるいは戦跡（観光）という「メディア」の機能に関わるものなのか。

三　本書の構成

「戦跡としての知覧」の成立

以上の問いや視角を念頭に置きながら、本書は三部構成のもと、次のように議論を進める。

まず、第一部「「戦跡としての知覧」の成立」では、知覧において「特攻」の真正性が発見されるに至るプロセスを跡づけ、メディアと空間編成が複雑に絡み合う力学を析出する。

具体的には、第一章「特攻戦跡の発明——知覧航空基地跡と護国神社の相克」（福間良明）では、おもに終戦後から遺品館が造られるまでの時期を扱い、『町報知覧』や議会資料、新聞資料などをもとに、旧基地跡が聖域化し、特攻隊員への「感情移入」の体験が「語り継ぐべきもの」として発見されるプロセスを描く。とくに、特攻平和観音堂や知覧町護国神社の成立・変容過程に着目し、旧基地跡の空間が（再）編成され、地域の記憶が変化していく状況と、戦後日本の戦記・戦友会の動向、知覧の社会変容とを関連づけながら、議論を進める。なお、そのなかで、本書全体に関わる知覧の戦後史も見渡すことになる。

他方で、知覧が戦跡として全国的に知られるようになるうえでは、大衆小説や映画、テレビドラマとの相互作用は小さくなかった。とくに一九八〇年代以降はそれが顕著であった。そのことは、戦友会に向けた「慰霊・顕彰」ばかりではなく、もっと広い層に向けた「平和」を知覧が打ち出すことにつながっていた。第二章「〈平和の象徴〉になった特攻——一九八〇年代の知覧町における観光と平和」（山本昭宏）は、高木俊朗『知覧』（一九六五年）やそれを原作としたドラマ『雲よ海よ息子たちよ』（一九八一年）などにも触れながら、おもに一九八〇年代以降の知覧が「平和」の言説との接続を模索するに至るプロセスを明らかにする。知覧特攻平和会館を武家屋敷と並ぶ町の観光資源とし、まちづくりの柱に据える際に、「平和」の語が見出されることになったが、そこにおいて何が削ぎ落されてきたのかについても考察する。

第三章「「特攻の母」の発見——鳥濱トメをめぐる「真正性」の構築」（高井昌吏）は、知覧の代表的な「語り部」であった鳥濱トメに着目する。トメは「特攻体験」を有するものではないが、特攻隊員たちの生活や苦悩について多く発言し、彼女の語りこそが「真正なもの」として広く流布していった。それは、特攻隊生存者の語りとは異なり、「母」の装いを纏いうるものでもあった。こうした「語り部」は、知覧のイメージを紡ぐうえで、いかなる機能を有していたのか。それは、知覧戦跡が構築されていくプロセスといかに重なり合うのか。それらの問題について、「真正性」およびジェンダーの視点から論じていく。

第四章「「知覧」の真正性――「ホタル」化する特攻と「わかりやすい戦跡」」(山口誠)は、おもに二〇〇〇年代以降に重点を置き、知覧町のなかで「特攻」の真正性をめぐって、いかなる葛藤が展開されてきたか、その差異化と転覆の戦略を描写する。知覧には特攻平和会館のほかに、鳥濱トメの血縁者が運営する「ホタル館富屋食堂」という私設ミュージアムがある。いずれも知覧から出撃した特攻隊員を展示する施設でありながら、ホタル館は特攻の歴史的な文脈を伝承することよりも、特攻隊員の個人的な苦悩や葛藤に焦点を当てることで、特攻平和会館との差異化を図ろうとする。そうした同館ではレプリカを多用しつつも、来館者が「本物らしさ(真正性)」を感じとり、特攻平和会館では見られない「何か」を読み解く、という状況が見られる。この章では、ホタル館を中心とする二一世紀の「知覧」の新しい展開に着目し、「戦争の記憶」がどのように再編されていくのか、「レプリカ」と「本物」がそこにどう関わるのか、そして戦跡観光の新たなかたちがどのように生み出されていくのかについて、論述する。

複数の「知覧」

こうして紡がれた「知覧」のイメージは、既述のように、万世、鹿屋など、第二・第三の「知覧」

を生み出した。第二部「複数の「知覧」」では、知覧以外の場所において、特攻隊員がいかに発見され、語られたのか（あるいは語られなかったのか）、そこで知覧に対しいかなる憧憬《しょうけい》や反目が見られたのかについて、検証する。

第五章「万世特攻基地の戦後——観光化の峻拒と慰霊への固執」（白戸健一郎）では、万世特攻基地跡が「発見」され、記念碑・記念館が造られるプロセスを描く。知覧では鳥濱トメをはじめ、「特攻体験」のない住民たちが特攻戦跡化を進めたわけだが、万世での記念碑・記念館設立を支えたのは、生き残った元隊員・苗村七郎であった。そこでは「観光化」が進む知覧への距離感が見られたが、その背後にある体験者（戦中派）の心性や社会背景を読み解いていく。

第六章「海軍鹿屋航空基地の遺産——特攻をめぐる寡黙さの所以」（松永智子）は、知覧・万世と同じく鹿児島県に置かれた鹿屋海軍航空基地跡に焦点を当てる。自衛隊の誘致に成功した鹿屋は、戦後も基地による繁栄を維持した。その選択は、鹿屋における特攻戦跡の構築にどのような影響を与えたのか。「最大の特攻基地」鹿屋はなぜ、「最大の特攻戦跡」にはならなかったのか。特攻をめぐる鹿屋の寡黙さを描くことで、知覧の饒舌さを逆照射していく。

第七章「朝鮮人特攻隊員のイメージの変容——韓国における「特攻」の受け入れがたさ」（権学俊）は、朝鮮人特攻隊員をめぐる戦前・戦後の言説に焦点を当てる。知覧をめぐる言説では、しばしば朝鮮人特攻隊員について言及されるが、宗主国の戦闘員として特攻出撃をせざるをえなかった彼らの行動は、朝鮮半島（韓国）においてどのように受け止められたのか。戦後、それはどのように変容したのか。朝鮮人特攻隊員をめぐる言説を時系列的に跡づけながら、これらの点について検証する。このことは、日韓関係が複雑化する昨今の状況を捉え返すことにも資するものである。

「知覧」イメージのメディア文化史

第三部「「知覧」イメージのメディア文化史」では、「特攻」のイメージを帯びた知覧がマス・メディアにおいて、どのように描かれ、扱われているのかに着目し、さまざまな「知覧」受容とその社会的な力学について考察する。

知覧特攻平和会館には、特攻隊員の遺書や遺影が多く展示されているが、来館者のなかにはそれよりもむしろ、展示されている戦闘機に強い関心を抱く層も少なくない。第八章「「戦闘機」への執着――ミリタリー・ファンの成立と戦記雑誌の変容」(佐藤彰宣)では、そのような「メカ」への関心がどのようにして生み出されたのかを検証すべく、戦記雑誌『丸』(一九四八年創刊)を取り上げる。戦争の記憶と「メカ」への興味が交錯する『丸』の変容プロセスを分析することで、戦争体験記に対する社会的な関心の変化や「ミリタリー的教養」の盛衰を浮き彫りにする。

第九章「コンビニエンスなマンガ体験としての「知覧」――『実録神風』のメディア力学」(吉村和真)では、特攻や知覧を扱った戦後のマンガ作品を広く見渡しながら、こうした主題がマンガのなかで、どのような位置を与えられてきたのかを明らかにする。戦記ものや戦争映画では「特攻」「知覧」はしばしば扱われてきたが、近年のマンガの世界では、「低俗」イメージが強いコンビニマンガに取り上げられる傾向が目立つ。こうした位置づけがなされる社会背景やマンガというメディアの特性について、一冊のコンビニマンガを手がかりに、コンビニというメディア空間の力学や戦後初期の貸本マンガとの類似性など、議論を進めている。

最終章の第一〇章「記憶の継承から遺志の継承へ――知覧巡礼の活入れ効果に着目して」(井上義和)では、知覧を題材とした自己啓発書や知覧を訪問しての社員研修について、教育社会学の視角より考察する。人びとが知覧を訪れる目的としては、平和学習や慰霊追悼のほかに、「自己啓発」もある。特攻隊員の物語に触れることで自分の生き方を見つめ直し、ある種の前向きな意識状態へと「活入れ」される。こうした現象はいかなる社会背景に支えられているのか。「戦争の記憶を継承しているのかどうか」という観点だけでは、この現象を読み解くことはできない。実際に知覧に集う人びとが何を求めているのか、そして何を受け取っているのかをつぶさに観察することで、従来の「戦争の記憶」をめぐる研究枠組みに対しても見直しを迫り、「遺志の継承」という枠組みを提示する。

ポスト戦後七〇年と戦跡の「知覧化」

以上が、本書の構成の概要である。これらを通して、「特攻」を語る諸メディアと知覧という空間の編成が複雑に絡み合う力学を浮き彫りにするのが、本書のねらいである。そして、繰り返しになるが、これは決して「知覧」に閉じるものではない。いかなる社会背景のもとで「知覧」が求められるのか。地域はそれをいかに受容したり反発したりしながら、戦跡を発見し、空間を編成してきたのか。これを問う先には、広島や長崎、沖縄の戦跡史との対比も見えてくるだろう。それはすなわち、戦後日本における戦跡のポリティクスを問い直すことでもある(4)。

さらにいえば、知覧はこれからの日本の戦跡を考えるうえで、実はひとつのプロトタイプなのかもしれない。戦後七〇年が経過し、生々しい戦争の体験や記憶を有する人びとは少なくなっている。さまざまな戦跡で体験者が「語り部」として体験を語っているが、彼らの年齢を考えれば、いずれそれが困難になることは明らかである。だとすれば、体験を持たない世代が、体験者になり代わって「記憶」を語り継ぐようになることは、そう遠いことではない。だが、それはすでに、知覧でなされてきたことである。

出撃体験を持たない知覧住民は、戦友会やメディアのイメージを内面化しながら、「特攻の町」を発見し、演じていく。そのなかで、隊員の世話をした（に過ぎない）鳥濱トメが「特攻の母」として見出され、かつ、隊員当事者ではない「母」によって語られるがゆえに、知覧は戦友会（体験者）の枠を超え、時に「平和」とも結びつきながら、社会的に広く受容される。近年ではトメの孫に当たる世代が特攻隊員を語り、展示には「本物」ではなくレプリカが多用される。

これは、必ずしも知覧に特異なものではない。戦争体験者がますます高齢化し、その数が加速的に減少するなか、今後、あらゆる戦跡は「他者の語り」や「レプリカ」への依存を高めざるをえない。これからの一〇年、二〇年において、全国のさまざまな戦跡で「知覧化」が進行することは、おそらく避けがたい。

知覧はこれまで数ある戦跡のうちのひとつに過ぎなかったかもしれない。だが、知覧は、ある意味では今後の戦跡のありようを先取りし、他の戦跡に先行するものでもあったのである。『永遠の0』の大ヒットも相まって、戦後七〇年の夏には、知覧を訪れる人びとの数も増えることだろう。だが、そこにいかなる「忘却」や「継承」があるのか。それを支える欲望は何なのか。知覧を問うことは、「戦争」をめぐる過去と現代、そして未来を問うことでもあるのかもしれない。

［註］

（1）代表的なものとして、西村明『戦後日本と戦争死者慰霊――シズメとフルイのダイナミズム』（有志舎、二〇〇六年）、村上興匡・西村明編『慰霊の系譜――死者を記憶する共同体』（森話社、二〇一三年）、北村毅『死者たちの戦後誌』（御茶の水書房、二〇〇九年）、上杉和央「記憶のコンタクト・ゾーン――沖縄戦の「慰霊空間の中心」整備をめぐる地域の動向」（『洛北史学』一一号、二〇〇九年）、粟津賢太「媒介される行為としての記憶――沖縄における遺骨収集の現代的展開」（『宗教と社会』一六号、二〇一〇年）など。

（2）赤羽礼子・石井宏『ホタル帰る』草思社文庫、二〇一一年、二二三頁。

（3）山口誠「メディアとしての戦跡――忘れられた軍都・大刀洗と「特攻巡礼」」遠藤英樹・松本健太郎編『空間とメディア』ナカニシヤ出版、二〇一五年。

（4）なお、拙著『「戦跡」の戦後史――せめぎあう遺構とモニュメント』（岩波現代全書、二〇一五年八月刊行予定）では、知覧や靖国神社・千鳥ヶ淵、沖縄、広島などの戦跡史を対比しながら、戦後日本において戦跡が発見されるポリティクスについて考察している。

第一部

「戦跡としての知覧」の成立

第一章　特攻戦跡の発明——知覧航空基地跡と護国神社の相克

福間良明

旧知覧町（現南九州市）の広報誌『町報ちらん』（一九七四年一一月二〇日）には、一枚の写真が掲載されている。女学生の身なりをした数人の住民が、飛び立とうとする日本軍機に手を振っている様子を写したものである。かつて知覧に陸軍特攻基地が置かれていたことを考えれば、特段、奇妙なことではないのかもしれない。だが、この写真は戦時期のものではない。一九七四年に開かれた第一一回知覧町民体育大会での青年団仮装行列の一コマである。同誌には、「モンペにセーラー服の女学生たちが、日の丸の旗をうち振るなかに、きりりと鉢巻をした特攻隊員が花束を振って答《ママ》える出撃寸前の

図1　町民体育大会における特攻仮装大会
出典：『町報ちらん』1974年11月20日

シーンに、万雷の拍手が涌き起りました[1]」とある。

そこに「戦争への懐古」を読み取ることもできるだろうが、また別の見方も可能だろう。同誌はこの運動会を評して「融和の中に笑いの渦」と形容している。こうした場に「英霊」が招き寄せられることに、「冒瀆」の念を抱くむきも、なかにはあったかもしれない。

だが、何より興味深いのは、知覧住民が特攻出撃したのではないにもかかわらず、それが半ば、「自分たちの体験」として受け止められていた点である。たしかに、知覧の陸軍航空基地から沖縄に向けて多くの特攻機が飛び立った。しかし、特攻に赴いたのは陸軍第六航空軍のパイロットたちであって、住民ではない。知覧の戦争体験は、基地での勤労動員や、基地周辺の食堂などでの隊員たちとの触れ合いではあっても、攻撃や戦闘そのものではない。

むろん、出撃直前の隊員の苦悩する姿に涙したことは少なくなかっただろう。勤労動員に加わった知覧高女生の手記集のなかには、「生と死のはざまのなかで苦悩しながら、永遠の平和を願い、国の護りに殉じていった若い人々のために心から涙を流した哀惜の日々は、私たちの頭から生涯消え去ることはないでしょう」という記述がある[2]。だとすれば、知覧にとっての「特攻体験」は、住民自身の戦闘体験ではなく、せいぜい隊員の出撃を目にし、彼らに感情移入した体験でしかなかった。

感情移入の記憶は、今日の知覧にも受け継がれている。知覧特攻平和会館（一九八七年開館）の入場者数は増加の一途をたどり、二〇〇一年には七二万人に達した。その後、経済状況の変化も相まって多少の変動はあったが、二〇一一年には五四万人が来館している。プロローグでも触れたように、これは長崎原爆資料館（同年度年間六四万人）や沖縄県平和祈念資料館（同年度四八万人）に匹敵する数である。開館以降の累計入場者数は一六〇〇万人にのぼる。

その意味で、特攻をめぐる感情移入は、今日に至るまで知覧のなかで継承され、同地の戦跡観光を支えるものとなっている。だが、特攻出撃は必ずしも、住民たちに共通する戦争体験ではない点で、広島や長崎、沖縄などとは異質なのかもしれない。そこで語り継がれるのは、あくまで「外部」の将兵の経験であり、知覧住民が彼らにいかに感情移入したのか、ということでしかない。

では、感情移入に過ぎないものが、なぜ地域観光の核として見出されたのか。そもそも、それはいつ、どのような社会背景のもとで発見されたのか。本章はこれらの問題意識のもと、知覧戦後史を見渡し、「特攻」の戦跡が創られるプロセスとそのポリティクスについて考察したい。

一　知覧の動員と復員

茶畑と飛行場の闘争

対米英戦の火蓋が切られてまもない一九四二年三月八日、大刀洗《たちあらい》陸軍飛行学校知覧分教所が開所された。

すでに福岡県大刀洗村には、一九一九年に陸軍大刀洗飛行場が設けられていた。この基地は「東洋一の飛行場」を誇り、中国大陸や朝鮮半島への中継基地として運用されていた。しかし、日本海軍は南京渡洋爆撃（一九三七年八月）を実行するなど、その「戦果」がもてはやされていた。日中戦争が泥沼化するなか、陸軍も海軍に対抗するかのように、航空戦力のさらなる充実を目指しつつあった。一九三九年一〇月、陸軍第六師団は知覧町に飛行場建設を通知し、協力を要請したが、その背後には、こうした状況もあった。

知覧が陸軍飛行場として選ばれた理由としては、ひとつには交通の便の良さがあった。知覧は鹿児島市からも離れており、山に囲まれているが、当時は南薩鉄道知覧線が東西に走っており、飛行場となった木佐貫原付近に知覧駅があった。木佐貫原には県道・町道も通っており、人員や物資を運ぶには利便性が見込まれる土地であった。

飛行場建設においては、風向きや地質も重要となる。その点、木佐貫原では夏には東風もしくは南風、冬には北風の恒風《こうふう》が吹き、地質もシラス台地のため、排水性が高かった。人口も当時は約二万人に達しており（一九四〇年）、飛行場建設や整地の際の労働力を見込むことができた。(3) 知覧が陸軍飛行場に選定されたのは、これらによるものであった。

知覧町も飛行場誘致に力を入れていた。飛行場が建設されれば、経済が活性化し、雇用創出も見込まれたためである。(4) 『知覧町郷土誌』によれば、知覧飛行場（知覧分教所）の開所の際には、落下傘降下などのイベントが行われ、約五万人の人出で賑わったという。(5)

だが、この飛行場は当時の知覧住民にとって、必ずしも好意的に受け入れられたわけではなかった。

知覧はもともと、日本有数の茶の生産地であった。一九三四年には全国品評会で農林大臣賞を受賞し、一九三八年には同地の紅茶が天皇に献上された。のちに陸軍飛行場が建設される木佐貫原には、一九三〇年に区画も整然とした県立知覧茶業分場が創設された。この分場は同時に農林省指定の紅茶試験も引き受けていた。[6]

だが、一九四二年三月に陸軍飛行場が開設されると、茶業従事者は困難に直面した。陸軍に提示された土地買収価格は驚くほど安く、地主たちを失望落胆させた。[7] 当時を振り返って、「殆どの人が用地買収外すれすれの所へ移住したので、土地の値上がりがひどかった」「（新居が出来上がるまで）祖母親子六人、牛一頭、電気もない、水もない、台所もない、いろりもない、只雨しのぎの家があるだけ」という回想もある。[8] 茶業分場も当然ながら、別の土地への移転を余儀なくされた。

加えて、戦争末期には食糧供出が優先され、茶園は芋畑などへと変貌した。『知覧文化』（一九九三年三月号）には、「（移転を強いられた）前和田住民は払下げ面積その儘、杖を立てるほどの隠れ面積もなく、痩せた開墾地は人の半分の収穫も無い、わずかに穫れても家族の口には入らず全て供出だった」「テレビドラマで悪代官が種籾ごと全部持って行く場面を何回も見たが、それ以上の事が我々前和田住民には、昭和十九年頃から二十一年頃にかけてあったのだ」という往時の住民の回想もある。[9] 陸軍飛行場、ひいては戦争遂行に対する不満は決して小さくはなかった。

そのゆえか、終戦後、飛行場跡はすぐに旧地主や開拓者に払い下げられ、茶畑に戻された。一九五一年一二月の『知覧町報』には、「お茶で名を売る知覧町」「講和記念として茶を植えましょう」といった記事が見られる。一九五二年七月には、木佐貫原の飛行場跡に農林省知覧茶原種農場が創設された。[10] 旧飛行場内の庁舎や兵舎も戦後すぐに解体され、空襲で焼けた民家の建築資材として利用された。[11]

それは、戦時に「動員」された知覧が、以前の状態に「復員」したことを表していた。いうなれば「特攻」は、復元された茶畑の地中に埋もれてしまったのである。

特攻平和観音堂の建立

「特攻」が知覧の記憶として「発見」されるようになるひとつの契機は、一九五五年九月の特攻平和観音堂の建立である。

元海軍大将・及川古志郎（特攻作戦開始時の軍令部総長）、元陸軍大将・河辺正三《かわべまさかず》（戦争末期の陸軍航空総軍司令官）、元陸軍中将・菅原道大《すがわらみちお》（第六航空軍司令官）らは、戦没特攻隊員の慰霊を目的として、法隆寺夢違観音の模造四体を作成した。そのうち二体は一九五二年五月五日に、東京音羽・護国寺で開眼式が行われた（翌年七月に世田谷観音寺に遷座）。

残る二体のうちのひとつが、戦没した陸軍特攻隊員を追悼するものとして、知覧の旧飛行場跡に建てられた特攻平和観音堂に奉安された。

知覧に特攻平和観音が置かれるうえでは、かつて第六航空軍参謀を務め、戦後の一〇年間、近隣の川辺《かわなべ》町に在住した元大佐・羽牟慶太郎の働きかけもあった。しかし、観音堂建立を実現させるまでには、三年ほどの歳月を要したという[12]。そこには、当時の社会状況も透けて見える。

サンフランシスコ講和条約が発効し、ＧＨＱの占領が終結すると、それまで抑え込まれがちだった米軍批判・東京裁判批判の言説や戦記ものが出版界に多く出回るようになった。戦友会の活動も活発化し、忠魂碑の建立も多く見られるようになった。占領直後に行われた護国寺の特攻観音開眼式も、こうした流れに沿うものであった。

しかし、当時の日本においては、こうした動きに眉をひそめるむきも見られた。たとえば、海軍飛行予備学生第十三期会編『雲ながるる果てに』（一九五二年）は、かつてベストセラーになった遺稿集『きけわだつみのこえ』の「反戦」色とは距離をとり、「散華《さんげ》して行かれた」特攻隊員の「もっと坦々

図2　建立当初の知覧特攻観音堂（1955年9月）
出典：知覧特攻慰霊顕彰会編『魂魄の記録』知覧特攻平和会館、2004年

とした、もつと清純」な心情に焦点を当てた点で多くの読者を獲得し、同名映画（一九五三年）も独立プロ作品としては例外的な大ヒットを収めた。しかし、「いま徒《いたずら》に彼らの姿を称揚していゝものであろうか」「彼らの「愛国の至情」は真に人間性の底から出たものであったろうか」といった批判も散見された[13]。折しも、一九五二年一〇月には警察予備隊が保安隊に拡充され、再軍備や憲法改正、そして徴兵制復活をめぐって、総合雑誌で議論が繰り広げられていた時期でもあった。

　だとすれば、知覧特攻平和観音堂建立をめぐって賛否が複雑に入り交じっていたことは、ある意味では当然であった。羽牟慶太郎は「笑つて死んで行つた若い戦士たちの魂をせめて私だけでも慰めたいと思い、又一面再びこの悲劇をくり返すことがあつてはならぬと思い、特攻観音像の建立を思い立」ち、知覧を含む川辺郡出身の名士に働きかけたが、「敗戦の責任を問う冷い民衆の耳は、この話にかす筈もなく、又、話の意図は諒解出来ても、ときがときだけに、にわかに賛成出来ぬ社会情勢のために、協力を寄せる知名士の数も少かつた」という(14)。

結局、河辺正三らが集めた寄付金に加えて、知覧町が石碑や御堂の工費を負担したことで、羽牟らの企図が実現するに至った(15)。

二　地域戦没者と特攻の死者

護国神社の彷徨

こうした状況もあり、特攻平和観音堂はすぐに観光資源や地域のシンボルとして見出されることはなかった。一九五〇年代後半の『知覧町報』を紐解いても、後年とは異なり、特攻平和観音堂の慰霊祭に言及した記事は見られない。町当局、あるいは知覧の輿論における「特攻」の位置づけがうかがえよう。もっとも、先に述べたように、特攻出撃の体験は陸軍第六航空軍の航空将兵の体験ではあっても、知覧住民の体験ではなかった。このことを考えれば、特攻平和観音堂が地域のシンボルと見なされなかったことは、ある意味、自然なことであった。

では、特攻平和観音堂や旧飛行場跡はいかにして地域に受容されたのか。そこで鍵になるのが、知覧町護国神社、つまり「地域戦没者の社」の動向である。

知覧町護国神社は、戊辰戦役での地域戦没者を弔うべく一八六九年に建立された招魂墓に由来する。一八八三年には官祭招魂社に指定され、内務省より官費が支給されるようになった。一九三九年には内務省告示に基づき、知覧町護国神社へと改称された。もっとも、府県社の社格に相当する内務大臣指定護国神社ではなく、指定外護国神社ではあったが、従前に引き続き、内務省管轄下に置かれた国家管理の神社であった。

日中戦争・太平洋戦争期には、知覧住民も多く召集され、陸軍関係で一五九二人、海軍一二四人、その他、現役軍人が一〇〇〇人ほどにのぼった。戦没者は、陸海軍人の合計で八四三人、軍属は一三三人であった。当然ながら、彼らは知覧町護国神社に合祀された。(16)

だが、「地域の英霊」を祀る護国神社は、戦後になると苦境に立たされることとなった。一九四五年一二月、GHQにより神道指令が発せられると、神社の国家管理が廃された。かつて国家神道は、他宗教を超越する非宗教として位置づけられ、信教の自由は国家神道に抵触しない範囲でのみ認められた。戦後、国家神道のこうした地位は失われ、一九四六年二月には他の宗教と同じく、宗教法人として活動することとなった。

それでもなお、護国神社および靖国神社は存続が危ぶまれた。GHQが軍国主義の除去を目指していただけに、それも当然ではあった。京都神社（京都霊山護国神社）、肥前神社（佐賀県護国神社）、高円《たかまど》神社（奈良県護国神社）など、「護国」の名称を外す神社も多く見られた。

知覧町護国神社は、もともと県社格ではなく村社（指定外護国神社）に準じる位置づけであったが、運営の難しさは他の護国神社と変わりはなかった。一九四九年度にはGHQの方針が判然としなかったこともあり、宮司が自弁で最小限の祭祀を行ったという。(17)

知覧町護国神社の受難は、占領終結後も続いた。元来、知覧町護国神社は今日とは異なり、別の地にあった。だが、町営住宅建設に伴い移転を余儀なくされ、一九五五年三月に同町・豊玉姫神社の境内に遷座された。当時の記録によれば、「豊玉姫神社拝殿一隅の小祠に間借りしてわづかに神社としての名をとどめているに過ぎ」ない状況であった。(18)

知覧では、江戸期初期より神職にあった赤崎氏が、豊玉姫神社や護国神社をはじめ、町内の多くの神社において宮司を務めていた[19]。豊玉姫神社への護国神社の遷座は、そのゆえに可能になった。だが同時に、「英霊の鎮魂」より「戦後復興」が優先される知覧の社会状況も、透けて見える[20]。

地域戦没者と飛行場跡

とはいえ、護国神社の遷座については、さすがに「九百有余柱の英霊に対し、まことに申訳ない」「御社殿を再建いたし衷心から敬仰の誠を捧げたく[21]」という意向も見られ、一九五七年初頭から、町長が発起人代表となって、再建運動が進められるようになった。町長・飯野武夫のほか町議会議長・峯苫敬二、知覧遺族会長・平木場操らによる文書にも、「護国神社の再建復興こそは生き残れる吾々のつとめであり継ぎ行く者のみことであります」「知覧護国神社社殿を再建復興永く祭り継ぐべく郷土の中堅幹部有志の皆様方の御参集を（中略）お願い申したく存じます」とある[22]。

豊玉姫神社に「間借り」していた護国神社が新たに永住の地を得たのは、一九五九年一一月であった。その移設の地が旧飛行場跡、つまり特攻平和観音堂のすぐ隣であった。それは単なる偶然ではあるまい。土地の空きがあったという理由もあるにせよ、木佐貫原の飛行場跡が、地域の「英霊」を祀るにふさわしい地として見出されつつあったことがうかがえる。

しかし、この時点では、護国神社と「特攻」とのあいだに、強い結びつきが意識されていたわけではない。一九五七年二月の『知覧町報』では、町長・飯野武夫は発起人代表として「護国神社の造営について」という一文を寄せているが、そこでは社殿建設予定地は、旧飛行場跡ではなく、豊玉姫神社境内とされていた[23]。

とはいえ、結果的には、護国神社は特攻平和観音堂に隣接した地に移設された。一九六〇年一月の町報では、前年末のこの出来事が報じられ、社殿造営発起人会の数度にわたる打ち合わせのなかで、「社殿は知覧飛行場跡に鉄筋コンクリート建とし、造営費は寄附金によることにな」った経過が記されている。[24] だが、特攻隊員や特攻平和観音堂と結びつけた記述は見られない。

明示せずとも「知覧飛行場跡」と特攻が結びつけられていた可能性は否定できないが、木佐貫原の旧飛行場跡が護国神社の移設先として見出されたのは、「特攻隊員が祀られている地」ということもさることながら、戦時期の町内最大の軍施設跡であったことも大きかったのではなかろうか。

そもそも、知覧からの戦没出征者の大多数は陸軍関係者であり、それは全戦没者の七八パーセントにのぼる。彼らの慰霊の地として、陸軍施設であった飛行場跡が想起されても不思議ではない。知覧に師団本部や連隊本部があれば別だが、そうではなかった以上、戦没者、なかでもその大多数の陸軍将兵の死者を祀る場として、陸軍飛行場跡が思い起こされたのは、ある意味では当然のことかもしれない。

それもあってか、今日、「特攻観音参道」と通称される参道[25]は、当初は護国神社参道と呼ばれていた。県道から護国神社・特攻平和観音に至る参道の入り口には、「護国神社参道」の碑が建てられている。建立された時期は不明だが、知覧町編『いにしえの時が紐解かれる ちらん』（一九八七年）には、桜並木が整備された一九六二年に参道碑を撮影した写真が掲載されている。護国神社が移転して、まだ三年ほどの時期ではあるが、当時の知覧においては、旧飛行場跡は、特攻平和観音の地というより、護国神社の地であったことがうかがえる。それは換言すれば、木佐貫原から想起されていたものが、特攻出撃というより、陸軍戦没者であったことを暗示するのではなかろうか。

図3　知覧町護国神社参道の碑（1962年頃）
出典：知覧町編・発行『いにしえの時が紐解かれる ちらん』1987年

護国神社の媒介機能

だが、特攻平和観音に隣接して護国神社が移設されたことは、「特攻」と地域の記憶との融合を促した。護国神社と一体化した敷地に特攻平和観音堂があることは、本来、「外部」の戦争体験でしかない「特攻」が、地域の記憶として溶解することを暗示する。知覧における戦没者慰霊祭は、そのことを物語っている。

知覧町護国神社は七月二八日を祭日とし、慰霊祭や夏祭りを行っていたが、特攻平和観音堂の慰霊祭もそれに合わせて、七月二八日に行われた。観音堂の建立は九月二八日なので、その日を記念して慰霊祭を行っても不思議ではないが、少なくとも町報にはそうした記述は見られない。もっとも、旧盆月（七月）に慰霊祭が変更されたことも考えられるが、いずれにせよ、特攻平和観音の慰霊祭が隣接する護国神社のそれと同日に挙行されたことは、「特攻」が地域の戦争の記憶のなかに溶け込むことを促した。

両者の祭典が半ば一体のものとして受け止められていたことも、そのことを浮き彫りにしていた。『町報ちらん』（一九六一年八月一〇日）には、「護国神社の夏祭り」という見出しのもとで、「七月二八日護国神社と特攻平和観音の夏祭りがおこなわれ」たことが記されている。一九六六年八月の町報でも「護国神社、特攻観音夏祭り元隊員らも参拝」と題した記事が見られる。片や神道、片や仏教であるが、神仏混淆はあまり問われなかったらしい。

外部の記憶でしかなかった「特攻」は、かくして知覧住民の記憶に重なりを見せるようになった。先の町報でも、「祭典には、元特攻隊員、東京都の柴田信也さん、町遺族会など約三〇〇人が集まり、大空に散った特攻隊員一千一一五柱のめいふくを祈った」ことが特筆されている。[26] 一九六一年の町報にも、「町民や元隊員など多数が参拝して大空に散った一千一一五柱の霊をなぐさめました」とある。[27] 町民・町遺族会と元隊員の親和性が浮かび上がる。

地域の戦争の記憶（町遺族会）と「特攻」の記憶（元隊員）は、護国神社によって媒介され、元来、外部の記憶でしかなかった「特攻」は、町民の体験として発見されるようになったのである。

戦友会と戦記ブーム

これに伴い、少飛会・特操会（それぞれ陸軍少年飛行兵、陸軍特別操縦見習士官の戦友会）など戦友会関係者の参加も目立って増えた。一九六四年の慰霊祭には河辺正三や菅原道大のほか、県内一二人の元少年飛行兵が出席したに過ぎなかったが、[28] 一九六九年になると、一〇〇人を上回る元少年飛行兵が参列するようになった。[29] 元隊員たちが「同期の桜」「加藤隼戦闘隊」など「なつかしい軍歌」を合唱し、陸上自衛隊音楽隊によって「海ゆかば」が演奏されたことも、[30] 毎年のように大きく報じられた。これに関し、ある女性参加者は知覧婦人会の文集のなかで、次のように綴っている。

　お祭りのすんだあと、県警音楽隊の伴奏で、なつかしい数々の軍歌をきかされた。その時の気持は参拝した人ならではわからぬ気持である。「同期の桜」「愛国行進曲」「暁に祈る」「太平洋行進曲」あげるとまだまだ多くのなつかしい軍歌の連続演奏独唱であった。〝歌にしびれて〟

と言ったらよいか我を忘れて聞き入っていた。あゝ参拝してよかった、又いつか来ようと思い乍ら帰った。(31)

知覧住民と元特攻隊員たちのあいだに、「軍歌の共同体」が創られていることがうかがえる。それは、出征経験のない女性の共感をも誘うものであった。

折しも一九六〇年代後半の当時は、戦友会の活動が盛り上がりを見せていた。戦中派世代が社会的に発言力を有する壮年期に達していた一方、若い世代の戦争体験への無理解が言われていたことが、彼らの活動を突き動かすこととなった。(32)年史や遺稿集の編纂、慰霊碑建立も多く見られた。先述の少飛会の創設も、一九六八年のことであった。(33)遺族や戦友会関係者が交通の不便な知覧での慰霊祭に多く集うようになった背景には、これらの動きがあった。

こうした状況は、必然的に旧飛行場跡に新たな意味づけをもたらした。前述のように、飛行場跡は戦後、早々に茶畑に戻された。しかし、そこに特攻平和観音堂と護国神社が置かれたことで、同地は地域戦没者遺族と元特攻隊員たちがともに祈りを捧げる場となった。旧飛行場跡は、護国神社と特攻平和観音の相乗効果によって、徐々に聖域化されるようになった。

ナショナル・メディアの知覧表象

高木俊朗『特攻基地知覧』（一九六五年、のちに『知覧』へと改題）が書かれたことも、地域の「特攻」受容を促した。高木は戦争末期、報道班員として知覧に滞在し、多くの特攻隊員を取材してきた。高木はその記憶をふまえつつ、改めて知覧を取材し、その記録を『週刊朝日』（一九六四年一一月一三日号―一九六五年七月三〇日号）に連載した。同書は、それをまとめたものである。隊員に寄り添いながら

図4　戦友会（鹿児島少飛会）が集った慰霊祭（撮影日不詳）
出典：知覧特攻慰霊顕彰会編『魂魄の記録』知覧特攻平和会館、2004年

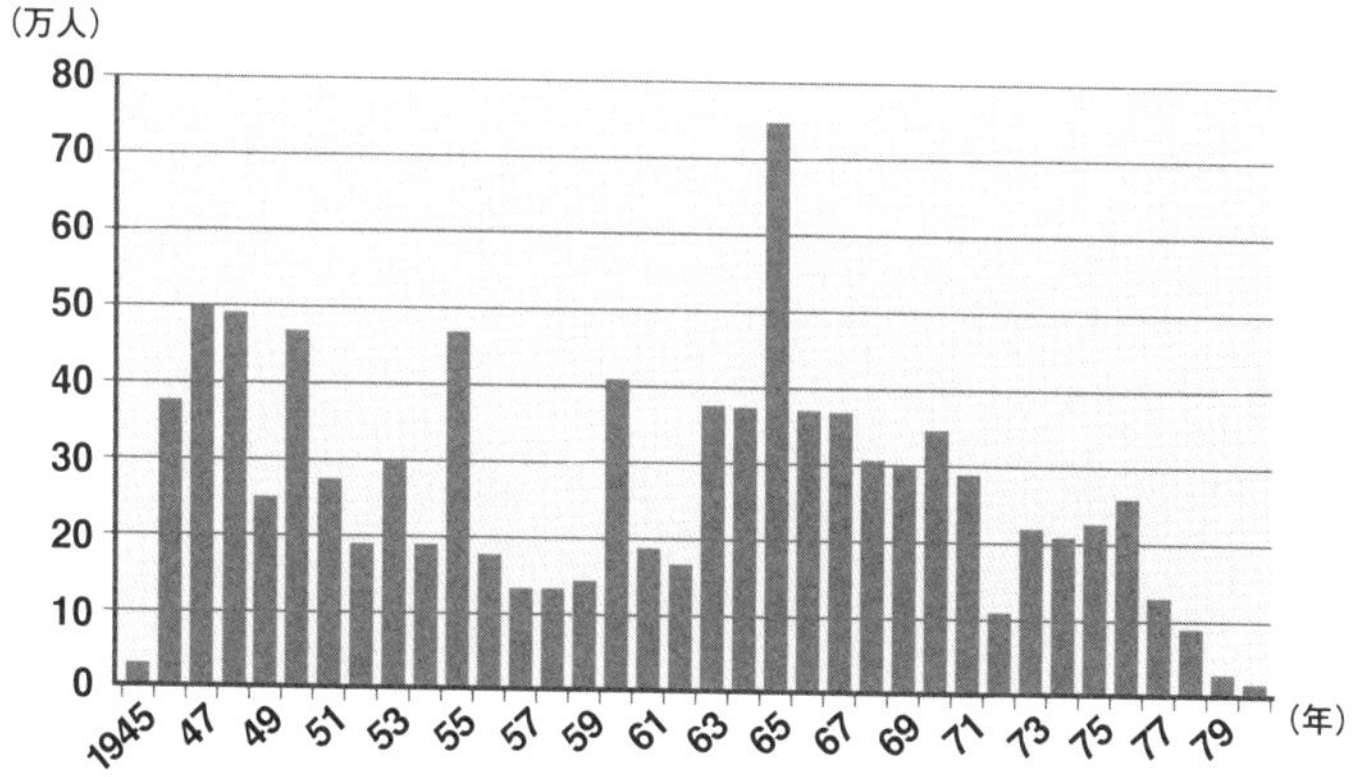

図5　戦友会設立件数
出典：高橋三郎編著『共同研究 戦友会』（田畑書店、1983年）の「戦友化についての調査・第一回」の調査結果をもとに作成。

図6　かつて特攻基地で勤労動員に従事した元知覧高等女学校生と談笑する高木俊朗
注：撮影場所は鳥濱トメ宅。
出典：『町報ちらん』1964年4月10日

その苦悩を描いた同書は、版を重ねてベストセラーとなった。

『町報ちらん』も、「週刊誌に紹介される特攻基地「知覧」」（一九六四年一一月一五日号）といった見出しで大きく扱ったほか、取材旅行で訪れた高木が「特攻おばさん」鳥濱トメや元知覧高女生と再会・懇談した模様を報じた（一九六四年四月一〇日号）。かつて軍指定食堂や勤労動員の場で隊員に接し、彼らの心情に涙した感情移入の体験は、ナショナルなレベルの出版物に認められることで、その存在理由が見出されるようになった。

こうした動きの萌芽として、NHKのテレビドラマ『遺族』（一九六一年八月）の放映も見落とすことができない。ドラマ『遺族』の原作は高木俊朗であり、脚本は山田洋次が担当した。主人公の報道班員が、戦後一五年ほどを経て、特攻隊員から預かった遺書を遺族に届け、そのなかで、往時の隊員の苦悶を語り、遺族がその心情を切々と語る場面が描かれる。後年の『知覧』に重なるものも少なくない。

当時の町長・飯野武夫は、特攻隊員の遺族に宛てた手紙のなかでこのドラマに言及しながら、次のように述べている。

知覧基地の特攻隊員を主題としたテレビドラマ「遺族」が昭和三十七年《ママ》八月十六日ＮＨＫから放送されたこと等もあり、ご遺族や元特攻隊関係者、あるいは自衛隊の方がた、その他有志の（特攻平和観音堂への）ご参拝が多く、香華の絶えることがないのでありますが、私はこの観音様を広く全国のご遺族にお知らせいたしたく、「特攻関係資料」をお送り申し上げます。
おついでのときご参拝いただけましたらご英霊も、さぞかしお喜びのことと思います。[34]

飯野のこの手紙の日付は、一九六四年三月となっている。テレビドラマの放映が関係者の特攻平和観音参拝を促し、そのことが、「特攻の町」という知覧アイデンティティを生み出しているさまがうかがえる。

さらに飯野は、この手紙の末尾に「知覧基地の特攻隊員を主題とした映画『出撃』が日活で製作され、現在全国で上映中でございますが、銀幕に映る隊員の勇姿と決意は涙をそそるものがあります。ぜひご覧ください」と追記している。[35] 映画『出撃』も、高木俊朗の原作をもとに、滝沢英輔が監督し、一九六四年四月に公開された。

ドラマ『遺族』や映画『出撃』、そして高木俊朗『知覧』で特攻基地としての知覧が描かれたことが、戦友会関係者や遺族らの特攻観音堂参拝を促し、その延長で、知覧自身がそのような知覧像を逆輸入し、内面化する。こうしたプロセスを、ここに読み取ることができよう。

同床異夢

とはいえ、高木と知覧町の蜜月は、ほどなく終焉を迎えた。高木は『陸軍特別攻撃隊 新装版』（一九八三年）のなかで、「私の著書が出たあと、これに反論し、特攻を肯定する著作がつづけて刊行された」と述べ、そのひとつとして、知覧高女なでしこ会編『知覧特攻基地』（一九七九年）を挙げている。(36) のちの文章のなかでも、以下のように記している。

歳月が長く過ぎると、人々の記憶も伝承も変って行く。戦時中の知覧高女生であった人たちは、今もなお、忘れがたいものを胸に残していながら、そのひとりは言う。「特攻隊員たちは、日本の平和を願いながら出撃して行きました」これは、作り話だ。知覧には今、特攻平和観音と遺品館がある。町当局はこれを名所に仕立てて、町の繁栄策としている。町当局はこれを誇って言う。「厳しい訓練にたえた特攻兵を知ることは青少年の育成に役立つ」これは、戦時中の軍部の思想そのままである。(37)

陸軍報道班員としてインパールやレイテにも滞在した高木は、『インパール』『憤死』『陸軍特別攻撃隊』といった著書のなかで、効果がないことが明白でありながらも「死」を強いる軍の組織病理を苛烈に批判した。それは、『特攻基地知覧』にも一貫した問題意識であった。高木は同書のなかで、レイテ作戦で陸軍特攻を指揮しながら、ルソン陥落直前に台湾に逃亡した富永恭次中将に言及しながら、以下のように綴っている。

陸軍最初の特攻隊は、軽爆撃機を使った万朶《ばんだ》隊と、重爆の富嶽隊であった。両隊の隊員は、特攻計画の矛盾と無謀に悲憤していた。ある隊員の日記には、〝自分は今、死刑囚の気持でいる〟と書いてある。また、感状上聞に達し、二階級特進の名誉を与えられた隊員は、その後に生還したために、死を強制され、最後には射殺されようとした。これらの特攻隊を指揮激励して、「最後の一機で自分も突入する」といいながら逃亡した富永恭次軍司令官は、太平洋戦争史上の最大の汚点となった。[38]

図7　特攻銅像「とこしえに」除幕式（1974年5月3日）
出典：知覧特攻慰霊顕彰会編『魂魄の記録』知覧特攻平和会館、2004年

高木は、特攻隊員の死を美しく描くのではなく、「無駄な死」を死ななければならないことへの彼らの悲憤と、これらを生んだ組織病理や無責任を追及しようとした。必然的に、高木にしてみれば、「生と死のはざまのなかで苦悩しながら、永遠の平和を願い、国の護りに殉じていった若い人々」（知覧高女なでしこ会編『群青』）といった特攻理解は、「無駄死にを強いた暴力」から目をそむけているようにしか見えなかった。

むろん、高木の特攻隊員への思い入れとて、強烈な感情移入に基づくものである点で、かつての知覧高女生たちと変わりはない。高木は、報道班員時代の隊員へのインタビューや彼らに託された日記を通じて、隊員たちの心情に共感を抱いていた。

しかし、感情移入とは言っても、そのありようにはさまざまなものがありえた。隊員たちの「無念」を内在的に受け止め、「無駄死に」を強いた軍組織のありようを批判するものもあれば、隊員たちの「護国」「真情」の顕彰を志向するものもある。戦友会の顕彰活動にも結びつきながら、感情移入を語ってきた戦後知覧の動向は、高木にしてみれば、軍内部の歪みや暴力の歴史を隠蔽するものにしか見えなかった。

折しも一九七四年には特攻銅像「とこしえに」が建立され、翌年には特攻遺品館（知覧特攻平和会館の前身）が建設されるなど、特攻平和観音と護国神社がある旧飛行場跡地は、ますます「特攻の聖域」と化しつつあった。慰霊祭への参列者も、年々増加の一途をたどった。一九六四年は四〇〇人の出席であったが、一九八二年には八〇〇人、一九八五年には二〇〇〇人に達した。

知覧の聖域化が加速し、慰霊祭で軍歌が高らかに唱和される状況のなかで、高木と知覧町の同床異夢が露見することとなった。

三　「特攻」の前景化

地域の「英霊」の後景化

知覧における「特攻」の前景化は、その延長で地域の戦没者を霞ませることにもつながった。一九六〇年代の町報では、特攻平和観音堂と護国神社の慰霊祭は半ば一体化しつつ、ともに毎年報じられていた。だが、一九七〇年代になると、全国各地の遺族・戦友会関係者が集う特攻慰霊祭のみが大きく扱われるようになる。

慰霊祭に伴う祝祭行事にも、その傾向が表れていた。一九六六年七月二八日には、慰霊祭の記念行事として、高校生や社会人による柔道・剣道・弓道・野球などの競技が行われたが、その名称は「特攻観音夏祭り体育大会」であって、「護国神社夏祭り体育大会」ではなかった。[39] これは一九六〇年代後半のイベントであったが、すでにその頃から、特攻の前景化の兆候が見られていたことを示唆している。

図8　連載手記「亡き戦友をたずねて」
出典：『町報ちらん』1970年1月1日号

こうした記憶の選択の力学を最も明瞭に示すのは、慰霊祭日の変更である。先に述べたように、特攻平和観音堂の慰霊祭は、護国神社慰霊祭に合わせて、七月二八日に行われていた。しかし、一九七〇年になると、特攻平和観音慰霊祭は五月二八日に変更された。「参拝者の人々から酷暑の七月をさけ、もっとよい月を選んでくださいと望む声」があったため、「出撃の最も多かった五月を選」んだという。[40]

さらに、一九七四年に特攻銅像「とこしえに」が建立されると、その除幕式と合わせて、特攻観音慰霊祭は五月三日へと変更された。連休に当たることもあり、遠方の戦友会関係者にとって来訪しやすい時期であった。知覧特攻慰霊顕彰会『魂魄の記録』（知覧特攻平和会館、二〇〇四年）にも、「〔それまでの開催日であれば〕元隊員や関係者は会社勤めが多く休みが取れないため大型連休中の五月三日に〔慰霊祭が〕行われるようになった」とある。[41] 以後、五月三日が慰霊祭日として定着していく。

護国神社慰霊祭に合わせるかたちで設定されていた特攻観音慰霊祭の日程は、一九七〇年代に入ると、戦友会関係者の都合が優先されるようになった。そこには、知覧において「特攻」が地域戦没者から切り離されるようになる状況が透けて見える。

時を同じくして、地域戦没者に関する記事も、町報から姿を消すこととなった。一九七〇年頃までであれば、「遺族の皆さまへ」[42] などと題し、遺族援護申請に関する解説がなされたり、「亡き戦友をたずねて」といった東部ニューギニア遺骨収集記が連載されることもあった。[43] だが、旧飛行場跡において「特攻」が前景化するのと反比例するかのように、町報という公的なメディアからは、地域戦没者に関する言説が急速に失せていった。

過疎化の進行と「特攻」観光

本章冒頭で触れた町民体育大会（一九七四年）での「特攻出撃仮装行列」が行われたのは、こうした状況下であった。『町報ちらん』（一九七五年一一月一五日）によれば、同様の仮装行列は、翌年の町民体育大会でも催された。「役場青婦部が十日がかりで作った」という実物大模型は、小型エンジンつきでプロペラも回る仕掛けが施されていた（『町報ちらん』一九七四年一一月二〇日）。かなり精巧に作り込まれたものであったのだろう。ある参加者は、この時の強い印象を以下のように綴っている。

その日の運動会の花ともなった役場青年婦人部による特攻機「剣」の長さ八・五メートル翼幅八・四メートルと実物大の特攻機に小型エンジンを積んでプロペラも廻る所などほんものそっくりでびっくりするやら、ただ驚くばかりでした。〔中略〕敬礼することを知らないはずの現代の若者の司令官が特攻隊員に出撃命令を下し、〔中略〕司令官が隊員一人一人に「頑張ってくれ」「靖国神社で会おう」とか迫真の演技でありました。そして、女学生より花束をもらい、さっそうと特攻機に乗る隊員、それを見守る司令官、整備兵、特攻機が動き出すと後から桜の花枝をふりながら特攻機を見送る女子学生、出撃の模様を涙なくして見る事はできませんでした。ちょうど今から二十九年前、この知覧の基地から飛び去った特攻機、あの日の事を思い浮べ、悲しい時代があったんだなとつくづく思いました。(44)

町報
ちらん
過疎地域に指定される
緊急対策を計画中
特攻観音夏祭り
新茶もサービス

図9　過疎問題と特攻観音夏祭りを報じた『町報ちらん』（1970年6月15日）

戦後生まれの「現代の若者」が司令官や隊員になりきって「靖国神社で会おう」と語り、女性観覧者がそれに涙する状況が綴られている。そこには、世代や性別を超えた「特攻の記憶」の共有を見ることができる。そして何より、町内運動会の「花」となるイベントとして、あえて、しかも二年続けて特攻出撃の寸劇が選ば

図10　知覧特攻遺品館（1982年ごろ）
出典：知覧特攻慰霊顕彰会編『魂魄の記録』知覧特攻平和会館、2004年

れたことに、「特攻」が「知覧の体験」として内面化されていることがうかがえる。

こうした動向の背後には、過疎化の問題が横たわっていた。一九五九年九月の知覧人口は二万三一九一人であったが[45]、一九七〇年一一月には一万六八三三人へと減少していた（『町報ちらん』一九七〇年一一月一五日）。この間の減少はおよそ三割にのぼる。一九七〇年は国勢調査が実施された年であったが、その結果は、知覧の過疎化の急速な進行をまざまざと浮かび上がらせた。『町報ちらん』（一九七〇年一一月一五日）は、同年一〇月の調査結果を受けて、「国勢調査　町の人口は減る一方」と題した記事を、一面トップに掲げた[46]。

茶業も苦境に立たされていた。戦後の嗜好の変化を受けて、知覧では一九五〇年代初頭より紅茶生産に重点が置かれていた。しかし、一九六五年頃から、紅茶関税の引き下げや、紅茶をめぐる国際情勢の急変に伴い、鹿児島県は一九六八年度をもって紅茶生産の奨励政策を中止し

図11　遺品館前に置かれた仮装行列時の模造特攻機（1975年ごろ）
出典：前掲『魂魄の記録』

た。その頃、紅茶園は二二一ヘクタールに及び、七つの紅茶工場が稼働していたが、知覧町は転換（抜根改植）対策を施さねばならない状況にあった。[47]

そこで地域活性の起爆剤として期待されたのが、旧飛行場跡周辺の観光政策であった。観光対策特別委員会委員長・上野己吉は、一九七一年九月の知覧町議会において、「知覧町で考えられるものは、何といっても全国的にも有名になっている特攻観音付近の開発が最もよい策だと思う」「幸い知覧の特攻基地は、日本的いな世界的な史跡である。この開発を中心に対策を立てることが良策である」と述べ、「特攻」を軸にした観光政策の展開を力説していた。[48]

その一環として建設されたのが、特攻銅像「とこしえに」（一九七四年）と、特攻隊員の遺品を集めた特攻遺品館（一九七五年）である。知覧町は知覧特攻慰霊顕彰会を結成し、少飛会（陸軍少年飛行兵出身者による戦友会）との協力のもと、全国的に寄付を募って建設費を集めた。[49]もっとも、特攻遺品館の建設を賄うほどの寄付は集まらなかった。

図12　海中より引き上げられた零戦（1980年6月）
出典：前掲『魂魄の記録』

そこで過疎対策事業として過疎債を充当して運動公園休憩所を建設し、その二階部分が遺品館とされた。[50] そこにも、過疎化対策として「特攻観光」に傾斜していくさまがうかがえる。こうしたなかで、「特攻」は知覧における「地域の記憶」として内面化されていくこととなった。

真正性の後退

遺品館は、文字どおり特攻隊員の遺品を展示する空間ではあったが、当初は遺品が思うように集まらず、関係者は苦悩していた。開館前ではあるが、一九七四年三月一二日の知覧町議会において、ある議員は「実際遺品は、この前、去年私たちに見せたあの額のあれだけでございますか。（中略）遺品館として、まことにあのかっこうじゃみすぼらしい遺品だったと思うんですが」と述べ、厚生課長を詰問していた。[51]

こうした背景も関わっていたのか、先の町民体育大会の仮装行列で用いられた模造戦闘機はその後、遺品館正面に展示された。しかも、これは一時的なものではなく、のちに台風によって破損するまで、屋外展示は継続された。[52]「真正さ」にこだわるのではなく、模造品であっても誇らしげに展示するだけの「寛容さ」がうかがえる。[53]

同様のことは、特攻遺品館における零戦の展示にも見ることができる。一九八〇年六月、知覧町は、

図13　遺品館2階に展示された海軍機零戦
出典：前掲『魂魄の記録』

薩摩半島西方の甑島《こしきじま》手打港沖約五〇〇メートル、水深約三五メートルに海没していた零式戦闘機（零戦）を引き上げた。これは手入れがなされたうえで、特攻遺品館屋上テラスに展示され、同年八月一三日に除幕式が行われた。[54] 引き上げと修復には、三二〇万円の予算が充当された。[55] この動きは、鹿児島県紙でも大きく扱われ、『鹿児島新報』は「原形とどめ眠る特攻機　知覧町が零戦引揚げ計画」（一九八〇年六月四日）、「平和見守れ　感慨こめ展示除幕」（八月一四日）といった見出しで報じた。

引き上げられた零戦の残骸は、模造戦闘機とは異なり、「現物」ではある。しかし、零戦は、決して知覧に由来するものではない。あくまで零戦は海軍機であり、知覧で出撃命令を受けて飛び立った陸軍機ではない。引き上げられた零戦も、第二〇三海軍航空隊三〇三飛行隊のパイロットが乗機し、不時着水したものであった。[56]

プロローグでも述べたように、戦前の陸海軍はきわめて意思疎通が悪く、相互に不信感を募らせていた。資材の融通や軍事機密の共有さえ、ほとんどなされず、両者間のセクショナリズムは、日本軍全体の円滑な作戦遂行の妨げになっていた。[57]

もっとも、知覧を統括する陸軍第六航空軍は、沖縄戦期には海軍の連合艦隊指揮下に置かれた。沖縄方面への特攻作戦を陸海軍共同で遂行するためである。だが、かといって、知覧が海軍機の基地として使用されたわけで

図14　知覧特攻平和会館（1987年開館）に移設された海軍機零戦
出典：前掲『魂魄の記録』

はない。あくまで、知覧から飛び立ったのは陸軍機であり[58]、知覧住民が軍指定食堂や勤労動員などで触れ合ったのも陸軍パイロットたちであった。

その意味で、知覧との関わりが薄い零戦の残骸を、町が多額の費用を費やしてまで引き上げ、遺品館に展示したのは、いささか奇妙なことではあった。いうなれば、零戦の残骸は、知覧において、陸軍特攻機を代替するものに過ぎず、その意味で「模造」であり、「複製」でしかなかった。

奇しくも町報を紐解いてみると、一九七〇年代以降、知覧の特攻慰霊祭に旧海軍戦友会の関係者が参加していたことがたびたび報じられた。『町報ちらん』（一九七〇年六月一五日）には、元陸軍少年飛行兵八〇名のほか、「旧海軍の雄飛会の方々が全国各地から参列され」たことが記されている[59]。遅きに失した感もあるが、戦後二五年にして、陸海軍の融和が進んだのだろうか。

だが、それは見方を変えれば、知覧陸軍航空基地の範囲を超えた「特攻」の記憶を、知覧が内面化しつつあったことを指し示すものでもある。知覧住民にとって、陸軍特攻は外部の兵士たちの戦争体験でしかなかった。その陸軍特攻の記憶が選び取られ、前景化するなかで、地域出征者の戦争の記憶が遠のいていったことは既述のとおりである。外部の記憶の受容は、時に知覧基地へのこだわりさえも霧散させ、海軍をも含む「特攻」一般へと、「地域の記憶」を拡散させていったのである。

四　「継承」と固有性の喪失

固有性の後退

その後、遺品館の入場者数は増加の一途をたどった。一九七六年度には四万二二九二人であったものが、五年後の一九八一年度には一二万二七三人へと飛躍的に増加した。(60) 一九八三年八月一五日の『毎日新聞』(鹿児島版)には、「年間二十万人という入館者は、特攻隊員の遺族ら関係者のほか、遺族会、軍恩連の団体、指宿《いぶすき》などから足を延ばした観光客、日教組大会帰りの右翼団体員など多岐にわたる」ことが記されている。(61)

一九八七年一月には、遺品館を引き継ぐかたちで知覧特攻平和会館が開館した。特攻平和観音堂に隣接するこの記念館は、二〇〇一年度には七二万の入場者数を記録するなど、知覧観光を活性化させている。二〇〇四年には第五〇回祭を記念して、特攻平和観音堂が改築された。町有林の杉・檜の銘木が用いられ、木造銅板葺へと建て替えられた。参道も整備され、手水鉢にはつねに湧水が湛えられている。

図15　特攻平和観音堂（正面）と知覧町護国神社（左）（2014年8月6日、筆者撮影）
参道が特攻観音堂に向かって整備されていることも、両者の位置づけを暗示している。

それに対し、特攻平和観音の参道わきにある知覧町護国神社は、一九五五年に建立されて以来、特段の改修もなされぬまま、今日に至っている。築六〇年近くを経過したこの建物の表面には、風化したコンクリート建造物ならではの汚れやひびが目につく。古びた手水鉢は干上がっており、柄杓すら置かれていない。特攻観音から三〇メートルも離れていない位置にあるだけに、手入れがなされていない様子は際立っている。

「特攻」が圧倒的な存在感を放つのに比し、「地域戦没者」は後景の彼方に退き、来訪者の視野に入ることさえ少ない。今日の飛行場跡のありようは、これまでに見てきた知覧戦跡史の上に立つものである。

だが、知覧・木佐貫原の飛行場跡は、戦後の初期からこうした様相を呈していたわけではない。陸軍航空基地へと「動員」されたこの地は、戦後すぐに茶畑へと「復員」した。戦後一〇年にして特攻観音堂が建立されたが、それが地域アイデンティティの核であったとは到底言いがたく、その慰霊祭も、この地に移設された護国神社の祭日に合わせて行われていたに過ぎなかった。「特攻」は当初から「知覧の体験」などと目されていたわけではない。戦後知覧と戦後日本の変容が絡まりながら、「特攻」は地域の記憶として発見され、その「戦跡」が発明された。

以上に見てきたような「知覧の記憶」の構築過程には、固有性の喪失とでもいうべき状況が透けて見える。

かつてであれば、人びとは護国神社の慰霊祭にて、地域の戦没者に向き合っていた。知覧という小さな町の戦没者たちは、それなりに「顔が見える」存在であっただろう。その意味で、死者たちはいくばくかの固有性を有していた。そこでは、「特攻」は彼らに付随するものでしかなかった。この地の参道の名称が、「特攻観音参道」ではなく「護国神社参道」であったことも、それを物語っていた。

もっとも、護国神社において知覧の戦没者全般が「顕彰」されることは、一面では個々の戦没者の固有性を削ぐものでもあっただろう。中国戦線から、ニューギニア、レイテ、硫黄島、沖縄に至るまで、多様な戦争体験を経た知覧戦没者が一括りに顕彰される状況は、個々の体験や思念を掘り下げる営みとは異質なものである。ただ、そうだとしても、それは、少なくとも後年に比べるならば、地域戦没者の存在や体験が想起されていた状況を、ほのかに浮かび上がらせているようにも思える。実際に、一九六〇年代までであれば、町報で戦争体験記や遺骨収集の手記が掲載されたこともしばしばあった。そこでは、知覧の戦没者やその固有の経験が思い起こされていた。

しかし、一九七〇年代以降、地域戦没者の記憶は後景化し、「特攻（出撃）」の記憶のみが前景化した。それは、知覧住民が当事者として体験したものではなく、あくまで知覧の外部にある陸軍航空兵たちの経験であった。知覧住民はせいぜい彼らを目撃し、彼らに感情移入した体験を有していたに過ぎなかった。

戦友会の記憶の内面化

換言すれば、知覧は「戦友会（元特攻隊員）の記憶」を内面化するようになったともいえる。一九六〇年代後半以降、戦友会の活動が全国的に活性化したが、そのことは彼らが知覧を慰霊観光の対象として見出すことを促した。特攻平和観音堂慰霊祭の参加者数は増加し、それは護国神社慰霊祭よりもはるかに前景化するようになった。そのなかで、旧隊員や遺族と旧住民とが旧交を温めることもあったわけだが、これらを通して、知覧では、旧隊員や遺族たちの「特攻の記憶」を自分たちのものとして内面化するようになった。特攻銅像や遺品館が建てられ、全国から多くの遺品が集まるようになったことも、それを加速した。折しも過疎化に悩まされていた時期であった。それだけに「特攻」は観光資源として見出されるに至り、それはますます、自分たちの記憶として受容されていった。

とはいえ、旧特攻隊員たちのぎりぎりの心情がどこまで共有されえたのかというと、それはやや限定的だったのかもしれない。『町報ちらん』では、特攻平和観音慰霊祭にかつて第六航空軍司令官であった菅原道大ほか、軍上層部の出席がたびたび報じられていた(62)。だが、こうした慰霊祭の場であれば、軍や上層部の暴力に関する議論が避けられることは、想像にかたくない。

周知のように、特攻出撃においては、「自発的な志願」が暗に強制されがちであった。また、エンジン・トラブルなどにより基地に帰還した特攻隊員は、罵倒殴打されたあげく、機体修理後すぐに、しかも単機で再出撃させられることも少なくなかった。二五〇キロや五〇〇キロの爆弾を搭載している特攻機は機動性に劣るため、特攻出撃においては、敵機攻撃に備えて、敵艦船近くまで掩護《えんご》機が援護することが通例であった。特攻機単機での出撃は、戦術的な効果は何ら期待されず、ただ死を強要するものでしかなかった。高木俊朗も、報道班員当時と戦後の聞き取りを総合しながら、『知覧』『陸軍特別攻撃隊』のなかで、これらの暴力を詳述している。

しかし、特攻観音慰霊祭などの場でこれらに触れることは、おそらくきわめて難しいものであった。吉田裕の指摘にもあるように、戦友会は少なからず、「加害証言などを抑制し、会員を統制する機能」を有していた。かつての「戦友たち」が親睦を重ねることは、その延長で、「戦友会の構成員が戦場の悲惨な現実や、残虐行為、上官に対する批判などについて、語り、書くことを、統制し、管理」することにつながった。往時の上官と兵士たちの親睦の場は、証言や記憶を引き出すというより、その吐露にブレーキをかけるものでもあったのである。(63)

当然ながら、戦友会への参加を拒む者も少なくなかった。ある元兵士は、中隊戦友会の案内に対し、「あの戦時の中隊内は一生わすれない暴力の集団です。ですから中隊の会合又は刊行物等には不参加させていただきますので、今後一切便りをくれないで下さい」と綴っていたという。(64)古参兵から、執拗で理不尽な肉体的・精神的暴力に晒され続けたまま、敗戦を迎えた初年兵は、戦友会へ参加する気になどなれなかったのである。

「遺族への配慮」もまた、証言を抑制する機能を帯びていた。元兵士たちのあいだでは、遺族に対して、「凄惨で醜悪な戦場の現実」を伝えるべきではないという意識が共有されがちだった。それだけに、「遺族への配慮」は「客観的には、証言を封じるための『殺し文句』となってい」たのである。(65)

旧軍上層部と元特攻隊員、そして遺族が集う特攻観音の慰霊祭は、まさにこのような場であった。だとすれば、特攻出撃を強いた上官たちの責任や暴力は、そこでは触れがたい話題であった。知覧で継承され、内面化されたのも、まさにこうしたなかで紡がれた戦友会や遺族の「特攻の記憶」であった。『町報ちらん』における特攻平和観音慰霊祭の記事では、上官と末端の隊員との軋轢に対する言及は特段見られないが、それは行政広報紙の特性もさることながら、戦友会の証言抑制を経た記憶が知覧で「継承」されたことに起因するものでもあった。

ナショナルな知覧像の逆輸入

こうした動きは、ナショナルなメディアにおける知覧イメージを受け入れることとも重なっていた。高木俊朗「知覧」（一九六四－六五年）が『週刊朝日』に連載され、また、それが単行本化され大ヒットしたことは、全国的に無名の地であった知覧が広く知られることにつながっただけではなく、そこでの知覧イメージが知覧において逆輸入されることを促した。こうした動きの萌芽が、すでに一九六一年のＮＨＫドラマ『遺族』（高木俊朗原作、山田洋次脚本）の放映の際にも見られたことは、既述のとおりである。

むろん、旧軍の組織病理を批判的に論じた高木の「特攻」認識と戦友会の場で紡がれるそれとは、異質であった。だが、高木の意図とは別に、『知覧』はしばしば特攻隊員の純真さを美しく描いた物語として、受け止められるむきもあった。それは、かつての陸軍飛行兵でも例外ではなかった。全国少飛会（陸軍少年飛行兵の戦友会）の初代会長・清水秀治は、その設立集会の場で高木の『知覧』に言及しながら、以下のように語っている。

私はついこの間『知覧』という小説を読みました。特攻隊で出撃した我々の仲間達のことを見ました。某将校は特攻出撃を拒み、遂には飛行場で自爆したとのことでありましたが、それに引きかえ少年飛行兵は純真で大切な飛行機と共に、お国のために役立つことを誇りとして笑って離陸していったと言うことが書かれてありました。この気持こそ我々少年飛行兵の気持だったと思います。[66]

高木の意図を超えて、『知覧』が「お国のために役立つことを誇りとして笑って離陸していった」少年飛行兵の物語として受容されていることがうかがえる。当事者である元飛行兵にしてこうであれば、知覧住民が同様の理解をしたとしても不思議ではない。

知覧とメディアの往還

メディアや戦友会の期待を内面化しながら紡がれる知覧の自己像は、必ずしも知覧に留まるのではなく、それが逆に、メディアや戦友会へと還流される動きも見られた。

少飛会の機関誌『翔飛』では、「盛大だった知覧特攻観音祭」（創刊号、一九六八年）といった見出しのもと、たびたび慰霊祭参加者の感想・報告文が掲載され、知覧と元隊員との親和性が語られていた。元陸軍少年飛行兵の作家・神坂《こうさか》次郎《じろう》は、特攻隊員の手記や証言を集めた『今日われ生きてあり』（新潮社、一九八五年）を著したが、それは一九八二年に三七年ぶりに知覧を訪れたことが契機になっていた（『町報ちらん』一九八五年九月一日）。一九七七年には、かつて「岸壁の母」を歌いヒットさせた菊池章子が、鳥濱トメをモデルにした「基地の母」をテイチクレコードから発売した（第三章参照）。

これらの動きも、少なからず知覧で紹介された。一九七七年四月一日、知覧町体育館と特攻遺品館の二会場で、菊地章子による「〝基地の母〟演奏会」が開かれ、『町報ちらん』（一九七七年五月二〇日）でも、その様子が大きく扱われた。『町報ちらん』（一九八五年九月一日）には、神坂次郎が『今日われ生きてあり』を刊行したことに加え、その印税で石灯籠が寄進されたことが報じられていた。[67]

メディアの期待を内面化しながら紡がれる知覧の自己像を、戦友（会）やメディアが取り上げ、それを再び知覧が積極的に受容していく。こうした往還を通して、「特攻の町」というローカル・アイデンティティは、ますます強固なものとなった。

戦時の忘却

かくして、知覧の公的言説においては、地域に固有の戦争体験は後景に退き、元飛行兵たち（戦友会）の記憶、ひいてはナショナルな知覧イメージが、再生産されることとなった。

もっとも、知覧基地から出撃した陸軍特攻隊員の議論に特化していれば、知覧との関わりは、わずかながらもうかがえたのかもしれない。だが、特攻遺品館には海軍機・零戦の残骸が展示され、町報では元海軍特攻隊員の慰霊祭参加も大きく報じられるなど、知覧の枠を超えて、「特攻」全般が語られるようになっていった。「特攻」が声高に語られるほど、知覧の体験の固有性から遊離していく状況を、知覧の戦後史に見ることができよう。

知覧における固有性の喪失は、戦争に熱を上げた往時の経験を見えにくくさせることにもつながったのかもしれない。『知覧町報』（一九三八年一二月三〇日）には、知覧高等女学校生による以下の文章が掲載されていた。

「漢口陥落」

おゝ！、何といふ快い響きを持つ言葉でせう。私達はどれ程この公報を待つて居た事か。忘れもしません、去る十月二十七日午後五時半、陸軍省から、こう発表された時、私達は思はず万歳を叫びました。兵隊様、本当に有難うございました。〔中略〕私達も早速翌日盛大な旗行列をいたしました。花火のさく裂、打ち振る旗の波、そしてその波から沸き起る勇ましい軍歌、歓

図16　武漢三鎮陥落を祝う長蛇の旗行列（1938年）
出典：知覧町教育委員会所蔵（撮影日不詳）

図17　特攻機を見送る知覧高女3年の生徒たち
出典：知覧高女なでしこ会編『群青——知覧特攻基地より』高城書房出版、1996年

声、小さい私共の町はこの日ばかりは日の丸で埋められたかの様でした。(68)

漢口陥落のニュースをめぐる知覧町の高揚感が、生き生きと感じられる文章である。のちに特攻隊員の出撃に涙し、戦後はその回想録を編纂する知覧高等女学校の生徒たちは、日中戦争下の帝国陸軍の進撃に歓喜する少女たちでもあった。

むろん、戦争遂行への高揚感は知覧に限るものではなく、広く国内で見られたものである。だが、それも含めたさまざまな体験のなかで、知覧では「特攻」への感情移入の記憶が選び取られた。今日、旧飛行場跡地の特攻平和会館に多くの観光客が訪れているのも、いうなればそれに端を発する。だが、それは、知覧住民に固有の体験から遊離することを意味する。そこに浮かび上がるのは、「継承」の過程で何かが削ぎ落されてきたさまではなかろうか。

知覧の固有性を欠いた「特攻」が声高に語られるほど、知覧住民に固有の戦争体験が問われなくなる。こうした記憶の力学は、知覧のみならず、さまざまな戦跡地域の「記憶」に通じる事柄なのかもしれない。むしろ、「外部」の特攻隊員の体験が地域のシンボルと化した知覧は、固有性の欠如と戦争語りの量産が並走しがちな「戦争の記憶」の戦後史を、凝縮されたかたちで指し示しているのではないだろうか。

戦後、七〇年が経過しようとしている。今後も「継承」の切迫感はおそらく多く語られようが、はたして「忘却」を思い起こす営みは、どれほど見られるだろうか。継承されようとしているものは、多くの場合、幾多の忘却を経た残滓でしかない。はたして、継承すべきは、その残滓なのか、それとも忘却されてきたものなのか。旧飛行場跡地の戦後史は、今日のわれわれにこうした問いを投げかけている。

［註］

（1）「第十一回町民体育大会　融和の中に笑いの渦　特攻機も出撃（仮装行列）」『町報ちらん』一九七四年一一月二〇日。
（2）知覧高女なでしこ会編『群青――知覧特攻基地より』高城書房出版、一九九六年、四頁。
（3）知覧特攻慰霊顕彰会編・発行『魂魄の記録』二〇〇四年、二四‐二五頁。
（4）同前。
（5）知覧町郷土誌編纂委員会さん『知覧町郷土誌』知覧町、一九八二年、九六五頁。
（6）同前、五九二頁。
（7）同前、九六四頁。
（8）瀬戸口幸一「土地強制収用と特攻機の墜落」『知覧文化』一九九三年三月号、二五〇頁。
（9）同前、二五〇‐二五一頁。
（10）『知覧郷土史』（前掲）、五九三頁。
（11）前掲『魂魄の記録』七七頁。
（12）「特攻観音をめぐる秘話」『新鹿児島』一九五六年一〇月二五日。
（13）拙著『殉国と反逆――「特攻」の語りの戦後史』青弓社、二〇〇七年、四九頁。
（14）「特攻観音をめぐる秘話（上）」『新鹿児島』一九五六年一〇月二五日。
（15）同前。
（16）知覧出身の戦没者については、前掲『知覧町郷土誌』九九九‐一〇三三頁参照。
（17）前掲『知覧町郷土誌』一一一七頁。護国神社や豊玉姫神社など、知覧の諸神社を司る赤崎家の当時の文書（「護国神社〔昭和〕二十四年度決算」）にも、「現在、総司令部の護国神社に対する方針が未決定のため予算の計上もなく、宮司の自弁にて最小限の祭祀を行ふ」とある（豊玉姫神社・赤崎家所蔵）。
（18）知覧護国神社再建復興のための会合の案内文（一九五七年一月二五日、赤崎家所蔵）。同文書には執筆年の記載はないが、同会合の筆頭呼びかけ人である町長・飯野武夫が、『知覧町報』（一九五七年二月一〇日）に同趣旨の記述をしていることから、同年のものと判断される。

(19) 前掲『知覧町郷土誌』一〇七六頁、一〇九七頁。

(20) 豊玉姫神社は、枕崎台風（一九四五年九月）やルース台風（一九五一年一〇月）で屋根が痛みながらも、資金難のため、修繕ができずにいた。こうしたこともあり、知覧町から豊玉姫神社に対し、護国神社移転に伴う町への土地譲渡の見返りとして、修繕費三〇万円が支出された。当時の土地所有権移転誓約書（赤崎家所蔵）には、豊玉姫神社・護国神社宮司（赤崎好春）が町長に宛てて、「右は招魂社敷地として私が管理していましたが、この度町有住宅敷地として所有権管理権一切を次の条件により町に譲渡しますことを誓約いたします」「条件　これの代償として豊玉姫神社屋根修繕費として金参拾万円町より支出すること」とある。ただ、豊玉姫神社におけるこのような状況があったとはいえ、知覧町全体としてみれば、「地域の英霊の社」を戦後復興に伴う町営住宅に置き変えることに躊躇がなかった状況がうかがえる。

(21) 飯野武夫「護国神社の造営について」『知覧町報』一九五七年二月一〇日。

(22) 知覧護国神社再建復興のための会合の案内文（一九五七年一月二五日、赤崎家所蔵）。

(23) 飯野武夫「護国神社の造営について」『知覧町報』一九五七年二月一〇日。

(24) 「護国神社遷座祭も終る」『町報ちらん』一九六〇年一月一日。

(25) 知覧町編・発行『いにしえの時が紐解かれるちらん』（一九八七年）では、護国神社参道碑が写された写真のキャプションとして、「特攻観音参道」と記載されている。一九八〇年代にはこの参道が、護国神社参道ではなく特攻平和観音堂の参道として認識されていたことがうかがえる。

(26) 「護国神社、特攻観音夏祭り」『町報ちらん』一九六六年八月一〇日。

(27) 「護国神社の夏祭り」『町報ちらん』一九六一年八月一〇日。

(28) 「特攻観音の夏祭り」『町報ちらん』一九六四年九月一五日。

(29) 「護国神社・特攻観音夏祭り」『町報ちらん』一九六九年八月一五日。

(30) 「特攻平和観音慰霊祭」『町報ちらん』一九七一年六月一五日。

(31) 野上クニ「特攻平和観音夏祭りに参加して」『白い雲』第二五号、知覧町婦人会、一九六九年、二六頁。

(32) 拙著『「戦争体験」の戦後史』中公新書、二〇〇九年。拙著『殉国と反逆』青弓社、二〇〇七年。吉田裕『兵士たちの戦後史』岩波書店、二〇一一年。
(33) 陸軍少年飛行兵の戦友会組織の端緒としては、青木中（少年飛行兵第一六期）が中心となって創設された雄飛会が挙げられる（一九四六年秋）。ただし、これは会員が予科練や特別操縦見習士官関係者にまで広がっていた。一九五五年には社団法人日本雄飛会へ改編され、一九五八年には靖国神社で実質的な第一回慰霊祭が開かれたが、「一部の役員に組織を利用される」「右翼に政治の後おしをさせられた」といったことから、その慰霊祭終了後の懇親会で決裂状の署名がなされる事態となった。そこから、従来の社団法人雄飛会と袂を分かったグループが、慰霊碑建設運動と『雄飛通信』『少飛通信』の発行を重ねて、一九六八年に少飛会が立ち上げられた。『翔飛』（少飛会）創刊号、一九六八年九月、二頁、七頁。
(34) 『特攻隊関係資料』（航空自衛隊幹部候補生学校）所収、発行年不詳（鹿児島県立図書館所蔵）。
(35) 同前。
(36) 高木俊朗「新装版あとがき」『陸軍特別攻撃隊』文藝春秋、一九八三年。
(37) 高木俊朗「角川文庫版あとがき」『特攻基地知覧』（改版）角川文庫、一九九五年、三六四頁。
(38) 高木俊朗『特攻基地知覧』（改版）角川文庫、一九九五年、三六〇頁。
(39) 『町報ちらん』一九六六年八月一〇日。一九六八年にも同様の町民競技大会が開かれている。「護国神社 特攻観音 夏祭り」『町報ちらん』一九六八年八月一五日。
(40) 「特攻観音夏祭り」『町報ちらん』一九七〇年六月一五日。
(41) 前掲『魂魄の記録』七二頁。
(42) 「遺族の皆さまへ!!」『町報ちらん』一九六五年二月一日。
(43) 『町報ちらん』一九七〇年一月一日、二月一五日、三月一五日。
(44) 折田フサコ「町民体育大会によせて」『白い雲』第三二号、知覧町婦人会、一九七五年、一二九頁。
(45) 「知覧町の人口の動き」『町報ちらん』一九六〇年一月一日。
(46) 『町報ちらん』一九七〇年一一月一五日。
(47) 前掲『知覧町郷土誌』五九三－五九六頁。

(48)「知覧町議会第三回定例会」『知覧町議会議事録』一九七一年九月二八日、一四一―一四二頁。
(49)同前、一五一頁。「特攻銅像と遺品館を建立」『町報ちらん』一九七一年一〇月一五日。
(50)「知覧町議会第一回定例会議録第一号」『知覧町議会議事録』一九七四年三月一二日、一二一頁、一二九頁。
(51)「運動公園休憩所が完工」『町報ちらん』一九七五年四月二〇日。
(52)「知覧町議会第一回定例会議録第一号」『知覧町議会議事録』一九七四年三月一二日、一二三〇―一二三一頁。
(53)前掲『魂魄の記録』七四頁。
(54)なお、『町報ちらん』(一九八九年五月二五日)には、陸軍戦闘機・隼の一〇分の八模型が寄贈されたことが報じられている。寄贈したのは、山口市在住の元陸軍少年飛行兵第一九期の勝力和太であり、一二〇〇万円の私財を制作に投じたという。この模型はもともと、勝力が経営するペットショップの店頭に展示されていた。町報の記事には、「復元機は迷彩色も鮮やかで模型とはいえ、迫力は十分」であることが記されており、この模型は特攻平和会館の一角に展示された。「平和会館　隼戦闘機を引き渡し」『町報ちらん』一九八九年五月二五日。
(55)「感慨こめ展示除幕」『鹿児島新聞』一九八〇年八月一四日。
(56)「零戦あすにも浮上」『毎日新聞』一九八〇年六月一一日。本来、引き上げ費用だけでも一〇〇〇万を超える金額が見込まれたが、鹿児島市内の建設会社が「『お役に立つなら』と同町〔知覧町〕の予算内で奉仕作業することになった」という(「雄姿〝零戦〟いまいずこ」『西日本新聞』一九八〇年六月一四日)。
(57)引き上げられた零戦には、第二〇三海軍航空隊三〇三飛行隊の竹島春吉上等飛行兵曹が搭乗していた。同機は一九四五年春ごろ、エンジン・トラブルにより薩摩郡甑島の手打港沖に不時着水した。搭乗員は五〇〇メートルを泳いで、港にたどり着き、住民によって救助された。「零戦あすにも浮上」『毎日新聞』一九八〇年六月一一日。「原形とどめ眠る特攻機」『鹿児島新報』一九八〇年六月四日。「感慨こめ展示除幕」『鹿児島新報』一九八〇年八月一五日。「平和への願いしみじみ」『南日本新聞』一九八〇年八月一五日。
(58)なお、海軍鹿屋基地から一二人の陸軍特攻隊員が出撃している。陸軍第六航空軍が、海軍・連合艦隊の指揮下に置かれたゆえに可能になったこととはいえ、これは例外的な事例である。これは、重量の大きな爆弾を装備したため、舗装された滑走路からの離陸が必要であったことによる。『魂魄の記録』七一頁。

(58) ただし、エンジン・トラブルなどにより知覧基地に不時着した海軍特攻機が、その後、知覧から特攻に飛び立ったケースは、少ないながら存在した。この点については、鹿屋航空基地史料館・野添博志氏のご教示による。

(59)「特攻観音夏祭り」『町報ちらん』一九七〇年六月一五日。なお、この記事によれば、同年の特攻観音慰霊祭には、菅原道大のほか、かつて陸軍航空士官学校校長を務め、戦後は反戦運動に力を注いだ元陸軍中将・遠藤三郎も参列していた。特攻隊員の慰霊祭が、反戦運動と矛盾しない（と解されていた）側面があったことも、見落とすべきではないだろう。

(60)「知覧特攻平和会館入館者数」（知覧特攻平和会館提供）。

(61)「'83知覧の夏⑤　教育に知覧を　平和を伝えるメッカに」『毎日新聞』一九八三年八月一五日。なお、同記事には、遺品館の入館者増加の一方で、鹿児島県教職員組合知覧地区協議会役員の「町出身の特攻隊員がいないため、もう一つピンとこない」という発言も紹介されている。知覧において「特攻」が前景化しつつも、それはあくまで「外部」の記憶を内面化したものに過ぎないことが、浮き彫りにされている。

(62) たとえば、「護国神社、特攻観音夏祭り」（『町報ちらん』一九六六年八月一〇日）、「特攻観音夏祭り」『町報ちらん』一九七〇年六月一五日）など。

(63) 吉田裕『兵士たちの戦後史』岩波書店、二〇一一年、一一一頁。「遺族への配慮」もまた、同様の機能を帯びていた。遺族に対しては、「凄惨で醜悪な戦場の現実」を伝えるべきではないという意識が、元兵士たちのあいだで共有されていた。それだけに、「遺族への配慮」は「客観的には、証言を封じるための『殺し文句』となってい」たのである。同書、一八七頁。

(64) 吉田裕『兵士たちの戦後史』岩波書店、二〇一一年、一六〇頁。

(65) 同前、一八七頁。

(66) 清水秀治「全国少飛会の皆様」『翔飛』（少飛会）創刊号、一九六八年、一頁。

(67)「此涙空蓄而無池の銘刻み　三角兵舎跡に献灯」『町報ちらん』一九八五年九月一日。

(68)「知覧高女慰問文」『知覧町報』一九三八年一二月三〇日。

第二章　〈平和の象徴〉になった特攻
――一九八〇年代の知覧町における観光と平和

山本昭宏

テレビドラマのなかの知覧

一九八一年二月二三日、知覧を舞台にしたテレビドラマ『空よ海よ息子たちよ』が放映された。TBSが製作していた「昭和の中の家族シリーズ」のなかの一編であり、前章で触れられた高木俊朗の著作『知覧』と『陸軍特別攻撃隊』が原作にクレジットされている。脚本を手がけたのは、『二十四の瞳』などの映画で知られるとともに、テレビドラマの監督としても活躍した木下恵介。知覧にあった二つの旅館の女主人を吉永小百合と渡辺美佐子が、出撃する隊員を三浦友和と勝野洋が、報道班員を石坂浩二が演じた。キャスティングからもTBSの力の入れようがうかがえる。

このドラマの冒頭場面は、一九八〇年代初頭に、知覧町を訪れる人びとに関してある変化の兆しがあったことを示唆している。その変化とは、どのようなものだったのか、冒頭場面を確認しよう。

冒頭の時制はドラマが放映された一九八一年という「現在」である。バイクでツーリングをする二人の若者が、知覧町を訪れ、昼食をとるために食堂に入る。注文を済ませた後、若者の一人は、無愛想な若い女性店員に向かって「特攻観音って近いの？　遠いの？」とたずねる。すぐさま、自分たちは四国の高松から遠路はるばる来たのだとつけ加えると、店員は「わざわざ来やったとな！」と方言で返事し表情を崩す。それに対して、若者は「とんでもない」と笑顔で否定し、次のように続ける。自分たちは指宿を目指しているのだが、父親に途中で知覧に寄ってくれと言われたのだ。だから自分たちは知覧に興味があるわけではない、と。すると、隣に座るもう一人が「こいつの親父、特攻くずれなんだ」と補足する。その後、店員が厨房に消えると、一人があることに気づく。

「あら、この食堂じゃないのか？　ほら、お前の親父が言ってた」

慌てて立ち上がり暖簾を確認すると、食堂の名前は「富屋食堂」だとわかる。若者は、厨房の店員に声を上げる。「この家に、うんと気前のいいおばあちゃんいるでしょ？」。

そして、カメラが、整備される前の街路と武家屋敷群、そして特攻銅像といった知覧の「現在」を映し、ドラマは一九四四年に遡る。特攻作戦の立案から、特攻隊員たちの知覧での最後の日々、そしてそれを見送った女性たちの群像を描いていく。

この冒頭の場面が示唆するのは、あえてわかりやすく述べるならば、知覧町を訪れる人びとの動機の変化である。遺族や戦友による慰霊旅行から、より一般的な観光へと、徐々に重心が移りつつあった。もちろん、一九八〇年代を通して、特攻隊員の慰霊顕彰のために知覧を訪れる遺族や戦友は多

図1　テレビドラマ『空よ海よ息子たちよ』
出典：TBSオンデマンド

かった。とくに戦友や隊員の兄弟たちは、一九八〇年代に定年退職した者が多く、時間的余裕が増えたために、知覧を訪れやすくなっていた。他方で、一九八〇年代は、戦友や遺族以外の人びとが、知覧に観光に来るという例も増えはじめていたのである。

　前章が明らかにしたように、知覧は一九八〇年代初頭までに、遺品館や展示用の戦闘機などを整備し、慰霊に訪れる者だけでなく、観光客向けの自画像を描きはじめていた。そのなかで、知覧の内部ではナショナルな特攻イメージが再生産されていた。しかしながら、おそらくは一九八〇年代に入ってもなお、遺族や戦友以外の多くの人びとにとっては、知覧は疎遠な土地であり、特攻の町というアイデンティティが広く知られていたとは言いがたい。とくに若い世代に、その傾向は顕著だっただろう。ドラマのなかの若者たちは砂風呂で有名な指宿を訪れるのが主目的で、知覧を訪れた理由は、元特攻隊員の父に頼まれたからだった。ドラマの脚本が、元特攻隊員に知覧を再訪させるのではなく、元特攻隊員の息子に初めて知覧を訪れさせたのは、戦争体験を持たない多くの視聴者の関心を引くというねらいもあったかもしれない。ただ、それに加えて一九八〇年代には慰霊を目的としない一般観光客が増えていたこととも関係があるだろう。

このように、知覧町が有する特攻遺品や遺構が、慰霊顕彰の対象から、より一般的な観光客向けの観光資源へと変化していく過程を明らかにするのが、本章の目的である。一九八〇年代の知覧町は、自分たちが有する特攻基地をめぐる経験や資源を、観光客の増加という事態を前にして、どのように捉え、どのように扱ったのだろうか。

まずは、冒頭で紹介したドラマ『空よ海よ息子たちよ』の背景を確認しよう。なぜ一九八一年に、特攻基地知覧をめぐる物語がドラマになったのだろうか。

一　特攻物語の陥穽

美談調の語り

この作品が製作された背景には、「中央」の知識人たちが感じる「右傾化」への危機感があった。ドラマの脚本を担当した木下惠介は製作発表の席上で「事実をそのままドラマにしたつもり。国を守るために命をささげたという点に日本の特質があるが、軍備拡張がいわれる最近の風潮のなかで、この点をもう一度考え直してもらいたい」と述べた(1)。また、原作者の高木俊朗は、このドラマの企画を高木に持ち込んできたプロデューサーから「最近の政治が右寄りの傾向になっているから、その歯どめになるように、戦争の実態をえがく企画があるべきだ」と説得されたと述べている(2)。

このように、製作者側から「軍備拡張」や「右傾化」という言葉が語られたのは、それなりの理由があった。当時、鈴木善幸首相は、レーガン米大統領との間で日米の協力強化について調整を進め、安全保障体制の構築に努めていた。その姿勢は、具体的には防衛費の増大として表面化した。ドラマの放映後も、一九八二年の歴史教科書問題や一九八五年の首相の靖国参拝などが国内での議論の焦点となり、「右傾化」を印象づけた。

しかし、「右傾化」への危惧という製作者のメッセージがテレビドラマに反映されたかといえば、それには疑問が残る。むしろ、特攻の物語化が呼び寄せてしまう美談調の語りは、製作者の意図に反して、「右傾化」と相性が良かった。

ドラマに描かれた特攻隊員たちは、時に作戦そのものへの疑問を抱きながら、国家や家族、次世代の人びとといった、自分以外の何か・誰かのために死ぬのだと自らに言い聞かせて、出撃していく。見送る人びとは、彼らの死を想い、その内面を想像してともに涙を流すことはできても、彼らの出撃を止めることはできない。佐藤忠男は、特攻映画について「ただひたすら、己が不運についての思弁と憐憫と美化に終始することを許される稀なジャンル」と述べているが、佐藤が言うように特攻物語が描くのは、隊員たちが死を受け入れるプロセスだといえるだろう[3]。死を決意した特攻隊員たちの「至純」な思いを説得的に、共感を誘いながら描くことが、特攻映画の主眼なのである。「こんなことを繰り返してはならない」というメッセージを最後につけ加えたとしても、物語のなかで特攻隊員たちが自ら死んでいく姿は美談として語られているといえる。

過去の特攻映画

そのような美談調の語りから特攻を解放しようとする試みが、過去に存在しなかったわけではない。映画『あゝ同期の桜』（中島貞夫監督、一九六七年）では、敵艦の艦砲射撃を受け、命中することなく海に落ちていく戦闘機の実写映像をラストシーンに配し、墜落する戦闘機を背景に「その瞬間、彼らはまだ生きていた」という字幕を入れた[4]。

同様の演出は映画『人間魚雷回天』(松林宗恵監督、一九五五年)にも見出すことができる。この映画の最終盤では、故障によって海底に沈んだまま、ゆっくりと回天のなかに海水が入り込むという死に方が描かれている。敵艦に命中するのではなく、海底で不本意なまま死を待つしかない隊員の姿が強調されていた。これらの映画は、勇壮な出撃シーンで終わるのではなく、無謀で非人間的な作戦の帰結を示すことで、美談調の語りを回避したのである。

このような試みは存在するものの、特攻を主題にした作品においては、特攻隊員たちの死という終幕はあらかじめ定められており、そこに至る過程で特攻隊員と周囲の人びとの関係を濃密に描けば描くほど、死のカタルシスは増大し、美談調の語りへと滑り落ちやすい。彼らの死を「犬死に」として描くことによって、彼らを無駄に死なせたのは誰なのか、という戦争責任の問題を提示することが可能になるが、それは一方で、「英霊」に対する侮辱として受け止められかねない。それは商業映画やドラマにとって痛手となるため、避けられがちである。

特攻隊員たちは、戦争状態のなかで敵を殺す任務を担ったという意味で、加害者としての側面を有していた。それと同時に、必ずしも自ら望んだとはいえない自爆攻撃を受け入れざるをえなかったという意味では、被害者でもあった。しかし、この加害と被害の両義性は、物語のなかでほのめかされる場合もあるが、決して明示されない。むしろ、多くは隊員たちの出撃の場面で終わることで、物語は隊員の死と米兵の死をともに隠蔽し、誰かのためにあえて死ぬ決意をした若者の姿を強調するのである。

このような傾向は、近年の特攻の物語に顕著である。そこでは、戦争体験を持たない世代の主人公が、特攻隊員たちの内面を想像したり、タイムスリップして特攻作戦の一部を「体験」したりしなが

ら、何か・誰かのために死んでいった隊員の姿に感動するという物語が描かれている。(5)

「なでしこ会」の語り

特攻の物語化に伴うこのような難題は、映画やドラマといったフィクションに限らず、特攻を語るという行為そのものが持つ問題であろう。特攻遺品館を持ち、年に一度は慰霊祭を開催していた知覧町内部でも、特攻が完結した美談として語られる傾向があった。

ここでは、知覧高女「なでしこ会」の特攻の語りを確認しておこう。戦中に知覧高等女学校の生徒として女子勤労奉仕隊に所属し、特攻隊員の世話をした女性たちは、戦後「なでしこ会」を結成した。彼女たちは、一九七九年に『群青――知覧特攻基地より』という回想録を出版している。そのなかで、特攻隊員たちの姿は次のように振り返られている。

　いま私たちが手にしている平和が、数多くの人生とかけがえのない青春の上に築かれていることを忘れ、自分の利害だけで、権利ばかりを主張して責任を果たさない風潮が一般的になったと、よく人々から聞かされるようになりました。こんなとき、平和を願い、すべての私情を断ちきって短い人生を終えていった特攻隊員を、その出撃直前まで目のあたりにしてきた人々の中から、「歴史の証言として何かを残すべきではないか」という声がもちあがりました。(6)

注目すべきは、特攻隊員たちが「平和」を願っていたという理解が語られていることである。たしかに、銃後の家族や知人など大切な人びとの安寧を願っていただろうし、戦争のない世界を望んでいた隊員も存在した。しかし、知覧から出撃した隊員たちが皆そうだったとは限らないし、死者の内面を確かめる術はもう残されていない以上、出撃した特攻隊員の内面をたやすく記述することはできないはずである。いずれにせよ、その内面がわからないからこそ、多様な解釈が成り立ってしまうのだろう。そして、多様な解釈のなかでも、最も口当たりがよく、感動できるものが主流をなしていく。特攻隊員は「平和を願い、すべての私情を断ちきっ」た者として褒め称えられるのである。

特攻隊員の称揚は、知覧町内部で語り継がれる限りにおいては、対立を生むことはなかったが、「中央」の知識人はそのような語りを違和感とともに受け止めた。

特攻遺品館と高木俊朗

前章の議論でも触れられていたが、美談として語られる特攻に強い拒否感を抱き、それを表明し続けてきた人物に、戦記作家の高木俊朗がいた。高木がこだわったのは、知覧町の慰霊祭や遺品館の展示のあり方だった。高木は『朝日新聞』の取材に対して、毎年五月三日に営まれる慰霊祭が、靖国神社に似た色彩を帯びてきたと指摘し、「慰霊祭は旧軍の将軍を先頭に、自衛隊の音楽隊まで引っ張り出して、当の遺族はその陰におかれている。いったい特攻隊は、あの犠牲は何であったのか」と厳しい口調で答えている(7)。では、高木が違和感を持った知覧町の慰霊祭や遺品館の展示は、いったいどのようなものだったのだろうか。

第六航空軍の司令官だった菅原道大らが戦後に特攻観音を置いて以来、知覧町の側は、戦争の意味づけや戦争責任問題には決して言及せず、特攻隊員は殉国の至純な思いから志願したとして特攻隊員たちの慰霊顕彰に注力してきた。その認識は旧軍関係者の特攻観と変わるところはなかった。このような語り口が、遺品館をめぐって再生産されていたのである。たとえば、鹿児島県知事の金丸三郎は「特攻銅像の建立　特攻遺品館の建設　趣意」のなかで、次のように特攻を称えている。

翼にくっきりと日の丸を、また胴体には必殺の爆弾を抱いて出撃を待つ特攻機。そのタンクの中には敵艦に突撃するまでの片道ガソリンしか貯えず、七生報国の鉢巻も凛々しく、莞爾として操縦桿を握る若鷲の五体には敵艦轟沈、祖国必勝を念ずる熱血だけがかけめぐり、まなじりを決したその姿こそは崇高至純、まさに護国の神であったといえましょう。(8)

慰霊に訪れる人びとも、このような戦前・戦中を想起させる慰霊顕彰のあり方に疑義を呈することはほとんどなかった。観光客が増え始めていたとはいえ、知覧町まではるばる慰霊に訪れるのは元特攻隊員や遺族らが中心であり、それを迎える知覧町の人びとも特攻隊員たちとの個人的思い出を胸に抱いて参列してきた。特攻隊員の慰霊顕彰に集う人びとが優先するのは、特攻作戦の可否やそれが志願であったか強制であったかではなく、一人ひとりの特攻隊員の死を悼むことだった。

高木俊朗の違和感

当事者たちにとっては違和感なく受け止められた慰霊顕彰のあり方は、高木俊朗にとっては許しがたいものだった。報道班員として特攻隊員の最期を見届けた経験をもつ高木は、それが「志願」と呼べるものではなかったこと、非人道的作戦の立案者たちがほとんど責任を取らなかったことに怒りを抱いていた。そして、その怒りの矛先は、旧軍関係者の特攻観をそのまま再生産する（かのように高木には見えた）知覧町の人びとにも向けられた。

一九七九年八月、高木は知覧町の特攻遺品館を訪問している。当時の遺品館は、多い日は五〇〇人を超えるほどの賑わいを見せていた。(9) 館内では特攻作戦を説明する音声解説が流れていたが、その解説の文章には、高木自身の著作が無断で取り入れられていた。さらに解説自体も、「浪曲交じりのお涙ちょうだい式」のものであり、みやげ物の販売にも違和感を持った。

高木は言う、「特攻遺品館は、低俗、後進意識で運営されている」「特攻を観光化して不潔」「なによりも、あの解説を聞かせることをやめて、静かな追悼曲を流すべきです。また館内の売店のありかたも反省すべきです。正確に特攻の切実さを知らせる物を並べるべきです」と。[10]

このような批判を、知覧町の側は十分に意識していたように思われる。そして、知覧町は特攻観光のインフラ整備に邁進する過程で、慰霊顕彰の言葉を調整しはじめる。従来までの、戦中の美辞麗句をそのまま繰り返すような慰霊顕彰の言葉ではなく、より簡素な言葉を使うようになるのである。一九八〇年八月一四日に開かれた零戦の展示の除幕式で、塗木早美町長は以下のように述べている。

特攻勇士の慰霊顕彰のうえから、特攻機展示を念願していた。三五年目の終戦記念日を前に、平和を願ってここに展示できることは最高の感激。[11]

折しも、一九八〇年六月、薩摩郡甑島の手打港に沈んでいた海軍の戦闘機零戦が発見された。知覧町は早速、零戦を引き上げて遺品館に飾るため、予算三〇〇万円を計上した。[12] 海底から引き上げられた零戦のプロペラ、エンジン部分、胴体つき右翼は、特攻遺品館の二階ロビーにて展示された。その除幕式での町長の発言からは、「慰霊顕彰」と「平和」とが共存する様子を見て取ることができる。

「特攻の町知覧」の認知度が高まったのは、高木俊朗の貢献が少なくないが、その高木は知覧町の特攻の語りに批判を強めていた。知覧町がそれを知らなかったはずはない。その批判を意識しながらも、従来どおりの慰霊顕彰を続けるためのレトリックとして、「平和」への願いという言辞が見出されたと考えることができる。先に確認したように、知覧高女「なでしこ会」は、特攻隊員たちが「平和」を望んでいたという理解を打ち出していた。一九七〇年代末から、八〇年代初頭にかけて、特攻隊員たちは「平和」を願っており、それを語り継ぐ知覧町もまた「平和」を願っているという語りが相次いで登場したのである。

特攻と「平和」との結びつきは、一九八〇年代以降も繰り返し語り直され、特攻を観光資源として捉える見方とも結びついていく。その背景には、一九七〇年代から続く観光客の増加と、それに対応するために観光インフラを整備しようとする知覧町の取り組みがあった。

二　慰霊と「平和」の同居

観光インフラの整備

一九七〇年代後半から八〇年代にかけて、知覧町を訪れる観光客数は右肩上がりで増えていた。南日本新聞社の調べによれば、一九七五年に約二万五千人だった観光客が、一九八四年には約二一万にまで増加したという[13]。

しかし、観光客の増加は、手放しで歓迎されたわけではなかった。知覧町のシンボルとなりつつあった鳥濱トメは、当時の報道で、増加する観光客について次のように心情を吐露している。

特攻基地跡を訪れる観光客は約十万人（五十四年度、町調べ）。年々若者が増えている。「基地の母」というレコードにもなったトメさんを珍しがって訪ねる若者も多い。そして「特攻の話をきかせてくれ」とせがむ。トメさんは気軽に応じる。だが「そのうち何人が純粋に死んで行った兵士の気持ちを理解できるでしょうか」と興味半分の若者には失望気味だ(14)。

戦争体験を持たない世代のなかには、特攻隊員のことを知らずに、知覧を訪れる者も多かったのだろう。しかし、おそらく彼らには特攻隊員たちの内面は理解できない。「失望気味」の鳥濱トメは、戦争体験をめぐる体験者と非体験者とのあいだの断絶に自覚的だった。一九八〇年代初頭は、まだ多くの戦友や遺族が慰霊祭に参加していた。トメが抱いたような「興味半分の若者」への失望は、知覧町内部に伏流していたと見ることができる。死んだ隊員たちの慰霊顕彰を重視し続けてきた知覧町の人びとと、新たな観光客とのあいだには、埋められない溝が存在したのである。

「平和」の機能

しかしながら、知覧町と観光客とのあいだにあった認識の差は、一九八〇年代を通して共有されるようになった「平和」の語りのなかで、次第に見えにくくなっていく。戦争体験の風化が社会問題になるなか、慰霊顕彰を求める人びとと、観光を求める人びととの分断は、特攻隊員たちの「平和」の遺志を受け継いでいくという語りによって糊塗される傾向にあったのである。過疎対策に頭を悩ませていた知覧町は、地域振興を観光に託し、自らの姿を観光に合うよう再編成する必要があった。そのためには、新たな観光客を排除するような言説が抑制され、次世代へとつないでいくという言説が重宝されるのも当然だろう。それは、従来の慰霊顕彰を求める態度を排除することなく、慰霊顕彰を求める人びとと観光を求める人びととの両方を抱えながら、両者を対立させることなく曖昧なまま両立させる方策でもあった。

そのような試みのひとつとして、朝鮮人特攻隊員の遺族への配慮がある。一九八〇年代半ば、知覧町は、朝鮮人特攻隊員の遺族を慰霊祭に招きはじめたのである。鹿児島県特操会が全国の会員に呼びかけて朝鮮人特攻隊員の遺族を探し出し、一九八四年の慰霊祭に招待したのだった。朝鮮人特攻隊員の存在は鳥濱トメの証言などですでによく知られていたが、その遺族を日本式の慰霊祭に招くのは、日韓関係にとって微妙な問題を有していた。しかし、知覧町はこれを平和友好の証しとして演出することに成功したのである。毎年のように朝鮮人特攻隊員の遺族を慰霊祭に招くことで、特攻の記憶を通した国際交流と「平和」を祈るメッセージを提示できるイベントであった。

慰霊のために訪れる人々と一般的な観光客とのあいだの分断をつなぎ、日韓の対立点は遺族の涙の物語で融和させる。そのような作業によって、知覧町は、観光客の誘致とそのための大規模施設の新設という課題に専念できるようになったとみることも可能だろう。知覧町は、手狭になった遺品館を増築するのではなく、知覧町を訪れる人びとが特攻について知り、その記録を後世に残すためのランドマークを建設しようと模索しはじめた。それは、特攻という「観光資源」を十全に活かそうという意図とも矛盾しない。知覧町は、広島と長崎にとっての原爆資料館のような、有名施設を自ら作ろうと欲したのである。その意思を、塗木町長は、一九八四年の年頭挨拶で次のように述べている。

特攻観音や特攻遺品館も少飛会や全国のご遺族の方々の協力で、平和日本の象徴として慰霊顕彰もすすめてきていますが、本年度はさらにこれらの顕彰事業を確固たるものにするため、財団法人を設立して特攻平和会館の建設を行い、特攻遺品をはじめ関係資料を集め、正しく事実を後世にのこして、平和日本建設の一翼をになって行きたいと存じます(15)。

この年頭挨拶で、町長は慰霊顕彰と「平和」とを共存させ、顕彰事業と平和日本の建設とを一致させている。このように、慰霊顕彰事業と「平和」事業とを兼ね備えるものとして、特攻平和会館が構想されたのである。施設の名前には、特攻遺品館時代にはなかった「平和」という言葉が、新たに加えられていた。

財団法人「知覧特攻平和会館」の設立

年頭挨拶で宣言された財団法人の立ち上げは、一九八四年四月、財団法人「知覧特攻平和会館」の設立によって実現する。「平和」の語は、この財団法人の設立趣意のなかにも登場する。設立趣意書は次のように述べている。

特攻作戦という人類史上類をみない体験を根底に全人類的視野に立って平和思想の普及を図るとともに、特攻隊員の遺品や関係資料等を収集保存展示し、その記録を後世に残し、世界恒久の平和に寄与することを目的とする。(16)

「平和思想の普及」や「平和に寄与」という言葉があるが、特攻作戦からどのようにして平和思想が醸成されるのかという点は、やはり問われない。この点で、知覧は長らく平和都市として知られてきた広島・長崎とは明確に異なっている。広島・長崎は、被爆体験を原点にして、原爆投下の主体であるアメリカを含む世界の核保有国に核廃絶のメッセージを発し続け、時には日本政府の方針にも批判の矛先を向けてきた。原爆投下という行為を否定し続け、その犠牲者と向き合い続けたからこそ、平和都市として自他ともに認める都市になりえたのであろう。そこには、原爆投下を繰り返さないことが「平和」への道だという、揺るがぬ論理があり、それを前提にすることで広島・長崎の経験は現実批判の視座を人びとに提供できた。

一方の知覧は、特攻作戦という戦争体験（知覧町の人びとにとっては見送り体験である）を原点にしているものの、特攻作戦そのものやその立案者、隊員たちへの批判はほとんどなされないため、その筋道が不明瞭のまま「平和」が導き出される。その「平和」は、戦争は良くないという、明快で素朴な心情に根ざす分、広まりやすいが、その内実は曖昧なものに留まらざるをえない（したがって、「空洞化」しやすい）。

知覧町が掲げる「平和」に対する批判や疑問を、証言や当時の報道から見出すことはできない。知覧町は「平和」を掲げ、特攻を一般的な観光資源として町の中核に据えて空間を作り変えていくという作業を推進していった。それは、「平和」という言葉がどのような論理をも含み込んでしまう一種のマジックワードとして機能するがゆえに可能になったのである。

資金の獲得

一九八四年に財団法人を設立した前後から、知覧町は資金の獲得に向けて動き出していた。知覧特攻平和会館の建物や内装だけでなく、そこに至る街路の整備などにも資金が必要になる。その資金をいかに確保するのか、知覧町は政財界の有力者への接触とまちづくり特別対策事業への申請を試みた。

知覧町は財団法人の設立前からある人物に接触していた。当時全国船舶振興会や日本鳶工業連合会の総裁を務めていた笹川良一である。知覧町の議事録をたどると、一九八三年の春から夏にかけて、笹川良一と日本鳶工業連合会の坪内敏雄にたびたび接触し、地域振興のあり方について相談している。接触を重ねるなかで、『月刊鳶』の編集長も務めていた坪内を知覧に招くことになった。坪内は、一九八三年八月に実際に知覧を視察し、特攻が「一目でわかる施設」が必要だと知覧町にアドバイスをしている。[17] また、『朝日新聞』の記事では「陳情を重ねた結果、笹川氏が総裁を務める日本鳶（とび）工業連合会の専務理事坪内敏雄氏（52）が窓口となり、二億円の寄付を約束してくれた」とある。[18] 政財界の有力者との接触と並行して、知覧町が獲得を目指したのは、一九八四年に創設されたまちづくり特別対策事業だった。

知覧町は、まちづくり特別対策事業に申請し、一九八五年から八六年にかけて、資金の獲得に成功する。この資金は、特攻平和会館にも回されたが、まず手をつけられたのは、街路事業と武家屋敷の観光整備だった。薩摩藩の時代から残る武家屋敷は、従来から知覧が誇ってきた観光資源だった。武家屋敷は、一九八一年に重要伝統的建造物保存地区に指定され、一九八四年にはＮＨＫの大河ドラマ『山河燃ゆ』の舞台にもなり、全国的に知られるようになっていた。

知覧町はこの武家屋敷を整備し、「小京都」的町並みを整備して「画期的な庭園都市」を謳うようになる。さらに、知覧町の役場などが面する本通りの整備も、鹿児島県によって行われた。一連の整備事業は、「アメニティ・タウン計画」として注目を集め、観光客は右肩上がりで増加していった。その様子は、「関西、関東方面から高校生、中学生が訪れており、現在の遺品館では、百人を超えるといっぱいになって、対応できない有様」と述べられている。[19] そして、より大規模な展示が可能であり、より多くの人を収容できる新たな施設として、知覧特攻平和会館の建設が一九八五年一二月に開始された。

特攻平和会館の完成

一九八六年六月二〇日、知覧特攻平和会館が完成した。鉄筋コンクリート造り平屋建てで、床面積

昔の町並み よみがえる
知覧町上郡地区の街路事業
武家屋敷風の屋根に
民家も協力 電柱撤去や橋の新設も

図2「昔の町並みよみがえる　知覧町上郡地区の街路事業」
出典：『鹿児島新報』1985年3月30日

は一五六〇平方メートル、これは旧遺品館の約五倍の広さに当たる。特攻平和会館は、一九八六年一二月に仮オープンし、翌一九八七年二月に落成式が行われた。特攻平和会館の完成に合わせて、会館に至る道路を「平和記念通り」として整備する事業もはじまった。湊橋から平和観音に至る約一七〇〇メートルの街路を、まちづくり特別対策事業の一環として整備した。さらにその街路の両側には、石灯籠を建立するという計画だった。石灯籠は、知覧から飛び立った隊員の数と同じ一〇二六基を目指し、全国から寄進を募った。

特攻平和会館の落成式までに、展示物や銅像なども揃えられた。一九八六年二月には、陸軍の戦闘機で特攻機として知覧からも出撃した「飛燕」を、日本航空協会から譲り受け、特攻平和会館の中央ホールに保存展示することが決まった[20]。さらに、三月には「母の像　やすらかに」が建立された。

特攻平和会館の展示の特徴は、中央ホールの両側に並べられた隊員たちの遺影と、その下に展示された遺書や手紙の数の多さであろう。これを、特攻平和会館は「ありのままの事実の展示」と呼んでいる。「戦争については、それぞれの感じ方・意見があるので、ありのままを展示し、それぞれの人が自分の感じ方で、戦争・平和・命・家族の絆等何か一つでも感じて考えて欲しいと願っている」というのである[21]。では、来館者はこれらの「ありのままの」展示から何を読み取ったのだろうか。

特攻平和会館には、訪れた人びとが自由に記帳できる感想ノートがある。特攻平和会館は、この感想ノートの記述を抜粋して編集し、感想文集『平和へのみちしるべ』を発行している。この感想文集の内容を、一九八七年から二〇〇二年までの一五年にわたって分析した岡野紘子は、来館者の関心が、特攻隊員の遺書に集中する傾向を析出している[22]。

なるほど、館内に張りめぐらされた遺影は、来館者たちにまなざされると同時に、来館者たちを見つめている。死んでいった隊員に見つめられる来館者たちは、遺書を通して特攻隊員の肉声に触れ、彼らの家族愛などに関心を寄せる。それにより隊員個人への感情移入が促進される一方で、なぜそのような戦争状況が生まれたのかという問いや、特攻作戦は妥当なものだったのかという問いは生まれにくい。したがって、自らの関心を「戦争」や「平和」といった肝心の問題に繋げにくくなっているのである。

このように、「ありのままの」展示が抱える問題はあったが、それは当時も今もさほど意識されていない。特攻平和会館は、表向きには明言されないものの、資料保存や平和学習の場であると同時に、新たな観光施設でもあった。したがって、特攻平和会館が、誘客のための取り組みを進めたのも不思議ではない。観光業者や旅行業者と観光券契約を結んで広くアピールするとともに、近隣の学校にまで語り部が出張講話を行うという事業をはじめるのである[23]。さらに、一九八八年四月には、特攻平和会館の近くに、知覧生産物直売所（知覧特攻物産館）がオープンした。みやげ物や地域の物産を販売できる施設の完成は、知覧町が観光による地域振興を軌道に乗せた証左でもあった。

特攻平和会館の周辺が整備されるに伴い、知覧町内部での特攻の位置づけも変化する。その変化は、すでに述べたように一九八〇年代に知覧が観光インフラを整備しはじめた頃から、「平和」の強調として始まっていた。知覧町における特攻は、従来どおりの慰霊の対象でありながら、「平和」の意思を養うものとして、その意味を広げていくのである。

三　「平和」というコンセプト

まちづくり特別対策事業

ポイントとなるのは、先述した自治省によるまちづくり特別対策事業だった。

まちづくり特別対策事業は、その取り組みの順序として、まずは「広域行政機構が圏域を通じた開発整備のための統一コンセプトを決定する」ことを定め、それに基づいて、「市町村等が複数の公共施設群を広域的観点から総合的、計画的に整備する事業、又は広域行政機構が自ら行う複合的機能を有する施設の整備事業で圏域内の施設が有機的に結びつくことにより圏域全体に総合的事業効果が期待できる事業によるまちづくり事業計画を広域行政機構が策定する」としていた。

「広域的観点」や、「圏域内の施設が有機的に結びつく」という言葉に沿うコンセプトとしては、例えば「健康」や「教育」などが挙げられる。まちづくり特別対策事業によって運動場やプールなどのスポーツ施設、多目的に使用できるホールなどが整備された例は多い。「健康」や「教育」と並んで、知覧町が見出したのは、「平和」というコンセプトだった。知覧町は、一九八七年一一月一日に開催された町制施行六〇周年の記念式典で、「平和を語り継ぐ町」を宣言したのである。宣言は、「わたしたちは、日本国憲法の精神にのっとり、次の世代にこの豊かな郷土を引きつぎ、平和の尊さを語りつぐために、世界の平和と人類の福祉を希求し、ここに「平和を語り継ぐ町」を宣言する」というもの

である。(24)

「平和」は、誰もが賛同する理念であるとともに、かつて特攻基地を有した知覧町の特性を活かすことができる格好のものだった。体験者や遺族に限定される慰霊顕彰とは異なり、「平和」であれば誰もがそこに参与しうる。さらに、体験者や遺族だけが持ちえた当事者性を意識せずに、特攻を語ることもできるようになるからである。

「非核平和宣言自治体」運動

ただし、「平和」という言葉への注目は、知覧町の独創ではない。一九八〇年代、全国各地の自治体は「平和」を掲げていたからだ。その原因として考えられるのは、全国で推進された「非核平和宣言自治体」運動である。この運動は、自治体に対して、核兵器廃絶運動や軍縮運動に加わることを宣言したり、自らの自治体が「非核地域」であることを宣言したりするように求める市民運動だった。(25)この時期に「非核平和宣言自治体」運動が起こった背景には、一九八〇年代初頭に西欧で盛り上がった反核運動があった。一九七九年一二月に北大西洋条約機構（NATO）が、アメリカの中距離ミサイルをヨーロッパに配備することを決めた。ミサイル配備の目的は、いうまでもなく、ソ連の脅威に対抗するためだった。配備の候補地には西ドイツ、イギリス、イタリア、ベルギー、オランダが挙がったが、ヨーロッパの人びとは、自分たちの土地が米ソの核戦争の舞台になるかもしれないという危機感を募らせた。ここから、反核運動が起こり、運動は世界を覆っていったのである。

「非核平和宣言自治体」運動のなかで、平和教育のあり方が問い直され、修学旅行先として広島・長崎を訪れる学校も増加していった。これ以降、修学旅行という観光の一形態が、平和教育として戦跡に注目する流れが加速していく。知覧町が自らの指針として「平和」を据えたのも、このような全国的な動きと無縁ではなかった。修学旅行が慰霊顕彰を目的とするのは困難だが、平和教育と言い換えることで、知覧への修学旅行が可能になったのである。

報道では、かつては「基地の母」と呼ばれた鳥濱トメも「平和の語り部」と表現されるようになっていく[26]。一九八八年八月一五日、知覧町の町民会館で開催された第七回高校生クラブ・父母の会ふるさと大会では、鳥濱トメと「なでしこ会」を囲み、平和の尊さを考えるシンポジウムが開催された。鳥濱トメが「平和の語り部」として知覧町を代表する人物になる一方で、高木俊朗が知覧町について発言を求められる機会は減っていった。知覧町は、観光化していく特攻基地を批判し続けた高木を切り離し、鳥濱トメを重用するようになるのである。

このように、一九八〇年代後半、知覧町は慰霊顕彰から「平和」へと、次第に衣替えを進めていった。その取り組みの総仕上げが、一九九〇年にはじまった「平和へのメッセージ from 知覧スピーチコンクール」である。

平和尊厳の情報発信基地

一九九〇年には、「平和へのメッセージ from 知覧スピーチコンクール」がはじまった。一般の部と高校生の部があり、それぞれ「平和の尊さ・命の尊さに関する内容で、七分程度のスピーチ」を競うコンテストである。その目的は「青少年の平和教育、並びに平和情報の発信地として知覧町を全国に広くアピールしようとするもの」とある[27]。以後、毎年五月三日に知覧特攻戦没者慰霊祭と合わせて開催されるようになった。

興味深いのは、この「平和へのメッセージ from 知覧スピーチコンクール」と同じ時期に、知覧町が「平和尊厳の情報発信基地」を自任しはじめたことである。『町報ちらん』では、

「わが国で、平和情報発信の基地といえば、これら長崎、広島、沖縄が挙げられますが、知覧町はこの三か所とは異なる意味をもつ平和尊厳の情報発信基地といえます」として、長崎、広島、沖縄との差異を強調した後、次のように続けている。

図3 「平和へのメッセージ from 知覧」
出典：『町報ちらん』1990年3月

知覧には本土で最大、最南の特攻基地が置かれ、千二十六人の若く、尊い生命がわだつみに散りました。彼らは、死地に赴くまでの数か月から数週間をこの地で過ごしました。この間、彼らの胸に去来したものは何だったでしょうか。平和会館を訪れる人々に深い感銘を与えるのは、千二十六人の若い隊員と、その肉親の平和訴求の情念に他なりません。慰霊、顕彰とともに彼らの死を無駄にしない平和への誓いを新たにしなければなりません。

知覧町の特性の最たるものは、この平和会館を中心とする平和情報の発信ではないでしょうか。これは、世界にただ一つともいえるものであり、他の所とはハッキリ峻別されるものです。[28]

つまり、知覧町は、特攻隊員たちが「平和」を望んで死んでいったのだという物語を提示することで、長崎、広島、沖縄などと並んで、特別な意味を持つ戦跡として自らを位置づけようとしたのである。特攻隊員たちが「平和」を望んで死んだという物語は、かつて知覧高女「なでしこ会」が示していた美談調の語りとも共通している。

慰霊から「平和」へという力点の変化は、慰霊祭にも表れている。一九九〇年、第一回スピーチコンテストの後に、第三六回特攻戦没者慰霊祭が行われた。その場で塗木町長は「慰霊祭事業はこれまで、一部から非難の声もあったが、近年は国も理解を示すようになった。私たちは平和情報発信基地としての使命を果たすべく、今後も命の尊さを世界に呼びかけていく」と述べたのである。(29)

町長が「一部から非難の声もあった」と述べているように、従来、慰霊祭は、特攻隊員の遺族や戦友が参列し、「加藤隼戦闘隊」などの軍歌が歌われる慰霊顕彰の場であった。そこに「右傾化」の兆候を見出すのはたやすかったはずである。そのような慰霊祭の場で、自らのアイデンティティを「平和情報発信基地」として規定したのである。

ちょうどこの年の年頭挨拶で、塗木町長は「観光面においては、歴史的遺産を生かした観光の振興に努め、一〇〇万人観光を目標に、平和会館周辺や平和祈念道など関連施設を平和教育の場として整備」(30)と述べていた。一九九〇年代の知覧は、慰霊顕彰の場という従来からの顔を捨てることなく、一〇〇万人観光を掲げる平和情報発信基地として、いっそう多くの修学旅行生や団体研修を受け入れるようになっていく。

四 「平和」が開いたもの、閉ざしたもの

本稿では主に一九八〇年代の知覧町を中心に、慰霊顕彰の対象として美談調に語られた特攻から、次第に「平和」というコンセプトが前景化していく過程をたどった。その過程には、過疎対策事業として観光に地域振興を託さざるをえなかったという知覧町の問題があり、さらに特攻隊員の慰霊顕彰の方法をめぐる知覧町と「中央」知識人との軋轢があった。

「平和」というコンセプトならば、「右傾化」と結びつける「中央」知識人の批判をそらしながら、町並みを整備し、特攻を観光資源としてもアピールできる。同時に、従来どおりの慰霊顕彰の場である慰霊祭を排除せずに、より多くの人びとを特攻に関連づけることも可能になる。思想信条の違いや、戦争への理解をめぐる対立を包み込み、その違いや対立を見えなくさせる機能を「平和」という言葉は担っていた。歴史認識をめぐる対立点は、「平和」のなかで雲散霧消する。そうであるがゆえに、「平和」を掲げた知覧は、一九九〇年代以降も観光客や修学旅行生を呼び続けることが可能になったのである。特攻平和会館の入館者数は開館以降増え続け、一九九五年には年間七〇万人に達した。

しかし、「平和」という言葉にすべてを回収させてしまう思考態度に慣れると、戦後日本が本来避けては通れないはずの戦争認識をめぐる議論を棚上げにし続けることになり、それに違和感を持つことも困難になる。特攻作戦をめぐる責任問題や志願か強制かという問題、朝鮮人特攻隊員をめぐる日本の加害の問題などを、問題として意識しなくなってしまう。自ら死地に赴いたという顕彰が復活し、その決断を称えるような動きが強くなり、ますます自閉的空間で特攻が語られてしまいかねない。そ

うなると、たとえば、なぜ東アジアから戦争責任を問う声が起こるのか、理解するのも難しくなるだろう。さらに、起こりうる異論が「平和」という言葉に回収されてしまいがちであり、多様な言論が生まれにくいという弊害もあるのではないか。

これらの問題は、知覧に限ったことではない。広島、長崎、沖縄、さらには大和ミュージアムを有する呉などが直面する問題であろう。人の移動の国際化がいっそう進むなかで、一国に閉じた戦争認識を展示するだけの態度は、思ってもみなかった困難に直面するのではないか。戦争経験者の数は年々減少傾向にある。体験者がいなくなった社会では、戦争をめぐる歴史認識を深めることが困難になるかもしれない。過去の戦争への無関心が、「平和」の名の下にいっそう進めば、慰霊顕彰に見られた美辞麗句による戦争の語りが再生産される可能性も否定できない。戦後七〇年、日本各地の戦跡が訴える「平和」の内実をもう一度問い直す時期に来ているのではないだろうか。

［謝辞］
本稿は、平成二四年度に京都大学大学院文学研究科に提出された佐竹裕次郎氏の修士論文「戦後日本の特攻観――知覧特攻平和会館を中心に」から多大なる教示を得ました。佐竹氏に記して感謝申し上げます。

［註］

（1）「「空よ海よ息子たちよ」特攻隊員とその妻たち　TBS系三時間ドラマ、来月二三日に」『朝日新聞』一九八一年一月二一日。

（2）高木俊朗「知覧のTVドラマ化に思う」『南日本新聞』一九八一年二月二三日。

（3）佐藤忠男「特攻隊映画の系譜」『シナリオ』一九七四年九月号、八六頁。
（4）中村秀之「特攻隊表象論」『岩波講座アジア・太平洋戦争5　戦場の諸相』岩波書店、二〇〇六年。福間良明『殉国と反逆――「特攻」の語りの戦後史』青弓社、二〇〇七年。
（5）例を挙げるならば、荻原浩の小説『僕たちの戦争』（双葉社、二〇〇四年）や、映画『WINDS OF GOD』（奈良橋陽子監督、一九九五年）、百田尚樹『永遠の0』（太田出版、二〇〇六年、映画化は二〇一三年）。
（6）知覧高女なでしこ会編『群青――知覧特攻基地より』高城書房出版、一九九六年、二頁。
（7）「げいのう舞台再訪」『朝日新聞』一九八二年八月一四日。
（8）金丸三郎「特攻銅像の建立　特攻遺品館の建設　趣意」。
（9）「特攻遺品館は低俗」『南日本新聞』一九七九年八月二三日。
（10）同前。
（11）「平和見守れ　終戦記念日を前に　感慨こめ展示序幕」『鹿児島新報』一九八〇年八月一四日。
（12）「原形とどめ眠る特攻機　知覧町が零戦引揚げ計画」『鹿児島新報』一九八〇年六月四日。
（13）「画期的な庭園都市へ　行政主導で着々と」『南日本新聞』一九八五年七月一四日。
（14）「平和に甘えず…」『朝日新聞』一九八〇年八月一六日。
（15）『町報ちらん』一九八四年一月一五日。
（16）財団法人知覧特攻平和会館設立趣意書。
（17）昭和五八年知覧町議会第二回定例会会議録、一二一－一二三頁。昭和五八年知覧町議会第六回臨時会会議録、八－九頁。
（18）「特攻遺品館　町の振興託す観光資源（現代「戦争」症候群　3）」『朝日新聞』一九八四年八月一一日。
（19）『町報ちらん』一九八六年一月一日。
（20）『町報ちらん』一九八六年二月一日。
（21）『知覧特攻平和会館資料』。
（22）岡野紘子「知覧特攻平和会館をめぐる人々の戦後史」『立命館大学国際平和ミュージアム紀要』第六号、二〇〇五年。

(23)「知覧特攻平和会館建設に至った経緯や館の目的について」知覧特攻平和会館提供、二〇一三年。
(24) 知覧町郷土誌編さん委員会編『知覧町郷土誌』知覧町、二〇〇二年、九二頁。
(25) なお、知覧町は非核平和宣言をしていなかったが、町村合併後の二〇〇八年に宣言している。
(26)「空のかなたに　特攻おばさんの回想28」『朝日新聞』一九八八年一二月二四日。
(27)『町報ちらん』一九九〇年三月二〇日。
(28) 同前。
(29)『町報ちらん』一九九〇年五月二〇日。
(30)『町報ちらん』一九九〇年一月二〇日。

第三章

「特攻の母」の発見——鳥濱トメをめぐる「真正性」の構築

高井昌吏

知覧を舞台に短い人生を燃焼しつくした、あるいは稀有にも奇跡ともいえる生命を拾った若者たちのことをいろいろな人たちが記しているが、一行も記したことのないトメさんの語る言葉の方が、はるかにその真実を伝え彼等への思いやりに満ちている。（中略）二十数年前、縁あって初めて知覧を訪ね、かつてあの若者たちがたむろした家の二階でトメさんの話を聞きながら、私は知らぬ間に正座していたのを覚えている（石原慎太郎、一九八八年）[1]。

上記は、芥川賞に輝いた石原慎太郎が二〇代の頃、知覧を訪れ、「鳥濱トメの前で思わず正座した」というエピソードである。[2] 石原が「特攻の語り部」トメを前にして、死んでいった特攻隊員たちの「真正性」(Authenticity)を見出した瞬間ともいえるだろう。本章でいう「真正性」とは、本来そこに本質的に備わっているもの(すなわち「本物」であること、事実や史実に照らし合わせて正しいこと)というよりも、「本物」であるかどうかはともかく、それを見た者が「本物らしい」と感じ取れるものという意味で使用している。[3] このように「真正性」を帯びたトメ、すなわち「トメこそが特攻隊員たちの真の姿を語ることができる」「語る資格がある」という意識は、何も石原慎太郎だけに特有のものではない。むしろ、戦後のある時期から、ナショナルなレベルで広く共有されていたと考えられる。

だが、他の戦跡における「語り部」と呼ばれている人びとは、むしろ戦争の「直接の」被害者であるケースが多い。広島・長崎の被爆者や、沖縄戦のひめゆり部隊の生存者などが代表的である。すなわち、「事実として当事者である」(「本物」である)ことに意味があると考えられていると言える。それに対して、当然のことであるが、トメは一度たりとも特攻に出撃したわけではない。もちろん、多くの特攻隊員を見送ったことは事実だが、「直接的な」当事者ではない。であるならば、むしろ特攻隊員の生き残り(特攻機の故障などで引き返してきた隊員など)が、最も「真正性」を持った存在と認識されてもおかしくはない。あるいは、トメのように特攻隊員と親密な関わりを持っている人物ということであれば、「なでしこ会」(知覧高等女学校の女子学生たち、通称「なでしこ部隊」)も決して無視できる存在ではない。なぜならば、彼女たちもトメ同様、出撃前の特攻隊員の世話をし、彼らと親密な関係を築いていたからである。

また、知覧以外の特攻基地に目を向けるならば、トメのように「隊員たちを陰で支えた、母のような女性」は存在していた。たとえば鹿屋《かのや》の特攻基地には、春田ハナという、トメに近い立場の女性がいた。[4] 彼女については、鹿屋にある「海上自衛隊鹿屋航空基地史料館」で紹介されているが、その名前はなぜか史料館では伏せられている。万世の特攻基地には、山下ソヨという旅館の女将がいた。[5] 彼女も戦時中には特攻隊員の世話をし、母のような役割を果たしていたが、戦後、山下ソヨが語られることはほとんどなかった。その他の特攻に目を向けるならば、山口県周南市の周南観光コンベンション協会では、「人間魚雷回天」の史実を後世に伝える趣旨のイベントがある。「平和の島プロジェクト」というイベントであるが、そこで押し出されている「回天の母・おしげさん」という女性も、トメに比べれば知名度はかなり低い。

そこで、本章では二つの問いを設定したい。第一に、特攻隊員の生き残りでもなく、「なでしこ会」でもなく、鳥濱トメにこれほどまでの「真正性」が読み込まれたのはなぜか。なぜ、特攻を語ることのできる特権的な存在として「発見」されたのか。さらにトメは、単なる特攻の「語り部」ではなく、「母性」を帯びた「特攻の母」と呼ばれるようになり、知覧の特攻を語るうえで必要不可欠な存在となっていった。そのプロセス・要因はいかなるものだったのか。トメはある時期から「特攻おばさん」という愛称で全国的に有名になった。だが一方で、知覧町の内部からトメはある時は拒絶され、またある時は容認されつつ、特攻隊員への慰霊、知覧特攻に関するメディア（週刊誌の連載、書籍、映画など）、「母もの歌謡曲」、知覧観光、平和教育などと複雑に接合されていった。さらに、知覧町にある特攻関係のミュージアム、

図1　鳥濱トメと石原慎太郎（撮影日不明）
出典：高岡修編『新編　知覧特別攻撃隊』ジャプラン、2010年、139頁

とくに「知覧特攻平和会館」もさることながら、「富屋旅館」や「ホタル館富屋食堂」（以下、「ホタル館」と表記する）の柱になっていたともいえる。そのプロセスを丹念に追い、特攻をめぐって鳥濱トメに「真正性」が読み込まれ、さらに強い「母性」が付与されていった要因を考えてみたい。

第二に、知覧には鳥濱トメ以外にも特攻を語り継ぐ、あるいは特攻の「真正性」のようなものが見出される（と考えられる）モニュメントや祈念館がある。たとえば、一九五五年に建立された「特攻観音堂」や、現在も知覧にある「富屋旅館」「ホタル館」、あるいは特攻の体験者（生き残り）でいうならば、「特攻平和会館」で語り部として活躍していた板津忠正である。実は、鳥濱トメの存在はこれらのモニュメントやミュージアム、あるいは他の語り部に対しても強い影響を与えていた。各々の時代において、トメとそれらのあいだには、いかなる関係が生じていたのだろうか。以上の二点について明らかにしたい。

一　鳥濱トメの戦後と知覧町内外における機能の変容

知覧と鳥濱トメ

鳥濱トメは、一九〇二年（明治三五年）、鹿児島県の貧しい漁村に生まれた。実は、トメは生まれも育ちも知覧町ではなかったが、結婚を機に夫とともに知覧町へ移り住むことになる。やがて一九二九年、知覧町内で「富屋食堂」を開業し、一九四一年に知覧基地が開設されると、トメは富屋食堂で基地の若者たちの世話をするようになった。さらに一九四四年、富屋食堂が軍の指定食堂になり、トメは数々の特攻隊員の世話をし、彼らを見送るようになった。この頃からトメは特攻隊員と親子のような親しい関係を結び、「富屋食堂」は特攻隊員たちにとって安らぎの場となっていた。また、隊員たちは信頼するトメに手紙（遺書）を託し、憲兵の検閲を避けて故郷の親へ送ろうともした。トメもそれを快く受け入れ、託された手紙を投函し、全国の隊員の家族へ送り続けたのである。

しかしながら、終戦を迎えた一九四五年の一二月、トメにとって大きな転機が訪れる。知覧基地の視察や後処理のため、知覧町に米兵たちが在留し、彼らの接待を富屋食堂が任されることになったのだ。もちろんトメは拒み続けたが、警察署長から強く説得され、結局はその要請を受け入れた。だが、つい最近までは日本兵の若者の世話をしていた彼女が、逆に米兵の世話をするようになってしまったのである。さすがに、知覧町の町民たちはトメに対して奇異な視線、さらにいうならば批判的なまなざしを向けたようである。当時を振り返り、トメの次女・礼子は次のように語っている。

お母さん、やっぱりアメリカ兵を可愛がるのはやめて。世間の人がみんなお母さんのことをわるく言ってるの。きのうまで特攻兵を可愛がっていたのが、戦争が終わったらとたんにアメリカ兵を手なずけている。よくそんなに簡単に変われるものだ。死んだ特攻兵にわるいと思わないのかって。(6)

したがって、当時のトメは知覧町内では、白い目で見られることもしばしばあったようである。だが一方で、トメは特攻隊員の慰霊をすることも決して忘れなかった。終戦直後はさすがに特攻隊員の供養塔などを公に建てることはできなかったが、自身で特攻隊員の冥福を祈るために、旧飛行場跡に棒杭を立てた。そこに花を供え、毎日拝み、死んでいった若者たちの供養を続けたのである。トメのひたむきな行動は、一九五五年に「特攻観音堂」が建立されるまで続き、その後は特攻観音を供養塔として慰霊を続けた。このように、トメは特攻観音のような公の供養塔がない時代からひたすら死者を悼んできたのだ。だが、それは知覧町の外にも、あるいは内にも、決して大きく語られることはなかったのである。

特攻観音への意味付与とトメの存在

一九五五年九月、戦後一〇年を経てはじめて、飛行場の跡に「特攻観音堂」が建立される。知覧町の広報誌『町報ちらん』（一九六四年四月一〇日）はこの事実を第一面のほとんどのスペースを使って伝えており、トメのコメントが掲載されている。(7) 管見の限りだが、この時はじめて『町報ちらん』にトメの名前が登場した。ただし、トメは「特攻平和観音堂」の建立に尽力した人物として、あるいは「特攻おばさん」として紹介されたわけではない。あくまで「出撃した特攻隊員について、詳しく知っている人」という位置づけである。

むしろ、重点的に記述されていたのは、特攻隊員たちの遺族や鹿児島県知事、衆議院議員、鹿児島県下の各市町村長などが参列したこと、そして何といっても戦時中に特攻作戦を主導した軍の上層部の人間も姿を現していた事実である。さらに、知覧町長が式辞を述べた様子なども描かれており、これらの事実が特攻観音に権威を与えていたといえる。実はトメは私的に、それまで知覧町に対して慰霊塔などの建立を強く訴えていた。だが、そのような事実は一切記されず、あくまで「公的な」供養塔の誕生という視点で描かれていたのである。

したがって、この「公的な」イベントの権威によって、特攻の「真正性」のようなものが「特攻観音堂」に宿されたと考えられるかもしれない。しかしながら、特攻観音を批判し、その存在意義を否定しようとした人物もいる。元従軍記者で、戦後も特攻作戦への取材調査に力を注いでいた高木俊朗である。高木は、特攻作戦を主導した旧軍部の主張、すなわち「特攻は強制ではなく、志願だった」などに強い疑問を抱き、戦後も自らの足を使って特攻作戦についての情報収集を続けた。その結果、高木は「特攻はほとんどの場合、志願ではなく強制だった」という結論に至り、数々の著書で当時の軍部批判や、彼らが戦後に推進して造り出した「特攻観音堂」への否定的見解を見せていた。

　菅原道大が、私に特攻観音を強調したのは、〔中略〕特攻隊員の慰霊供養を〔菅原が〕しているのを〔国民に対して〕明らかにしたかったのだ。〔中略〕菅原としては、特攻観音の建立に協力したことで、慰霊もし、罪のつぐないもできた、という心づもりであったろう。(8)

図2　特攻観音堂と鳥濱トメ（撮影日不明）
出典：伏見俊行『それからの特攻の母』一般財団法人大蔵財務協会、2013年、108頁

菅原道大《すがわらみちお》や河辺正三《かわべまさかず》などの特攻作戦主導者たちは、積極的に特攻観音堂の建立に協力した。高木は、彼らが「すすんで慰霊供養している」ことを見せつけ、それによって自らの責任逃れをしていると考えたのだ。したがって、当然のことながら、高木は特攻観音の前で、死んでいった特攻隊員たちの冥福を祈るわけにはいかなかった。もしそのような態度をとれば、菅原たちの思惑どおりになってしまうことが、火を見るよりも明らかだったからである。しかしながら、特攻隊員たちに対して献身的に尽くしたトメを媒介として、高木は特攻観音に対して次のような

見解も見せている。

ただ一つ、私の胸をうつものがある。それは鳥浜とめさんの真情あふれる信仰である。とめさんは観音に対して、いささかの功利打算をもっていない（原文ママ）。しかも日曜ごとに参拝し、あるいは遺族を案内するなど、だれにでもできるということではない（中略）。とめさんの信心ぶりだけが、あの観音の性格をいくらか、うなづけるものにしているようだ。[9]

高木は特攻観音に対して、相矛盾するかのような、複雑な思いを抱いていたようである。[10] 菅原らへの責任追及を考えるならば、特攻観音を肯定することは決してできないし、ましてや特攻観音の前で、死んでいった特攻隊員たちの供養をすることなどもってのほかである。だが一方で、高木といえども、死んでいった特攻隊員を供養することそのものは否定していない。そこで浮かび上がるのが、トメの「真情あふれる信仰」である。それを考えれば、彼女の行為は感動的であり、特攻観音の存在意義を「うなづけるもの」にしてしまう。すなわち、高木ですら「トメというメディア」を媒介として、特攻観音に対して複雑ながらも意義を見出さざるをえなかったのだ。当時、全国的には全く名の知れていなかったトメであるが、少なくともトメの行動は高木にとって「胸をうつもの」であり、その結果、特攻観音に「真正性」を宿すような機能を果たしていたのである。

高木俊朗の活躍とトメの知名度向上

一九六〇年代の半ばになると、鳥濱トメの名は、徐々に『町報ちらん』や全国メディアに登場することになる。そこには、高木俊朗の活躍が大きく関わっている。一九六四年の『町報ちらん』では、高木の映画『出撃』が紹介されており、その際にはトメや「なでしこ会」の話題も登場している。

映画「出撃」の原作者、高木俊朗さんは（中略）知覧においでになりました。「特攻おばさん」と愛称されていた鳥浜トメさんの家に泊り、特攻勇士の世話をした当時の女学生と面談したり、取違部落のおぢさんたちからいろいろ当時のお話をきゝました。高木さんは近く原稿をまとめ週刊朝日に連載されるのだそうです。役場の職員は四月五日二台のバスに乗り鹿児島で映画出撃を鑑賞しました。知覧飛行場に取材したこの映画にひとしお感銘をふかくしました。[11]

さらに一九六四年から翌年にかけて、高木は『週刊朝日』に知覧特攻基地について連載記事を掲載する。これはのちに『知覧』（朝日新聞社、一九六五年）、『特攻基地知覧』（角川文庫、一九七三年）として出版され、全国にも知覧町内にも大きな反響を呼ぶことになる。

高木の連載は、基本的に特攻作戦を主導した軍部への批判が中心である。銃後の描き方に注目すれば、トメもさることながら、それ以上に、当時の奉仕隊（知覧高等女学校の女子学生を中心にした「なでしこ部隊」、のちの「なでしこ会」）と特攻隊員の物語にかなりのスペースが割かれている。さらに高木は、一九六四年三月、知覧町立図書館が発行するローカル雑誌『知覧文化』創刊号に「知覧基地」[12]、一九六六年の第三号には「『知覧』と知覧」[13]という文章を掲載する。前者は朝日新聞（一九六三年八月九日）記事の再掲であり、後者は書き下ろしである。すなわち、一九六〇年代後半から、高木を中心として外部から知覧に関する情報が発信され、それが知覧町自身によって積極的に受け入れられるという状況が生じていったのである。

一方で、鳥濱トメは一九六七年頃から、ほぼ毎年のように、「特攻戦没者追悼式」に関する記事で、

『町報ちらん』に登場する。「鳥濱トメ参列」という記述が毎年のように見られるようになったのだ。知覧町で皆から承認されているかどうかはともかく、町内でかなりの有名人だったことは確かである。

一九七〇年、そんなトメが全国放送のテレビ番組へ出演することになった。「小川宏ショー」のなかでトメが死んでいった特攻隊員について語り、さらに彼らの遺族と対面するという企画である。当時の様子を、トメは次のように記している。

> 小川アナウンサーが昭和二十年の特攻隊の様子をおききになられました（中略）。話がつづくうちに戦死者の二人「河井少尉《ママ》と宮川軍曹の事についてくわしくお話し下さい」との事でありし日の出撃の前日の事をありのまま妹（娘の礼子（次女）を指す）と共に話しました。所がアナウンサーが「御二人様のお母様や兄弟がお見えになられます」と云われるより早く八十近くのおばあ様が御子様らしい方にだきかかえられる様にして私の身辺に参られました。まだ一言の言葉もかわさぬまま私の手をにぎられて泣きくずれ、私もハンカチを顔にあて泣きました。観覧客の皆様もすすり泣きされスタジオ内は涙で一ぱい（原文ママ）でございました。[14]

トメがテレビの全国放送に出演した影響もあってか、翌年の一九七一年、知覧町のローカル雑誌『知覧文化』でもトメに関する特集記事が掲載されている。「特攻ばあさん」というタイトルで特集され、約一ページにわたってトメに関する情報が記述されている。

> 彼女は女傑タイプ、このため若い少年飛行兵たちから母親のように慕われた（中略）。三十年九月特攻観音堂（一〇一四柱をとむらう）を建立したときも彼女はまっさきに協力し、遺族から贈ら

れた金に、自分の金を加えて立てた灯ろうもいまは三十三基になった。(15)

有名な「宮川三郎軍曹がホタルになって帰ってきた」というエピソードを交え、トメの人間性についても、特攻隊員の慰霊を積極的に続けてきた事実についても称えており、きわめて好意的な記述である。テレビ出演の影響も含め、知覧町内でもトメが徐々に認められてきたといえるだろう。この時期、彼女の知名度が高まり、「特攻の語り部」として認知されていったと考えられる。だが、特攻隊員を語れるような「真正性」に加え、「母性」をも帯びた「特攻の母」と呼ばれるには、まだ至っていなかった。では、トメがさらに「特攻の母」として認識されるまでには、どのようなプロセスや社会背景があったのだろうか。

二 「特攻おばさん」から「特攻の母」へ

二葉百合子「岸壁の母」の大ヒット

鳥濱トメにスポットライトが当たりはじめた一九七〇年代初頭、注目すべき社会現象があった。一九七二年二月にリリースされた二葉百合子「岸壁の母」(キングレコード)の大ヒットである。一九七〇年代、知覧町は町を挙げて「特攻」の観光化を打ち出していたが、「岸壁の母」を中心に「銃後の母」をテーマにした「浪曲調」の歌謡曲が、全国で同時並行的にヒットしていたのだ。まずは、「岸壁の母」の流行について、メディアの変容や当時の社会背景という点から確認してみたい。

シングルレコード「岸壁の母」は発売当初から話題になったわけではないが、じわじわと販売枚数を伸ばし、一九七六年には累積二〇〇万枚を突破した。この年、二葉は紅白歌合戦に初出場している。「岸壁の母」は、単に「母が主題の歌」というだけではなく、「母目線の歌」であり、それも「銃後」をテーマにした曲である。二葉の「岸壁の母」は、菊池章子（一九五四年、テイチクレコード）のリバイバルソングで、[16]テレビの影響力がまだ強くなかった当時、人びとはラジオやレコードなどのメディアを通して菊池が歌う「岸壁の母」を聴いた。それに対して、二葉の「岸壁の母」は、一九七〇年代の「テレビ黄金時代」に見事なまでに乗ることができた。二葉は紅白歌合戦初出場を果たした一九七六年に四五歳を迎えており、「母」（あるいは中年のおばさん）というビジュアルに、しっかりと当てはまっていた。ちなみに、菊池が一九五四年に「岸壁の母」を歌った時、彼女はまだ三一歳である。そして最大のポイントは、二葉の歌が「浪曲調」で、感情のこもったセリフが込められていたことである。それは「母イメージ」に、視覚的にも聴覚的にもぴったりと当てはまっていた。

以上のような要因も重なり、一九七〇年代半ばを中心にして、「岸壁の母」は一大ムーブメントを巻き起こした。実話「岸壁の母」の物語のモデルだったのは、端野いせという女性で、端野は一九七四年、自著『未帰還兵の母』（新人物往来社）を執筆した。だが、この本は二年後の一九七六年に『岸壁の母』（新人物往来社）とタイトルを変更し、再出版されている。同年、映画『岸壁の母』（東宝、監督：大森健次郎、主演：中村玉緒）が制作され、一九七七年にはテレビドラマ『岸壁の母』（TBS昼ドラ「花王愛の劇場」、主演：市原悦子）が放送された。

すなわち、一九七〇年代の「岸壁の母ブーム」には、出版、映画、テレビなどを含めたメディア業界が、こぞって積極的に乗っていったのである。これは、菊池の時代には決してなかったメディアミックス的な現象だった。

「岸壁の母」は強し
若者もついホロリ
身近にないからヒットする?
インタビュー
社会派なんて思わないけど
"生みの親" 菊池章子さん
うける理由がわからないの
"育ての親" 二葉百合子さん

図3　二葉百合子と菊池章子の「岸壁の母」特集（1976年）
出典：『朝日新聞』1976年7月5日（夕刊）

「岸壁の母」がヒットしたことにより、二葉は次々と「母」とくに「銃後の母」の物語を歌謡曲として発信する。一九七五年に「靖国の母」（シングル）、同年「二葉百合子 日本の母を歌う」（LP）を発売し、一九七六年に「特攻の母」（B面は「ひめゆりの塔」）と、銃後の母にちなんだ歌を世に出していったのだ。ちなみに、一九七八年三月の「岸壁の妻 二葉百合子 日本の母を歌う 第二集」（LP、全一四曲）では、二曲目「特攻の母」三曲目「ひめゆりの塔」である。同時に、一九七七年には「元祖・岸壁の母」である菊池が、鳥濱トメを主人公にした曲、「基地の母」を発売している。

本来、息子の帰りをひたすら待つ「岸壁」や、決して帰ってはこない隊員を送り出す「特攻」、ひめゆり学徒の母などは、同じ銃後の体験とはいえ異質なものである。だが、少なくとも歌謡曲のレベルでは、「岸壁の母」を皮切りに、「岸壁」「特攻」「ひめゆり」などが、母性を根源で共有した「銃後の母体験」として一元化され、二葉や菊池によって次々と歌われていった。

知覧町の顔としての鳥濱トメ

それでは、二葉や菊池によって、「銃後の母ソング」が大量に世に出ていた一九七〇年代、知覧町およびトメにはどのような変化が訪れていたのだろうか。一九七五年五月三日、慰霊祭の「特攻戦没者追悼式」で、前町長の木原幸雄と鳥濱トメが表彰された。[17] 理由は両者ともに「遺品館の建設に功労があった」というものである。ちなみに、木原は翌月に「名誉町民」第一号に選ばれており、少なくとも一九七五年五月の時点では、知覧町内で木原とトメにはまだ扱いの差があったともいえる。だが、一九五五年に特攻観音堂が建立された時の『知覧町報』の記事と比較すれば、トメの扱いは格段に高くなっている。

さらに翌年の一九七六年、奇しくも二葉百合子が紅白歌合戦初出場を決めた年に、トメは大きな勲章を与えられる。一一月二日、鹿児島県民表彰を受けたのである。鹿児島県民表彰「一般篤行部門」での表彰で、表彰理由は「特攻隊員への献身的奉仕」[18]である。実は前年の一一月、すでにトメは同様の理由で「日本顕彰会長表彰」も受けていた。だが、鹿児島県民表彰の快挙は、知覧町にとって、よりインパクトの強いものだった。『町報ちらん』は、県民表彰の表彰状を持った鳥濱トメの写真を掲載し、この事実を報じている。[19] 少なくとも一般論でいうならば、小さな町の名誉町民よりも県民表彰のほうが対外的な知名度は高い。知覧町が町を挙げて「特攻」を強調していた時期に、「特攻隊員への献身的奉仕」を理由に県民表彰された意義はきわめて大きかった。当然ながら、その後のトメは、「知覧町の顔」「特攻の顔」として、強く押し出されていくのである。

鳥浜とめさんが県民表彰
51年度一般篤行の部で

鹿児島県は、昭和五十一年度の県民表彰を、十一月二日午前十一時から県議事堂本会議場で行い、本町からも鳥浜とめさん（七四）が選ばれて、県知事から表彰状を贈られました。

鳥浜さんは、一般篤行の部で他の七氏と共に表彰されました。これは〝特攻おばさん〟として、特攻隊員にも慕われ、戦後その慰霊顕彰や特攻平和観音堂建立に努力し、今も週一回かかさず平和観音に参拝して慰霊につとめているというものです。

県民表彰は、昭和二十八年から始まったもので、地方自治、教育文化、社会福祉、産業経済、一般篤行の五部門で、功績のあった人に与えられるものです。

表彰状を手にした鳥浜とめさん

図4　鹿児島県民表彰を受ける鳥濱トメ（1976年）
出典：『町報ちらん』1976年11月20日

鳥濱トメと「岸壁の母」の接合

既述のように、トメの知名度や権威は一九七〇年前後から、知覧町の内外で瞬く間に上昇していった。さらに一九七六年の県民表彰の受賞以降、知覧町でもトメにちなんだ数々のイベントが打ち出される。まずは一九七七年三月、知覧町で菊池章子による「基地の母」の演奏会が行われる。『町報ちらん』では、次のようにこのイベントの宣伝がされている。

テイチクレコードから発売された〝基地の母〟の演奏発表会を四月一日町主催で開催いたします。当日は、歌手の菊池章子さんや作曲家の坂元政則氏らが来町し、町体育館と特攻観音の二会場で演奏発表いたします（中略）。〝基地の母〟は、岸壁の母の姉妹篇として旧知覧基地から飛びたち散った特攻隊員と、真心と暖かい愛情で彼らを励した「特攻おばさんの鳥浜とめさん」の物語をうたったものです。[20]

知覧町が「町の主催」で菊池章子を東京から呼び寄せ、鳥濱トメをテーマにした「基地の母」の演奏会を大々的に開催したのだ。「〝基地の母〟は、岸壁の母の姉妹篇」と記されているように、「一元化された銃後の母イメージ」を利用しつつ、「母」を全面的に押し出した曲である。菊池は既述のように、一九五〇年代に「元祖・岸壁の母」を歌った歌手だが、芸能界を一度引退し、一九六〇年代後半に復帰していた。復帰後はヒット曲に恵まれなかったものの、「懐メロ歌手」の地位を確立しており、一九七〇年代は二葉には及ばなかったが、人気歌手の一人だった。

というのも、一九七〇年代半ば以降、二葉が爆発的に売れていたことは確かだが、一方で菊池も一九六九年頃から積極的にリバイバルのシングル、LPなどを出している。たとえば、一九六九年「懐かしのヒット歌謡集」「花のうた声」、一九七〇年「岸壁の母／九段の母」、一九七三年「ベスト20デラックス」「流行とともに40年」などのレコードがあるのだが、これらのすべてに菊池が歌う「岸壁の母」が収録されている。そのようななかで、一九七七年に発売した「基地の母」は、どちらかといえば二葉が巻き起こした「銃後の母ものソングブーム」に便乗しつつ、自身の知名度を利用して活躍していたと見るべきである。いずれにしても、「元祖・岸壁の母」として、当時の菊池はナショナルなレベルでの求心力を十分に持っていた。さらに、実年齢も一九七七年当時で五三歳であり、自らがかつて「岸壁の母」をヒットさせていた一九五〇年代よりも「母らしく」なっていた。

さらに、一九七七年五月三日の特攻基地戦没者三三回忌追悼式に、鳥濱トメと菊池章子、それに加えて「岸壁の母」のモデルとなった端野いせが参列する。端野いせは、「岸壁の母」という物語のまさしく「当事者」であった。この事実は、全国紙の読売新聞でも「岸壁の母、特攻おばさんと対面菊池章子さんのとりもち、知覧へ」[21]という見出しで報道される。

〝岸壁の母〟と〝特攻の母〟が三日、鹿児島県川辺郡知覧町の知覧特攻基地跡で対面した。同基地跡の知覧特攻観音堂で開かれた戦没者慰霊追悼式を機会に、それぞれをモデルにして「岸壁の母」「基地の母」を歌った歌手・菊池章子さんの仲立ちで実現。〔中略〕「戦争の傷跡をいまだに心に秘めている二人。共通の話題も多いはず」と、引き合わせた。(22)

もちろん『町報ちらん』でも、この三人の対面について大きく報じられている。記事名は、「〝岸壁の母〟も涙の参列」である。

この日は〝特攻おばさん〟の鳥浜とめさんをモデルにした「基地の母」の歌を発表した歌手の菊池章子さんも、霊前で歌って特攻隊員の霊を慰めました。「基地の母」は「岸壁の母」の姉妹篇として、この三月テイチクレコードから発売されたばかりです。その「岸壁の母」のモデルとなった端野いせさん（七七）〔中略〕も菊池章子さんに伴われてはるばる慰霊祭に参列、鳥浜とめさんとも感激の対面をし、三人そろって霊前に献花しました。端野さんは「本当に感激しました。こんな立派な慰霊祭に私まで参加できて、泣けて泣けて、今日は泣きに来たようなものでした。ここの人たちは皆亡くなられたのですが、けれど私の息子は、必ず生きていると信じています」と語っています。(23)

『町報ちらん』では、「岸壁の母のモデル」・端野いせとともに、トメと菊池が焼香する写真を掲載している。菊地章子を媒介として、端野いせが鳥濱トメと接続され、鳥濱トメは、知覧町報と全国紙の両方で報道された。これによって、トメは端野とともに「戦争の傷跡をいまだに心に秘めている二

図5　鳥濱トメ・菊池・端野の三人が焼香する（1977年）
出典：『町報ちらん』1977年5月20日

人」とされ、端野は帰らぬ息子を、トメは特攻隊員を語ることのできる特権的な存在として描かれたのである。したがって、トメの「真正性」はさらに強化され、特攻を語ることのできる地位を不動のものとした。さらには、端野の力をも借りるかたちで強力な「母性」をも付与された。というのも、端野が「血のつながった」息子を待っていたのに対して、トメは隊員たちと血のつながりをもっていなかった。にもかかわらず、端野とトメは同等の立場としてえがかれた。ついにここで、鳥濱トメは完全なる「特攻の母」となったのである。特攻慰霊祭でも次のような記述が見られる。

> 最後に特攻隊員の母となった鳥浜とめさん（八一歳）が焼香すると、会場から「ありがとう」の声と同時に拍手が沸き起こりました。(24)

一九五〇年代、菊池が「岸壁の母」をヒットさせていた時代、鳥濱トメは全国的には全く無名の女性であり、「岸壁の母」は決して「特攻の母」と結びつくことはなかった。だが、一九六〇年代に高木俊朗が活躍して以降、トメの名は徐々に全国へと知られるようになった。そして、一九七〇年代に二葉が「岸壁の母」をヒットさせたのを機会に「母」

と戦争を結びつけるような「銃後の母ものソング」が二葉を中心に歌われた。そのような社会背景のなかで、鳥濱トメは一九六〇年代から徐々に「真正性」を帯び、さらに一九七〇年代半ば以降は「特攻隊員にとっての母」として認識されるようになり、知覧の内外からリスペクトされる存在となったのである。

三 「銃後の母ブーム」の背景

浪曲人気と支持基盤の広さ

では、二葉を中心とした「浪曲調の母ものソングブーム」の背景には、どのような社会状況があったのだろうか。一九七〇年代の「テレビ黄金時代」の到来はいうまでもないが、まずは、メディア（テレビやレコード会社など）との関係でいうならば、一九七〇年前後に生じた「懐メロブーム」がある。たとえば、『なつかしの歌声』（テレビ東京、一九六八年〜、ほか）などの歌番組を中心にして、軍歌なども含めた「懐メロブーム」が起こった。それによって、過去の曲のリバイバルが盛んになり、レコード会社による「曲の貸し借り」も頻繁に行われるようになった。たとえば、テイチクレコードとキングレコードのケースでいえば、テイチクが出したリストのなかに「岸壁の母」があり、これをキングで二葉がカバーし、大ヒットにつながった。そのなかでも、とくに二葉百合子に対しては幅広い支持層が存在していた。たとえば、中高年はいうまでもなく、若者からも二葉、あるいは「浪曲」への高い支持が見られた。その事実は、全国紙でもたびたび報じられている。

このところ浪曲熱がぐんぐん高まり、ヤングにまでファン層を着実に広げている。昨年、二葉百合子の歌謡浪曲「岸壁の母」が、大ヒットしたのが一つのきっかけだが、その後も人気はいっこうに衰えず（読売新聞、一九七六年[25]）。

「岸壁の母」は強し若者もついホロリ（朝日新聞、一九七六年[26]）

「岸壁の母」若者もつかむ（朝日新聞、一九七六年[27]）

さらに、浪曲協会や右翼政治家なども、一九七〇年代には二葉を支持していた。そもそも、ひと昔前の一九五〇年代には、二葉のような歌謡浪曲（浪曲と歌謡曲を並行して歌う浪曲）は浪曲界の上層部からは批判を受けることもしばしばあったが、一九七〇年代にはむしろ強く賞賛されるようになっていた。たとえば、一九七六年一一月発売の『二葉百合子浪曲大全集』（キングレコード）について、初代東家浦太郎（日本浪曲協会会長[28]）や、賀屋興宣（日本遺族会会長[29]）など、多彩な人びとが二葉を称賛している。

日本の女の心情を唄い続け、また、日本人の母誰しもが持つ深い母の慈愛を唄い続けた今日迄の傑作を全集として再び発売する事は的を得た（原文ママ）事であると共に、浪曲の愛好者いや二葉ファンにとって待望の贈り物として諸手を上げて（原文ママ）迎えられる事と思う。浪曲は庶民芸術として大衆の中より生れ大衆によって支持され今日に至っている。この華麗な全集によって日本人の心の唄浪曲をもう一度じっくりとききかえして貰いたい（東家浦太郎、一九七六年[30]）。

娯楽を通して日本人の心情に訴えてきたその見事な果実がこの「全集」に網羅されている。明日の日本に望みをたくす人も、いま「日本人とは何か」を知ろうとする人も、この浪曲全集に耳を傾けるとよい。高邁なアカデミックな学説の及ばない、ありのままの日本の庶民の精神構造にふれ得よう（賀屋興宣、一九七六年[31]）。

ちなみに、一九五〇年代に「岸壁の母」をヒットさせた菊池章子は、一九七〇年代以降、自身の歌い方を徐々に変化させていく。菊池はもともと西洋音楽をベースにした歌手で、浪曲とはほど遠い存在だった。だが、二葉のヒット以降、菊池も自身の歌に「浪曲調」のセリフを加えるなど「二葉百合子化」していったのだ。

実は、このような「浪曲調」のブームは、「特攻の母」の誕生のみならず、一九七五年に開館する「遺品館」（のちの「知覧特攻平和会館」）における特攻イメージとも密接な関係を持っていた。二葉が「岸壁の母」をヒットさせていた一九七四年五月三日、特攻平和慰霊祭が行われ、同時に特攻隊「とこしえに」の除幕式も挙行される。慰霊祭は毎年七月二八日に行われていたのだが、この年からゴールデンウィーク期間の五月三日へと日にちが変更されたのだ。日程変更の理由は「県外遺族の希望[32]」であるが、それによって、慰霊祭を機会に遠方からの観光客が増えたことは十分に予測されるだろう。さらに、翌年の一九七五年に設立されたのが「遺品館」である。この時期、知覧町は町の顔として、外向きに（そして内向きにも）「特攻」を強く押し出していた。

では、この「遺品館」の館内はどのような雰囲気だったのだろうか。当時の新聞によると、館内には、浪曲交じりでお涙ちょうだい式の解説が流れていたという[33]。このような「遺品館」の状況に対して、高木俊朗は「美談、浪曲調は困る」「特攻遺品館は、低俗、後進意識で運営されている」「特攻を観光化していて不潔」「特攻美談、浪曲調の哀話では遺品館は軍国主義遺品館となります」「なによりも、あの解説を聞かせることをやめて、静かな追悼曲を流すべきです[34]」と、痛烈な批判を加えている。

だが、むしろ重要な事実は、高木が強く否定した「浪曲調の美談」が、少なくとも「遺品館」においては来館者（あるいは観光客）から支持されていた様子もうかがえることである。「浪曲調の美談」に彩られていた「遺品館」の年間入場者数は、一九七六年度には約四万人だったが、一九八一年度には約二一万人へと飛躍的に増加した。この要因に関しては、第一章の福間論文でも指摘されているが、それに加え「浪曲調の美談」が少なくとも来館者（観光客）から拒絶されなかった、あるいはむしろ好意的な印象を持たれたことも関係しているのではないだろうか。そうであるならば、全国的な「浪曲ブーム」と遺品館の成功のあいだには、ある種の親和性があったとも考えられるだろう。

「教育ママ批判」の前景化

さらに、「銃後の母」の地位を高めた要因は、当時の受験戦争にも求められるだろう。まず、当時の家庭教育、とくに男子の教育に対する世間からの批判が挙げられる。周知のように一九六〇年代以降、大学受験、とくに「男子の大学受験戦争」が全国で激化していった。男子高校生の四年制大学進学率は、一九六〇年に一三・七パーセント、一九六五年に二〇・七パーセント、一九七〇年に二七・三パーセントと、着々と増加していった。さらに、一九七〇年代以降、大学受験戦争が進学高校以外にも飛び火した結果、一九七五年には四一・〇パーセントに至ったのだ。このような時代背景のなかで、一九六〇年代に「教育ママ」という言葉が生まれ、息子の大学受験を過度に煽る母親に対して、それを社会問題として見るような「まなざし」が世間では生まれていたのである。

現代の母親は教育ママが多く子どもを一流大学、一流企業に入れるために、特訓を続けている。子どものためではなく、親のミエでさえあるわけで、物語の母はそれとは違う。ただひたすらに子どもが生きていることや幸せを念じて、帰ってくるのをじっと待つ母の姿だ。これは日本に昔からある母の姿であるけれども、いまの世に忘れられかけている。私たちはこれを世に訴えたい（映画『岸壁の母』プロデューサー・田中収[35]）。

みそ汁をつくり、育児と家事を甲斐がいしくやる日本の母の姿が、二葉百合子の歌につながっていく（中略）。教育ママ的な主婦は、二葉百合子の生きてきた道と平行線となるに違いない（音楽評論家・本橋英治[36]）。

テレビ黄金時代の一九七〇年代、二葉の歌声、曲調、ビジュアル、すなわち「七〇年代版・岸壁の母」は、視聴者にとって「古臭い」イメージがあったかもしれない。だが、それを現代（七〇年代半ば）の「教育ママ」と対比させ、「岸壁の母」を「ただひたすらに子どもが生きていることや幸せを念じて、帰ってくるのをじっと待つ母の姿」と見なし、「これは日本に昔からある母の姿であるけれども、いまの世に忘れられかけている」と考えることによって、肯定的に捉える傾向が見られた。浪曲師・東家浦太郎の言葉を借りれば、「日本人の母誰しもが持つ深い母の慈愛」こそが、本来の「母の姿」であるとされたのである。これは、社会学でいうところの「創られた伝統」に近い。いずれにしても、「七〇年代版・岸壁の母」は、「アンチ教育ママ」という時流に乗って、「日本の母が本来持っている母性」を表現したものとして社会から認識されていたのである。

四　「語り部」の「真正性」と知覧観光

特攻隊員の生き残りと「真正性」

これまで、鳥濱トメがどのような社会的文脈のなかで「真正性」を帯び、さらにいかなる要因で「特攻の母」と呼ばれるようになったのか、そのプロセスを論じてきた。では、鳥濱トメ以外の人間に、特攻の「真正性」が見出されることはなかったのだろうか。まず第一に考えられるのが、実際に特攻作戦に参加したが、偶然生き延びた隊員たちである。そのなかでも、ここでは特攻隊員の生き残りで知覧特攻平和会館の初代館長となった板津忠正に注目し、板津について、鳥濱トメとの関係で考えてみたい。

板津は一九二五年生まれで、一九四三年に大刀洗陸軍飛行学校を卒業した。一九四五年に陸軍特別攻撃隊員となり、陸軍特攻第二一三振武隊の特攻隊員として、同年五月二八日に知覧基地から出撃する。だが、飛行中に機体のエンジン・トラブルが生じ、徳之島に不時着した。その後も二度の出撃命令を受けるが、ともに雨のため中止となり、そのまま終戦を迎えた。戦後は名古屋市役所で勤務したのだが、一九七三年頃から、隊員の遺族や親類を探し出して墓参し、名簿の確認や資料収集をはじめる。そして、一九七九年には定年前にもかかわらず名古屋市役所を退職し、本格的な資料収集を続けていった。

さらに、一九八四年には「遺品館」の事務局長に就任し、館内では自らが「語り部」となり、来館者に特攻について説明するようになる。一九八七年には知覧特攻平和会館の初代館長に就任し、「語り部」としての活動を続けた。館内における板津の来館者への語りは、次のようなものであった。

「似ていますか」。特攻おばさんの鳥浜トメさんを囲み、笑顔の特攻隊員たちが写ったパネルの横に、板津さんが一人の隊員と同じポーズをとった。「よく似ている」と驚く声に、板津さんは「似てるはずです。この隊員は私なんです」とこたえる（中略）。「なぜ私がここに立っているのか、お話しします」。再び静かになった入館者に、板津さんは〝告白〟を続ける。「ともに死のうと誓いながら、一人取り残され悔しかった。今は亡き戦友たちに、おまえの命は助けてやったんだと言われている気がします。私は命ある限り、皆さんに真実を訴え続けなければならない。そのため、ここに立っているんです」。目頭を押さえる女性たち。(37)

このような板津の「語り」は、「死へおもむく出撃を実際に経験しているだけに、戦争を知らない若者たちに強烈な印象を与えている(38)」とも評されており、来館者たちは板津から特攻の真実のようなもの、すなわち「真正性」を読み込み、なかには板津の前で涙する来館者もいたようである。

だが、ここで大きな疑問が生じる。板津のように「死ねなかった特攻隊員」は、ほかにも数多くいた。とくに戦後まもない頃は、死んでいった仲間に対して「申し訳ない」と自身を責める者も決して少なくなかったし、一方で、彼らは「特攻くずれ」と世間から白い目で見られることもしばしばだった。したがって、自分から何かを外部へ語るのではなく、むしろ口をつぐんだり、当事者同士で慰め合ったりすることのほうが多かった。たとえば、一九七〇年、トメの次女であり「なでしこ会」の一員でもあった礼子は、東京の新宿に「薩摩おごじょ」という店を開いた。特攻隊員から妹のようにかわいがられていた礼子が新宿に店を出したという噂は、たちまち元特攻隊員のあいだで広がり、やがて「薩摩おごじょ」は彼らが集う場になった。

「店の奥にいる人が戦死した仲間にそっくりだ」。七〇年代後半だったろうか。カウンターの隅で飲んでいた元隊員がおもむろに口を開いた。一緒に飛び立ち、別々の島に不時着した戦友だった。互いに死んだと思い込んでいた。抱き合うふたりの姿に涙した（中略）。店に置いてあったノートに客が言葉をつづった。「今日は君の命日だ。靖国神社に行って、今、一杯飲んでいる」。常連だった元隊員のSさんは「胸の中の思いを吐き出せる安らぎの場だった」と語る。(39)

彼らにとって「胸の中の思いを吐き出せる安らぎの場」こそが、新宿「薩摩おごじょ」だった。そこでは、生き残った者の負い目を共有することができたのだが、逆に、日常生活や社会のなかで彼らの思いを語ることは非常に困難だった。したがって、むしろ板津のような存在はきわめて例外的だったといえる。では、板津を雄弁な「語り部」へと向かわせたものはいったい何だったのだろうか。ここで改めてクローズアップされるのがトメの存在である。

戦友は死に、自分だけが生き残った（中略）。板津さんは、鳥浜トメさんに相談した。トメさんが諭した。「おまえさあは、何かせにゃならんこつがあったから生き残されたと。死んだ人のこつを語い継がにゃ」。この一言が、板津さんのその後を決めた。(40)

それ以降、板津は休日などを利用して、遺族まわりや資料収集をはじめた。さらに一九八四年からは「遺品館」で特攻の「語り部」となった。当事者であるからこそ語りづらいという感性は、おそらく「薩摩おごじょ」へ足を運んでいた特攻隊員も、板津も共有していただろう。

だが、その「語りづらさ」から板津を解放したのが、ほかならぬトメの言葉だった。

図6 「遺品館」で語り部を務めた板津忠正（1984年）
出典：『南日本新聞』1984年8月9日

の存在の大きさがうかがえる。死んでしまったがゆえに語れない当事者と、生き残ってしまったがゆえに語れない当事者がいた。それに対して、トメは「死者／生き残り」という隊員の運命を超越するような立場にいた。さらに、一九七〇年代以降は世間一般にも、「特攻の母」という認識が広く流布していた。すなわち、本来ならばもっとも「真正性」を帯びているはずの板津は、当事者であるがゆえに語れなかったのだが、彼が「語り部」となることの強い後ろ盾になっていたのがトメだったのだ。なぜならば、トメは当事者であることの葛藤から逃れられるポジションにあり、さらに隊員たちの素顔をもっとも身近で知っている存在と見なされていたからである。

ここで注目すべきは、トメと板津、すなわち「目撃者」と「当事者」の力関係が完全に逆転していることである。したがって、トメの威厳が板津に語る力を与え、遺品館（のちには特攻平和会館）内とはいえ、板津に「真正性」を発揮するような駆動力をも宿してしまったのだ。逆にいうならば、「当事者」が「真正性」を発揮できるかどうかのキーパーソンになるほど、トメは特権的な立場を獲得していたのである。

鳥濱トメと知覧観光・平和教育

一方で、一九八〇年代以降、トメはさらに知覧観光の中心に据えられていく。一九八一年四月、「勇士の顕彰碑」が建立されるが、そこにはトメの鎮魂歌が彫られている。一九八五年四月には「特攻の母像」が建立され、一九八七年には「知覧特攻平和会館」が開館する。翌一九八八年には朝日新聞で、「特攻おばさんの回想」という記事（全二八回）が連載され、鳥濱トメの名前がさらに前景化していく。

ちなみに、特攻平和会館のなかで「真正性」を発揮していた板津は、一九八八年、特攻平和会館を再び退職する。特攻作戦で亡くなった人びとに関する資料をさらに収集するためである。「知覧特攻平和会館顧問」に就任し、年に数回知覧を訪れるというかたちに変化するのだが、もともと住んでいた名古屋へ拠点を移し、全国で特攻の「語り部」としての講演活動を展開した。したがって、「知覧町の顔」として捉えるならば、板津よりもやはりトメのほうが強い求心力を持っていたと考えられる。

観光化と同時並行的に、一九八七年、知覧町は「平和を語り継ぐ町」を宣言し、平和教育にも力を注いでいった。たとえば、一九八八年八月一五日には、「高校生クラブ父母の会ふるさと大会」が行われ、鳥濱トメと「なでしこ会」を囲んで平和の尊さを考えるイベントが行われている[41]。当時のトメはすでに八六歳になっており、完全に車いす生活になっていた。したがって、実際に「語り部」として特攻について言葉できちんと解説することができたのは、むしろ「なでしこ会」のメンバーだったはずである。なぜならば、「なでしこ会」のメンバーは、実際に隊員たちと関わった体験者であり、年齢的にもトメより格段に若かったからだ。だが、「なでしこ会」のメンバーは、実際にはトメほどの「真正性」を帯びた存在にはなっていなかった。たとえば、「なでしこ会」の日高文子は、次のように語っている。

「特攻隊員の犠牲の上に日本の平和、繁栄がある」。日高さんは基地の様子などを人に話してやるが「ああ、そうね」ということばしか返って来ない。命をかけて戦ってくれた人のことなど忘れてしまったのか、はがゆい。若い人にはもっとわかってもらえない（中略）。息子に話してもピンとこないという。(42)

いずれにしても、一九八〇年代には観光化に加え、「特攻」を地域アイデンティティとして子どもへ伝える試みが行われていた。そういった平和教育のなかでも、やはりトメは「象徴」として、その存在そのものに大きな意味があった。すなわち、単なる「語り部」ではなく、石原慎太郎が「生きている菩薩」と表現したように(43)、生きているにもかかわらず、もはや「語られる存在」だったのである。晩年のトメは入院生活を送るが、入院してからも特攻平和会館の「残された者からのコーナー」で、トメの映像は、「特権的な目撃者の語り」として流され続けた。

やがて一九九二年五月、名誉町民を授与されたわずか一か月後、鳥濱トメは永眠する。トメの死はマスメディアでも大きく報じられ、全国へ伝えられる。知覧町でトメの葬儀は「町葬」として盛大に行われ、一九九三年の『知覧文化』第三〇号ではトメの「名誉町民授与」や町葬に関して、一一ページにわたって特集された。(44)

五　二一世紀におけるトメのゆくえ

これまで、鳥濱トメに「真正性」が見出され、さらに「母性」が付与され「特攻の母」になっていったプロセスを、メディアや社会の変容を追いつつ明らかにしてきた。では、トメの死後、彼女に見出されていたはずの「真正性」は完全に消滅してしまったのだろうか。もちろん、本人の死後に「真正性」を継承するということが可能かどうかも疑問だが、それを引き継ごうとしている（と思われる）ような試みは、二〇〇〇年以降も知覧のミュージアムにおいて行われている（これに関しては、「複製技術時代の観光」あるいは「意思の継承」という視点から考察することもできる。詳しくは第四章の山口論文、第一〇章の井上論文を参照）。たとえば「特攻平和会館」では、現在でもトメの「語り」が生前の映像を使って流されている。そのほかにも彼女の「真正性」を継承しようとしていると思われるミュージアムがある。二〇〇一年にオープンした「ホタル館」と、トメの死後も営業を続けている「富屋旅館」である。

二〇〇一年五月、赤羽礼子・石井宏著『ホタル帰る』が発売され、同年に高倉健主演の映画『ホタル』が上映される。それをきっかけに、トメの孫である鳥濱明久が館長を務める「ホタル館」（二〇〇一年）が開館した。「語り部」として活躍している明久は、「風呂でも寝床でも、子どもがおとぎ話を聞くように、特攻の話を聞いた[45]」と語っているように、幼少期から実際にトメの話を聞いて育ってきたという自負がある。さらにいうまでもなく、トメとの血縁関係も「語り部」としての「真正性」の根拠になっているのだろう。鳥濱明久は、ミュージアムとして「ホタル館」と「特攻平和会館」との差異をことさら強調する。それは、「ホタル館はあくまでトメ目線で作られている」という考えに基づいているようだ（詳しくは第四章の山口論文を参照）。

それに対して、鳥濱初代（トメの孫・鳥濱義清の嫁）が経営する「富屋旅館」について考えるならば、女将の初代にはトメとの直接的な血縁関係はない。だが、自身が女性であるというジェンダー性に加え（明久は男性である）、「富屋旅館の女将」という立場が「真正性」の拠り所になっている。彼女も「語り部」として活動しているが、実際の語りについて次のように記している。

> ふと思うと、私の口からよく出てくるのは、トメから生前によく聞いて心に留めておいた言葉です。それが時と場合に応じて浮かび上がって出てくるのです（中略）。話している最中にはわからないのですが、話し終えたあとに「今日話したのは私じゃないな」と思うことがよくあります（鳥濱初代）。(46)

二人の共通点は、ともに自らの語りをトメに依存しつつ説明している点であろう。もちろん、来館者がそこから「真正性」を読み取るかどうかは別の問題である。だが、トメは単に彼らが特攻を語るための拠り所として存在しているわけではない。特攻隊員たちを「語る」存在だったはずのトメは、同時に彼女自身が「語られる存在」へと変化していった。その兆候はすでに生前の一九七〇年代後半から現れていたのだが、トメが亡くなり、さらに知覧の特攻観光が繁栄していくなかで、より顕著になっていった。つまり、特攻隊員を知るための「媒介者」（メディア）だったはずのトメが、一九七〇年代以降に「脱メディア化」し、特攻隊員と同等、いや、それ以上にシンボリックな存在と化していったのである。したがって、トメは「真正性」だけではなく、「神聖性」をも帯びていったといえる。そして死後は、記憶の「語り部」だったはずのトメそのものが、ともすれば特攻隊員よりも意味のある「記憶」と化していったのである。

その証拠に、「富屋旅館」と「ホタル館」は、出撃していった若者一人ひとりの物語を提示するだけではなく、同時にトメについても詳しく語っている。それによって、「語り部」としての自身の「真正性」（のようなもの）を担保しようとするだけではなく、もはや特攻隊員と同じく「記憶」と化したトメの「神聖性」をも再生産・強化しているのである。すなわち、明久氏や初代氏がトメを語れば語るほど、自身の「真正性」（のようなもの）の拠り所も、よりいっそう強固になっていくのだ。

トメは、生前から「特攻観音堂」の権威や、特攻体験を持つ「語り部」に影響を及ぼしてきた。さらに、トメ亡きあと、彼女の「真正性」および「神聖性」は「特攻平和会館」や「富屋旅館」あるいは「ホタル館」で存在意義や機能を変えつつも生き続けている。そしてトメは、「日本のマザーテレサ」[47]あるいは「人類の母」[48]とも呼ばれ、知覧における特攻観光の柱になっているのである。

［註］

（1）石原慎太郎「美しい日本の人」『Voice』ＰＨＰ研究所、一九八八年四月号、一四五－一四六頁。
（2）高岡修編『新編 知覧特別攻撃隊』ジャプラン、二〇一〇年、一三八頁。
（3）Ｗ・ベンヤミンが言う「アウラ」に近いものである。詳しくは、Ｗ・ベンヤミン（高木久雄・高原宏平訳）『複製技術時代における芸術作品』（晶文社、一九九九年）を参照。
（4）杉山幸照『海の歌声』行政通信社、一九七二年。
（5）清武英利『「同期の桜」は唄わせない』ワック出版、二〇一三年。
（6）赤羽礼子・石井宏『ホタル帰る』草思社文庫、二〇一一年、二三〇頁。
（7）『町報ちらん』一九五五年九月三〇日、一頁。

（8）高木俊朗『知覧』朝日新聞社、一九六五年、二四九頁。
（9）『知覧文化』第三号、知覧町立図書館、一九六六年三月、六九頁。
（10）高木の思いをM・ウェーバーの理論から解釈するならば、次のようなことが言える。まず、ウェーバーが主張する「責任倫理」（行為の結果に対する責任を重視する倫理・価値観）の観点から考えるならば、菅原らの後押しによって建立された特攻観音の存在など許せるはずもない。それはまさしく彼らの責任逃れにほかならないからである。一方で、高木といえども、死んでいった特攻隊員を慰霊することそのものは否定していない。そこで浮かび上がるのが、トメの特攻隊員に対する純粋な思い、あるいは行動なのである。これは、ウェーバーの言う「心情倫理」（行為の動機の純粋性・情熱を重視する倫理・価値観）として解釈することができる。詳しくは、M・ウェーバー（脇圭平訳）『職業としての政治』（岩波書店、一九八〇年）を参照。
（11）『町報ちらん』一九六四年四月一〇日。
（12）『知覧文化』創刊号、知覧町立図書館、一九六四年三月、六六-六七頁。
（13）『知覧文化』第三号、知覧町立図書館、一九六六年三月、六七-七〇頁。
（14）鹿児島県河辺郡知覧町婦人会文芸集『白い雲』第二六号、一九七〇年、一一七-一一八頁。
（15）『知覧文化』第八号、知覧町立図書館、一九七一年二月、六二-六三頁。
（16）菊池の大ヒットソングといえば、戦後に娼婦に身を落とさなければならなかった女性をテーマにした「星の流れに」（一九四七年）がある。「こんな女に誰がした?」というフレーズは一世を風靡した。その次の代表作とされているのが「岸壁の母」（一九五四年）である。菊池章子の「岸壁の母」が生まれた文化的背景には、戦後から一九五〇年代にかけて続いた「母もの映画ブーム」（三益愛子が中心となり、一九四八年から一九五八年まで「大映 母もの映画シリーズ」が三一作ほど上映される）があった。邦画がメディアとして全盛期を迎えていた当時、「母もの映画」の社会的な影響力はかなり大きかったと推測される。「岸壁の母」のヒットも、この潮流にあるといえるだろう。詳しくは、水口紀勢子『映画の母性』（彩流社、二〇一〇年）を参照。
（17）『町報ちらん』一九七五年六月二五日、三頁。
（18）鹿児島県編『輝く業績』一九七六年、ページ不明。
（19）『町報ちらん』一九七六年一一月二〇日、二頁。

(20)『町報ちらん』一九七七年三月二〇日発行、一頁。
(21)『読売新聞』一九七七年五月四日。
(22)同前。
(23)『町報ちらん』一九七七年五月二〇日、一頁。
(24)『町報ちらん』一九八二年五月二〇日、三頁。
(25)『読売新聞』一九七六年四月三日。
(26)『朝日新聞』一九七六年七月五日（夕刊）。
(27)『朝日新聞』一九七六年一二月二六日（夕刊）。
(28)ちなみに初代東家浦太郎は、一九五九年の段階で、「浪曲家は浪曲をやるべきで、それで客が呼べないのなら浪曲家とはいえない」（『読売新聞』一九五九年一一月二二日、夕刊）と、二葉百合子を完全に否定していた。したがって、一九七〇年代の「岸壁の母」（あるいは浪曲全般）を「創られた伝統」と理解すること も可能かもしれない。
(29)賀屋興宣は、一九三七年の第一次近衛内閣で大蔵大臣、一九四一年発足の東條内閣で大蔵大臣、一九六三年発足の第二次・第三次池田内閣で法務大臣を務めた。極東軍事裁判で、A級戦犯として終身刑になったが、一九五八年に釈放されて再当選する。当時の自民党タカ派の代表格である。低迷する浪曲界の改革の一環として、一九五八年より日本浪曲協会名誉会長に就任した。
(30)東家浦太郎（日本浪曲協会会長）「日本人の心の唄『浪曲』」一九七六年一一月『二葉百合子浪曲大全集』キングレコード、四頁。
(31)賀屋興宣（日本浪曲協会名誉会長）「浪曲は日本庶民の心」同前、四頁。
(32)知覧町郷土誌編さん委員会編『知覧町郷土誌　追補改訂版』二〇〇二年、六九八頁。
(33)『南日本新聞』一九七九年八月二三日。
(34)同前。
(35)『朝日新聞』一九七六年九月七日（夕刊）。
(36)本橋英治（音楽評論家）「二葉百合子人気の秘密」一九七六年一一月『二葉百合子浪曲大全集』キングレコー

ド、一〇頁。
(37)『南日本新聞』一九八五年七月一四日。
(38)『読売新聞』一九八四年八月一五日(西部鹿児島版)。
(39)『読売新聞』二〇〇五年一一月六日(夕刊)。
(40)『西日本新聞』一九九四年八月二〇日。
(41)『町報ちらん』一九八八年九月一日、一頁。
(42)『南日本新聞』一九七六年八月一四日。
(43)『朝日新聞』一九九二年四月二三日。
(44)『知覧文化』第三〇号、知覧町立図書館、一九九三年、二八七-二九五頁、三〇四-三〇五頁。
(45)『朝日新聞』二〇〇六年八月一五日。
(46)鳥濱初代『なぜ若者たちは笑顔で飛び立っていったのか』致知出版社、二〇一四年、一三二頁。
(47)鳥濱明久『知覧いのちの物語』きずな出版、二〇一五年、一頁。
(48)鳥濱前掲書、一四三頁。

第四章　「知覧」の真正性——「ホタル」化する特攻と「わかりやすい戦跡」

山口　誠

一　新しい戦跡

二一世紀の特攻

知覧のまちは、鹿児島県の西南に伸びる薩摩半島の、山深い内陸部に位置する。鹿児島空港からは約七五キロ、高速道路を走っても一時間あまりの距離にあり、またJR鹿児島中央駅と知覧を結ぶ路線バスは一日一〇便ほどと少ない。観光地として見れば、アクセスに恵まれたロケーションとは言いがたく、むしろ辺鄙な山間にある。

それでも観光バスやレンタカーで知覧を目指す人の流れは途絶えず、その数は後述するように鹿児島県だけでなく九州でも屈指の高水準を維持している。そして知覧へ向かう人びとの大半が、知覧特攻平和会館を訪れる。いまや特攻の戦跡として知覧は全国的な知名度を確立している。特攻抜きの知覧など、想像することさえ難しいだろう。

しかし本書のこれまでの議論から明らかなように、特攻だけが知覧のまちのすべてではなかった。少なくとも知覧特攻平和会館が完成する一九八〇年代の後半までは、「特攻」は複数ある知覧の記憶のひとつに過ぎなかった。(1) 他方で、知覧だけが特攻の戦跡ではなかったはずである。太平洋戦争の末期に数多の特攻隊員が出撃した九州には、特攻にまつわる史料館や博物館などがいまも各地に点在する。

たとえば本書の第五章で詳述されるように、知覧に隣接する加世田（現在の南さつま市）の海辺には、戦時中に陸軍の特攻基地である万世《ばんせい》飛行場が築かれ、戦後には万世特攻平和祈念館が建立された。ここでは知覧と同様に、特攻隊員の遺書や遺品などが展示され、海中から引き上げられた戦闘機の実物も公開されている。

また本書の第六章で検討されるように、知覧や万世と同じ鹿児島県の鹿屋には、海上自衛隊の基地に併設された大きな史料館がある。知覧よりも多くの特攻隊員が出撃したことで知られる同地には、海軍が特攻作戦の拠点となる航空基地を置き、そして戦後は知覧に先駆けて一九七二年に鹿屋航空基地史料館が開館している。さらに福岡県の大刀洗《たちあらい》や大分県の宇佐にも同様の施設がある。(2)

いわば特攻の戦跡は、知覧が唯一ではなく、最初でもない。

それにもかかわらず、知覧だけが桁違いの訪問者を集め、突出した知名度を有しているのは、なぜだろうか。さらに問うべきは、知覧特攻平和会館の来館者数が一九八七年の開館から漸増し、その最多記録を二一世紀に迎えたことである。戦争の記憶の風化が危惧される現代日本において、逆に知覧では戦争の記憶の「高まり」が経験されている。その特殊性は、同じ九州にある長崎原爆資料館と比較する時、さらによく見えてくるだろう。

広島とともに世界的に知られた被爆地、長崎の原爆資料館では、来館者数のピークを終戦五〇年の翌年に当たる一九九六年度に記録した。その数は一一四万人であり、同年度の知覧の七〇万人を大きく上回っていた。

だが長崎では翌年から来館者数が漸減し、二〇一二年度には六四万人まで落ち込んだ。一六年間で四四パーセントも減少したことになる。なお長崎市全体の来訪者数は一九九六年度の五四二万人から二〇〇四年度の四九三万人までは原爆資料館と同様に減少したものの、翌二〇〇五年から増加に転じて続伸し、二〇一二年度には五九五万人に達している。すなわち長崎市を訪れる人は増加したが、原爆資料館へ足を運ぶ人はおよそ半減したことになる(3)。

これに対して知覧特攻平和会館の来訪者数は、二〇〇二年度に最多の七三万五四〇九人を記録し、同年度の長崎原爆資料館（七三万九八七四人）と一パーセント未満の差に迫る人びとを迎えた。そして二〇〇八年度には、わずかながら長崎を上回る来館者数を記録した(4)。国際的な知名度を有し、豊富な観光資源とアクセスに恵まれた長崎の市街地に立地する長崎原爆資料館と比べ、知覧特攻平和会館は上述のように「ついでに行く」ことが考えられないほど辺鄙な山中に位置する。しかも特攻の戦跡ならば九州の各地に複数ある。それでも知覧だけが多くの人びとを惹きつけ、そして二〇〇二年度にピークを迎えた理由はどこにあるのだろうか。この章では前三章の議論を継承し、おもに二一世紀の知覧に着目して、新たな戦跡の力学について考えたい。

まず検討したいのは、二〇〇二年度に知覧特攻平和会館が最多の来館者数を記録した背景であり、その前年から頻発した知覧をめぐるさまざまな出来事である。なかでも二〇〇一年の知覧では、知覧特攻平和会館とは異なる、もうひとつの特攻の記憶にまつわる展示施設が誕生し、衆目を集めた。後述するように、そこでは知覧特攻平和会館とは異質の、あるいは対立する特攻の記憶が展示されている。そこで次節では二〇〇一年の知覧に着目し、特攻の記憶の「高まり」が生じた状況を見てみたい。

二 二〇〇一年の知覧

小泉純一郎の来訪と映画『ホタル』の公開

二〇〇一年の知覧では何が起こったのだろうか。その時、何が生まれ、何が消えていったのだろうか。ここでは同年に生じた五つの出来事に着目し、時間軸に沿って検討したい。

第一に二〇〇一年二月九日、衆議院議員の小泉純一郎が知覧特攻平和会館を訪問した。特攻隊員の遺書を前に涙を落とす小泉の姿は、テレビのニュース番組や翌日の新聞などで全国に報道され、大きな話題を呼んだ。当時の小泉は、所属する自由民主党の総裁選挙で二度の敗北を経験した、有力者だが主流派とはいえない世襲議員の一人だった。彼が大方の予想を覆して三度目の総裁選に勝利し、首相に就任するのは同年の四月二六日であり、知覧訪問から二か月後である。まるで全国の一般党員も投票できる自民党の総裁選を見越した選挙運動にも見えるが、彼が知覧を訪れた理由はそれだけには留まらない。

小泉純一郎の実父である鮫島純也（旧姓）は、知覧に近い鹿児島県の加世田で生まれ、同地の万世小学校を卒業している。のちに上京して日本大学の夜学に通いつつ、立憲民政党の事務職員として働くうち、同党の幹事長で横須賀を地盤とする衆議院議員の小泉又次郎の娘と結ばれ、小泉に改姓した。やがて一九三七年の総選挙で鹿児島から出馬して初当選し、一九四二年の翼賛選挙でも議席を守った小泉純也は、生まれ故郷であり選挙地盤でもある万世に陸軍が飛行場を新設する事業へ翼賛議員として関わった。地元の住民や強制連行された労務者の手で造成された万世飛行場からは、のちに一〇〇人を超える陸軍の特攻隊員が出撃し、戦死した(5)。

その万世にも、知覧と同様に戦後には万世特攻平和祈念館が建設され、特攻隊員の遺書や遺品が展示された。上述のように万世は実父の故郷であり、知覧へは車で半時間ほどの近距離にあるため、小泉純一郎は二〇〇一年に万世と知覧をともに訪問したかもしれない。だがマス・メディアでは、知覧で落涙する彼の姿だけが伝えられた。しかも館内は撮影禁止であるにもかかわらず、彼が展示ケースの前で涙を拭う様子は報道カメラで撮影され、同夜のニュースをはじめとするテレビ番組で全国へ放送されている。

さらに小泉は、首相就任から一か月後の同年五月二一日、参議院予算委員会での答弁で「いまだに私は、嫌なことがあると、あの特攻隊員の気持ちになってみろと自分に言い聞かしてみます」と発言し、議論を呼んだ(6)。この時も小泉の知覧訪問が繰り返し語られ、特攻と知覧の結びつきは強化された。そもそも総裁選の直前に知覧を訪問した小泉の意図は不確かだが、ここで検討したいのは彼個人の真意よりも、その社会的効果である。小泉が縁深い万世ではなく知覧で見せた姿は、ほかならぬ知覧の名を全国へ宣伝するメディア・イベントとして有効に機能した。そして稀有なほど高い支持率を維持し続けた首相の姿は、少なくない国民へ具体的で追体験が可能なモデルを示した。それは知覧を訪れて泣く、あるいは奮起する、という戦跡観光の新たな模範である。

第二に、小泉首相の「特攻答弁」から五日後の五月二六日、映画『ホタル』（東映）が公開された。降旗康男が監督を務め、高倉健や田中裕子などが出演した同作品は、一九九九年に大ヒットした映画『鉄道員《ぽっぽや》』と同じ製作スタッフと俳優陣による、特攻を主題とした現代劇である。物語は、昭和の時代が幕を閉じた一九八九年、鹿児島の漁村で静かに暮らす元特攻隊員の漁師（高倉）と、知覧の基地近くの食堂の娘だったその妻（田中）のもとに、同じく生還した特攻隊の仲間が雪山で自殺した、という知らせが届くところからはじまる。そこに妻の余命宣告が重なり、残された時間がわずかなことに直面した夫妻は、心の奥に秘めつつ生きてきた特攻の記憶と向き合い、自らの過去の思いを清算する旅に出る。それは戦死した朝鮮出身の特攻隊員の遺族へ彼の遺品を届ける旅であり、彼は若かりし日の妻の恋人だった、というストーリーである。

それゆえ映画『ホタル』では一一四分の上映時間のうち終盤の約二〇分が、韓国ロケの映像で構成されている。そこでは韓国の遺族が日本の夫婦の訪問に反目しつつも、やがて心を通わせて戦死した特攻隊員をともに悼む姿が、延々と描かれている。太平洋戦争を題材とする日本映画としては珍しい物語構成だが、不自然でご都合主義的な展開が続くため、映画作品としては評価が分かれる部分でもある。

なお韓国では、公共の場での日本映画の上映が戦後長らく制限されてきたが、一九九九年の秋に大幅緩和された結果、条件つきながら一般の映画館でも日本の商業映画を上映することが可能になった。その直後に製作が開始された『ホタル』には、韓国上映を強く意識した製作者の意図が読み取れる。ただし本書の第七章で詳述されるように、総じて映画『ホタル』は韓国では歓迎されなかった。また日本国内の興行収入は二三・三億円で同年の九位であり、低調ではないが東宝創立五〇周年の記念作品としては振るわなかった(7)。

それでも全国公開された商業映画が誘発する観光効果は大きく、知覧町（当時）は映画の製作をさまざまに支援し、また『ホタル』のロケ地としてまちの広報に奔走した。たとえば知覧特攻平和会館の館内での撮影許可をはじめ、ロケ隊の世話や町内外での撮影協力を無償で行い、映画公開時にはまちを挙げて特別上映会を催した。さらに上映後には主要なロケ地に映画の一シーンを印刷したパネルを建造し、知覧特攻平和会館の玄関ロビーには巨大な特製ポスターを掲示した。そして同年一二月一六日には、知覧特攻平和会館の正面に「ホタル」と刻んだ石碑を建立し、主演した高倉健や鹿児島県知事らを招いて盛大な除幕式を行った。これらは映画公開から一〇年あまり経た現在も残っている。

いわば特攻隊員を「ホタル」として描く映画の視点を知覧のまちが引き受け、それをパネルや石碑などによって空間化して長く留め、知覧が「ホタル」の故郷であることを訪問者へ自己表象する動きが始動したのが、二〇〇一年の知覧であった。こうして大資本の商業映画と自治体が結びつき、新たな想像力によって公共空間を再編成していくのと並行して、別の水準でも多くの「ホタル」が飛びはじめていた。

証言本の刊行とホタル館の開館

第三に、五月二八日付で『ホタル帰る』（草思社）という証言本が出版された。副題は「特攻隊員と母トメと娘礼子」とあり、著者は赤羽礼子と石井宏である。この副題からも明らかなように同書は、知覧から出撃した特攻隊員と彼らの最期を世話した「特攻おばさん」こと鳥濱トメの交流を、その次女である赤羽礼子が証言した記録である。母トメが営む基地近くの食堂を手伝っていた礼子は、在学していた知覧高等女学校の「なでしこ隊」として動員され、基地の内部で特攻隊員たちの世話をした戦争経験を持つ。彼女は戦後に上京して結婚後に赤羽姓となり、のちに元特攻隊員が集う居酒屋「薩摩おごじょ」を新宿に開いた。その店の常連に紹介されたのが、のちに共著者となる石井宏であり、石井によれば二人は映画『ホタル』をきっかけに次のような話をしたという。

折から撮影が進行中の映画「ホタル」のポスターが店に貼ってあった。この映画は赤羽礼子さんの母で〝特攻の母〟とうたわれた鳥浜トメとホタルになって帰ってきた特攻兵士の宮川軍曹や光山少尉などの話にヒントを得て、自由に書きおろした脚本によっている。ひとしきりそれらの話題を中心に話がはずんだ。だが、そこの話では、これまで鳥浜トメについて書かれた記述には誤りが多いということがわかった。(8)

そこで音楽評論家として文筆に長けた石井が、赤羽礼子へのインタビューを再構成して出版したドキュメントが、上述の著作『ホタル帰る』であるという。その発案の経緯や刊行時期、そして書名から、同書は映画『ホタル』を意識して出版されたことがわかる。

なお一四章からなる同書のエピソードの大半は、高木俊朗『知覧』（一九六五年）や朝日新聞西部本社編『空のかなたに』（一九九〇年）などの先行する著作と重なる部分も多いが、他方で類書ではあまり見られない特攻隊員の個人的な心情や発言が随所に記されている。時に兵士本人しか知りえないはずの独り言や、戦死した特攻隊員たちの間の会話が再現されているなど、創作された部分も少なくなく、その記述内容にはドキュメントとしての疑問が残る。そのうえで出撃を前にした特攻隊員に沸き起こる不安や、生き残った隊員を襲う苦悶を、鳥濱トメとその親族の視点から赤裸々に綴った同書には、映画『ホタル』と同様に、勇敢な軍神ではなく人間的な弱さを持つ「ホタル」として特攻隊員を描く想像力を読み取ることができる。

たとえば「ホタルになって帰ってくる」と言い残して出撃した特攻隊員とトメの会話は、次のように記されている。このエピソードが特攻隊員を「ホタル」として描く想像力の源泉であるため、やや長くなるが引用したい。


宮川の声がした。

「小母ちゃん、おれ、心残りのことはなんにもないけど、死んだらまた小母ちゃんのところへ帰ってきたい。なあ滝本」

「うん」と滝本の声がした。

「小母ちゃん、おれたち帰ってきてもいいかい」

「いいわよ、どうぞ帰ってらっしゃい。喜んで待ってるわよ」

そのときホタルが一つ、すーっと川を離れて、五人のいる藤棚に来てとまった。

「そうだ、このホタルだ」宮川が感に堪えぬように言った。「おれ、このホタルになって帰ってくるよ」

「ああ、帰っていらっしゃい」とトメは言った。そうよ宮川さん、ホタルのように光り輝いて帰ってくるのよ、と内心で言った。(9)


この翌日、宮川と滝本の二人の特攻隊員は出撃した。そして宮川は作戦を決行し、戦死した。だが滝本は視界不良のため、知覧へ引き返した。(10)その夜、帰らぬ人となった宮川を思い、トメの食堂で悲嘆していた滝本のもとへ、一匹のホタルが舞い込んできた。前夜の約束のとおり、宮川がホタルになって帰ってきたと、その場にいた人たちは涙して歌を捧げたという。

二〇〇一年の映画と本は、この「ホタル」のエピソードを象徴として特攻の記憶を語る想像力――「ホタル」の想像力から駆動力を得ている。もちろんこれ以前にも「ホタル」の記憶は折々に語られており、有名なエピソードのひとつだったが、しかし戦死した特攻隊員を代表するような中心的な位置を占めてはいなかった。それゆえ「ホタル」の想像力がいつ、どのように出現したのかを検証する必要がある。これは本章の次節以降で取り組む課題としたい。

第四に、九月一一日にアメリカのニューヨークとワシントンDCで発生した旅客機による「アメリカ同時多発テロ（9・11）」がある。イスラム過激派によるとされる大規模テロは、いうまでもなく知覧とは直接の関係を持たない出来事だった。しかしアメリカに対する航空機による自殺攻撃という方法が、第二次世界大戦中の日本軍による「特攻（カミカゼ）」を連想させた結果、事件直後からアメリカの一部メディアが「カミカゼ・アタック」と連呼し、特攻の記憶が再び注目されることになった。たとえば朝日新聞は、アメリカが「アメリカ同時多発テロ」と「特攻」を結びつけて思考している例として、事件翌日のアメリカの有力紙を引用して次のように報じた。「（九月一二日付の）ワシントン・ポストの社説の書き出しは「これは犯罪ではない。戦争だ」だった。だから、裁判にテロの責任者たちをかければ済む話ではなく、パールハーバーで奇襲をかけてきた日本と同様、「屈服させ」、せん滅しなければならない――と。[11]」

このとき日本国内では「特攻はテロか」という論争が沸き起こった。また特攻に関わった元日本兵士のなかには特攻をテロと見なすアメリカの思考を非難し、「正しい特攻の記憶」を語り継ぐ活動に着手する者も現れた。こうした「アメリカ同時多発テロ」を契機とする、特攻の記憶の再活性化とその論争の詳細は検討に値するが、ここでは結果として知覧が注目を集めたこと、とくに「正しい特攻の記憶」を継承する戦跡として知覧を位置付ける言説が広範に流通した状況を指摘したい。[12]

そして第五に、私設のミュージアム「ホタル館　富屋食堂」（以下、ホタル館）が一〇月八日に開館した。館長は上述の赤羽礼子と、その甥で鳥濱トメの長女・美阿子の次男に当たる鳥濱明久である。ホタル館は知覧の市街地の中心にあり、それゆえ特攻平和会館からは車で五分ほどの距離にある。ここはかつてトメが軍指定食堂「富屋食堂」を営んでいた場所とされ、当時の建物は道路拡張のため一九七五年に解体された。それからしばらくはトメと無関係な商業施設が建っていたが、書籍の『ホタル帰る』と同様に映画『ホタル』を意識した赤羽礼子が甥の鳥濱明久とともに「富屋食堂」を復元し、私的に運営するミュージアムとして開いた。

ホタル館の建物は木造の二階建て家屋で、敷地は約一四〇平方メートル、古い民家の解体資材などを集めて再利用し、特攻隊員たちが集った戦争末期の富屋食堂を忠実に復元したという。ただし当時の写真と比べると、敷地の狭小化ゆえ建物のサイズは半分ほどになり、また窓枠や屋根などの意匠も少しずつ異なっている。

ホタル館の展示内容は、一階と二階で別のテーマを持つ。まず一階には、トメと親交があった特攻隊員を中心に、特攻作戦に関わった兵士や彼らの遺族など約二五人の遺書や遺影や遺品が展示されている。館内には、館長でありトメの孫である鳥濱明久が自ら演奏するハモニカの曲が流れ、奥の座敷には戦時下の富屋食堂を連想させる古い家具や生活用品が置かれている。いわゆる実物の展示に徹する公的な博物館というよりも、トメの記憶を再現して空間化したレトロ調の復元施設に近い。そして二階には二つの部屋があり、ひとつは特攻に関する資料映像が繰り返し再生される視聴室、もうひとつはトメが愛用した遺品や石原慎太郎からトメへ送られた手紙などを陳列するトメの展示室である。

このようなホタル館の一階の展示だけを見学すると、特攻平和会館とほとんど同じ展示内容に見えてしまう。しかし現在、一人で館長を務めている鳥濱明久の解説を聞けば、ホタル館の展示は特攻平和会館のそれとは異なる特攻観に基づいて構成されていることが見えてくる。そしてホタル館と特攻平和会館の展示は、単に異なるだけでなく、前者による後者への異議申し立て、あるいは批判となっていることがわかる。そこで、次にホタル館の館長である鳥濱明久の活動とホタル館の展示内容に観察できる、もうひとつの特攻観に着目して分析を進めたい。

三　ホタル館と「戦後体験」

二つの特攻観

二〇〇一年にホタル館を開設した時、その活動の中心には赤羽礼子がいた。既述のように彼女は、数多くの特攻隊員が出撃した戦時中の知覧を生き、また自身も「なでしこ隊」の一人として動員された経験を持つ、特攻基地・知覧の体験者だった。

しかし二〇〇五年に彼女が急逝すると、甥の鳥濱明久が唯一人の館長としてホタル館を運営することになった。知覧に在住する彼の活動の核心には、ホタル館の館内で展示を前にして特攻の記憶を後世へ語り継ぐ、語り部としての証言活動がある。

もともと鳥濱明久は、ホタル館の開館以前から語り部として活動していたわけではないという。特攻平和会館に隣接する敷地で「知覧茶屋」というレストランを経営してきた彼は、東京に住む叔母の協力者としてホタル館の開設に関わり、知覧から叔母を支える役にあった。しかし来館者の求めに応じて館内の展示を説明していくうちに、彼は語り部としての証言活動が持つ意味に気づき、鳥濱トメの孫として何をどのように証言するべきか模索していった。やがて叔母の死をきっかけに、本業のレストラン経営と同等かそれ以上にホタル館の活動に注力していった結果、同館での展示解説だけでなく、東京や広島など各地から招待されて特攻の記憶を語るなど、現在の知覧を代表する語り部の一人になっていった。いわばホタル館が、彼を特攻の語り部にしたのである。

一九六〇年生まれの鳥濱明久は、当然ながら特攻基地の時代の知覧を体験していない。そのため語り部としての彼が立脚するのは、祖母の鳥濱トメや叔母の赤羽礼子のような戦争体験者とは異なり、彼女たちの肉声を直に聞いた最後の親族、という独特な立場である。鳥濱家の血縁を担保に、知覧における語り部のなかでも特権的位置を調達した彼の証言には、特攻平和会館に常駐する高齢の戦争体験者の語りとは異質の、あるいは独特の迫力がある。

そうして「特攻おばさん」鳥濱トメの正統な後継者を自任する彼は、祖母や叔母から継承した特攻の記憶を伝承することに尽力する一方、それとは適合しない要素を持つ特攻平和会館の特攻観に異議を申し立て、ときに批判する。ホタル館と特攻平和会館は同じ知覧に所在する、同じ特攻に関する展示施設でありながら、両者は異なる特攻観を持ち、二つの特攻観が知覧にあることを空間的に顕示している。そのため以下では、ホタル館の展示とその館長・鳥濱明久の証言から、特攻平和会館と対立する二つの争点を整理して抽出し、両者の特攻観の相違を検討したい。

遺書の検閲という問題

第一に、遺書の検閲をめぐる見解の相違がある。ホタル館と特攻平和会館の両者とも、その展示の中心は特攻隊員の遺影と、彼らが出撃前に記した遺書にある。しかし鳥濱明久によれば、両館で展示される遺影と遺書には質的な違いがあり、とくに遺書の扱いには注意が必要であるという。

両者の最大の違いは、遺書の検閲に対する考え方にあり、それは検閲された遺書に特攻隊員の真意が書かれているか否か、という争点に集約できる。周知のように、戦時下の軍事郵便は憲兵による検閲を済ませたあとに発送された。出撃を目前に控え、基地内の営舎から遠く離れた家族や知人を想い遺書を認めた特攻隊員たちは、おそらく軍の検閲を前提とした文を書いた、と推測できる。そうでなければ検閲で破棄されてしまうか、遺した家族へ累が及ぶことなどが容易に考えられたためである。検閲があるのに死に対する恐怖など書けるわけがない、まして生きることへの執着や、恋人や妻、親や子への「本当の思い」を書けるわけがない、だから遺書には「定型」があったことを隠すべきではない、と鳥濱明久は言う。

そのため知覧の特攻隊員のなかには軍事郵便を避け、たとえば富屋食堂の鳥濱トメに遺書を託す者がいたという。いつか鳥濱トメが遺族へ手渡しするか、信頼できる人を通じて届けてくれることを期待して、「本当の思い」を書き綴った検閲されていない遺書が、トメのもとに集まっていった。その総数や戦後の入手経緯は不明だが、しかしホタル館ではそうした未検閲の遺書を重視して展示内容を構成したという。

さらにホタル館では特攻隊員の遺書と並んで、鳥濱トメが隊員の遺族へ送った手紙も展示されている。彼女は富屋食堂に出入りした特攻隊員たちの最期の姿を伝えるため、自らの筆で遺族たちへ手紙を書いたという。『特攻基地知覧』を著した高木俊朗は、そのなかで「とめの手紙で、肉親の最後を知った遺族はすくなくない。また、自分の最後を知らせるように、とめにたのんだ隊員もいた」と記している(13)。他方で特攻隊員のなかには、高木のように報道班員として基地に出入りしていた関係者へ遺書を託す者もいた。その一人に、一九四五年五月一一日に第五六振武隊の一員として出撃し戦死した、上原良司がいる。

上原は、出撃前夜に「所感」と題した手記を書き、信州の故郷にいる家族へ渡すよう高木へ託したという。慶應義塾大学在学中に召集され、特別操縦見習士官として戦闘機の搭乗員となった上原は、その高い知性と文才による「所感」のなかで次のように述べている。「権力主義全体主義の国家は一時的に隆盛であろうとも必ずや最後には敗れる事は明白な事実です。我々はその真理を今次世界大戦の枢軸国家において見る事ができると思います。ファシズムのイタリアは如何、ナチズムのドイツまたすでに敗れ、今や権力主義国家は土台石の壊れた建築物のごとく、次から次へと滅亡しつつあります。」そして明日には特攻死する自らを、飛行機の操縦桿をとる「一器械」としたうえで、次のように記した。「飛行機に乗れば器械に過ぎぬのですけれど、いったん下りればやはり人間ですから、そこには感情もあり、熱情も動きます。（中略）明日は自由主義者が一人この世から去って行きます。彼の後姿は淋しいですが、心中満足で一杯です。[14]」

この上原の「所感」は、他の二通の遺書とともに遺族へ手渡されたため、憲兵の検閲を受けずに戦後を迎えたとされる。そして一九四九年に出版された戦没学徒遺稿集『きけ　わだつみのこえ』の巻頭に収められたこともあり、上述の遺書と「自由主義者」上原の名は特攻作戦で戦死した学徒兵の象徴として繰り返し語られてきた。

ホタル館では、この上原の「所感」と併せて、彼が恋心を通わせた故郷の女性へのメッセージが記された本も展示されている。上原は所持していた羽仁五郎の著作『クロオチエ』のなかの文字に無数の〇印をつけていった。それをたどると「きようこちやん、さやうなら。ぼくはきみがすきだつた」という言葉からはじまる恋文が現れる。

上原の「所感」は、特攻平和会館でも展示されている。しかしそれは鳥濱明久が指摘するように例外的な存在であり、展示内容の大半は報国殉死の決意や生前の感謝を述べる「軍神」の遺書で占められている。また羽仁の書を借りた上原の恋文は、展示されていない。

こうした遺書の展示方針とともに鳥濱明久が違和感を抱くのは、特攻平和会館が陳列展示する数々の遺影であるという。同館の壁に並べられた数々の特攻隊員の顔写真は、その大半が戦後しばらくして遺族から寄贈された遺影をトリミングしたものであり、白い背景に正装した凛々しい姿の若者たちが写されている。それは検閲された遺書と同様に遺影の定型であり、また特攻隊員の所在を遺族にも明かさないための技術だったとも考えられ、ひとつの現実を記録した写真であるが、しかし彼らの生身の姿を伝えるものではないという。これに対しホタル館では、特攻作戦に関わった若者たちの「人間らしさ」が写し出された写真、あるいは彼らの「背景」が写り込んだ写真を、できるだけ選び出して展示しているという。

このように二〇〇一年に開館したホタル館の展示は、特攻平和会館を強く意識して設計されている。後者の「正史」が伝えない「隠された真実」を伝承するため、前者は検閲を逃れた遺書や遺影をとくに重視して展示内容を構成し、死を前にして煩悶し、恋もすれば家族への未練を断ち切れずに出撃した特攻隊員の「本当の思い」を後世に伝えようと努めているという。そして二つの展示施設が異なるものは、これに留まらない。

「特攻死主義」という問題

第二に、「滝本問題」がある。これは伝承すべき特攻の記憶の境界線をめぐる両者の見解の相違を如実に示す争点であり、その象徴が滝本恵之助という特攻隊員の展示の有無にあるという。滝本は、前節で見た「ホタル」の話に登場する宮川三郎とともに、一九四五年六月五日に特攻出撃した陸軍伍長である。滝本と宮川は、もとは万世から出撃した別々の振武隊に所属していたが、それぞれ機体不調のため出撃できずに同僚の隊員を失い、知覧で次の出撃命令を待つあいだに出会ったという。やがて二人同時に出撃命令が下り、先述した「ホタル」の話に結びつく。

「ホタル」になって富屋食堂に帰ってきた宮川三郎の話は、戦後に鳥濱トメの口承によって広まった。それは映画『ホタル』、書籍『ホタル帰る』、そしてホタル館の名の由来にもなり、いわば特攻の記憶を代弁する悲劇のひとつになっていった。だが「ホタル」の話には続きがある、とトメの孫の鳥濱明久は言う。

宮川三郎とともに出撃したものの、機体不調（ただし赤羽礼子の著作では「視界不良」）で戻ってきた滝本恵之助は、富屋食堂で「ホタル」を見た二か月後に、生きて終戦を迎えた。しばらくして彼は、新潟にある宮川の実家を訪れた。宮川三郎の最期の姿を遺族へ伝え、その墓参を果たした彼は、宮川家の勧めで同地にしばらく滞在したという。その間、宮川の墓の前を離れずに憔悴した滝本の姿が伝えられている。まもなく宮川家を去った滝本は連絡が途絶え、のちに自殺したとされる。

鳥濱トメと赤羽礼子は「ホタル」になって帰ってきた宮川について語る時、「ホタル」になれなかった滝本についても、できるだけ話していたという。二人の特攻隊員の話は前出の『ホタル帰る』にも記され、また宮川と滝本の遺影はホタル館の一階の中央部分に展示されている。そして「ホタル」の記憶は鳥濱明久にも継承され、彼がホタル館で取材に応じた新聞記事や同館の公式ホームページでは、宮川と滝本に関する展示の前に立って説明する写真が使われている。いわばこの二人の展示は、ホタル館の核心にある（次頁の図2を参照）。

他方で特攻平和会館には、滝本恵之助の展示は無い。彼は知覧から出撃した特攻隊員だが、しかし特攻作戦で戦死していないために特攻平和会館での展示対象にはならないという。その一方で知覧とは無関係な特攻戦没者は、戦死という事実ゆえに展示対象に入る。その数は展示された全一〇三六人の過半数を構成している。すなわち特攻死した「軍神」だけを展示の範囲に入れ、また知覧以外の陸軍の特攻戦没者も一括して顕彰する特攻平和会館の展示方針には、特攻隊員を「軍神」として描いた戦時中の特攻観との連続性を見て取ることもできる。

　こうした特攻死によって展示範囲の境界線を引く特攻平和会館に対し、ホタル館は上述の滝本恵之助だけでなく、他の特攻作戦の関係者や遺族の記憶をいくつか展示することで、異なる特攻観を伝承しようと試みる。たとえば初期の特攻作戦では、敵艦に体当たりする特攻機を護衛し、時に特攻機の盾となって米軍の戦闘機に撃墜されることがある掩護《えんご》隊《たい》がともに出撃していたが、彼らの存在は特攻隊ほど語られることはなく、その戦没者たちは特攻平和会館には展示されていない。だがホタル館では掩護隊として戦死した新田豊蔵と稲田光男の遺影と遺書を展示し、戦死した特攻隊員だけが特攻作戦の犠牲者ではないことを伝えている。さらに鳥濱明久は、生きて終戦を迎えた元特攻隊員たちの複雑

図１「ホタル館富屋食堂」（撮影：山口誠、2013 年 8 月 7 日）

図2　証言中の館長・鳥濱明久（撮影：山口誠、2014年8月5日）

な思い、とくに終戦直後には「特攻くずれ」と非難を浴び、自らの過去を隠して生きざるをえなかった「生き残り」の人たちが、それでも折々に知覧の地を再訪し、亡くなった戦友たちを悼むことを続けてきた苦悩にも、向き合うべきだという。

「戦後体験」の継承

このような鳥濱家に遺された特攻の記憶を聞けば、ホタル館の展示空間は特攻平和会館のそれと比較にならないほど小さいが、しかし前者が展示しようと試みる特攻の記憶の範囲は後者のそれより大きく、また複雑である状況が見えてくる。他方で「特攻死主義」の特攻平和会館に疑問を投げかけ、「正史」では語られない複数の特攻の記憶を限定的ながらも展示するホタル館の特攻観には、鳥濱トメとその親族たちの「戦後体験」が深く作用していると考えられる。

すなわち軍指定の食堂という場で特攻隊員たちと交流し、彼らの最期の姿を目撃した戦時中の体験に加え、戦後の長い年月に特攻戦没者の遺族をはじめ、「生き残り」の元特攻隊員や掩護隊の遺族たちなど、さまざまな特攻の関係者たちの訪問を受け入れてきた鳥濱トメとその家族にとって、「特攻死主義」の境界線からは零れ落ちてしまう人びとがあまりに多く、それは到底受け入れられないものだったと考えられる。たとえば「生き残り」の元隊員のなかには、さまざまな思いから特攻平和会館に足を踏み入れることができず、会館のわきの特攻観音へ参拝したあと、トメのもとを訪ねては独り帰ることを繰り返した人もいた、という。

こうした鳥濱トメの戦争体験だけでなく、彼女とその家族の「戦後体験」を視野に入れれば、その親族たちが二〇〇一年に開館したホタル館が滝本恵之助を展示空間の中心に据え、また特攻死に限定しない特攻関係者たちの展示にこだわることで、複数かつ複雑な特攻の記憶を後世に伝承しようとする考え方の原点が見えてくる。その意味でもホタル館は、トメの視点を継承するために設立された、鳥濱家の「戦後体験」を土台にした特攻観の展示施設である。約言すれば、特攻戦没者だけを顕彰する「軍神」の想像力に対して、さまざまな矛盾や苦悩や無念を抱えて死に、あるいは生きた「ホタル」の想像力を提起し、特攻隊員とその関係者たちを「軍神」ではない「ホタル」として再表象するための活動拠点である。こうしてホタル館と特攻平和会館は、異なる二つの特攻観を有している。

ここで検討した争点のほかにも、特攻平和会館の「正史」に対するホタル館の問題提起はまだあるが、本章の目的は知覧の二つの施設の対立を詳細に描写することにはなく、また両者の特攻観の優劣を論じることにもない。なぜ、いつから特攻の記憶をめぐる対立が顕在化し、二つの特攻観が接続しえないまま知覧のまちで併存しているのだろうか。そして「ホタル」の想像力が描き出す特攻観の特徴とは何か。次にホタル館の展示と証言の方法を別の角度から分析し、「ホタル」の想像力の軌跡とその特徴を考えたい。

四　「ホタル」の想像力

「ホタル」の源流

いつから特攻作戦の戦没者たちを「ホタル」として捉え、彼らが遺書に綴った覚悟の裏側に、個人としての苦悩や悲しみを読み込む想像力が生まれたのだろうか。

たとえば、ホタルになって帰ってくると言い残して出撃した宮川三郎の話は、前出の高木俊朗の『特攻基地知覧』でも触れられている。本書の第二章で議論されたように、特攻基地としての知覧の名を全国に響かせ、のちの知覧町による戦跡開発の基礎を築いた高木の著作では、彼が報道班員として戦時中に知覧を訪れた際に目撃した、幾人かの特攻隊員たちの姿が活写されている。そのうちの一人として、宮川が描かれている。

ただし宮川に関する高木の記述は、文庫版で三四八ページの本文のうち一ページあまりと短く、その扱いも小さい。また同書では宮川だけが「ホタルになって帰ってくる」と言い残し、翌日の出撃後に引き返してきた滝本が富屋食堂でそれを初めて聞いて驚く、という異なるかたちで次のように記されている。

> そこへホタルが流れてきて、ほの白い花のあたりにとまった。鳥浜とめは、それを見て、昨夜の宮川軍曹の言葉を思いだした。全身に寒いものを感じて、叫んだ。
> 「あ、宮川さんがもどってきた」
> 滝村《ママ》曹長が飛上がるように立った。顔色まで変っていた。とめが、その訳をいうと、
> 「宮川が、本当にそういったか」
> と、不安な顔になった。滝村曹長が、あまりにおどろいたので、とめは不審なものを感じた。この日、滝村曹長が途中から引き返したことと、何か関連があるかと思った。疑問は、ながく、とめの心に残った。[15]

ここでは滝本の姓が「滝村」と記される一方、赤羽礼子の著作に記されたようにその場に居合わせた全員で「ホタル」へ歌を捧げた、という読む者の情緒に訴えかけてくる記述はない。少なくとも高木にとって「ホタル」の話は美談ではなく、また知覧の特攻隊員を代表する象徴的な位置にはなかっ

たと考えられる。それゆえ右に引用した高木の短い記述からは、知覧の「ホタル」たちの苦悩を読み込み、彼らの個人的な思いに共感することは難しいだろう。つまり一九六五年に公刊された高木の著作に、「ホタル」の想像力は見られないといえる。

なお、鳥濱トメは生前に自著を残さなかったが、朝日新聞の記者が彼女の証言を聞き書きした回想録『空のかなたに』が出版されている。トメが存命だった一九八八年に同紙上で連載された記事を再構成し、死後三年を経た一九九五年に公刊された同書にも、「ホタルになって」と題する一章がある。そこでは次女の赤羽礼子の著作『ホタル帰る』とほぼ同型の話が語られているが、ただしそれは二八章で構成された著作の一章として収められており、他の章よりも特別な意味は与えられていない。「ホタル」の記憶はトメが大切に語り継いだ話のひとつであるものの、ここでも特攻の記憶を代表するような中心的位置にはなかったと考えられる。

「神鷲」から「ホタル」へ

以上から、特攻隊員を「ホタル」として描く想像力は新しいものであり、それは戦時中はもちろん、戦後もしばらくは現れなかったと考えられる。たとえば太平洋戦争末期の新聞報道では、「軍神」や「神鷲」などの表象が特攻隊員に用いられ、自ら「神鷲隊」と命名して特攻出撃する陸軍部隊も存在した。戦死を覚悟して捨て身の航空攻撃を試みる特攻隊員は本土を防衛する「生き神さま」であり、そこに用いられる想像力はか弱い「ホタル」ではありえず、強い攻撃能力を誇る「鷲」だった。こうした「神鷲」の想像力は終戦後も生き延びた結果、戦没した特攻隊員の個人的な心情を戦後の視点から想像し、彼らに同情しようとする行為は、彼らの特攻死を無意味あるいは犬死にと見なすことにつながるとして、時に辛辣な非難の的となった。

福間良明の『殉国と反逆』によれば、特攻隊を主題とする日本映画は終戦後まもなく現れ、一九六〇年代には「特攻映画」のブームが到来して、七〇年代までに数多くの関連作品が製作されたことがわかる。[16]そのなかには特攻隊員が決死の作戦を前に苦悶し、生への執着を露わにする姿を描写する映画もあるが、最後には壮絶な覚悟の末に自ら決意して出撃する「神鷲」たちの姿が描かれ、そこにカタルシスの効果を得る無数の観客がいた。言い換えれば映画のなかで描かれる特攻隊員たちの迷いや絶望は、その最後のシーンで自ら出撃する彼らの覚悟を深く印象づけるための伏線として、あるいは純真な若者たちを無駄死にへと追いやった軍部上層への批判として、必要とされた。それは特攻死した若者たちの「本当の思い」を読み込み彼らに同情する一方で、決死の出撃にカタルシスを求めない、あるいは軍部批判を行わずに、ただ個人の悲劇として特攻の記憶を前にして泣くことを求める「ホタル」の想像力とは、決定的に異なる。

すると、特攻隊を主題としながら特攻隊員を「神鷲」として勇ましく描くことを避け、生還した元特攻隊員やその近親者たちが抱く苦悩を静かに描いた二〇〇一年の映画『ホタル』は、それまでの「特攻映画」の系譜からは逸脱した作品と見ることができる。逆にいえば、この映画の題名と、この映画の公開をきっかけに生まれた書籍や展示施設が「ホタル」を掲げていること、それに対して映画より六年前に出版された鳥濱トメの回想録『雲のかなたに』では「ホタル」には特別な位置が与えられていなかったこと、などを重ね合わせると、「ホタル」の想像力は二〇〇一年の映画『ホタル』の公開後、すなわち二〇〇〇年代に広く浸透した、特攻をめぐる新しい集合的な想像力である、と考えることができる。[17]

ならば「神鷲」を「ホタル」へ転換することで、何が果たされたのだろうか。まず容易に想像できるのは、勇壮で強い攻撃能力を誇る「鷲」から、小さく可憐で無害な「ホタル」へイメージを転換することにより、特攻という軍事作戦が本質的に有する暴力性と加害性を除去し、自殺的行為を強いられた特攻隊員の個人的な悲劇を前面に押し出す印象操作が可能になる、と考えられる。そうして特攻死した若者を戦争という文脈から引き剝がし、愛する家族や恋人のために自ら殉じた純真で勇敢な英雄として描くことも可能になるだろう。

しかし映画『ホタル』での特攻隊員の描写やホタル館での鳥濱明久の証言には、そうした勇敢な英雄として特攻隊員を描く表現は希少である。とくに後者では、館内に展示された特攻隊員個人の、当人のほかに知りえないだろう懊悩を切々と、時に生々しいほど詳細に語ることに尽力する一方で、そこに今日の平和の礎を築いたなどの殉国の水準に接続する解釈が差し挿まれることは、皆無とはいえないものの、稀である。その代わりにホタル館の館長が言葉を尽くして語るのは、特攻作戦によって絶命した若者たちの等身大の苦悩であり、禁欲的なまでに個人の水準に内在した彼らの「素顔」である。

記憶の個人化と脱文脈化

すなわち「ホタル」の想像力には、特攻隊員を弱さと情念に満ちた一人の個人として表象することで、その存在に備わる暴力性や攻撃性だけでなく、それを含んだより「大きな状況」としての戦争という文脈から切り離して、彼ら個人の記憶を語ることを可能にする特徴がある。そこでは戦争とは無関係とまではいえないものの、戦争を背景として後ろに追いやり脱文脈化することで、死を目前にして思い悩み、苦しみ、あるいは絶望した果てに出撃せざるをえなかった個人の体験に、特攻隊員の記憶を集中させる意図がある。そうして戦争や国家などの水準を介さずに、戦没した特攻隊員と戦争の経験を持たない観光者を個人の水準で向き合わせて接続し、同情と共感による情念的なつながりを創出することが可能になる。

こうした個人の水準に内在した「ホタル」の想像力は、戦争の体験や知識の有無、あるいは国家に対する考え方の違い（右翼的か左翼的かなど）をはじめ、さまざまな社会的な差異を乗り越え、一人の個人である「ホタル」に対し、やはり一人の個人として向き合う回路を、そのオーディエンス（映画の観客、ミュージアムの来館者、あるいは証言の聞き手）に提供する。戦争や国家などの「大きな状況」は後景化され、暴力性と加害性は除去され、個人の情念だけが前景化された「ホタル」としての特攻隊員のイメージは、英雄視される「鷲」の想像力とはおよそ異なる構造を持つ。

そうして「大きな状況」から脱文脈化した「ホタル」と、個人として直截につながることによって、そのオーディエンスは同情と共感を駆動因とする戦争の記憶の継承に参加し、「ホタル」の想像力によって特攻隊員たちの記憶を読み解く。より具体的にいえばホタル館の来館者には、「ホタル」と「わたし」が、国民国家や歴史などの迂回路を経ずに、個人と個人の水準において壮絶な体験に同情し共感する個人的体験が提供される。そこでは戦争さえ舞台背景に過ぎず、時に狭隘物になりうる。「ホタル」の想像力によって特攻の記憶を継承する者にとって、戦争体験の有無や、戦争の知識の多寡や、政治的立場の違いは大きな問題ではない。また加害責任や歴史修正主義や特攻賛美などの「大きな状況」に関わる「難しい問題」も、個人の水準だけに注目する視野には入ってこない。こうした個人化し脱文脈化した「ホタル」の想像力が広がりをみせ、一定の支持を集める背景には、たとえば特攻の新事実が明らかになり、その歴史的解釈が更新されたためではなく、特攻の記憶を語る／聞く人びとの世代交代が進み、その解釈の枠組みのほうが変化したことが考えられる。

つまり変化したのは特攻の記憶ではなく、それを読み解く人びとのほうである。本書の第二章が論じるように、一九八〇年代頃から知覧では「平和」の想像力によって特攻の記憶と向き合い、特攻隊員の戦死を現代社会の礎として位置づけることで継承しようとする潮流があった。「平和」の想像力は、個々の特攻隊員の体験が持つ固有性を想起することよりも、「特攻隊員」という一括りの集団性において「彼ら」の体験を遠くからまなざすことを志向する。

いわば「平和」のフィルターを媒介して見えるもの、あるいは見たいものは、絶対に繰り返してはならない戦争であり、特攻隊員たちの個人的な苦悩や「素顔」ではない。こうした二〇年あまり主流だった「平和」の想像力に対する違和感のようなものが、特攻隊員の個人的体験にこだわり、記憶の個人化と脱文脈化を推し進めることで彼らの「素顔」を取り戻し、あるいは再現してみようとする、「ホタル」の想像力にあると考えられる。

もちろん「ホタル」の想像力は、天才的な発案者によって突然に発明されたのではなく、むしろ長い時間をかけて結晶化して現れた解釈の枠組みである。それはホタル館の館長が来館者の求めに応じて証言活動に取り組み、そうした活動を続けていく過程で独自の語り方を編み出していったこととよく似ている。

そのためホタル館と鳥濱明久の視点にとって、前節で見た遺書の検閲は重大な問題であり、また「特攻死主義」の「神鷲」あるいは「軍神」の想像力は看過できない問題となる。そうした特攻平和会館との対比においてホタル館の展示を解説する時、彼は「特攻隊員は笑顔で出撃していない」という一言を繰り返し強調する。おそらくこの一言に、彼が祖母や叔母から受け継いだ鳥濱家の「戦後体験」が集約されている。とくに終戦直後からさまざまな特攻の関係者を受け入れ、彼らが抱えた解消不能な苦悩を共有してきた鳥濱トメは、先述したように特有の「戦後体験」を重ねてきた。そうしたトメの視点の継承にこだわるホタル館は、孫の鳥濱明久の証言活動によって「ホタル」の想像力を語り継ぎ、あるいは独自の方法で復元して、「神鷲」の想像力によって特攻の記憶を展示してきた特攻平和会館とは異なる特攻観を伝え広めようとしている。

しかし特攻平和会館の関係者のなかには、「あそこ（ホタル館）はトメさんの記念館だから」と言う人もいる。その言葉にはホタル館は「特攻の記念館ではない」という含意と、特攻の記憶を個人化し脱文脈化した「ホタル」の想像力から距離を置こうとする意図を聞き取ることができる。その一方で、ホタル館を訪れる者のなかには、特攻平和会館では見られない「何か」をホタル館の展示に読み取る人もいる。その「何か」に着目し、それがホタル館において作動するメカニズムを次に考えたい。

五　レプリカと「素顔」

来訪者の受け止め方

ここまで見てきたホタル館とその展示を、知覧を訪れる人びとはどのように受け止めているのだろうか。たとえば同館には、来館者が自由に感想を書き込める感想ノートが受付近くの机の上に置かれている。多くの感想には名前・日付・住所などとともに、「感動した」「来てよかった」「感謝の念を抱いた」などの好意的な文言が記されている。

またインターネット上のレビューサイト（口コミ評価サイト）でも、ホタル館の感想を見ることができる。たとえばアメリカの企業が運営する世界最大規模の観光レビューサイト「トリップアドバイザー（TripAdvisor）」では、ホタル館に一五件の「口コミ」が寄せられている。[18] そこでも肯定的な感想が大半を占めるが、見学の直後に館内で記された感想とは異なる表現も散見できる。それはホタル館を訪問したあと、あるいは旅行から帰宅したあとに自らの体験を振り返る時間を経て書かれたこと、そしてネット上での公開を意識して書かれた感想であること、などが作用していると考えられる。その例として二件の「口コミ」を引用したい。

特攻隊員から慕われた「特攻の母」故鳥濱トメさんが営んでいた食堂を再現した資料館です。隊員の遺品などが展示してあり、一人の人間として出撃していった隊員たちとトメさんの会話がリアルに聞こえてきそうでした。（マリー88、京都、二〇一二年一月一〇日投稿。傍点は引用者）

平和会館の後に行きました。内容が重複する部分もありますが、隊員たちの素顔というか、普通の若者なんだなあと思わせるような視点で観ることができます。（UO2419、名古屋市、二〇一四年三月二六日投稿。傍点は引用者）

特攻隊員を「一人の人間として出撃していった」と見ること、また「普通の若者なんだなあと思わせるような視点で観る」ことは、前節で検討した「ホタル」の想像力と地続きの感想であり、ホタル館の展示の意図を理解する来館者が一定数は存在することを示している。そしてこれらは例外的な感想ではなく、たとえば日本の企業が運営する別の観光レビューサイト「じゃらん net」でも、一三件の「クチコミ」がホタル館に寄せられており、そのなかには次のような感想が記されている。(19)

学生の一人旅で訪れました。知覧特攻平和会館でも知ることができますが、実際に訪れることで感じるものがあると思いました。様々な特攻隊員のエピソードと共に彼らの遺品や手紙などを展示しており、富屋食堂から見た特攻隊員の素顔を知ることができると思います。（YU、男

性、二〇代、二〇一三年二月一四日訪問。傍点は引用者）

これらの観光レビューサイトに加えて個人のブログなどに記されたホタル館の感想を通覧すると、そこにはいくつかの共通する記述を読み取ることができる。それは①書き手のほぼ全員が特攻平和会館とホタル館の両方とも訪問していること、②彼らは二つの施設の展示には重複があり、よく似た内容と見ていること、しかし③ホタル館では特攻隊員の「素顔」を見ることができると捉えていること、である。[20]ここで注目したいのは②と③の関係である。すなわち特攻平和会館とホタル館の展示内容に重複を見て取っているにもかかわらず、ホタル館では特攻隊員の「素顔」を見ることができる、と記した感想が多数あることである。一見すれば矛盾した感想が、なぜ可能になるのだろうか。

そもそも二つの施設を比較することで見えてくる展示内容の違いは、特攻平和会館でもホタル館でも明示されていない。むしろ特攻平和会館が提供するパンフレットや公式ホームページでは、ホタル館の存在さえ言及されていない。他方でホタル館の配布物やホームページには特攻平和会館の場所が示されているが、それ以上の紹介は見当たらない。同じ知覧のまちに所在する、同じ特攻基地に関する二つの展示施設でありながら、まるで両者は互いの存在を無視し合うような関係にある。

それにもかかわらず両館ともに訪問し、とくにホタル館では特攻隊員の「素顔」を見ることができる、という感想を抱く観光者が多数現れている。いったいホタル館のどこから、特攻平和会館では見られない「ホタル」たちの「素顔」を読み解くことができるのだろうか。

複製技術時代の観光

先述したようにホタル館の展示空間は小さく、建坪一〇〇平方メートルほどの二階建て家屋に展示された特攻関係者の数は、特攻平和会館と比べれば文字どおり桁違いに少ない。加えてホタル館の建物は、二〇〇一年に竣工した比較的新しいものであり、古家の廃材などを再利用して戦時中の富屋食堂を復元した、いわゆる複製品（レプリカ）である。さらにホタル館で展示されている特攻隊員の遺書や手記も原本ではなく、カラーコピーなどで複製されたレプリカが大半を占めている。[21] そして何より、館長の鳥濱明久の証言活動が、その祖母である鳥濱トメの存在を拠り所に、彼女の記憶を復元して伝承することを目的としたレプリカであるといえる。戦後生まれの若い館長が戦没した特攻隊員たちの個人的な苦悩を証言する時、彼は彼自身の肉声を封印し、まるで舞台で独白劇を演じる俳優、あるいは書かれたテキストを情感豊かに上演する朗読者のように、声色を変えて額に汗しつつ、ときに数十分にわたる証言に尽力する。そこには、いまは亡き祖母への強い信頼とともに、鳥濱トメのレプリカとして証言活動に最善を尽くすことを自らに課した、彼の使命感のようなものが感じられる。

すなわちホタル館は、その建物も、展示品も、そして語り部も、二一世紀に複製された新しい施設であり、長らく保存されてきた原資料を整理して一部を陳列展示する伝統的な資料館というよりも、展示するために資料を複製して揃え、また建物も来訪者のために複製された、新しい記念館であるといえる。それゆえベンヤミンの有名な論考の名を借りれば、ホタル館は「複製技術時代の観光」のための施設といえるだろう。

ただし複製技術によって新調されたレプリカを展示すること自体は珍しいことではなく、それはホタル館に限らず、特攻平和会館でも行われている。たとえば特攻隊員の遺書と遺影とともに来館者の目を惹くものとして、館内に四機の戦闘機が展示されている。そのなかの陸軍一式戦闘機「隼」は、二〇〇七年公開の映画『俺は、君のためにこそ死ににいく』の撮影のために製作されたレプリカであり、もう一機の「隼」のレプリカは館外の広場に露天展示されている。また会館のわきにある、特攻隊員が出撃までの時間を過ごしたとされる三角兵舎も、特攻平和会館の改築と合わせて新造された複製である。

他方でいまも知覧には、特攻基地にまつわる実物の遺構がいくつか存在している。たとえば弾薬庫、給水塔、防火水槽、油脂庫など、特攻平和会館から少し離れた場所に点在しているものの、徒歩で見学できる範囲に当時の基地施設が複数残っている。だが、これらの遺構を見学して回る人の数は少ない。言い換えれば知覧に固有な戦争遺構の実物よりも、他所で複製されたレプリカのほうが、多くの知覧の訪問者たちにある種のアウラを感じさせている。

さらに複製技術によるレプリカばかりで構成されたホタル館に対し、その展示内容の真偽を問う感想はほとんど見当たらない。むしろ肯定的に評価して「ホタル」たちの「素顔」をそこに読み込む人びとが多数いることは、すでに見たとおりである。つまり、長い道のりを経て薩摩半島の山間部に位置する知覧へ足を運んだ訪問者にとって、そこで見るものが他所では見られない実物か、それとも技術的に複製されたレプリカかという真偽の水準は、少なくとも現在では大きな問題にはならない。そしてホタル館では、複製された遺書に特攻隊員の「素顔」を読み込み、レプリカに独特なアウラを感じ取る人もいる――こうした「複製技術時代の観光」をめぐる状況を、どのように理解すればよいだろうか。

「素顔」というアウラ

かつてベンヤミンは『複製技術時代の芸術』のなかで、複製技術がもたらす芸術作品の価値の転換と、それに伴う人びとの知覚の変容について論じた。たとえば写真に象徴される機械的な複製技術が登場する以前、教会建築や絵画などの芸術作品には「いま＝ここ」の一回性に由来する伝統的な権威や証言力が備わっていた、という。そもそも「芸術作品の制作は、礼拝に役だつ物象の製作からはじまった。このばあい、それをひとびとが眺めるということよりも、それが存在しているという事実のほうが、重要であったと想像される」と、ベンヤミンは述べている。[22]

そうした一回性を拠り所とした礼拝的価値は、複製技術の到来により相対化され、「個々の芸術制作が儀式のふところから解放されるにつれて、その作品を展示する機会がうまれてくる」[23]。やがて芸術は「いま＝ここ」の伝統的で物理的な文脈から離脱し、さまざまな新しい文脈において展示され鑑賞されるようになる。その結果、礼拝的価値から展示的価値への重心移動が生じ、芸術が身にまとっていた古いアウラは霧散していく、という。

この有名な「アウラの喪失」によってベンヤミンが論じたのは、大量複製される芸術の価値暴落や、芸術の終焉ではない。それは新たな芸術表現の時代の到来であり、アウラという伝統的な礼拝的価値に基づく古い「芸術」から解き放たれた、より民主的で大衆の参加に開かれた展示的価値に基づく新たな「表現」とその知覚の可能性である。いわば複製技術は、われわれを古いアウラの想像力に囚われた一回性の「芸術」から解放し、より広範な展示と鑑賞によって紡ぎ出される、新しい「表現」の想像力へと向かわせる、新たな時代の扉を開くものである。

すると複製されたレプリカで構成されたホタル館は、特攻の記憶を伝統的な礼拝的価値から解放し、その展示による新たな価値を原理とする新たな「表現」の想像力へ接続した、と類推することができる。たしかに前節で見た「神鷲」から「ホタル」への想像力の転換には、ベンヤミンが論じた礼拝的価値から展示的価値への転換に重ね合わせて理解することができるような側面を持つが、しかし「アウラの喪失」はどうだろうか。

これまで見てきたように、ホタル館の展示と証言活動には、アウラからの解放というより、むしろ

「いま＝ここ」の一回性に由来する伝統的な権威や証言力――つまりアウラの回復あるいは再構築を志向する姿勢が見える。そしてホタル館を訪れる人びとの感想にも、ホタル館に独自のアウラを知覚し、展示されたレプリカに他所では見られない特攻隊員の「素顔」を読み込む様子が観察できる。ここには「アウラの喪失」という視点では理解しえない、複製技術時代の観光における新たなアウラの作動を見て取ることができる。

いま一度、先に引用したホタル館の来館者が記した感想を読み返せば、そこには、①特攻平和会館とホタル館の両方とも訪問していること、そして、②両館の展示には重複があると見ていること、が記されている。明らかに来館者たちは、ホタル館の展示の「内容」には、新しい価値や独自性を認めていない。おそらく彼らは、特攻平和会館では展示されていない上原良司の恋文、滝本恵之助の遺影、そして掩護隊員の遺書などを見学したはずである。つまりホタル館の展示の「内容」には、特攻平和会館とは異なる部分が存在するのだが、それらについて記した感想は見当たらず、代わりに二つの施設の「内容」が重複していると指摘する記述が多数を占めている。

そのうえで彼らは、③ホタル館では特攻隊員の「素顔」を見ることができるとし、特攻平和会館に対するホタル館の独自性を認めている。その「素顔」の所在は、展示の「内容」というよりも、その見せ方や語り方、つまり展示の「方法」にあると考えられる。

すなわち複製技術で造られたホタル館において来館者が見ようとするものは、特攻平和会館では展示されていない特攻隊やその隊員に関する新事実でも、隠された新資料でもない。そうした展示的価値をめぐる水準は完全に喪失したとはいえないが、しかしそうした「内容」以上に重要で新たな水準が、複製技術時代の観光にはある。それは重複する展示の「内容」からでさえ、特攻隊員として戦没した個人たちの「素顔」を知覚することができる展示の「方法」であり、そこに生成する新たなアウラの知覚と共有である。

再帰的な協働関係と真正性

ここで構築される新たなアウラとは、ベンヤミンが論じた伝統的なアウラとは作動原理が異なると考えられる。後者は「いま＝ここ」の一回性を原理として作動するのに対し、前者は複製技術によって物質的な一回性から離陸した果てに再構築される、いわば二次的で再帰的なアウラである。それは、対象物が存在しているという物質的事実とその唯一性だけでは作動せず、ひとびとが「眺める」こと、つまり人びとがそれを共有することで初めて構築され作動しうるアウラであり、その作動の原理は礼拝的価値、そして展示的価値に対して、共有的価値にあるといえる。

これをホタル館に即していえば、特攻隊員の「素顔」とは、ホタル館という時間と空間を限定した物質的な限定性において自動的に現象するものではなく、またそこに複製展示された遺書から自ずと立ち現れるものでもない。それは「ホタル」の想像力を来館者たちが共有し、その視点から特攻隊員たちの個人的な苦悩を展示物のなかに読み込み、彼らの「本当の思い」を見出して知覚する、という展示と見学のあいだの再帰的な螺旋のうちに醸成されるアウラである。

つまり特攻隊員の「素顔」は、展示物のうちにはない。それは展示する者と観る者が協働する特殊な関係のなかにのみ現れる。ここで重要なのは、「素顔」のアウラは展示者が一方的に提示できるもの、あるいは見学者が自律的に見て取れるものではないことである。さらには展示者と見学者が協働して、ひとつの想像《イメージ》を共有するだけでも不十分である。その協働関係において再帰的な推進力、すなわち自省的で自己準拠的な想像《イメージ》の再構築を推し進める力が働かなければ、上述した共有的価値を作動原理とする再帰的アウラは生じない。

再びホタル館でいえば、特攻平和会館では見られない特攻隊員の「素顔」がホタル館では見られる、という感想を記す見学者たちは、両館の比較においてホタル館の展示のほうにより切実な「本当らしさ」あるいは「本物らしさ」を見出し、特攻平和会館の展示よりも「深部」あるいは「奥（裏）」にある「素顔」を見て取っている。すなわちホタル館は「もうひとつの（オルタナティヴな）」想像《イメージ》を展示しているのではなく、「真なる（オーセンティックな）」想像《イメージ》を展示している、という位置取りである。ここにあるのは「新」ではなく「真」への志向であり、「別の」ではなく「より深い」ことが見て取れる「本物らしさ」への期待である。そして前述したようにホタル館が特攻平和会館を批判して自らの真正性を提示する方法は、新資料や未公開資料などによる「新発見」の方法ではなく、既存資料の再検討と再開発という方法、すなわち「再発見」の方法によってなされる。この時、見学者が見ようとし、また展示者が見せようとするものは、「もうひとつの」ではなく「より深い」特攻の記憶であり、そうした両者の再帰的な協働関係において出現し共有されるのが、「素顔」というかたちをした再帰的なアウラである。

約言すれば、複製技術時代の観光に現れる再帰的アウラは、礼拝的価値を生む観光対象の文脈性、展示的価値を生む観光表象の内容性よりも、共有的価値を可能にする観光の「方法」あるいはメディア性によって構築され作動するといえる。この知覧における新たな戦跡観光に特有のアウラは、展示物の真偽（礼拝的価値）や、展示内容の固有性（展示的価値）ではなく、展示方法の共有可能性（共有的価値）において生成する。

レプリカによって展示の大半を構成したホタル館は、「より深い」特攻の記憶を展示し語る「方法」によって、自らの「本物らしさ」を証明し、また「ホタル」の想像力の真正性を表出しようと試みる。それに対して同館の見学者は、特攻平和会館では見られない特攻隊員の「素顔」をレプリカのうちに自ら（自覚的かつ自省的に）見て取ることで、「より深い」知覧に固有の真正性を知覚しようと求める。そうした再帰的な協働関係の螺旋において、特攻の記憶は「神鷲」から「ホタル」へと語り返されていき、そして「知覧」の真正性は再発見され、あるいは再強化されていくことになる。

ここには戦跡観光の新たな展開へと向かう回路が用意されている。そのひとつとして、本書の第一〇章で詳細に分析される、「活入れ」の地としての知覧、という実践がある。「知覧」の真正性は現在進行形で再開発中であり、さらなる（あるいは「真なる」）展開が、今後も起こりうるだろう。

六　「わかりやすい戦跡」の時代へ

レプリカの価値

これまで見てきた複製技術時代の観光において、レプリカの遺書や遺影や建物は、時に実物の展示品よりも、再帰的なアウラの生成にとって有効な場合があることが見えてきた。レプリカは、最も重要な要素や部分を選び取って複製したり、「元のかたち」や「当時の姿」に復元したり、時に史実とは異なる要素や部分を足し引きしたり、さらには「現代風にアレンジ」したり、などのさまざまな編集と操作が可能だからである。またオリジナルの展示品につきまとう劣化や破損などの制約を実質的には考慮しないで済むことから、レプリカによる展示ではオリジナルよりも展示者の思想や想像力をより忠実に再現することができる。

そのため展示者の視点から見た場合、レプリカで造られた展示施設は、実物ばかりの展示施設よりも、展示の意図と方法を純化し、直截的に見学者へ訴えかけやすい。そして見学者の視点から見れば、原形を留めていない遺品の一部や小さな文字と読みにくい筆跡で切々と綴られた遺書の原物が無数に陳列されたオリジナル中心の展示施設よりも、復元されて「現代風」の解釈が加えられた模型や、重要箇所をクローズアップした遺書のコピーや、要点をまとめて手短に解説してくれる映像などがコンパクトに展示されたレプリカ中心の展示施設のほうが、端的にいえば「わかりやすい」。

それゆえレプリカの見学者は、複雑な史実や長い説明が必要な知識や容易に整理できない背景などのオリジナルにつきまとう面倒な道のりを経ずに、「わかりやすい」展示によって「ホタル」たちの「素顔」を容易に見て取り、それを共有することが可能になる。いわば展示者と見学者が協働関係を取り結び、再帰的なアウラを構築する過程において、レプリカのメディア性は重要な役割を果たしている。

もちろんレプリカはオリジナルに比べ、つねに有利な展示の方法である、とは言いがたい。むしろ従来の展示施設では、オリジナルによる実物展示こそが価値を持ち、レプリカの展示は補助的で代替的な手段として位置づけられてきた。レプリカばかりの展示には真正性に対する根本的な疑義、つまり「嘘臭さ」がつきまとうため、必ずしも有利な展示方法とは見なされてこなかった。

「知覧」の固有性

ならばなぜ、ホタル館では展示の真偽は問題とされず、「ホタル」の想像力を共有してそこに特有のアウラを看取する見学者が多数、現れうるのだろうか。それはホタル館、そして同館を含む知覧というロケーションに固有の内的条件と、それを取り巻く外的条件が、それぞれ連関して可能になったと考えられる。

その第一に、ホタル館は知覧を代表する「特攻おばさん」鳥濱トメの子孫が運営する施設であること、が挙げられる。鳥濱トメが知覧を代表する語り部となり、さらには「知覧」という戦跡を形成する基礎を用意した過程は、本書の第三章に詳しい。そして鳥濱トメを抜きにして「知覧」を語ることはほぼ不可能である。そうした重要人物の血縁者が館長であるという否定しがたい事実が、レプリカで構成されたホタル館に強い真正性を担保している。

第二に、知覧に固有の地理的条件、つまり観光地として見た場合のロケーションの悪条件が、逆にホタル館の真正性を補強し、そして「知覧」そのものの真正性を供給する好条件となっていることは無視できない。すなわち鹿児島空港や鹿児島市内から遠く離れた山間部に位置する知覧への訪問という、その移動の体験そのものが、知覧の真正性を担保する元手となる。わざわざ時間と体力と費用を使って九州南部の山奥まで来たという観光的移動の体験が、知覧で見聞きしたものを主体的に信頼し、また積極的に共有する動機となりうるのである。

第三に、そして最も重要な条件として、特攻平和会館の存在がある。既述のようにホタル館と特攻平和会館は協力し合う関係にはなく、むしろお互いを無視し合うかのような冷たい関係にあるが、しかし無数の実物の遺書や遺品を展示する特攻平和会館の存在は、ホタル館で展示されるレプリカたちの原資料あるいは証拠物として見ることもできる、結果としてホタル館の展示を状況的に下支えする役割を果たしている。

言い換えればホタル館の展示は、特攻平和会館というオリジナル中心の展示施設が同じ地域に存在するからこそ「嘘臭さ」の疑念を回避して、その真正性を提示することができていると考えられる。それが意図せざる結果だとしても、見学者たちの視点からは、知覧の二つの展示施設は密接な関係を取り結んでいるように見える。

こうしてホタル館とは、知覧という戦跡だからこそ実現可能な展示施設であり、その特攻観と展示方法は、ほかならぬ戦跡としての知覧の歴史と文脈に根ざして、とくに特攻平和会館との関係において可能になったといえる。そのホタル館の実践が示すように、今日の戦跡には「わかりやすさ」が重要な価値を持ち、展示者による一方的な史実の提供ではなく、展示者と見学者が協働して「真なる」想像《イメージ》を共有する、相互的で再帰的な体験の提供がはじまっている。

とくに戦跡の観光では、見学者だけでなく展示者の側にも戦争体験を持つ者が居なくなりつつあるため、非体験者のあいだで戦争の記憶を継承するという段階に達している。この時、実物の遺品や遺書などオリジナルの展示にこだわる方法もあるが、他方でレプリカの展示によって重要部分を明確化し、また要点を簡便に提示することで、「わかりやすい」戦跡を再開発する道もある。

かつて戦跡の観光では、戦没者たちの体験に接して戦争の記憶を共有するために、観光者たちが死者の側へ移動して理解しようと努めていた。いま戦跡では、戦争の記憶を風化させないために、要約して簡便で印象深く伝える展示の方法が模索されている。そうした「わかりやすい」戦跡では、まるで戦没者が観光者の側へ移動するかのように、死者は生者に対してつねに優しく「素顔」を見せてくれることになっている。

ここで検討したホタル館と特攻平和会館を中心とする「知覧」の事例は、おそらく鹿児島県南九州市知覧地区だけに限定されるべき特有の現象ではなく、さまざまな戦跡とも通底する現代社会の問題を露顕させていると考えられる。たとえば戦争の記憶の再開発、展示者と見学者の再帰的な協働関係とアウラ、レプリカと真正性、そして「わかりやすい」戦跡などの論点は、知覧の固有性に由来する要素もあるが、しかし他の戦跡も経験しつつある要素も含まれているはずである。戦争体験者が物故して非体験者ばかりになる複製技術時代の戦跡観光を考える時、「知覧」の真正性をめぐる諸実践は重要な事例であり続けるだろう。

［註］

（1）たとえば知覧のまちの中心には、薩摩藩の外城のひとつとして江戸時代に築かれた武家屋敷が広がっている。同所は一九八一年に国の「重要伝統的建造物群保存地区」に指定され、「薩摩の小京都」として多くの来訪者を集める観光資源として認知されてきた。また本書の第一章で詳述されたように、知覧は茶の生産地として実績があり、いまも知覧茶は重要な観光資源のひとつである。

（2）ここに例示した万世と鹿屋（ともに鹿児島県）のほかにも、九州には特攻に関する展示施設が複数存在している。そのひとつ、筑前町立大刀洗平和記念館を中心とする大刀洗（福岡県）の「特攻戦跡」化の過程については、次の別稿を参照されたい。山口誠「メディアとしての戦跡――忘れられた軍都・大刀洗と「特攻巡礼」」遠藤英樹・松本健太郎編『空間とメディア』ナカニシヤ出版、二〇一五年。

（3）ただし、終戦五〇年を超えて来館者数が減少する傾向は長崎に限らず、一九九〇年代後半以降の広島平和祈念資料館（原爆資料館）や沖縄のひめゆり平和祈念資料館などでも経験されている。

（4）翌二〇〇九年度から知覧特攻平和会館も来館者数を漸減させたが、二〇一三年度には再び増加に転じた。これは二つの映画『風立ちぬ』と『永遠の0』の公開の影響と見られる。

（5）知覧特攻慰霊顕彰会編・発行『魂魄の記録』二〇〇四年。これ以降の特攻攻撃隊に関する統計も同書を参照した。

（6）『朝日新聞』二〇〇一年五月二一日。

（7）日本映画製作者連盟「日本映画産業統計」二〇〇一年度を参照（http://www.eiren.org/toukei/img/eiren_kosyu/data_2001.pdf、最終アクセス二〇一四年一二月二八日）。

（8）赤羽礼子・石井宏『ホタル帰る――特攻隊員と母トメと娘礼子』草思社、二〇〇一年、二三八頁。

（9）同前、一六一‐一六二頁。

（10）滝本が引き返した理由は、視界不良や機体不調などの諸説がある。ここでは赤羽礼子・石井宏『ホタル帰る』に記された視界不良を引用した。

(11)『朝日新聞』二〇〇一年九月二一日。

(12)「アメリカ同時多発テロ」と特攻を結びつける思考を非難し、「正しい特攻の記憶」を語り継ぐことに尽力した元日本兵の一人に、苗村七郎がいる。彼は万世での慰霊に奔走した人物であり、その詳細は本書の第五章を参照されたい。また特攻隊員とテロリストを同一視する思考はアメリカだけでなく日本国内でも一般的であり、そうした意見を記した投書が二〇〇一年から翌年にかけて新聞各紙で掲載されている。こうした「不理解」も、元特攻関係者の憤りを誘い、結果として特攻の記憶を語ることの再活性化に拍車をかけたと推測できる。

(13)高木俊朗『特攻基地知覧』（改版）角川文庫、一九七三年、二五八頁。

(14)日本戦没学生記念会編『新版　きけわだつみのこえ』岩波文庫、一九九五年、一七–二〇頁。同書を手に取れば明らかなように、この上原良司の「所感」と題された遺書は、「戦没学生の遺稿」の冒頭に掲げられ、同書を代表する特別な位置を与えられている。このことは知覧と特攻の記憶をめぐる戦後史において重要な価値を持つ。詳細は福間良明『「戦争体験」の戦後史――世代・教養・イデオロギー』（中公新書、二〇〇九年）を参照。

(15)高木前掲書、二五七–二五八頁。

(16)福間良明『殉国と反逆――「特攻」の語りの戦後史』（青弓社、二〇〇七年）を参照。

(17)なお映画『ホタル』は、「ホタル」の想像力が浸透していく「きっかけ」であり、本章のこれまでの議論から明らかなように「原点」ではない。同映画の公開前にも「ホタル」は語られており、しばしば特攻隊員のメタファーとして使われてきた。ここで注目したいのは、「ホタル」が二一世紀の知覧において主要なイコンとして上昇してきた背景であり、その具体的な実践としての「ホタル館」の活動が持つ意味である。

(18)「トリップアドバイザー（TripAdvisor）」（http://www.tripadvisor.jp/、最終アクセス二〇一四年一一月二八日）の「ホタル館　富屋食堂」のサイトを参照。

(19)「じゃらん net」（http://www.jalan.net/travel/、最終アクセス二〇一四年一一月二八日）の「ホタル館富屋食堂」のサイトを参照。

(20)これら三点はすべての感想に共通するとはいえないが、多数のレビューやブログの記述に観察できる。そして「素顔」という特定の語を共有するレビューが複数のユーザーによって記述されていることに、本章では注目したい。「素顔」は「ホタル」の想像力と親和性が高い語であり、特攻平和会館とホタル館を比較する視点から出てくる、後者の展示に対する肯定的評価の表現である、と考えられるためである。

(21) ホタル館の展示のなかで実物（複製されていない資料）は、トメの手紙など数点に限られる。ただし資料の劣化を防ぐ目的のために複製物（レプリカ）を展示する方法は一般的であり、「レプリカの展示」そのものが本章の分析対象ではないことを付記したい。

(22) ヴァルター・ベンヤミン（高木久雄・高原宏平訳）『複製技術時代における芸術作品』晶文社、一九九九年、二〇頁。

(23) 同前。

第二部

複数の「知覧」

第五章

万世特攻基地の戦後——観光化の峻拒と慰霊への固執

白戸健一郎

一　静寂の万世

本章でおもに取り上げるのは、南さつま市（旧加世田市）に所在している万世《ばんせい》特攻平和祈念館である。南さつま市は薩摩半島南西端に位置し、東シナ海に面する。日本三大砂丘のひとつに数えられる吹上浜が北西部に広がり、南西部にかけてはリアス式海岸が見られる。一九四三年に起工された万世陸軍飛行場は、知覧から西へ約一五キロの吹上浜に面していた。九州には特攻隊が出撃したいくつもの基地がかつてあり、現在は平和祈念館や資料館として「戦跡化」されている。万世特攻平和祈念館もそのひとつである。ただし、万世特攻平和祈念館が創り出した空間は、他の平和祈念館や資料館とは異質な雰囲気で満ちている。

特攻基地があった鹿児島県の鹿屋《かのや》、知覧、万世を旅した永井優子は、それぞれの施設の様子について次のような言葉を残している。まず、知覧特攻平和会館。「広大な駐車場には観光バスが列をなし、年配のツアー客、教師に引率された小中学生が入り交じって、平日にもかかわらず賑やかな様子だ」。次に、鹿屋航空基地史料館。こちらは広報官の言葉を引いている。「『知覧と違ってこちらは国（自衛隊）の施設なので宣伝できない。それでも、以前は観光ついでの趣だったが、最近は目的意識を持って訪れる人が増えた。一ヶ月平均百五十～二百人の来館者があるが、以前より二割増しくらい』[1]」。

そして、万世特攻平和祈念館である。

知覧からまた四十分ほどバスに揺られ、万世特攻基地に向かった。美しい砂浜で有名な吹上浜を利用した陸軍基地だ。営門の黒いコンクリート柱がわずかに、かつてここが基地だったことを伝える。万世特攻平和祈念館は、その先にひっそりと建っていた。（中略）中央に、血書コーナーがあった。照明による遺品劣化を防ぐため、センサーで点灯する小部屋で「轟沈」「國報忠盡」などの血書文字を読む。小一時間、他の入館者は誰も入ってこなかった[2]。

観光客で賑わいを見せる知覧、自衛隊の施設であるため積極的な宣伝はできないものの着実に来館者を伸ばしている鹿屋、それらに対して、そのような賑わいとは無縁の静穏さを保っているのが万世である。

永井と同様な印象を万世特攻平和祈念館に抱いたのが作家・保阪正康である。保阪は万世特攻平和祈念館を訪問した時の印象を、次のように述べている。

南さつま市加世田にある「万世特攻平和祈念館」は、吹上浜から内陸に一キロ余の地にある。わたしたちが、ここを訪れたのは九月下旬のことだったのだが、雨模様の日ともあって館内は閑散としていた。〔中略〕これは私の印象になるのだが、この吹上浜一角に建てられた特攻の祈念館には孤影がつきまとうように思う。(3)

万世特攻平和祈念館に展開されているのは、静謐で安易に観光客を寄せつけない「孤影」の空間である。永井と保阪がともに万世に抱いた印象は、単に主観的なものではない。万世が「創り出した空間」によってもたらされた印象である。

万世特攻平和祈念館は「特攻の町・知覧」とは異なる路線を選択した。では、万世特攻平和祈念館が持つ、静穏な「孤影」はいかなる意図によって、いかなる過程を経て創り出されたのか。「特攻」を観光資源とすることに成功した知覧とはいかなる相違点があったのか。知覧と万世の差異にこそ、慰霊、戦争の記憶の継承、観光地化をめぐる重要な論点があると考える。本章では、万世特攻平和祈念館の設立過程を明らかにすることで、この論点を考察したい。

二　万世特攻基地建設と苗村七郎

「幻の特攻基地」と呼ばれた万世陸軍飛行場を初めて世に知らしめたのは、自らも万世陸軍飛行場にて特攻出撃を待っていた苗村七郎である。[4] 近年では、清武英利によるノンフィクション『「同期の桜」は唄わせない』（WAC、二〇一三年）が万世特攻平和祈念館と苗村七郎の活動を主題として取り扱っている。「幻の特攻基地」のベールは少しずつ剝がされてきたと言っていいだろう。以下、万世陸軍基地の創設から戦後の万世特攻平和祈念館建設までの経緯をまとめる。

万世陸軍基地

万世陸軍基地は、一九四三年七月に建設が着手された。建設開始前の一月に基地建設地であった網場の集落の全世帯は強制移住させられた。基地建設に対しては、周辺地域住民による勤労奉仕隊や中国からの強制労働者も動員し、一九四四年八月に竣工した。ただし、万世陸軍飛行場が建設された網場という地は、起伏の多い砂丘地で飛行場の建設は不向きだと、軍部や九州帝国大学により判断されていた。[5] そのような判断にもかかわらず、建設が決定されたのは、当時の万世町長・吉峯喜八郎が、同じく万世町出身で旧知の民政党代議士・小泉純也に対して熱心に陳情したことによる。[6]

一九四五年二月には、知覧陸軍飛行場から燃料が移動され、沖縄攻撃のための基地として稼働しはじめた。三月二六日、飛行第六六戦隊が万世に到着した。沖縄上陸の米軍が攻撃目標であったため、初めは徳之島飛行場が前進基地、万世飛行場は後方基地と位置づけられていたが、一九四五年四月一三日、徳之島飛行場が爆撃され、万世飛行場が前進基地となった。本格的な特攻作戦は四月以降となった。特別攻撃隊とそれを掩護する第五五戦隊も配置され、四月六日に万世陸軍基地から特攻機が出撃し、七月下旬までに約二〇〇〇人が戦死した(7)。

苗村七郎と慰霊碑建立

戦後、万世から出撃し戦死した特攻隊員を慰霊する運動を精力的に展開する苗村七郎も、第六六戦隊に配属された。苗村は一九二一年に大阪に生まれ、その後関西大学に入学。在学中は日本学生航空連盟に加盟し、飛行機乗りとして修練を積んだ。また、関大航空部主将を務め、飛行機による日本一周プロジェクトに参加した。一九四三年九月、学徒出陣により関西大学経済学部卒業後、関大時代の飛行経験を買われて、一〇月、仙台陸軍飛行学校に特別操縦見習士官別班として入校した。一九四四年三月にフィリピン第三教育飛行隊、六月に陸軍少尉に就任、一〇月に下志津（千葉県）教導飛行師団に入団した。そして一九四五年一月、飛行第六六戦隊に転属し、鉾田（茨城県）、大刀洗（福岡県）、万世に前進した。万世陸軍飛行場にて特攻出撃を希望していたというが、出撃することなく終戦を迎えることになった(8)。

戦後の苗村は故郷の大阪に戻り、飲食店を経営し事業的成功を収めていた。その苗村が万世と再び関わりを持ちはじめたのは、一九七〇年七月、商用で鹿児島を訪れたことによる。苗村は万世陸軍飛行場近くにあり、航空兵が寄宿していた飛龍荘を訪問した。そこで飛龍荘の女主人で旧知の山下ソヨに再会した。苗村と山下はほとんど跡形もなくなっていた旧万世飛行場に赴き、戦友を弔うための慰霊碑を建立することを決心した。二人はその足で加世田市役所を訪れ、「多くの戦友が飛び立った旧万世飛行場跡に特攻隊の碑を建立して戦友の霊を弔いたい」と申し出て、その建設資金の一部として三〇万円を市に寄付した。以後、苗村は、飲食店の仕事の傍ら元隊員や遺族の消息を訪ねることに没頭していく(9)。

図1　慰霊碑「よろずよに」
出典：万世特攻平和祈念館リーフレット

突然の苗村の来訪と多額の寄付は、一九七〇年七月二三日の『鹿児島新報』に「亡き戦友の霊を慰めたい」との記事で報道された[10]。この報道が契機となり、苗村の意図が広く知られることとなって、加世田市の鮫島三郎や山口優行などの協力者が現れ、慰霊碑建立を目指す「太平洋戦争旧万世陸軍航空隊戦没者慰霊碑建立期成会」が発足された[11]。

以後、募金目標を三〇〇万円として慰霊碑建立活動が展開されていく。この活動を推進していく動機のひとつとしてあったのは、「知覧」に比較して「万世」が忘却されるがままになっていたことへの危機意識である。苗村がその後出版する著書で何度も強調した点であるが、そもそも航空隊戦死者に遺骨は存在しない。また、戦死した地点を確定することもきわめて難しい。とすると、彼らの戦死地点は、「最後に飛び立ち、爆走した飛行場」とするべきはずであるという[12]。

しかしながら、一九五五年九月に特攻観音堂を建設し、慰霊祭を毎年開催していた知覧において、万世から最後に飛び立ったはずの苗村の戦友が祀られており、その遺族も知覧から飛び立ったものと考え、知覧に慰霊へと赴いている状況があった。このような誤認を正すためにも「万世」[13]に慰霊碑を建立することが必要であった。

この活動は順調に進み、活動開始から二年弱の一九七二年に目標寄付金額を超える三二〇万円余を六〇〇〇人以上から集めた。慰霊碑の建立費は約四〇〇万円であった。一九七二年五月二九日、完成した慰霊碑「よろづよに」の前で第一回慰霊祭が挙行され、遺族、生存隊員、市関係者、自衛隊員など約六〇〇人が参列した。鹿屋航空自衛隊の慰霊飛行や自衛隊による弔銃、音楽隊の献奏なども行われた。この慰霊祭は以後、毎年四月頃に開催されることになり、一九七三年には慰霊祭を主催する万世陸軍特攻慰霊碑奉賛会が結成された(14)。奉賛会会長は加世田市市長が、事務局長は加世田市役所の庶務課長が担った。万世の慰霊祭や慰霊活動は苗村が核となって主導しつつも、自治体との協同関係のもとでなされていった。第二回以後の慰霊祭ではひとつの取り決めがなされた。「高位高官著名人」の祝電披露も少なくし、灯籠の高さも制限するなど「観光的な華美」にならないようにするというものである(15)。後述するが、これは万世の性格を象徴する重要な取り決めであった。

九州各地の特攻基地の「戦跡化」は、必ずしも自律的に進んだわけではない。後年、「特攻の町」として全国的に有名になっていく知覧よりも、実は慰霊碑建立は万世が先行していた。一九七四年五月三日に建立された特攻銅像「とこしえに」は、その名称からも、万世の慰霊碑「よろずよに」を意識したものであると推測することができる。また、一九五五年に知覧に建立される特攻観音堂も当初、万世側に建立する動きがあり、知覧側は憂慮をもってこれを注視しており、知覧への建立誘致運動を積極化させた(16)。

慰霊戦記『よろづよに』の出版

苗村は万世陸軍基地の関係者を突き止め、さらに、慰霊碑建立のための募金活動を行う過程で、多くの万世関係者の遺書や遺品を預かることになった。これらを編纂して一九七四年八月一五日に、苗村は慰霊戦記『よろづよに』を出版した。前半は苗村の半生と万世陸軍基地戦記、慰霊碑建立までを扱っており、後半が遺族から借用した遺書や遺影などを収録した遺稿集になっている。苗村は、慰霊碑を建立した時から遺稿集の発刊を思い立っていたと、『よろづよに』の「まえがき」で記している。発刊の動機はまず、次のようなものであった。

特攻を志願しながら、運命とはいえ生き残る羽目になった私が、亡き戦友の御霊を労うことができる道の一つであり、また遺族の方々のご要望に応えて、彼らの純粋な精神を正当に評価しながら、歴史の一コマとして事実を伝えることは、自分なりに義務であるとも痛感したからです。（中略）亡き戦友への止むに止まれぬ哀惜の情が万世慰霊碑建立の初志となり、また本書出版の心の支えとなったのです。亡き戦友の父母も、ほとんどの人が八〇～九〇歳の老齢を数えておられていますが、そうした遺族を慰め、かつ希望される英霊の顕彰をさせていただくことによって亡き戦友になりかわって、親孝行の一端でもしてあげたい——というのが私の本当の心境なのです。[17]

万世にこだわり続ける半生を送ることになった苗村の思いが、ここに集約されている。以後、万世関連書籍を何冊も出版するものの、その思想に根本的変化は見られない。[18] 苗村の戦後の活動は、特攻を志願しつつも生き残った自分が、「純粋な精神」で特攻に参加した戦友を慰霊することにあった。特攻隊の当事者として苗村が見たものは、国家や日本や家族のために、「清らかな気持ち」や「澄み切った純真さ」をもって粛々と特攻作戦に赴く戦友たちの姿であった。検閲の可能性が高かった特攻隊の遺書には率直な思いが表現されていないとするものや、特攻隊の純真さを損なうような言説や出版物に対して、苗村は強く批判する。

特攻隊は無駄なことであったとか、犬死にであったと批判する人がいる。散華した勇士たちの遺書などに勇敢な、悲壮な文字が綴られているのは、それは一つのフォームがあるためで、決して彼らの真意ではない——などと、進歩的と称する人々が語り、また見聞者の回想記にも書かれている。特攻とか戦死を批判すれば、人間性を強調するものとして安心する風潮があるのだろうか。特攻隊の人たちは信じたことをそのまま遺書に残して死地に赴いたものであって、こうした心情は生き残った要領の良い、いわば卑怯者の虚飾に満ちた言葉で表せるものではない[19]。

さらに、知覧および鳥濱トメを全国的に知らしめることになった高木俊朗『知覧』を「歴史をなぞらえた一つの小説」であり、「主観の入ったフィクション」に過ぎないという[20]。高木批判はさらに執拗である。高木俊朗『陸軍特別攻撃隊』のなかの「特攻隊員は志願では絶対なく、全くの指名であった。特攻精神などというものは事実存在しなかった。（後略）」という記述を長く引用し、これに対して、次のような批判を展開する。

私が思うのは自ら自分のものとした者でない傍観者にはわからぬことで、特攻隊に批判的な言辞を弄するのは死人に口なし、生き残った人たちが自分をよく見せよう、立場をよくしよう、そして今の世に迎合しようといった気持ちからの発言にすぎないようである。（中略）なんのためにこの事実をひねって考え、あえて特攻隊員の至誠をゆがめて論じなければならないのだろうか。私は戦争賛美者でもなく、まして軍国主義者でもない。私はなき戦友が愛惜にたえず、まず慰霊を第一と考え日本人としての「心」を純粋にたいせつに守り続けたい。そしてなお、郷土愛、人間愛に生きる日本人でありたいと願うのである。(21)

「当事者」であった苗村にとって、高木は特攻隊員の「傍観者」に過ぎず、「特攻隊員の至誠」に触れられる存在ではなかった。自らも特攻出撃を志願した苗村は、特攻へ赴く心情を身をもって理解しており、特攻出撃に赴く戦友の姿も間近で見ていた。苗村には、高木のような「傍観者」は「特攻隊の至誠」に触れることもできなければ、特攻隊の事実を知りうる存在でさえなかったという確信があったのである。この苗村の「当事者」という資格は、苗村による万世慰霊顕彰の行動と言葉に強い特権性を付与することになった。

一方で、苗村は「戦中派としての戦争体験の語りがたさ」も抱いていた。『よろずよに』の出版も、「政治色や軍国主義的思想などとは何ら関わりなく、特攻隊として散華した人たち同様純粋な気持ちで出版したものである」と政治的議論や戦争そのものの評価という「大きな物語」を脱文脈化し、万世という当時忘却されていた特攻基地から飛び立った特攻隊員が存在したことと、彼らが「国を守る」という個人の「純粋な精神」で特攻死したことを伝えようとしてなされたものであった。(22)

特攻平和祈念館の開館

苗村の活動は、『よろづよに』出版を契機により拡大していった。出版直前の一九七四年八月一四日にＮＨＫテレビ「ＮＨＫスタジオ一〇二」に出演し、『毎日新聞』『鹿児島日報』『南日本新聞』でも報道された。このような全国メディアへの露出が、苗村の活動と万世をより広く世に知らしめ、いっそう遺書や遺品が苗村宛てに寄贈されることになった。

寄贈された遺書や遺品、遺影を収録したものとして、改訂増補版『万世特攻隊員の遺書』が一九七六年に出版され、収集された遺影などの安置のため、慰霊碑「よろずよに」のそばに遺影堂が一九七七年に建設された。ただし、この遺影堂もさほど時間をおかずにスペースがなくなり、一九八二年、加世田市公民館内図書室に特攻資料室が設置された。さらに、一九八四年、第一三回慰霊祭で「遺品館」建設が提唱され、目標金額一億円の募金活動が開始された。慰霊碑の建設においては知覧に先行していた万世であったが、遺品館建設においては後れを取った。知覧は一九七四年に慰霊碑「とこしえに」を建立した翌年に遺品館を建設していたが、一九八一年度の時点ですでに年間二〇万人以上の入館者数を記録していた（第一章参照）。さらに、知覧の遺品館は一九八七年一月に知覧特攻平和会館として新たに開館した。このような知覧の進行を、万世も意識していたはずである。一九八八年、第一七回慰霊祭で加世田市市長・吉峯良二（万世特攻慰霊碑奉賛会会長）が「建設小委員会」を設置し、万世の遺品館建設に向けて本格的に動き出した。目標金額が達成されたのが、一九九一年四月二八日の第二〇回慰霊祭においてであった。ただし、募金金額のみで建設することはできず、竹下登内閣下で地域振興策として実施された「ふるさと創生事業」の補助金を必要とした[23]。

結局、起工式が開催されたのは、一九九三年八月であった。ちょうど同時期、一九九三年八月三日に零式艦上戦闘機、いわゆる「ゼロ戦」が加世田市吹上浜沖から、二五日には金峰町沖から零式三座水上偵察機が引き上げられた。ただし、平和祈念館には一機分のスペースのみしかなく、また零式艦上戦闘機は一億円、零式三座水上偵察機は一億五千万円と多額の補修費用が算定されていた。

万世は零式三座水上偵察機を選択した。補修費用がより多額であったにもかかわらず、零式三座水上偵察機が選択されたのは、零式艦上戦闘機はすでに多数の施設が所有している一方、零式三座水上偵察機は日本のいずれの施設も所有していないという希少性が評価されたためである。(24) ただし、「ゼロ戦」をめぐっては、鹿屋市側からの働きかけもあったようである。引き上げ費用は準備していたものの補修費用までは負担しきれない加世田市は、鹿屋航空基地史料館に附設してある海上自衛隊からの専門技術の提供を受けて、零戦と三座水偵を補修する代わりに、「ゼロ戦」を鹿屋航空基地史料館へ譲渡することとしたのである。(25)

「ゼロ戦」というシンボルが鹿屋へ譲渡されたことは、結果的に、観光地化を歩もうとしない万世の性格をいっそう強固なものにした。後年、映画『永遠の0』が公開され、そのゆかりの地を記載するパンフレット『映画ゆかりの地を巡る…九州一周　零戦展示MAP』が作成されたが、ここに筑前町立大刀洗平和記念館、宇佐市平和資料館、知覧特攻平和会館、鹿屋航空基地史料館の四施設は挙げられるものの、万世特攻平和祈念館は含まれなかった。映画を通した観光地化からも取り残されることとなった。

万世の「遺品館」が落成したのは、一九九七年五月二三日であった。名称は「加世田市平和祈念館」となった。外装は苗村が考案した複葉機をイメージし、上部で合掌している「複葉合掌型」である。落成式の前に第二二回慰霊祭が開催された。落成記念ということもあり、例年以上の約一〇〇〇人が参加した。ただし、この祈念館は約一億五〇〇〇万円の寄付金や二億五〇〇〇万円の国の補助金に加え、加世田市の起債により建設されたため、これまで万世の特攻隊慰霊活動を主導してきた苗村の意志は貫徹されえなかった。(26)

苗村の意志としては、名称は「加世田市平和祈念館」ではなく、あくまでも「万世特攻遺品館」でなければならなかった。慰霊碑のすぐ横にこの建物はあり、慰霊祭を執り行う場に建設されていることも、ここが慰霊のための建物であることを示しているとする。さらに、祈念館の事務所内に慰霊祭を執り行っていた奉賛会事務局が置かれている。このような点から、祈念館は、抽象的で曖昧な「平和を祈念する場」ではなく、「特攻で散華」した具体的で個人的な戦友を「慰霊する場」でなければならなかった。苗村は、この空間には「慰霊という一つの思想」が基底としてあると述べている。[27] 苗村はこの建物に言及する時、つねに、「平和祈念館」とは書かず、「特攻遺品館」あるいは「平和祈念館（特攻遺品館）」と記している。二〇〇五年の市町村合併により加世田市が南さつま市へと改称されるに及んで、「平和祈念館」の名称をいかにするべきかが問題になると、苗村はそれに対して次のように述べる。

図2　万世特攻平和祈念館
出典：万世特攻平和祈念館リーフレット

元々この建設募金は目標達成次第、奉賛会が遺品館を建設して、加世田市に現物を寄贈、事後の管理・運営を市当局に委託すると話し合いされていたものです。募金が建設資金に達成せず、国からの建設資金起債借り入れのため名称も変更されて今の平和祈念館になった。借入金返済或いは時期が来たら本称の「万世特攻遺品館」に戻すとの話もありました。今回の市町村合併を期に、南さつま市立「万世特攻遺品館」への名称変更の件よろしくお願い申し上げる次第でございます。[28]

三　万世特攻平和祈念館の構成――知覧への対抗と「モノ」が放つアウラ

一九九七年に建設された「加世田市平和祈念館」は、加世田市が二〇〇五年の「平成の市町村大合併」により南さつま市へ編入されるに及んで、「万世特攻平和祈念館」とその名称を変えた。ただし、「平和祈念館」から「特攻遺品館」への名称変更はならなかった。

万世における特攻隊の慰霊活動は、苗村を軸として実施されていた。苗村は平和祈念館監修者の任に就くと、住民票を大阪から加世田へ移し、展示や館内構想についてもイニシアチブを発揮した。二〇〇五年に、特攻基地の記憶を留める「万世」を冠した名称に変更がなされると、苗村は名誉館長に就任した。(29) 万世特攻平和祈念館は二階建ての構造で、それほど大きなミュージアムではない。まず、一階の展示で特筆すべきは、二点ある。第一が、入館するとまず目に入る砂に埋もれ朽ちた零式三座水上偵察機である（二〇一一年一二月一日、重要航空遺産に指定）。大刀洗平和記念館の零式艦上戦闘機が真新しく新品のように塗装まで復元されている状態であるのに対し、こちらは一定程度復元されているものの、あえて「朽ちた状態」で展示されている。苗村は二階が祈念館の最も重要なスペースであり、一階は心構えを準備する場であると述べているが、ここからも万世が単に特攻隊の雄々しい顕彰よりも、むしろ悲劇性を重視していることがうかがえる。

順路としては入り口を左に行くことになる。初めに展示されているのは、知覧にもある「子犬を抱いた少年飛行兵」の写真である。一階における重要な展示の二つ目がこれである。この写真が「あどけなさが残る特攻少年兵」として世に出た時、最後の出撃地は万世であったにもかかわらず、知覧と

図３　万世特攻平和祈念館一階に展示されている零式三座水上偵察機（筆者撮影）

図４　万世特攻平和祈念館に展示された「子犬を抱いた少年飛行兵」（筆者撮影）

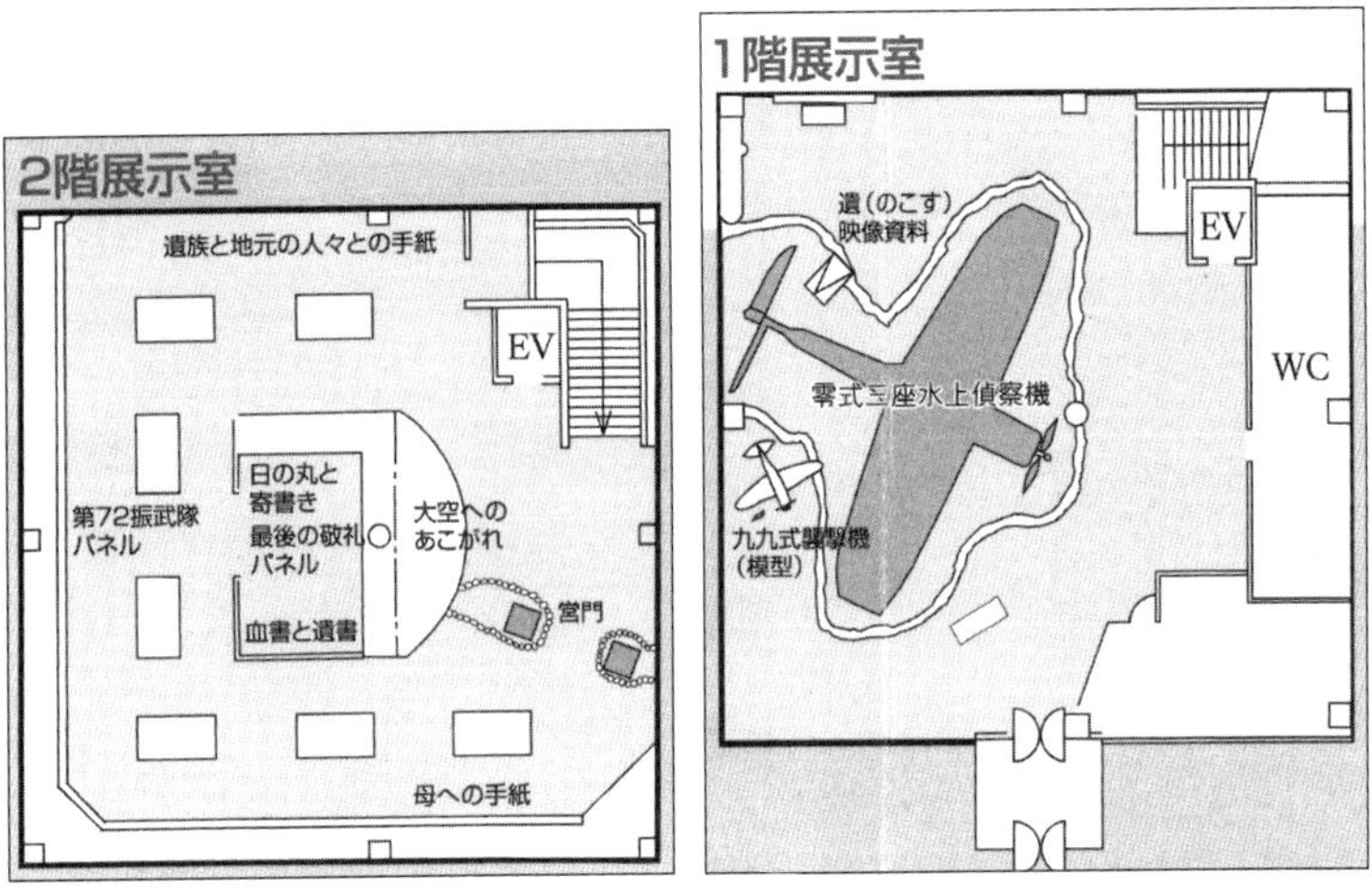

図5　万世特攻平和祈念館の展示図
出典：万世特攻平和祈念館リーフレット

して紹介されていた。万世の慰霊碑建立運動の発端の動機のひとつに、万世から最後に出撃した特攻隊員の遺族が知覧に慰霊へと赴いていたことを是正することにあったのと同様に、万世の展示はまず知覧からこの写真を「奪還」することからはじまる。

　さらに、万世は資料保存のための遺品や遺書のデジタル化を進めており、それを検索するシステムや万世基地と平和祈念館設立に関して解説する映像資料コーナーがある。このコーナーには「遺す」という名称が付されており、「遺品館」としてのコンセプトが強いことが読み取れる。

　このような一階の展示以上に万世の性格を決定づけているのは、二階の展示方法と展示思想である[30]。パンフレットには「〝戦争とは〟、〝祖国とは〟、残された品々は時代を越えて今に語りかけます」とある。二階の展示思想は、まさに「モノ」によって語らせる点にある。設置理念、特攻の戦法、特攻作戦の出現などの祈念館や当時の時代背景に関する解説文はあるものの、二階の展示物を解説する学芸員や語り部はつけられていない。この祈念館二階の展示思想は、「当時の物を、手を加えることなく、歪めずそのままに最大限の物量展示を行って、後世に伝えること」にある。映像や「現代の自分勝手な考え方」や他者の言葉による「教育」が媒介することよりも、遺品、遺書などの「ホンモノの現物」を見せることのほうが「得心」可能であり、それが「遺品館」の「真の狙い」だと監修者・苗村は述べている。(31) この展示思想で特筆すべきは、映像や解説者などの媒介者がメッセージを歪ませるという認識である。

苗村のこの思想はかなり強固なものであった。平和祈念館の監修者を引き受け、住民票を加世田市へと移した時、次のように加世田市側へ伝えたという。

平和祈念館は「慰霊と云う思想が流れ、展示より保管がたいせつである。特攻隊を哀れ、悲しみ、賛美することは無いが、冒瀆すること、つくり話は許されない。特攻は悼むものであり、昨日の歴史は今日より語るな！　展示された昨日の実物が語るから館内説明はいらぬ。それを今後永遠に維持して欲しい」と申し述べ、わたしは何処までも加世田市にお願いする立場を崩さない。(32)

ここに見られるのは、知覧の語り部による解説やホタル館の「レプリカ」による「わかりやすさ」を重視した展示とは真逆の展示である。「モノが放つアウラ」へきわめて高い信頼を置いていると言い換えてもよい。

ただし、「モノが放つアウラ」によって語らせる展示方法は、どこまで「深く」見学者を「得心」させられるだろうか。当然ながら、苗村や遺族が遺品や遺書に多量の意味を読み込むことは可能であろう。苗村の万世特攻平和祈念館の展示物との向き合い方について、まほろば教育事業団の団員で慰霊祭にも参加した前田多恵子は、次のように記している。

苗村先生は「特攻は悲しむものではなく悼むもの。この祈念館は戦友を悼む場所なのだ」と語られ、ある特攻隊員のご遺影の前に進まれた。苗村先生の一番の戦友だった今田義基命である。「よう、今田。元気やったか」と、まるでそこに今田義基命が生きているかのように話しかけられた。かつての戦友と苗村先生とのかけがえのない絆がそこにあった。(33)

たしかに、二階中心部の最も重要なスペース（「最もいのちが籠もった場所」(34)）に展示されている血書コーナーは印象的である。普段は展示品を劣化から守るため、照明が落とされているが、見学者が足を踏み入れると、血書を中心とした展示品が照明により浮かび上がる効果も際立っている。しかし、他の展示物に対して、少なくとも上述の苗村ほどの読み込みは、遺族や近しい関係者などでない限り難しい。解説者や語り部は「ホンモノの現物」が放つアウラと向き合うことを阻害し、感動や共感、あるいは「活入れ」を安易に作り出し、歪ませてしまうという批判と、それに応える「モノ」のみによる展示は、解説なくしても多量の意味を読み取ることができる当事者や遺族のような「選ばれた人びと」をおもな見学者として想定しているからこそ、可能なものであった。それゆえ、第四章で示唆されている「複製技術時代の観光者」の感性には、万世特攻平和祈念館の展示は荷が重いというべきであろう。「解説や語り部は必要ない」とする峻厳な態度をとることができたのは、共闘した当事者ゆえの自信であろうか。かような媒介者による安易な物語化を拒んだ領域に屹立していたのが、万世特攻平和祈念館である。

四　慰霊と観光の間で――「至純の心を後世に」？

揺れ動く万世

当初から一貫して万世の活動は、「慰霊」に傾斜していた。これは万世の慰霊活動を主導した苗村が、「平和祈念館」という普遍性を備えた「より開かれた理想」を表現している名称を拒み、「遺品保存」の「慰霊の地」という遺族や関係者以外には越えがたい境界を生み出す「遺品館」としての名称にこだわっていたことからもわかる。また、「慰霊の地」として自己規定していた万世は、一般の「観光客」を安易に呼び込もうとしない態度をとっていた。第二回慰霊祭で取り決められた灯籠の高さ制限は「観光的な華美さ」を避けるためのものであった。また、平和祈念館の案内看板についても、平成二二年度（二〇一〇年度）の市議会において、次のようなやりとりがなされている。

議員・相澤輝彦「開館初年度は、平成五年度の入館者数は二万六九六一人、平成六年度が一万五八二七人となっていますが、その後は一万人前後の入館数しかいない時期がありました。その後平成一八年度から昨年度までが一万三〇〇〇人前後の入館者数を現在維持しているようです。その要因として団体ツアー客や口コミでの県内の老人会の方々、また小中高生といった学生の遠足や南薩少年自然の家に宿泊している子どもたちが入館されているということです。〈中略〉しかし、平和祈念館へ来られた方々が「案内看板が少なくてわかりにくかった。」と言われるそうです。私も近くを走ってみましたが、看板があっても、先ほど出ましたガンバリーナかせだと施設と一緒になっていてわかりにくく、平和祈念館の単独の案内看板が少ないように思います。」

産業おこし部長・上野哲郎「平和祈念館周辺には六箇所八基の案内板が設置されておりますけども、設置された年度や設置者が異なるというような状況で、形状も統一されていない状況で、初めて訪れる方にとっては確認しづらい面もあることも事実であろうというふうに思っております。」[35]

開館から一七年を経た段階で看板が足りないことが問題化していること自体、これまでどれほど万世特攻平和祈念館が「観光化」と距離をとっていたかを示している。ただ、自治体側において、万世特攻平和祈念館を観光資源として利用する方法を模索する動きは、少なからず存在していた。年間五〇万人が訪れる近隣の吹上浜公園やそこで開催される「砂の祭典」との回遊性を高めて入館者増を図る施策や、周囲の他の観光施設との連繫を深める構想も生まれていた[36]。時期が前後するが、二〇一四年の市議会における市長・本坊輝雄の発言においては、次のような知覧や鹿屋と協力して、鹿児島県一体で特攻基地の観光化を目指そうという構想が被瀝されていた。

来年は戦後七〇年を迎えるということもございます。そういうこと等も念頭に置きながら私としましては、今後とも、万世特攻平和祈念館に限らず、知覧の平和会館との連携とか、それから大隅半島の鹿屋にあります鹿屋航空基地史料館の史料館との連携とか、様々なこのような連携等も図りながら、観光スポットを鹿児島県をステージとして、又は薩摩半島をステージとして周遊するコース等を提案しながら、修学旅行やバスツアーの誘致を推進していきたいと考

えているところであります。(37)

さらに、「慰霊の地」としての性格を脱皮して、名称のとおりの「平和祈念館」としてより積極的な発信をすべきではないかとの議論もあった。

議員・鳥居亮幸「万世特攻祈念館の積極活用の問題でありますが、非核三原則の遵守を柱とした平和都市宣言などで平和を発信する対策をもっと進める考えはないのか。内容的には平和のための戦争展などの展示などの企画、五月二一から二五日に行われました聶元帥《じょうげんし》と沙飛《さひ》写真展、こういうものを日中友好協会の支部などが取り組んだものでありますが、これは宝山ホールでありました。この中に万世飛行場の建設に関わった中国の方の写真とか、加世田から持ち帰ったものというような写真もありました。そういうような積極的な企画をして平和の発信地、知覧に負けないようなですね発信をするお考えはないのかということをお尋ねします。(38)」

ただし、「慰霊の地」としての性格を変更することには抵抗があったようである。これに対する答弁は以下のようなものであった。

産業振興部長・上野哲郎「平和祈念館につきましては、多くの特攻隊員の遺族の方々の思いにより全国から集められました寄付金を基に建設され、展示等につきましては、特攻隊員の遺品や資料を保存し、展示し、平和の尊さを後世に伝えることを目的にしてございます。展示品につきましては、遺族を中心とした奉賛会の協力や平和祈念館管理運営委員会で検討がなされ、数多い遺品の中から厳選して展示してございます。現在では子どもたちの平和教育の場として市内外問わず大いに利用されてございます。特別改まった特別な計画は現在のところ考えてない状況でございます。[39]」

万世特攻慰霊碑奉賛会の会長を市長が、事務局長を市の庶務課長が兼任していることもあり、「慰霊の地」としての固執はやはり強く、自治体側としてもその性格を脱して「観光化」へと容易に進むことはできなかった。第二章の山本論文が指摘しているように、知覧は、気軽に訪れる観光客と慰霊を重視した遺族たちの認識の断絶を、「平和」という曖昧なマジックワードで媒介させることにより、慰霊顕彰を求める人びとを排除することなく、多くの観光客を呼び込むことを可能にした。結果、その空間は観光地に適合的な形態に変容した。知覧とは逆に、「平和」をその名に冠しつつも、「慰霊の個別性」を解消しかねない「平和」路線をとらなかったのが万世特攻平和祈念館であった。

迫られる万世の選択

二〇〇一年九月一一日、アメリカ同時多発テロが勃発した。ハイジャックされた旅客機が世界貿易センタービルに体当りするテロ事件が、太平洋戦争下における日本軍の特攻攻撃ＫＡＭＩＫＡＺＥを連想させた。苗村は、これへの異議申し立てを積極的に行っていく。二〇〇二年秋に苗村の著書『陸軍最後の特攻基地』がイギリスで翻訳出版（英題 *KAMIKAZE: Japan's Suicide Gods*）され、その出版祝賀会に帝国戦争博物館から正式招待された。そこで「特攻とテロは違う」ことを複数のメディアの前で何度も説いて回った。[40]

この活動とどこまで直接的連関があるかは指摘できないが、二〇〇二年、万世特攻慰霊碑奉賛会は機関誌『よろずよに』を発刊した。発刊の目的は、一般に知られていない奉賛会の活動をより広く知らしめ、新しい奉賛会会員の加入促進を図り、若い世代に慰霊祭を継承していくことにあった。また、奉賛会の活動の輪を広げていくため、奉賛会主催のグランドゴルフ大会を毎年開催することになった。

二〇一四年第四三回慰霊祭参列者名簿を参照すると、参加者二六八人中、そのほとんどを遺族が占め、自衛隊、市議会議員などと学生一二人が名を連ねている。慰霊祭であるから遺族が中心になるのは当然のことではあるものの、奉賛会にとって次世代継承問題は、遺品遺書劣化対策問題と並んで切迫した課題であった。同じく『よろずよに』第二号では、「次世代継承問題」について「現状は想像以上に進み、これまでに論議された方法も根底より再考を要する感があります。早急な対応の見出しを協議して参ります」と強い危機感が吐露されている。

奉賛会だけでなく、万世特攻平和祈念館の知名度を高めていくことも、喫緊の課題であった。二〇〇三年の『よろずよに』第二号によると、同年五月でオープン一〇周年を迎えることになるが、この間の来館者数は約一〇万九〇〇〇人であり、年間当たり約一万人程度である。同時期の知覧特攻平和会館の二〇〇二年度の来館者数が七三万五四〇九人であった

THE TIMES

NEWS

Kamikaze pilot zeroes in to meet British veterans

図6　*THE TIMES*に掲載された苗村七郎
出典：苗村七郎前掲『世界の誤解を解いた至純の心』より

ことと比べると、七〇分の一に過ぎない。知名度の差は歴然としていた。知覧が遺族などの特攻隊関係者以外の観光客にも門戸を解放し、来館者数を拡大することができたのは、先述したように慰霊顕彰と観光を共存させる「平和」路線を選択したことにひとつの要因があった。

他方で、万世における慰霊碑建立から祈念館建設までの活動は一貫して「慰霊の純粋性」を保持しようとしていた。苗村という特攻作戦の峻烈さを体験した「当事者」が慰霊碑建立、祈念館創設や館内展示という活動の中心を担ったことが、その「慰霊」という性格を色濃くしたといっていい。「当事者」の「体験の峻烈さ」が、厳格な事実性の遵守を求め、「観光地化」により不可避的に伴う「歪み」や「慰霊」に誠実に向き合わない観光客を許容させなかったのである。「死者の固有性」に固着した「慰霊地・万世」は、一時的に「加世田市平和祈念館」になったものの、やはり「加世田」でもなく「南さつま」でもなく、陸軍飛行場があった「万世」でなければならなかったし、本来ならば「平和祈念館」ですらなく「特攻遺品館」でなければならなかった。ここに存する一貫した意志が、万世特攻平和祈念館という九州における他の特攻戦跡と比較しても、いっそう純度の高い独自の空間を創り上げたのである。ただし、現在の万世には平和路線や観光化を進めようとするなどの「揺らぎ」が見られる。

戦後の万世における慰霊活動や万世特攻平和祈念館創設を主導し、その性格を決定的に規定していた苗村七郎は、二〇一二年一一月に死去した。二〇一三年における南さつま市議会の第二回定例会議では、苗村の万世慰霊活動を称えるため、市民名誉賞などを授与することも議論されている[41]。ただし、苗村の活動を称賛しつつも、万世特攻平和祈念館が従来どおりの「慰霊」に傾斜した路線をとり続けるのか、あるいは、市議会の中で議論されていたように「平和」という普遍的価値を発信していく路線をとるのか、それとも、また別の「第三の道」を模索するのか。苗村亡きあとの万世は、いままさに選択の岐路に立たされている。

［註］

（1）永井優子「君忘れじ　鹿児島の特攻基地をゆく」『正論』二〇一四年二月号、一七九頁。
（2）同前、一八二頁。
（3）保阪正康「知覧の影に隠れた特攻基地――万世陸軍航空基地」『サンデー毎日』二〇〇八年一一月一四日号、五二頁。
（4）一九六四年に出版された『加世田市誌』には万世陸軍飛行場に関しては、飛行場建設に住民が協力したとする記述と飛行場に対する空襲がなされたとする記述以外はなく、特攻隊出撃の基地であったことは記述されていない。一方、一九八六年に出版された『加世田市史』には万世陸軍飛行場が特攻隊基地であったことが記述されるようになるが、それも苗村七郎の著書に依拠したことが注記されている（加世田市史編さん委員会『加世田市史』上巻、ぎょうせい、一九八六年、四〇五頁）。
（5）加世田市史編さん委員会前掲書、四〇四－四〇五頁。
（6）旧知であったという間柄に加えて、吉峯は網場が砂丘地ゆえに工事は困難であっても、食糧増産の時勢において農地は潰さずに済むといって、小泉に働きかけたという。清武英利『「同期の桜」は唄わせない』（WAC、二〇一三年）、六〇－六五頁。
（7）加世田市史編さん委員会前掲書、四〇四－四〇七頁。
（8）苗村七郎編著『陸軍最後の特攻基地――万世特攻隊員の遺書・遺影』東方出版、一九九三年、第一章。
（9）同前、三七六－三八〇頁。
（10）「亡き戦友の霊を慰めたい」『鹿児島新報』一九七〇年七月二三日。
（11）苗村前掲『陸軍最後の特攻基地』三八一頁。
（12）同前、三八一－三八二頁。
（13）万世陸軍基地が設置された万世町は、一九五四年、加世田町と万世町が合併して加世田市となった。さらに、二〇〇五年の「平成の大合併」により加世田市・笠沙町・大浦町・坊津町・金峰町が合併して南さつま市となった。戦後の「万世陸軍基地」と慰霊をめぐる活動を叙述する本章では、万世町からの連続性を強調するため、加世田市や南さつま市と書くべき箇所についても、文脈に応じてあえて「万世」と記すことにする。

(14) 沖縄戦が本格的に開始され、万世陸軍飛行場から出撃しはじめたのが四月であったことから、この時期に慰霊祭を行うことが決められた。苗村前掲『陸軍最後の特攻基地』三八三頁。

(15) 同前、三八〇－三八三頁。

(16) 「全員協議会」（一九五四年一二月）『知覧町議会議事録』（南九州市議会所蔵）。

(17) 苗村七郎編著『よろづよに――最後の陸軍特攻基地』民芸閣、一九七四年、まえがき。

(18) 苗村は多数の編著書を執筆している。ただ、苗村七郎編著『よろづよに――最後の陸軍特攻基地』（民芸閣、一九七四年）、苗村七郎編著『万世特攻隊員の遺書』（現代評論社、一九七六年）、苗村七郎編著『陸軍最後の特攻基地――万世特攻隊員の遺書・遺影』（東方出版、一九九三年）、苗村七郎編著『至純の心を後世に――陸軍最後の特攻基地・万世』（メディアジョン、二〇一一年）の四冊は、内容上大きな違いはない。

(19) 苗村前掲『よろづよに』一六〇頁。

(20) 苗村前掲『万世特攻隊員の遺書』二－三頁。

(21) 苗村七郎「特攻隊、その生と死」『現代の眼』二二（九）、一九八一年、九八－九九頁。

(22) 苗村前掲『よろづよに』「まえがき」。

(23) 苗村前掲『陸軍最後の特攻基地』四〇三－四一一頁。

(24) 「『三座水偵』は平和祈念館に」『南日本新聞』一九九二年一〇月一七日。

(25) 平山助成「戦争を知らない世代が挑んだ『零戦』復元までの四一〇日」『丸』四六（九）、一九九三年、七〇－七一頁。

(26) 苗村前掲『陸軍最後の特攻基地』四一〇頁。

(27) 同前、四一〇－四一一頁。

(28) 苗村七郎「『万世特攻遺品館』名称について」『よろずよに』第四号、二〇〇五年。

(29) 苗村七郎『世界の誤解を解いた至純の心――特攻とテロは違う』民芸閣、二〇一一年。

(30) ほかにも家族への手紙や地元の人びととの交流を示す手紙も展示されている。また、万世は特攻隊員のみではなく、万世陸軍基地に携わって死亡した人びとも祀っており、この点は他の祈念館には見られない特徴である。また、万世慰霊奉賛会の会長は加世田市市長が務めており、奉賛会の事務局も市役所内にあった。地域社会とのつながりを作ろうとしていた点がうかがえる。
(31) 苗村前掲『至純の心を後世に』二二五－二二七頁。
(32) 苗村前掲『世界の誤解を解いた至純の心』。
(33) 前田多恵子「特攻隊員の慰霊に尽くされた苗村七郎先生をお偲びして」『祖國と青年』二〇一三年八月号、三三頁。
(34) 同前、三五頁。
(35) ここでは、多岐にわたる質問と回答から関係する部分のみを抜粋した。また、肩書の「議員」は筆者が付記した。『平成二一年度第五回定例会　全体会議録』(鹿児島県南さつま市ホームページ。以下、『全体会議録』はすべて当該ホームページからの出典のため、表記を略する)。
(36) 「砂の祭典」の入場チケットと万世特攻平和祈念館の優待割引券が共通チケットとして取り扱われていた。『平成一九年度第二回定例会　全体会議録』および『平成一七年度第二回定例会 全体会議録』を参照。また、他の施設との連携した取り組みを行うことでより大きなPR効果が得られ、地域経済にも貢献するはずだとする構想がある。『平成一七年度第二回定例会　全体会議録』を参照。
(37) 『平成二六年度第三回定例会　全体会議録』。
(38) 『平成二〇年度第二回定例会　全体会議録』。
(39) 同前。
(40) 苗村前掲『世界の誤解を解いた至純の心』。
(41) 『平成二五年第二回定例会議　全体会議録』。

第六章　海軍鹿屋航空基地の遺産——特攻をめぐる寡黙さの所以

松永智子

一　最大の基地はなぜ最大の戦跡にならなかったのか

「最大の特攻基地」は知覧ではない。鹿屋《かのや》である。知覧から錦江湾を挟んで東に四〇キロ、大隅半島の中心に位置する鹿屋市には、かつて海軍航空基地が置かれ、大戦末期には九〇八人の特攻隊員が出撃した。その数は知覧の約二倍、全国の陸海軍特攻基地のなかで最多である。一九三六年に開隊、実戦部隊として数々の戦績を残した鹿屋航空基地は、特攻作戦のみならず、海軍戦史において最も重要な基地のひとつであり、戦後は多くの映画や小説の舞台として描かれてきた[1]。二〇一三年に公開され大ヒットを記録した映画『永遠の0』でも、鹿屋は、主人公の祖父、海軍航空兵・宮部久蔵が特攻に出撃する基地として登場している[2]。

しかし、鹿屋は「最大の特攻戦跡」ではない。市内には、特攻隊員慰霊塔（一九五八年建立）や海上自衛隊鹿屋航空基地史料館（一九七二年旧館開館、一九九三年新館開館）など、特攻隊員を偲ぶ戦跡が少なからず残されているが、特攻戦跡観光で著名な知覧に比べ、知名度の差は歴然としている。二〇一二年の知覧特攻平和会館の年間来館者が五三万人であったのに対し、鹿屋の史料館は五万人ほどであった。

『永遠の0』公開に前後して、鹿屋ではにわかな「特攻戦跡」ブームが起きている感もある。史料館には特攻への強い関心を持った若い来館者が増えつつあり、鹿屋市も「戦後初めての試み」としてパンフレット「鹿屋市の戦争遺跡」を作成するなど観光客誘致に力を入れている[3]。商工観光課によれば、市では、基地周辺に点在する特攻戦跡で当時の状況などを説明する「語り部」を、現在「急いで」養成しているという[4]。戦後七〇年を前に「慌てて」語り部を養成しなければならないほど、これまで鹿屋住民は、特攻の記憶に対して寡黙だったということだろうか。二〇一五年一月一日付の地元紙『南九州新聞』の記事「特攻のまち・鹿屋」には、次のようにある。「こうした（鹿屋が最大の特攻基地であった）事実を鹿屋の人でも知らない人が多い。まずはこうした歴史を地元の若い人たちにも知ってもらう平和学習、そして平和教育を行い、平和の願いを込めて発信していくことが、このマチの使命とも言えよう[5]」。「最大の特攻基地」鹿屋はなぜ、「最大の特攻戦跡」とはならなかったのか。本書第一部で見てきた「知覧」の饒舌さを前提とすれば、鹿屋の寡黙さは奇異に映る。両者の違いは、どこに起因するのだろうか。

戦跡としての自衛隊

鹿屋の特攻基地跡が知覧と大きく異なるのは、海上自衛隊の航空基地として現役で使用されていることにある。第一章で詳述されているように、知覧は戦後茶畑に「復員」した飛行場跡に、遺品館や観音堂などの「特攻戦跡」を整備していった。一方の鹿屋は、米軍の駐留、大蔵省の管理期間を経て、警察予備隊から保安隊、海上自衛隊の基地へと「動員」されたまま現在に至る。かつて零戦が出撃した滑走路にはP－3C哨戒機など海上自衛隊の戦闘機が離着陸し、南方に散った特攻隊員を想起させる大金鶏菊（通称「特攻花」）も、自衛隊基地内で咲き乱れる（図1）。

何より、海軍基地の遺産である海上自衛隊は、鹿屋市最大の「産業」として戦後の発展を支えてきた。二〇一三年度の鹿屋市の予算規模は、知覧町のある南九州市の約二倍、人口は約三倍にのぼる。(6) 高齢化、交通の不便さという点では深刻な問題を抱える鹿屋市も、過疎化対策として特攻戦跡を築いてきた知覧に比べれば、ずっと豊かであり続けたのだ。

さらに、自衛隊は特攻をめぐる記憶の管理者でもある。復元された零戦とともに特攻隊員の遺書や遺影を展示する鹿屋航空基地史料館は、海上自衛隊の敷地内にあり、隊員の教育、国民の国防意識の高揚、海軍関係資料の保管を目的とした防衛省管轄の国営施設である。(7) 入館は無料、館内には海上自衛隊のOBを中心とした説明員が常駐している。海軍戦史の教育施設であることから、特攻隊関連の展示もナショナルな「明治の海軍を起点とした海上自衛隊発展の歴史」のなかに位置づけられ、鹿屋のローカルな記憶に特化したものではない。

二〇一〇年には、鹿屋の戦争体験に焦点を当てた特別展「基地と大隅《まち》――その真実《こころ》」を自衛隊員と鹿屋防衛協会青年部会が共同制作したが、鹿屋市内外から集められた戦争の記憶は、「基地と地域住

図1　海上自衛隊鹿屋航空基地にて、特攻隊員ゆかりの花とされる大金鶏菊の開花に微笑む自衛官
出典：「基地に「特攻花」」『朝日新聞』2013年5月14日

民の協調関係」という明確な趣旨に沿って展示されている[8]。鹿屋市にとっての史料館は、財政的な負担がなく観光施設に活用できる反面、防衛省や自衛隊の意向からは逸脱できないというジレンマも抱えた特攻戦跡なのである。これもまた、戦友会の記憶を内面化して町立の特攻平和会館を築き、「特攻の母」の遺志を継承する「ホタル館」や「富屋食堂」で有名化した知覧との相違点である。

本章では、「最大の特攻基地」鹿屋が「最大の特攻戦跡」にならなかったプロセスを、知覧との比較において描いていく。「特攻の町」を創造した知覧町に対し、鹿屋市は「基地の町」であり続けた。その選択は、鹿屋における特攻戦跡の構築にどのような影響を与えたのか。鹿屋の、特攻を「語る必要のなさ」（第二節）や特攻の「語りにくさ」（第三節）は、自衛隊という海軍航空基地の遺産と大きく関係している。鹿屋の寡黙さを追うことで、知覧の饒舌さを逆照射したい（第四節）。

二　軍都鹿屋の繁栄

「基地の町」鹿屋

大隅半島の中心に位置する鹿屋市は、かねてから大隅の政治、経済、文化の中心都市として栄えてきた。二〇一四年一二月の人口は約一〇万四〇〇〇人、鹿児島市、霧島市に次ぐ鹿児島県第三の市である。北に高隈山、西に錦江湾、東には県内一の笠野原台地、南には肝属《きもつき》平野が広がる肥沃な土地では畜産農業が盛んで、春には一〇〇万本の薔薇が咲く霧島ヶ丘公園（一九八六年開園）も観光名所のひとつとなっている。日本で唯一の国立体育単科大学である鹿屋体育大学（一九八四年開学）を有することから、市のスローガンには「健康・スポーツ都市かのや」が掲げられている。

大隅一のまちを誇る鹿屋も、交通の便は知覧と比較しても良くはない。霧島にある鹿児島空港からはバスで約一〇〇分、鹿児島市内からはフェリーとバスを乗り継いで八五分ほどを要する。そうしたハンディにもかかわらず鹿屋が経済的に豊かであり続けたのは、航空基地を擁してきたからである。一九三六年の海軍鹿屋航空隊開隊を受け、一九四一年に市が誕生した鹿屋市は、「基地の町」を自認してきた。『鹿屋市勢要覧』を見れば、鹿屋航空基地を「国の平和のために、鹿屋の発展のために」貢献してきた（一九九一年）と紹介し、自らを「基地とともに発展してきたまち」（二〇一一年）と説明している。海上自衛隊鹿屋航空隊の開隊四〇周年を記念し、一九九四年にはじまった航空ショー「エアーメモリアル in かのや」（海上自衛隊、鹿屋市、鹿屋商工会議所の共催）は、毎年数万から十数万人の観光客を動員する南九州最大の観光イベントである（図2）。

「基地の町」というアイデンティティを持つ鹿屋市において、国内最大の特攻基地であった「過去」は、「約二千人の自衛官がわが国の平和と安全を守るために日夜任務にあた[9]」り、「日本の西南海域の安全保障と、広大な海域・離島の海難・急患輸送に欠かせない基地[10]」となった「現在」と接続的に語られる。自衛隊の恩恵がある以上、「国の平和や鹿屋の発展に殉じた」特攻隊員は、顕彰や慰霊の対象ではあっても、鹿屋の観光資源として前面に出されることはなかった。以下では、「航空機」を主軸にした鹿屋の地域振興が、戦前戦後を通じ一定の成功を収めてきた過程について、特攻を「語る必要のなさ」という点から考察していく。

図2　エアーメモリアルinかのや
出典：パンフレット「鹿屋航空基地史料館」鹿屋市雇用創造協議会、2014年

「ヒコーキ代議士」による「大鹿屋」実現と維持

海軍鹿屋航空隊が開隊されたのは、特攻作戦に遡ること九年、一九三六年四月のことであった。連合艦隊に付属する海軍では初めての陸上攻撃機編成の航空隊であり、海軍記念日の五月二七日に祝賀会が、一一月八日には竣成式が開催されている。当時の様子について、新聞は「堂々世界に誇る無敵海軍の金字塔」「栄光燦然たり　航空隊の偉容大鹿屋実現の礎石」と華々しく報じ、鹿屋町民も歓喜に沸いたという[11]。

航空隊の誘致に多大なるリーダーシップを発揮したのは、

のちに「郷土の父」と称される鹿屋出身の代議士、永田良吉（一八八六〜一九七一）であった。現鹿屋市南西部の村に生まれた永田は、代用教員から大姶《おおあい》良《ら》村議会議員、大姶良村村長、鹿児島県議会議員を経て、一九二八年に衆議院議員に初当選している。一九一七年に鹿児島の天保山で新聞社主催の飛行会を見物して以来、航空隊誘致の夢を温め、代議士になるや「国立飛行場設置に関する建議案」を議会に提出した。その後、一九四六年に公職追放されるまでの六期連続当選の議員時代、地元では飛行場を整備して航空隊誘致を目指し、陸海軍人との面会を重ねた。熱心な活動は、一九三三年に連合艦隊司令長官・末次信正大将による設置許可へと結実する。[12]その執念深さから、永田は「ヒコーキ代議士」の異名を持ったという。インフラの誘致といえば鉄道やバスが主流であった当時において、飛行場、飛行機にこだわる永田は議会でも少数派であった。しかし、のちにそれは「卓抜な着想」であったと『鹿屋市史』（一九九五年）で称えられている。

〈鹿屋航空隊の開隊は〉大正の初め、当時の大姶良村議会議員永田良吉の笠野原台地への飛行場誘致運動に始まる卓抜な着想と、偉大な業績によるものであり、戦時中は鹿屋市民はもちろん、全日本国民が共有している栄光の鹿屋航空隊としてあゆみ続けたのである。[13]

航空隊開隊の翌年に日中戦争が勃発、上海渡洋爆撃（一九三七年八月）を皮切りに、海軍鹿屋航空隊は中国大陸への猛爆を繰り返した。その戦果によって鹿屋は全国に名を上げ、一九四一年五月二七日〈海軍記念日〉には市制が施行されたのである。「鹿屋会談」にて作戦が練られた真珠湾攻撃で対米英戦争がはじまると、鹿屋の部隊は、フィリピンやマレー沖海戦、ルソンやラバウルなどの南方作戦にも参加した。こうした戦績こそ、後年に「栄光の鹿屋航空隊」と懐古される所以である。

やがて戦局は悪化の一途をたどり、本土決戦の危機が迫っていた一九四五年二月には第五航空艦隊、三月には第一〇航空艦隊をはじめ、多数の航空隊が鹿屋に進出してきた。工廠や基地に地元の学生らも動員されるようになり、三月からは特別攻撃隊が次々と出撃した。敵機一四〇〇機による三月一八日の大空襲をはじめ、計五二日間、二六八回の爆撃で鹿屋は甚大な被害を受けている。(14) その痕跡は、爆撃跡や防空壕、司令壕といった遺構として残り、現在でもその多くを確認することができる。

敗戦直後、約二万人が駐留していた鹿屋基地は混乱状態に陥ったという。連合軍の鹿屋進駐が確認されてからは、すべての軍人に復員が命じられ、軍旗の奉焼式などが敢行された。連合軍は、一九四五年九月三日にまずは空から、翌四日には海（高須町金浜海岸）から進駐し、正式には一九四八年まで駐留した。実際には、大蔵省管理下に置かれたその後数年間も鹿屋基地は米軍に使用されており、街での「米軍さん」の目撃は、鹿屋住民にとっての戦争体験となった。(15)

一九四三年から鹿屋市長も兼任し、米軍との交渉など戦後処理でも活躍した永田は、公職追放による浪人中から、「さびれていく街々に、もう一度花を咲かせる方法はないものか」と警察予備隊の誘致活動に力を入れていたという。一九五〇年一一月には鹿屋基地に警察予備隊一〇四二人が移駐し、部隊の改変を経て、一九五四年には海上自衛隊鹿屋航空隊の開隊が実現した。鹿屋住民のなかには、滑走路拡張に伴う用地買収に抵抗する者、家畜などに影響を与える騒音への懸念を示す者、再軍備そのものに反対する者も少なくはなかったが、一九五二年に代議士に返り咲いた永田良吉の強いリーダーシップにより、鹿屋と航空基地の関係はますます盤石となった。永田は鹿屋市に自衛隊協力会を組織して自ら会長となり、「今の航空隊、あれはいくさ道具ではない。じゃが、何か〔家畜を〕飼っておるよりもいい。毎日街に出て金を落とすからドル箱です」と説いて回ったという。(16)

航空隊がなくなれば第一次産業が主軸の農村に戻り、困窮しかねない鹿屋にとって、自衛隊はまさに「ドル箱」として、戦前に築いた「大鹿屋」の維持に欠かせない存在であった。[17] そしてこれが、知覧と鹿屋の戦後の運命を大きく変えることになる。一九六九年に毎日新聞がかつての特攻基地跡を取材した『あゝ航空隊』のなかで、両者は次のように評されている（図3）。

それにしても鹿屋という町は昭和一一年航空隊の誕生で栄え、大きくなり、今日もまた飛行機でささえられている町である。知覧とちがい食堂ビルまでも戦後できた。この町の中心にあるバス・ターミナルの乗降客は万をこえるそうだ。[18]

鹿屋の繁栄が、知覧と対比的に表現されている。では、その頃の知覧はどうだったのか。

いま知覧に足をとめる観光客はいない。そこを通る人は、枕崎から秋目の海岸へと急行バスで通りぬける人たちだけである。（中略）鳥浜（トメ）さんは戦後旅館を開業したが、ここに泊まるのは出張してきた専売局や県庁の人たちぐらいである。そこはねむたくなるほど平和な田園都市にもどっている。[19]

知覧がその後、町の生き残りをかけて「特攻戦跡」の創造に傾斜していくのは、本書第一部で見てきたとおりである。逆に、自衛隊によって繁栄を維持した鹿屋は、わざわざ特攻の記憶を掘り返す必要はなかったのである。

航空博と慰霊塔

図3　1969年『あゝ航空隊』にみる鹿屋と知覧の航空基地跡
出典：（左）鹿屋86頁、（右）知覧88頁

かつての上官たちにより、知覧の飛行場跡に特攻観音堂が建立された一九五〇年代後半、鹿屋にも特攻隊戦没者慰霊塔建設の計画が持ち上がる。その契機を作ったのも、航空機による鹿屋市振興政策であった。

自衛隊誘致に成功した鹿屋行政は、さらなる地域振興策として、航空基地への民間空港の併設を目標に定めていた。一九五六年に鹿屋市長に就任した永田良吉は、県内外に「航空機の町・鹿屋」をアピールするため、自衛隊基地を利用した航空博覧会の開催を提案する。基地内において、陸上自衛隊の戦車を展示したり、海上自衛隊の降下演習を公開したりといった博覧会の内容は、革新議員から「軍国主義の再来」と厳しく批判されたが、ここでも、永田の「ワンマン政治」が幅を利かせたという。防衛庁、通商産業省、全国の諸官庁、各種団体、新聞社などの協力や後援を仰ぎ、全国でも珍しい「科学航空大博覧会」が、一九五八年三月二〇日から四月三〇日までの四二日間、鹿屋航空基地にて開催された。延べ一八万五〇〇〇人を動員した大隅で初めての博覧会は、「軍都鹿屋」の繁栄を自他に知らしめる大イベントとなった。

この大博覧会を記念したのが、特攻隊戦没者の慰霊塔建立である。『鹿屋科学航空大博覧会記念誌』によれば、「全国初めての科学航空博覧会の開催にちなみ、その記念行事として、戦時中に旧鹿屋航空基地から飛び込み、帰らぬ人となった特別攻撃隊一千余の霊を慰めるため、慰霊塔の建立を計画し、昭和三十二年十月九日、旧鹿屋航空基地戦没者慰霊塔建立期成同盟会が結成された」[20]。博覧会会期中は鹿児島市の鴨池空港と鹿屋基地を結ぶチャーター便が特別に用意されるなど、県外からの観光客を迎え入れる準備が着々と進められていた。博覧会開催は、全国の遺族に鹿屋まで足を運んでもらう絶好の機会でもあったのである。

もちろん、博覧会の機運だけが慰霊塔建立計画の背景にあったわけではない。鹿屋市長として実際に特攻隊員の出撃を見送ってきた永田には、若くして散った隊員たちの霊を慰めたいという個人的な想いがあった。永田の日記をもとにした評伝によれば、特攻隊出撃の日には、永田の家に迎えの車が来た。その足で永田は基地に出かけ、隊員一人ひとりを直接励まし、彼らの出撃を見送っていたという[21]。慰霊塔建立期成同盟会会長は永田が務め、全国の遺族などに呼びかけて一八〇万円を集めた。その資金によって、かつての特攻基地、つまり現在の自衛隊基地を見下ろす小塚公園に、高さ一一メートルの慰霊塔が建立されたのである。碑に「今日もまた黒潮おどる南洋に飛び立ち行きし友は帰らず」とあるのは、永田自身の筆による（図4）。

慰霊塔建立式は博覧会開会式に重ねられ、朝八時半から小塚公園で除幕式、九時半から基地で開会式、というスケジュールで敢行された。『南日本新聞』では、「花やか」な博覧会とともに特攻隊慰霊が「厳」かに行われたことが報道されている（図5）。除幕式には全国から約六〇人の遺族が参加し、

図4　特攻隊慰霊碑（撮影年月不詳）
出典：松元十丸『ふるさとの想い出写真集　鹿屋』国書刊行会、1980年、77頁

特車など勢ぞろい
"科学航空博"花やかに開幕

きょう厳に除幕式
鹿屋　特攻隊員の慰霊塔

航空博の幕開く

つめかけた観衆
本社機も空から花たば

"悲劇くり返すな"
鹿屋　けさ慰霊塔の除幕式

図5　1958年3月20日付『南日本新聞』に見る航空博と慰霊塔
出典：（左）総合版、（右）鹿児島市版

佐世保総監部音楽隊の吹奏のなか、静岡から来鹿した遺族代表と永田市長の手で除幕された。

博覧会閉会後、賑やかだった会場は呆気なく平常の基地に戻ったが、慰霊塔はそのまま鹿屋のシンボルとなった。鹿屋市福祉課の主催する特攻隊員戦没者慰霊祭も、この慰霊塔前で毎年四月に挙行されるようになっていく。一九七二年に刊行された『鹿屋市史』において、慰霊塔は、市内の第一の景勝地として紹介されている。[22]とはいえ、戦後も航空機によって繁栄し「軍都」を維持した鹿屋には、あくまで慰霊の対象である特攻を、観光資源とすべき積極的動機に欠けていた。一九六四年、「ヒコーキ代議士」永田良吉は鹿屋市の初代名誉市民に選ばれ、一九六七年には市役所前に胸像が建立されている。

三　自衛隊基地の特攻ミュージアム

同居する飛行機観光と英霊顕彰

前節では、軍都鹿屋ゆえの、特攻を「語る必要のなさ」について見てきた。しかし、一九七二年には、特攻隊員の遺影などを展示した史料館が鹿屋航空基地内に開館している。これは、知覧の特攻遺品館開館に三年も先行する。鹿屋の史料館は、どのような経緯で、何を目的として開設されたのだろうか。以下では、自衛隊基地内に特攻の歴史展示施設が設置されるに至った過程をたどり、鹿屋における特攻の「語りにくさ」について考察したい。

一九七二年、鹿児島市から移転された鹿児島空港が姶良《あいら》郡溝辺町（現在は霧島市）に建設された。「航空機の町」を自負し、新空港建設の候補地にいち早く名乗り出て、誘致活動を行ってきた鹿屋は大きな挫折を味わう。第二七回国民体育大会（通称太陽国体）バレーボール大会会場に鹿屋市が選ばれたのは、そのような折であった。前年に鹿屋を視察した国体の本部協会役員からは「全国から選手、役員や家族等が鹿屋市に来ても特に観る所がない」という苦言が漏れたという。たしかに、雄大な自然や由緒ある神社を除けば、当時の鹿屋市内に見るべき名所は慰霊塔しかなかった。鹿屋の誇る航空基地も、そのままでは観光名所とはいえない。そこで、ある新聞記者が上前義彦市議会議員（当時）に国体本部の苦言を伝え、「取り急ぎ自衛隊の航空基地を利用する方法はどうか」と提案した。上前議員は先輩議員らに相談し、支持を集め、基地を利用した観光名所づくりに取り掛かった[23]。のちの鹿屋航空基地史料館の起こりである。

議員側の初期の構想において、特攻隊員の遺書や遺影は、必ずしもメイン展示としては想定されていなかった。上松志朗市議（当時）を準備委員長とする鹿屋航空基地史料館建設促進期成会の趣意書には、次のようにある。「私たち青年は鹿屋市に航空記念館を建設するための準備をすゝめて参りましたところ、このたび海上自衛隊鹿屋航空基地のご協力により鹿屋航空基地史料館並びに飛行機公園建設の運びと相成りました[24]」。「航空記念館」は、一九五八年の科学航空博覧会に着想を得たものであろう。基地利用の観光地づくりにおいて、展示の力点は自衛隊所有の航空機に置かれていた（図6）。

ところが、議員らが協力を仰いだ当時の鹿屋航空基地第一航空群司令の肥田眞幸海将補（一九一九〜二〇一二）は、旧海軍時代、飛行隊長として千葉県香取基地から数多くの特攻隊員を硫黄島へ送り出した経験を持っていた[25]。戦中派の肥田にとって、若手議員らが持ちかけた「航空記念館」建設案は、特攻隊員たちの顕彰の場を設ける好機とも映ったのであろう。基地内にも史料館運営委員会を発足させて自ら委員長となり、特攻隊関連の資料や遺品集めに奔走した。史料館開館に寄せて、肥田は次のような言葉を残している。「由緒ある史実を誇る鹿屋航空基地には、ゆかり深い幾多の諸先輩と海上

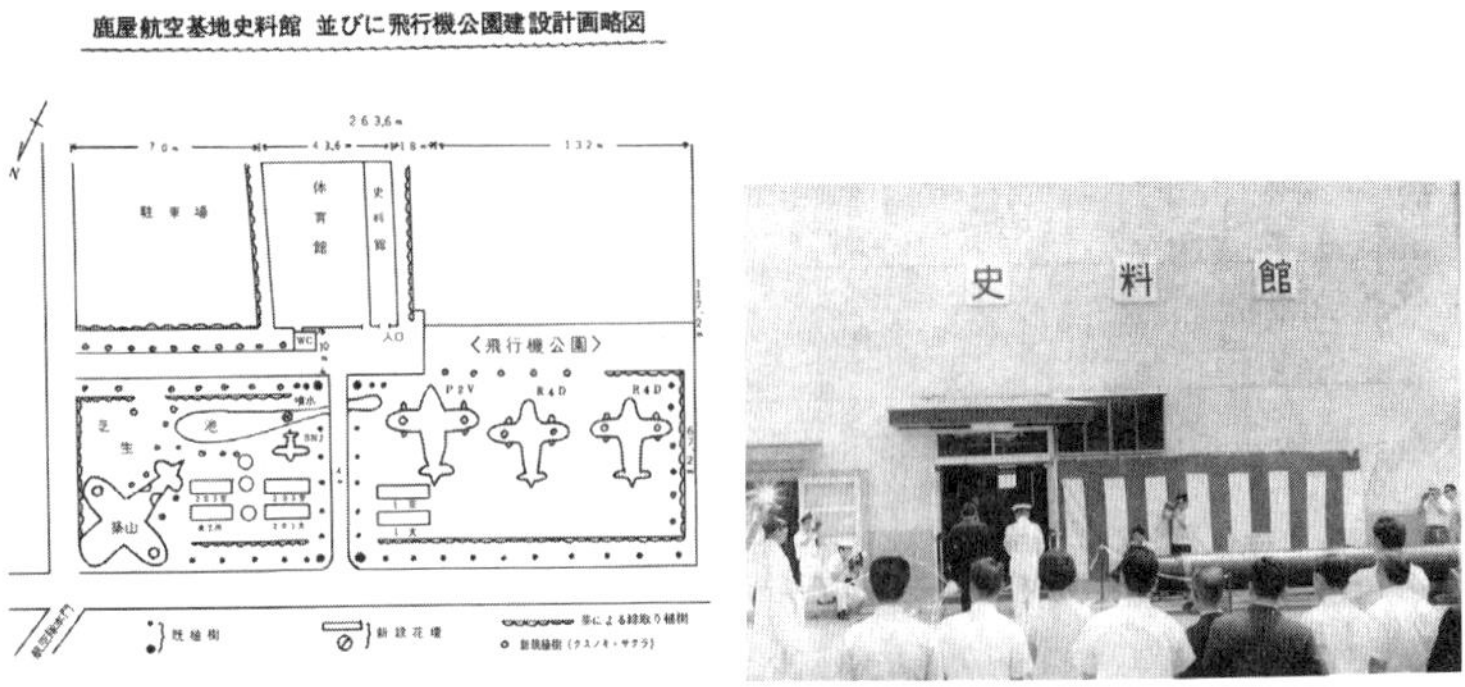

図 6 (左) 鹿屋航空基地史料館並びに飛行機公園建設計画略図 (右) 竣工式の様子
出典：鹿屋航空基地史料館連絡協議会『魂の叫び』2003年、(左) 150頁、(右) 146頁

図7　鹿屋航空基地史料館旧館の展示の様子
出典：鹿屋市『鹿屋市勢要覧』1991年、47頁

航空発展のため、当基地に尽くされた方々の業績を偲ぶものが何も残されておらず、心ある関係者の常に憂いとするところでありました[26]」。

基地内外の委員会で協議した結果、航空基地史料館は、単なる航空機見物の観光施設ではなく、「祖国民族のために殉じた若き勇敢な戦士達の心と血」、つまり特攻隊員の遺書や遺品を展示することで、来館者に国防への理解を促すこと、また隊員教育の教材にも活用することが方向づけられた。予算の制約で、史料館は旧海軍時代に航空工廠格納庫として建築された体育館を利用することになり、陳列ケースなどは隊員のボランティアによって製作された（図7）。

秋に国体開催を控えた一九七二年の八月一五日、鹿屋航空基地史料館が開館した。史料館設置の由来は、次のように示されている。「当史料館は、海軍航空隊が国防の第一線基地として鹿屋に開隊以来、今日に至るまでの三十数年間の貴重な史料を収集し、隊員の使命の自覚に役立たせると共に、国土防衛の広報に資する目的をもって設置されたものであります[27]」。「国土防衛の広報」という目的にそって自衛隊（現在）と接続された特攻（過去）は、もっぱら顕彰の対象となる。航空基地史料館は、観光目的の航空記念館に、顕彰のための特攻隊遺品館が同居する自衛隊施設として完成した。ここにおいて、鹿屋における特攻の記憶は、自衛隊を中心に管理されることとなった[28]。

「平和」の知覧、「軍主導」の鹿屋

民間空港の誘致に失敗した鹿屋は、教育による地域振興策に力を入れ、一九八四年に国立鹿屋体育大学の開学を実現させている。しかし、一九八七年には、鹿児島や宮崎へのアクセスに欠かせなかった国鉄大隅線が廃線となる。街の衰退が懸念されるなか、国体開催という特殊な需要によって「取り急ぎ」開設された史料館は、自衛隊基地内に存在していることもあり、多くの観光客を鹿屋に呼び込むほどの名所にはなっていなかった。

知覧が特攻戦跡で有名化したのは、ちょうどその頃である。一九八一年には知覧特攻遺品館の年間来館者が二〇万人を突破し、一九八三年には三角兵舎の復元完成、一九八七年には知覧特攻平和会館が新設されるなど、「特攻の町」知覧として着実に成長しつつあった。「お茶の町」だった知覧の変貌は、海を隔てた大隅半島の鹿屋でも意識されるようになる。一九八〇年代の鹿屋市議会では、観光を意識した特攻戦跡の見直しが盛んに議論されていく。

争点となったのは、特攻戦跡の基地依存からの脱却である。一九八二年定例会の一般質問では、基地内という史料館の立地が観光客誘致の障害となっていると指摘したうえで、慰霊塔に隣接する市営の資料館を新たに開設し、観光客の呼び込みを図ろうという案が提示されている。

> 現在自衛隊内に鹿屋航空基地資料《ママ》館があり、特攻隊員の遺品、写真、遺書、飛行機など展示されていますが、隊内ということで市民見学者や観光客の誘致の際の材料となりえない気がいたします。これを市営の歴史、民俗資料館として建設し、昭和二五年に祓川町農道工事中に発見された一千五百年前の地下式横穴の古墳や、剣や土器、よろい、かぶと、また現在発掘中の王子遺跡、弥生時代二千年前の住居跡史跡や高隈のかぎ引き、棒踊りなど民俗芸能、また大隅湖をつくり笠野原台地に水を引いた畑地灌漑事業の資料、鹿屋の歴史、鹿屋航空隊の歴史など展示されるお考えはないものか。[29]

基地史料館から市営資料館への転換には、特攻をナショナルな戦史ではなく、ローカルな戦争体験として展示したいという意図が含まれていた。そのためには、自衛隊の管理する特攻隊の遺品や遺書を、基地史料館から移転しなければならない。答弁に立った蒲牟田市長は、財政的観点からだけでなく、防衛庁の所有施設に市が関与することの困難性から、市営資料館の建設には難色を示した。「人の施設をどうこうというわけにはいきません[30]」。一度自衛隊が管理することに決まった鹿屋の「特攻の記憶」は、そう簡単に市へと譲渡されるわけにはいかなかった。

基地に依存する行政の態度は、特攻について「他人様」のような立場をとるものとして議会でたびたび批判された。一九八八年九月の定例会では、知覧の特攻平和会館が「わずか一万五千人の人口しか持たない町の単独事業」で建設されたこと、年間四〇万人もの人びとが訪れる観光資源として活用されていることをまず鹿屋は認識すべきだとしたうえで、知覧が、「恒久平和を希求して散った若者たちの心がそのまま生かされたオープン」な施設であるのに対し、鹿屋は「有刺鉄線に囲まれた基地の中にあり、ある意味では非民主的な軍主導型である」ことが問題化されている。「自衛隊員の訓育が目的」では、特攻を「日本民族の平和の象徴」として語りにくい。それは「観光という立場」からも重要な論点であると、基地史料館の移設が強く主張された[31]。

首長の反応は、やはり知覧と鹿屋の違いを強調するものであった。知覧と鹿屋は異なる、つまり鹿屋の場合「相手のあること」で「まず防衛庁がどういう態度なのか、現地の群司令がどうなのか」をうかがうことからはじめなければならない。「あれ（基地史料館）をつくったときの一番の責任者（肥田眞幸）は今鹿屋に在住しておりますから、その辺の感覚を探って」からでなければ、鹿屋市が勝手に動くことはできないと答弁した[32]。

革新政党からは、自衛隊批判としての慰霊祭批判もなされている。鹿屋市は二〇万円の資金を出して戦没者追悼式（特攻隊慰霊祭）を実施しているが「戦争という過ちは再び起こしませんと誓っての戦没者慰霊ではなく、国家を守るために命をささげることを美化し、国防意識を助長するための行事と思われる」。具体的には、自衛隊のラッパ隊による国旗掲揚、同音楽隊吹奏での国歌斉唱、慰霊飛行、ヘリコプターによる花束投下、儀仗隊の弔銃などで、「再び軍隊がよみがえった形での慰霊が軍部にだまされてとうとい命を失った戦没者の人たちの慰霊になると思っておられるのかどうか」。戦没者は「草場の陰で泣いておられるのではないでしょうか」とまで厳しく非難した。[33] 一方で、宗教に対する市民感情への配慮を理由に、献花のみに留まっている現況の慰霊祭の現状を「不十分」とする意見も見られた。

戦争は再び繰り返してはなりません。当時の指導者の責任はきわめて重大であります。しかしながら、戦没者はひたすら国を思い、同胞を信じ、純粋な気持ちで難局に殉じていかれたのであります。そのとうとい精神と行為は戦争に対する批判や反省や、勝敗とは次元を異にして高く評価し、感謝と尊敬の誠を尽くすべきは当然であります。[34]

戦没者慰霊のかたちや、自衛隊に対する市民感情、特攻をめぐる歴史認識に対立があるのは、何も鹿屋に限ったことではない。しかし知覧が、「平和」というマジックワードを多用し、イデオロギーの対立や、慰霊と観光との断絶をも包摂する巨大な戦跡となっていったのに対し（本書第二章参照）、自衛隊と密接な鹿屋の特攻戦跡は、単なる立地以上の「語りにくさ」を孕み続けた。たとえば、基地史料館では、出撃した特攻隊員とともに、戦後殉職した鹿屋基地所属の自衛隊員も同じ空間で顕彰されていた。[35] そこでは、「祖国のための死」が、過去ではなく、現在の問題として迫ってくる。過去との断絶に、安心して泣けない（本章第一〇章参照）。自衛隊基地の特攻ミュージアムは、「知覧」になれないジレンマを抱えていたのである。

鎮魂と広報の使命

史料館のあり方をめぐって議会での議論が活発化した結果、市の要望を取り入れた新しい基地史料館が建設されることになった。つまり、市営資料館の新設が叶わなかった妥協点として、新館は自衛隊基地の営門の外に建設されることが約束されたのである。自衛隊側は、新史料館の起こりを次のようにまとめている。

村おこし町おこし等の市町村活性化の機運が高まりつつある中で、地元地方自治体等から、観光資源として、史料館の建替えに対する強い期待があり、部隊側への強い要望が出されたこと等があり、海上自衛隊は新史料館建設の予算要求を行い、それが認められて今の史料館が完成した。(36)

大隅出身で内閣官房長官も務めた二階堂進（一九〇九～二〇〇〇）衆議院議員の働きかけもあり、新史料館には一九九一年度予算「史料館施設整備費」で約八億二〇〇〇万円、さらに一九九二年度予算「史料館内装経費」で約三億円という巨額の資金が確保された。それによって、ロビーには平山郁夫画のステンドグラスが、「海軍航空の発展」コーナーには、加世田市から寄贈され、三菱重工の指導のもと自衛隊員らが復元した零戦五二型も展示されることになり、史料館の目玉に加わった（図8）。旧館と同様、野外には二式大型飛行艇など希少価値のある復元機や、引退した実戦航空機を展示した飛行機公園が設けられ、新史料館は「航空博物館」としても益々充実していった。(37) 新史料館の年間来館者数は一九九四年で一一万人、一九九九年八万人、二〇〇四年八万人、二〇〇九年六万人、二〇一

図8　新史料館「海軍航空の発展」コーナーに展示された零戦（復元）
出典：前掲パンフレット「鹿屋航空基地史料館」

三年七万人と推移している。そのうち、隊員来館者は毎年三〇〇〇人程度である。知覧とは比較にならないが、旧史料館時代より大幅に増加した。

新史料館も隊員教育施設とされ、海上自衛隊の幹部学校である江田島の教育参考館を模範に、展示方法が構想された。順路は、まず二階で海軍航空の歴史「時代を翔《かけ》た勇士たちの航路」をたどってから、一階で海上自衛隊航空部隊の活動「現在を生きる若い海鷲たちの躍動」を見学することになっている。海軍から海自への連続性が重視されているのだ。「海軍精神」「海軍航空の発展」「海軍航空兵力の興亡」と続く二階のクライマックスに、「特攻作戦」コーナーはある。先述のとおり、同館は海上自衛隊の教育施設であるため、知覧や万世などの特攻ミュージアムと異なり、同コーナーは鹿屋から出撃した特攻隊員に焦点を絞っているわけではない。作戦全体の史実が年表や地図で概説され、特攻関連「戦没者」の展示も、特別攻撃隊第一号とされる関行男海軍中佐にはじまり、玉音放送後に部下を伴って出撃した宇垣纏《まとめ》海軍中将、

図９　（左）旧史料館に残された殉職隊員の顕彰室　（右）新史料館の特攻作戦コーナー
出典：（左）前掲『魂の叫び』114頁　（右）前掲パンフレット「鹿屋航空基地史料館」

特攻作戦の責任をとって自決した大西瀧治郎中将に終わっている。隊員教育では、地域の戦争体験や死者に対する感情移入より、歴史的知識の涵養が優先されるからである。

また、史料館によれば、「特別攻撃隊として散華していった英霊に対する鎮魂」と「海上自衛隊の広報」という同館の二つの使命は「くにを守るという点で一致している」[38]。とはいえ、「特攻作戦」コーナーで「国防」のメッセージが直截的に押し出されるわけではない。海軍から海自の連続性を説く同館は、「明治維新以来今日まで『我が国の防衛』に身を捧げてきた人々」の根幹には「祖国日本を愛する心」「父母兄弟を想う心」「日本の平和と繁栄を願う心」があるとし、その三つの「心」を展示の基本理念としている[39]。とくに、平和学習を目的として来館した学生への解説では「父母兄弟を想う心」が中心に据えられる。特攻隊員の遺書や遺影を見学する地元の小中学生や修学旅行生に対し、説明員は「家族を大切にしなくてはいけないよ」「自分の命を粗末にしてはいけないよ」と呼びかけるのだという[40]。

新史料館の新設に伴い、旧史料館は殉職自衛隊員の顕彰室として残されることになった（図９）。海軍と海自の連続性は、英霊の分別によって語りやすく、そして受け入れられやすくなった面もあるだろう。それでも、特攻をめぐる「語りにくさ」が完全に払拭されるわけではない。鹿屋では、「教え子を再び戦場に送るな」と誓った日教組の教員に限らず、「戦争はダメ」と非戦を説きながら哨戒機の飛ぶ自衛隊基地に引率すれば「子どもたちの混乱を招く」として、史料館の平和教育利用を控える教員や保護者もいるという[41]。守るべき「平和」の内実とは何なのか。基地のミュージアムは、棚上げされがちな「平和」の問題を突きつける。自衛隊施設の史料館が抱える特攻の「語りにくさ」からは、知覧における特攻の「語りやすさ」が浮かび上がってくる。

四　寡黙な目撃者と戦跡の寡黙さ

忘却でも主役でもなく

これまで、鹿屋における戦跡構築の過程をたどり、特攻を「語る必要のなさ」と特攻の「語りにくさ」について見てきた。では、鹿屋の人々にとって、特攻はどれほどまでに地元のイメージとして認識されているのだろうか。

二〇〇九年に鹿屋市が行ったアンケート調査がある。「鹿屋市で連想するもの」（自由回答）について、鹿屋市民（有効回答八四三人）の回答は、多い順から、①かのやばら園（二〇六件）、②自衛隊（一七七件）、③畜産・農業（六八件）、④鹿屋体育大学（四〇件）、⑤特攻隊基地（三五件）という結果であった。関東・関西在住の鹿屋出身「都心居住者」（有効回答一五二人）においても、まず①自衛隊（三二件）、②自然（二九件）、③農業・畜産・漁業（一五件）について、④特攻隊基地（一四件）、⑤故郷（九件）となっている。鹿屋にとっての特攻は、忘却されてはいないが、圧倒的な存在感をもつ自衛隊ほど強く

図10　出撃前の特攻隊員を散髪する鹿屋の女性理容師
出典：鹿屋市『鹿屋市勢要覧』1991年、16頁

想起されるわけではない(42)。特攻戦跡はあるが、それにしがみつく必要はない、という鹿屋住民の心性を表した結果ともいえるだろう。それはそのまま、沈黙はしていないが、寡黙ではある鹿屋の戦跡のあり方とも照合する。鹿屋の特攻戦跡の寡黙さは、鹿屋住民にとっての戦争の記憶と、その継承の仕方にも関わっているのではないだろうか。

戦後七〇年の沈黙

知覧では、元従軍記者・高木俊朗のベストセラーが「特攻基地知覧」の知名度向上に大きな影響を与えた。実は鹿屋にも、戦後の直木賞作家である山岡荘八や、ノーベル文学賞作家の川端康成が報道班員として派遣されていた。しかし彼らから、鹿屋についてのまとまった書籍が刊行されることはなかった。一九七二年八月に『朝日新聞』で鹿屋滞在の回顧録「最後の従軍」を四日間にわたって連載したり、一九七九年に元特攻隊員が宿舎跡に建碑した慰霊碑「桜花の碑」に碑文を寄せたりした山岡はまだしも、川端に至っては、以下の短文を除き、ほとんど何も残していない。

私は特攻隊員を忘れることが出来ない。あなたはこんなところへ来てはいけないといふ隊員も、早く帰つた方がいいといふ隊員もあつた。出撃の直前まで武者小路氏を読んでいたり、出撃の直前に（一高校長の）安倍（能成）先生によろしくとことづけたりする隊員もあつた。
飛行場は連日爆撃されて、ほとんど無抵抗だつたが、防空壕にいれば安全だつた。沖縄戦も見こみがなく、日本の敗戦も見えるやうで、私は憂鬱で帰つた。
特攻隊についても、一行も報道は書かなかつた。[43]

鹿屋基地に派遣された川端は、連日連夜隊員が出撃していく基地の惨状を目の当たりにして神経症になり、来鹿後、ほどなくして東京へ帰っている。

特攻隊員と接触した体験について「書かなかった」また「話さなかった」のは、川端だけではない。近年、鹿屋の戦争体験に関する聞き取り調査を行っている迫睦子氏（元鹿屋市雇用創造協議会観光研究グループ）によれば、戦後約七〇年間、特攻隊員との接触体験を胸の内に秘めてきた市民もいるという。[44]

長年の沈黙を破って特攻隊員について語りはじめる目撃者のなかには、女性が少なくない。特攻隊員との思い出を綴った手記を出版した知覧高女のなでしこ会は有名だが、鹿屋基地にも、鹿屋高女など近隣の女学生らが動員されていた。しかも、知覧のなでしこ部隊が、特攻隊員の身の回りの世話を三週間担当するという、内容も期間も限定的な勤務であったのに対し、鹿屋の挺身隊は、機密漏洩を防ぐため三角兵舎に寝起きし司令壕での作戦電話のとりつぎを担当するなど、特攻作戦の現場にも深く関わっていた[45]。しかし戦後、彼女ら自ら、ナショナルなレベルで「特攻隊員の思い出」を語ることはほとんどなかった[46]。夫の他界を契機に、迫氏に自身の「特攻隊員の記憶」を開示したある女性は、それまで家族に、特攻基地での勤務経験の公言を固く禁じられていたという。元なでしこ隊員たちの「饒舌さ」からすれば一見特殊な事例であるが、家族との関係性や世間体に配慮した女性たちの「沈黙」あるいは「寡黙さ」は、当時の社会状況ではむしろ一般的だったのかもしれない。体験とは、本来極めて個人的なものである。

「鹿屋の特攻おばさん」も同様である。知覧における鳥濱トメの有名化を受け、鹿屋には「特攻隊員憧れの美人理容師」や、「隊員に慕われた駄菓子屋さん」など、事後的に発見された「特攻おばさん」がいる[47]。ただし、彼女らは自ら進んで名乗ったり、語ったりしたわけではない。鹿屋航空基地史料館の特別展「基地と大隅～その真実」には、隊員たちの散髪に毎日基地を訪れ、切った髪を懐紙に包み、両親に送るよう促したという女性理容師のエピソードと写真が展示されているが、「鹿屋の特攻おばさん」は匿名のままである[48]（図10）。史料館説明員によれば、「名前を出してほしくない」という本人の強い意志があった。「おなご」が表に出ることを厭う保守的な土地柄、時代もあるだろう。戦後の人生も日々の生活もある目撃者にとって、個人的な体験が公になることへの抵抗は小さくなかったと考えられる。「知覧」の特異性が、ここで改めて浮上する。鹿屋の戦跡に、特攻隊員の思い出について饒舌な「高木」や「トメ」や「なでしこ隊」はいなかった[49]。

記憶の中心、体験の周縁

二〇〇六年の市町村合併により、旧海軍特攻基地跡を抱える串良町が、吾平町、輝北町とともに鹿屋市に加わった[50]。広域化した「鹿屋」をどうブランディングするのか。鹿屋、笠野原、串良の三つの特攻基地跡を抱える自治体となった鹿屋にとって、「特攻」は地域の記憶として観光資源の中心に据えやすいコンテンツである[51]。市議会でも、基地史料館に関する広報活動の積極化がたびたび呼びかけられている。

史料館につきまして、知覧の基地に比べまして、全国的には鹿屋市は無名でございます。やはり〔知覧は〕指宿が近かったり、富屋食堂の物語があったり、映画も何本もされていることもございますが〔中略〕、海軍、陸軍の別はございますが、知覧に比べましても〔鹿屋では〕倍以上の方々が帰らぬ人となっております。〔前略〕規模的にも設備的にも環境的にも知覧よりも〔鹿屋のほうが〕ずっと私はいいと思いますが、ここら辺をもうちょっと鹿屋市として、とにかく〔資料館の〕中で働いている方々は自衛隊員の方々とかＮＰＯの方々ですので、なかなか自分たちから宣伝をしにくいという面がありますから、もう少し大きく宣伝はできないものか[52]〔後略〕

鹿屋の特攻戦跡を対外的に発信することは、市にとって、自衛隊の基地史料館を広報することである。一方で、二〇一四年一二月の高速道路開通や戦後七〇年の機運も手伝い、鹿屋市には、これまで基地に依存しがちであった特攻戦跡を自ら整備し発信しようとする動きもある。修学旅行の誘致に力を入れ、二〇一四年からは「平和の花束」と題する小中高生の作文コンクールを始めた。市の観光グループが、市内の戦争に関する遺構を中心に調査してまとめ、新たに戦争体験者への聞き取り調査も実施している。遺構は、特攻隊員の遺書とは異なり、土地所有者との交渉次第で、市が基地から自由に活用できる戦跡であり、当時の様子が残された司令壕跡は「体験型」平和観光の目玉になるのである。

〈ミュージアム〉	鹿屋航空基地史料館
〈慰霊塔〉	特別攻撃隊戦没者慰霊塔、串良平和公園の慰霊塔
〈遺構〉	第五航空艦隊司令部壕跡、第二鹿屋航空隊司令壕跡、野里の掩体壕跡、大隅野里駅跡、トーチカ跡、坂元海軍砲台跡、旧弾薬庫弾痕跡、串良地下司令壕跡 串良基地地下壕電信司令室跡、鹿屋航空基地内掩体壕・防空壕入り口・陸軍積三部隊兵舎跡
〈記念碑〉	第二鹿屋海軍航空隊の碑、桜花の碑、山下部落跡地の碑、野里小学校移転の碑、戦災記念碑、進駐軍上陸の地の碑、外国人納骨堂（古前城町緑山墓地）、笠之原基地跡、米軍大型長距離爆撃機B29墜落地点の碑、教員頌徳碑

出典：「鹿屋市の戦争遺跡」（鹿屋市雇用創造協議会観光開発グループ発行、2014年）より作成

特攻基地あるいは特攻隊員は、語り継ぐべき地域の「記憶」の中心に据えられてゆくのだろうか。鹿屋市がまとめた「戦争遺跡」の一覧を見れば、遺構の多くが特攻基地に由来するものの、基地建設に伴う地域住民移転の碑、空襲跡や外国人労働者の墓地、進駐軍上陸の記念碑など、「特攻隊員の記憶」とは異なる戦争体験を呼び起こすものも少なくない。実際、地域住民二三人の手記をまとめた『高須町民 私の戦争体験』（戦争を風化させない高須町民の会、一九九九年）を紐解けば、中国大陸での従軍や朝鮮半島からの引き揚げ体験、進駐軍との接触、空腹や空襲、肉親を失った銃後の記憶が「風化させまい」と綴られている。鹿屋市のなかでも、神雷部隊が滞在し、住民との交流も深かった野里地区と、その他の地区住民との間に記憶の隔たりがあるのは当然であろう。鹿屋住民の体験をつぶさにみてゆけば、特攻隊員との接触は、語り継ぐべき戦争の一部ではあっても、全体ではない。

知覧が、ナショナルな知覧像を内面化し、戦争体験の固有性を喪失することで「最大の戦跡」に発展していったのは、本書第一部で見た通りである。海軍基地の遺産として自衛隊を迎えた鹿屋は、戦後、特攻隊員の記憶を

自分たちのものとして地域振興の中心に据えることはなかった。それゆえの寡黙な戦跡は、今、発信する戦跡へと舵を切ろうとしている。戦争を「語り継ぐ」ことが盛んに叫ばれる。しかしそれは、選び取られた地域の記憶なのか、個々の戦争体験なのか。鹿屋の戦跡は、知覧戦跡を相対化し、記憶の継承と「平和」の内実を考える上で、これからも良き教材であり続けるだろう。

［註］

（1）福間良明『殉国と反逆――「特攻」の語りの戦後史』（青弓社、二〇〇七年）、本書第九章参照。

（2）二〇一五年二月に放送されたテレビ東京開局五〇周年記念ドラマ「永遠の0」でも、防衛省や海上自衛隊、鹿屋市の協力のもと、海上自衛隊鹿屋航空基地で撮影が行われた。

（3）「鹿屋戦跡観光に生かせ」『南九州新聞』二〇一四年五月二一日。

（4）鹿屋市商工観光課観光PR係への取材（二〇一四年一一月二八日）による。その後、市内の三〇～七八歳の男女一四人が「鹿屋平和ガイド」「戦争遺跡調査員」に認定された（「平和ガイドと調査員に一四人　戦後七〇年事業で鹿屋市認定」『読売新聞』二〇一五年四月三日）。

（5）『南九州新聞』二〇一五年一月一日。

（6）鹿屋市「平成二五年度　鹿屋市各会計歳入歳出決算審査意見書」http://www.e-kanoya.net/htmbox/kansa/data/03_h2501.pdf（最終アクセス二〇一五年二月一四日）。南九州市「平成二五年度　南九州市一般予算当初」http://www.city.minamikyushu.lg.jp/contents/file/20131002093739.pdf（最終アクセス二〇一五年二月一四日）。

（7）鹿屋航空基地史料館「史料館の概要」史料館提供、二〇一四年五月、一頁。

（8）鹿屋航空基地史料館HPには、特別展の趣旨が次のように提示されている。「このコーナーは、鹿屋航空基地の原点である海軍鹿屋航空基地の歴史を再認識し、この基地が鹿屋市民のみなさんの絶大な支援と協力のもと創設当初から現在に至るまで共に歩んできた歴史を風化させることなく、後世に伝えていこうというものであります」http://www.mod.go.jp/msdf/kanoya/sryou/msdf-ks/（最終アクセス二〇一五年二月一四日）。

（9）鹿屋市『鹿屋市勢要覧』一九九一年、四七頁。
（10）鹿屋市『鹿屋市勢要覧』二〇一一年、三四頁。
（11）大場昇『評伝永田良吉』南日本新聞開発センター、二〇一〇年、一八四頁。
（12）同時期の一九三五年、永田が誘致活動に尽力した国立ハンセン病療養所、敬愛園も鹿屋の星塚に開所している。
（13）鹿屋市史編さん委員会『鹿屋市史』（改訂版）下巻、一九九五年、八二五頁。
（14）鹿屋航空基地史料館連絡協議会『魂の叫び――鹿屋航空基地史料館十周年記念誌』二〇〇三年、一〇八頁。
（15）新弘『終戦秘話　昭和の陣痛――進駐軍高須金浜上陸の記録（復刻版）』高須史談会、二〇一四年。
（16）大場前掲書、二六五頁。
（17）一九四八年の鹿屋市『市勢要覧』（五頁）には、戦後の財政難が次のように記されている。「本市財政収入の根幹をなすものは税収入と国庫支出補助金であつて、他の収入は極めて微細であるばかりでなく特記すべき独自の事業等も殆んどないのであるが、新学制に伴う諸整備、民生安定上の諸施策等の遂行に多大の経費を要するばかりでなく、職員の人件費、物件費等の増高は予算編成上に相当の困難と苦心とを伴う現状にある」。
（18）毎日新聞社『あゝ航空隊』一九六九年、九七頁。
（19）同前、九〇頁。
（20）前掲『鹿屋市史』、八五九頁。
（21）大場前掲書、二二五頁。
（22）鹿屋市史編集委員会『鹿屋市史』下巻、一九七二年、七七六頁。なお、一九九五年の改訂版では、慰霊塔は第九番目の景勝地として紹介されている。
（23）『南九州新聞』一九八九年六月一五日。
（24）鹿屋航空基地史料館連絡協議会前掲書、一四九頁。
（25）肥田眞幸『青春天山雷撃隊』（光人社、一九八三年、二五二頁）には次のようにある。「思えば、私は海軍生活を回顧し、特攻隊員の人選ほどいやな仕事はなかったと考える」。準備委員長の上松議員もまた、少年時代に出撃する特攻機に手を振った記憶を有していた（小幡晋『忘却の彼方に』「忘却の彼方に」出版刊行会、一九七六年）。

（26）肥田眞幸「史料館設置の由来」一九七二年八月（基地史料館提供）。米永代一郎編『半世紀の鹿屋航空隊（戦後編）』（南九州新聞社、一九八九年、三〇五頁）によれば、史料館開館以前にも鹿屋基地には年間一万五〇〇〇人の見学者が訪れていたが、歴史を説明する資料がないことを憂うる声があがっていた。

（27）同前。

（28）とはいえ、鹿屋市民のなかにも、忘却されつつある特攻の歴史を記し伝えようという向きはあった。郷土史家の小幡晋がまとめた『忘却の彼方に』（前掲書）は、先述の上松市議や地元新聞社などの尽力によって刊行され、史料館でも販売されていた。

（29）郷原辰郎議員の質問「鹿屋市議会会議録」一九八二年三月定例会、一二一頁。

（30）蒲牟田喜之助市長の答弁、同前、一二三頁。

（31）吉永守夫議員の質問「鹿屋市議会会議録」一九八八年九月定例会、二七頁。

（32）蒲牟田喜之助市長の答弁、同前、三四頁。

（33）有川清次議員の質問「鹿屋市議会会議録」一九八二年三月定例会、九五－九六頁。有川議員は日本社会党所属。一九九〇年の衆議院議員選挙では、自民党候補を破って当選している。

（34）郷原辰郎議員の質問「鹿屋市議会会議録」一九八二年三月定例会、一二一頁。

（35）海上自衛隊徳島航空基地記念館（徳島県板野郡松茂町）でも、大戦末期の特別攻撃隊である旧海軍徳島白菊隊の隊員と、殉職自衛隊員が同一空間で慰霊、顕彰されている。

（36）鹿屋航空基地史料館連絡協議会前掲書、一五四頁。

（37）ミリタリー雑誌でも盛んに特集された。「「特攻基地」鹿屋に零戦ふたたび」『丸』四六（九）、潮書房光人社、一九九三年、一一頁。

（38）鹿屋航空基地史料館「史料館の概要」史料館提供、二〇一四年五月、二頁。鎮魂と広報の両立を体現するように、新館開館一〇周年記念誌『魂の叫び』には「二十一世紀を育む我々若人」が耳を傾けるべき「先輩の真の心」として、特攻隊員五三人分の遺書や遺影がおさめられている。

（39）同前。

（40）鹿屋市『広報かのや』一五九号、二〇一二年八月一三日。
（41）元鹿屋市小学校教員への取材（二〇一五年一月二二日）による。
（42）鹿屋市「かのや市ブランド化計画　アンケート調査の実施結果」二〇一〇年　http://www.e-kanoya.net/htmbox/kikaku/2009/kb/kb_plan.pdf（最終アクセス二〇一五年二月一四日）。
（43）川端康成「敗戦のころ――シリーズ昭和二〇年の自画像」『新潮』五二（八）、一九五五年八月号、七〇頁。
（44）迫睦子氏への取材（二〇一五年一月二一日）による。
（45）米永代一郎編『半世紀の鹿屋航空隊（戦前編）』南九州新聞社、一九八九年、二六三－二七〇頁。
（46）勤労女学生の戦争体験記は、地元新聞社がまとめた前掲の『半世紀の鹿屋航空隊』のほか、鹿児島県老人クラブ連合会『平和を祈って語り伝えたい私達の戦争体験』（二〇〇六年）、新老人の会熊本支部編『語り継ぐ戦争の記憶』（二〇一〇年）などで確認できるが、出撃した特攻隊員の気持ちを代弁するような語りは見られない。
（47）高須地区学習センター「平成二六年度　第二回高齢者学級　特攻隊員悲話」『学習センターだより』No.7、二〇一四年七月。
（48）理容師のエピソードは、海軍少尉として鹿屋基地に配属された杉山幸照による回想録『海の歌声』（行政通信社、一九七二年）で確認できる。
（49）生き残った隊員として、「慰霊」以外の特攻との向き合い方を徹底的に批判する「苗村」（本書第五章参照）もまた、いない。
（50）串良基地は、整備員養成航空隊として一九四四年四月に開隊。翌年の米軍の沖縄上陸に伴い、串良は沖縄作戦での海空による総攻撃の発信基地となり、一九四五年四月六日からはじまった特攻作戦によって多くの隊員が海に散った。滑走路を桜並木として残し、基地跡に立てられた慰霊塔は、串良基地から出撃した特別攻撃隊三六三人、一般攻撃隊二〇二人、合計五六五人を慰霊している。慰霊塔は、もともと、ある町民（子どもの頃、特攻隊員に可愛がってもらったという泊竹蔵氏）が個人的に祠を建てて祈りを捧げていたところを、当時の町長を中心とした期成会によって一九六九年に建立されたものである。電信司令壕も残っており、これらも町民によって運営されてきた。「いまはこのようにまったく夢のような平和な大地となりましたが、大戦末期ただひたすら祖国のために、と若い命を捧げられたあの事実は永久に語り継いでいかなければならない歴史であります。そして、若き魂を鎮め、平和の礎石として後世に伝えるために建立したこの慰霊塔を静かにお守りすることが、私どもの努めであると思っております。」（町長のことば、肝属郡串良町『鎮魂』二〇〇三年、一頁）

（51）鹿屋に隣接しながらも、「現役」基地を持たなかった串良は、市民や遺族が粛々と祈りを捧げる慰霊こそが特攻との向き合い方だった。「串良ふれあいセンター」に遺品の一部が展示されているが、串良基地に関連する史料の多くは、鹿屋航空基地史料館に譲渡された。

（52）笠野原は、航空隊誘致のため永田良吉によって整備された最初の飛行場であり、大戦末期には特攻基地として使用された。その実態は、史料の散逸によりほとんど明らかになっておらず、跡地にコンクリート製の地下道と地下通路指令室への入り口、ささやかな看板が残るのみである。

（53）永山勇人議員の質問『鹿屋市議会会議録』二〇〇九年九月定例会、一九一頁。

第七章 朝鮮人特攻隊員のイメージの変容
——韓国における「特攻」の受け入れがたさ

権 学俊

「アリラン　アリラン　アラリヨ　アリラン峠を越えていく　私を捨てて行く君は　十里も行けず足痛む」。光山は悲痛な声をふり絞って哀調帯びる朝鮮民謡アリランを歌った。鳥濱トメと二人の娘もそれに和して歌いはじめ、たちまち歌声は嗚咽となり部屋中に満ちた。出撃前日の夜、鹿児島知覧飛行場近隣の食堂「富屋」での一場面を描出した赤羽礼子・石井宏『ホタル帰る』（草思社、二〇〇一年。）の一節である。

知覧から出撃する前の最後の夜に富屋食堂を訪れ、朝鮮半島に伝わる民謡「アリラン」を歌ったと

図1　出撃前に富屋食堂の前で撮ったとされる鳥濱トメと卓庚鉉の写真
出典：朝日新聞西部本社編『空のかなたに——特攻おばさんの回想』葦書房、2001年、16頁

されている朝鮮人特攻隊員・卓庚鉉《タクギョンヒョン》（日本名・光山文博。以下本章では、本名の卓庚鉉と書く）は一九四五年五月一一日、沖縄で戦死した。彼の御霊は靖国神社に祀られ、特攻に関連する施設には彼の遺影や、「特攻の母」と呼ばれた鳥濱トメと一緒に写った写真が飾られている。また、近年の特攻ブームに火をつけた高倉健主演の映画『ホタル』（二〇〇一年）や、元東京都知事・石原慎太郎が製作総指揮と脚本を手がけた特攻映画『俺は、君にためにこそ死ににに行く』（二〇〇七年）などで、彼をモデルとするアリラン悲話が感動の名場面として使われた。

太平洋戦争当時、決して少なくない数の朝鮮人青年が戦火に呑まれ犠牲となったが、そのなかには神風特攻隊として戦死した一七人の朝鮮人特攻隊員も含まれる。[1] 朝鮮が植民地から解放されると、彼らとその遺族の地位は「半島の英雄」から、「売国奴の家柄」へと急落し、日本の軍国主義に加担した人間と見なされ、世間の厳しい目に晒された。その存在は公的な歴史からも「追放」され、「抹消」「忘却」されかけたが、二〇〇一年の映画『ホタル』の上映をきっかけに突如として歴史の表舞台へと再び姿を現したのである。

以下本章では、映画『ホタル』のモデルにもなった、朝鮮人特攻隊員の代表格である卓庚鉉を中心として、韓国における朝鮮人特攻隊員に対するイメージが戦前から現在までどのような変容を遂げたのかを考察・分析する。また、彼らが韓国社会の政治・文化的脈略のなかでどのように位置づけられ、受け止められてきたのかを、戦前の特攻隊員関連の報道、韓国で上映された映画『ホタル』や、卓庚鉉の慰霊碑建立をめぐる事件などを中心に検討していきたい。

一　戦時下朝鮮における皇民化政策と朝鮮人特攻隊員の「死」

朝鮮総督府の戦争動員政策

一九三七年の日中戦争以後、日本は国民の体力を本格的に管理するために厚生省を設置し、朝鮮総督府も最高統治目標として「内鮮一体」政策を推進した。当時の朝鮮総督・南次郎は「半島人を忠良な皇国臣民にする」という思想のもと、国体明徴・鮮満一如・教学振作・農工併進・庶政刷新の「朝鮮統治五大政綱」を発表し、翌年の道知事会議訓示では、長期化の様相を見せはじめた戦況を鑑みて、さらなる内鮮一体を推進するため陸軍特別志願兵令と第三次朝鮮教育令を公布した。南総督はほかにも神社参拝、「皇国臣民ノ誓詞」、朝鮮教育令の改正、創氏改名の強要、志願兵制・徴兵制の実施などを強行し、それまで差別の対象であった朝鮮人は一転、その身体や健康が日本の重要な資産であり、戦争に勝つための核であるとして、本格的な戦争動員の対象となりはじめたのである(2)。

そして戦火の拡大は結果として、差別を受けていた植民地の若者に、皇国臣民として同等に「死ねる」権利を与えた。かつて日本は世界で唯一、植民地の住民で構成された部隊を採用しない国家であったが、その理由は、朝鮮人の参政権・自治権につながる恐れがあることや、日本人と比べた際の国家に対する忠誠心の差、戦闘組織の構成員として劣ることなどがあった。しかし、一九三〇年代末頃より、朝鮮を対象とした植民地政策は、経済収奪から労働者の強制連行や軍隊慰安婦への動員などの人力収奪へと発展する。満州事変の翌年から朝鮮人に対する徴兵制採用に強い関心を抱いていた日本軍部、とくに朝鮮駐留軍は、一九三七年、日中戦争の全面化とともに「兵役法ヲ朝鮮ニ施行スル」前段階として、志願兵制度を「試験的ニ実施」することに踏み切ったのである。(3)

朝鮮人が軍内部に編入されることに対する警戒心は強く、事実、植民地出身の若者を武装させ大挙投入するのは一種の賭けでもあった。しかし、太平洋戦争がはじまると、一九四四年四月に兵役法を改正し、朝鮮人は全面的な徴兵令の適用対象になるのであった。(4)

しかし、いったい何人の朝鮮人がどのようなかたちで動員され、その後をどう生きたのか、という歴史の真実は現在も明らかになっていない。とくに朝鮮人の兵士動員は、陸軍・海軍特別志願兵制度などの「志願」という形式であったが、内実は権力を振りかざした半強制の動員も数多く存在し、また、いずれ兵隊に行くならば、早いうちに入隊して軍内で少しでも有利な条件を得ようと志願した事例も多かった。さらに、徴兵制度実施の段階になると、朝鮮総督府は徹底した皇民化政策を行い、厳しい民族差別を糊塗する「内鮮一体」を怒号して、「徴兵制こそ内鮮の差別を無くすもの」という倒錯した幻想を振りまいた。そこには、日本の人的国力の消耗を極力回避するために朝鮮人を活用したいという思惑も見え隠れする。

空に対する憧れと航空政策

朝鮮総督府は軍事動員を展開するにあたり、朝鮮人青少年たちの「空に対する憧れ」も積極的に利用した。一九二〇～三〇年代は世界の航空技術が飛躍的発展を遂げ、若者は飛行機に対して強い憧れを抱いていた。この高い航空熱は、「民族の英雄」と呼ばれる飛行士・安昌男《アンチャンナム》の登場でさらに過熱する。朝鮮人として初めて飛行士免許を取得した彼は、一九二二年に『東亜日報』の招聘で祖国を訪問したが、その際人口が三〇万人ほどの京城《キョンソン》の飛行場に見物客として五万人が殺到するなど、彼に対する関心の高さが推測できる。[5]

こうした航空熱の高まりのなか、一九四〇年代に入って戦局が進むと、朝鮮総督府は軍官民合同団体の「朝鮮国防航空団」を設立する。そして、操縦士に最も適した「若年層」を動員すべく、国民学校における飛行機などの模型製作を教程化するとともに、大々的な航空イベントを開催し、朝鮮の子どもたちの空に対する憧れを大いに刺激した。さらに、一九四〇年以降、九月二八日を「航空記念日」として制定し、航空関連のさまざまなイベントを盛大に展開する。[6] 一九四三年、四回目の航空記念日では、少年飛行兵たちによる大規模な「郷土訪問」が実施され、戦争動員のためのイベントを学校・地域が体験することとなった。同年一〇月には、航空戦力の飛躍的増強という趣旨のもと、「青少年航空訓練実施要項」が発表され、青少年の航空訓練を積極的に強化するようになった。そして朝鮮総督府が行ったこれらの政策を積極的に支持すべく、この時期の朝鮮の雑誌や新聞には、頻繁に「飛行機」や「操縦士」に関する言説が登場している。[7]

戦局が進行するにつれ、熟練された航空人力の確保は勝敗の懸かった重大な問題となった。当時、操縦士が一人前になるまでに、少なくとも三年かつ六〇〇時間程度の訓練を受ける必要があったが、これまでの戦闘で多くの操縦士を失った日本には、とにかく時間がなかった。そこで日本軍は、陸軍少年飛行兵、航空機乗務員養成所、陸軍特別操縦見習士官（以下、特操）、特別幹部候補生など、朝鮮人が特攻隊員に志願できる制度を整備する。なかでも特操は、身体が丈夫で基礎軍事訓練の必要がない高学歴者に、一年半程度の操縦技術の教育と徹底した思想検証をもって戦場に送り出す、「操縦士即席養成プログラム」そのものであった。

特操第一期募集がはじまった一九四三年当時、兵役義務がない朝鮮人には当然権利も認められなかった。日本では一九二八年に初めて普通選挙を実施しながら、朝鮮人には選挙権を与えず、徴兵制開始後の一九四五年四月にようやく選挙権を与えたものの、それでも差別が完全になくなることはなかった。そこで、差別を克服したい朝鮮人の若者は軍へ入隊し兵役義務を負い、日本人でも難関の操縦士になれば、日本の若者と同じ待遇を受けられると考えたのである。特操に志願できる大学・専門学校の学生数は、当時の朝鮮の人口二六〇〇万人のうちわずか数万人であり、彼らは朝鮮国内でも最上層のエリートたちであった(8)。

朝鮮人特攻隊員「軍神」の誕生

日本は対外戦争への効果的な動員を目的として、日露戦争以降繰り返し「軍神」を誕生させていたが、太平洋戦争の戦況悪化を受け、朝鮮でも一九四四年に初めて朝鮮出身の「軍神」を誕生させる。朝鮮人が特攻隊員となり特攻死したという事実が、動員のための絶好の「宣伝道具」とされたのである。

その人物が、一九四四年一一月二九日、少年飛行兵一三期出身で靖国隊の一員としてレイテ湾海戦で特攻出撃、戦死した印在雄《インジェウン》（日本名・松井秀雄、当時二〇歳）である。彼の死からおよそ二日後、『毎日新報』は「二機で戦艦一撃沈　四機、四艦船を撃摧」「特攻隊の神」という見出しで靖国隊の特攻を報道しているが、その後は最初の朝鮮人戦死者である印在雄のみを特筆大書し、最初の報道以降三週にわたり、彼への追悼や「半島の神鷲松井伍長に続け」「松井伍長を見習おう」という各界の声明が紙面を飾った[9]。さらに、盧天命《ノチョンミョン》「神翼――松井伍長霊前」と徐廷柱《ソジョンジュ》「松井伍長頌歌」という朝鮮の代表的な詩人による二つの詩が作られるなど[10]、朝鮮総督府は年齢・立場を問わず、あらゆる人びとを総動員して印在雄を賛美し、英雄化する作業を行った。

最盛期には朝刊八面・夕刊四面の計一二面を発行していた『毎日新報』は、一九四四年一一月には物資難のなか辛うじて二面を発行するに留まっていたが、そのうちの一面がすべて印在雄の記事で埋め尽くされていたという事実は、いかに朝鮮総督府が彼の死を政治的に重要視していたのかが把握できる。彼の人物像を紹介する「ヒューマンストーリー」は一二月二日に掲載されたが、同五日からは「純忠　人生二十の松井伍長の一代記」という伝記を、三回にわたり連載している[11]。

こうして「半島の神鷲」となった印在雄の実家には、朝鮮総督府総督の阿部信行より慰問使に任命された、朝鮮総督府・江原社会課長を代表とする一団が訪ねている[12]。ここで注目したいのは、総督・阿部信行夫人の光子が直々に弔問した点である。宣伝の効果を極大化するための最良の方法は、同じ悼みを持つ親たちを会わせて、遺族の心を慰めることであった。阿部夫妻の息子であった阿部信弘中尉は同年、イギリス軍航空母艦に特攻を図り死去している。光子が特攻勇者の母親として慰問使節に随行したのは、決して偶然の出来事ではなかったのである。

さらに陸軍省は、彼の遺族に約三〇〇〇円もの債権を送り、葬儀のために行われた募金は二万円に達した。朝鮮総督府や日本愛国婦人会などが主導した葬儀は日本式で行われたが、そこでは、特攻勇者の

図2　最初の朝鮮人特攻戦死者・印在雄の肖像
出典：『ソウル新聞』1946年1月10日

松井伍長精神을

軍神어머니對面
總督夫人弔問에松井伍長母堂感激
瀨戶知事도弔問

図3　（左）印の精神を勤労に注ぐ女性を宣伝した記事（右）印在雄の遺族と阿部総督夫人の対面を伝える記事
出典：（左）『毎日新報』1944年12月4日　（右）『毎日新報』1944年12月5日

「名誉ある死」である以上、泣かずに我慢するという日本流の美徳が強迫され、涙を見せることすら禁じられたのである。

その後一二月二六日に、印の伍長から少尉への特別昇進が認められると、一九四五年一月に開城《ケソン》府議会主催の慰霊祭が、二月には母校・開城商業学校で告別式が開かれ、約三〇〇〇人が参加した[13]。

その後、彼の家族は、半島が輩出した最初の特攻隊員遺族として「模範的な生き方」を強要された。印の母親は四七歳という年齢で飛行機工場の女子工員に、妹は勤労挺身隊へ志願する。二人は「松井少尉遺族決起」という題目の記事のなかで、「皇恩に応える道は戦力増強に貢献するだけである」と勤労志願動機を明らかにしているが[14]、ラジオ番組への出演を命じられ、そこで「遺族の決意」を強制的に述べさせられるなど、本格的に朝鮮総督府の宣伝物として利用されはじめたのである。

朝鮮における特攻映画の誕生

印在雄からはじまった「軍神」物語は、ついに映画として製作される。朝鮮軍報道部の指導により、印および、二番目に特攻死を遂げた林長守《インチャンス》の功勲を永遠に記録し万苦を追慕するという趣旨のドキュメンタリー映画『榮光』が、朝鮮映画株式会社によって製作された。軍が開城府連盟と共同主催した上映会には、官公署職員、郷軍文化院職員、会社員、銀行員、精神動員総連盟班長以上、各組合関係者などが参席し、その後、各公私立小学校生向けにも上映された。

さらに、同社が企画し、日本の東宝映画株式会社が応援社として参加した、映画『愛と誓ひ』の製作過程においても、朝鮮総督府と海軍省が後援、大本営海軍報道部が指導するなど、軍部関係からの大規模な介入が行われている。監督は、朝鮮人の崔寅奎《チェインギュ》と日本人の今井正が務め[15]、主演には志村喬《たかし》（特攻隊員の父親役）、朝鮮人女優・金信哉《キムシンジェ》（特攻隊員の妻役）、高田稔（京成新報社局長役）など、日朝の一流俳優が起用された。『愛と誓ひ』は海軍軍事補給映画として、海軍記念日の前後に全国で公開され[16]、上映館では、太平洋戦争の戦況を知らせ戦意を鼓舞する目的で、朝鮮人特攻隊員が軍神として登場する日本ニュースを編成し、同時上映している。

このように、新聞上は『毎日新報』に特集された印在雄ら朝鮮人特攻隊員八人の報道で溢れ返り、彼らの「死」は、朝鮮総督府の主導により新聞のみならず、ラジオ・雑誌・文学作品・映画などあらゆる分野で、軍部関係者、親族や教員、地元の名士らまでをも巻き込んで「半島の神鷲」と祭り上げられた。

また、彼ら「軍神」の名前を冠した飛行機が献納され、死を称える碑が出身校の校庭に建てられるなど、戦争への積極的な動員を促す手段としても使われていた。そこには、志願兵制度や徴兵制で動員した朝鮮人は民族解放を訴え、逃亡や「軍紀事件」を惹起する温床である、と危惧していた日本軍内部が、その不穏な状況を打開し、よりいっそう内鮮一体化を推進するために、「朝鮮人の英雄」を朝鮮内に喧伝する必要に駆られていたという事情も見え隠れする。(17)

二　解放後の韓国社会における朝鮮人特攻隊員の「忘却」と再登場

創られる「反日」と抹消された朝鮮人特攻隊員

「軍神」と祭り上げられた朝鮮人特攻隊員の評価も、日本の敗戦とともに幻の如く消え去り、植民地解放を契機に、支配国である日本に対し燻り続けていた韓国人の「反日感情」が溢れ出すばかりか、のちの朝鮮戦争において韓国のために戦った死者の存在も重なって、「日本のために戦った」太平洋戦争の戦没者に対する世間の眼は冷ややかで、家族を失った遺族さえも冷遇される一方であった。そして解放後は、植民地時代の反日闘争・独立運動が韓国社会の戦時中の公式的な記憶として定着し、韓国の歴史が「再生産」されたため、朝鮮人特攻隊員の存在は公的な歴史から意図的に抹消され、追放されたのである。

さらに韓国政府は、植民地経験を建国過程における政権の創出と国民統合のために積極的に活用する。独立運動を行った人びとに対する記念行為を大々的に行うなど、朝鮮の独立を志向した民族主義的な思想や運動に政治的な正当性を付与した。そして複数の政権では、国家アイデンティティ樹立のため、反日主義のイデオロギーを徹底的に利用したのである。

政府がまず手はじめに取り組んだのが「国家記念日」の制定であった。とくに、三・一独立運動を記念する「三一節」や植民地解放記念日「光復節」は、国家への帰属感を覚醒させ、日韓関係における諸問題に対する提言を日本へ向けて発信する役割を果たしている。

また、韓国で使用される歴史教科書は、長年にわたり国定の一種に限られていたが、その内容は植民地時代の抑圧・動員被害や数多くの反日闘争・独立運動に関連する記述が多くを占め、政治的意図が大いに反映された代物であった。そして、「独立記念館」「日本軍慰安婦歴史館」「西大門刑務所歴史館」などに代表される植民地関連の記念施設が相次いで整備されるが(18)、これらの建設推移をみると、大韓民国の樹立直後と朴《パク》正《ジョン》熙《ヒ》政権期、そして歴史教科書問題があった一九八〇年代以降に建設数が大幅に増加したことがわかる。とくに、軍事革命で国権を掌握した朴正熙政権は政治的な正当性が弱く、その補強のために戦争と植民地に対する記憶を積極的に利用し(19)、関連施設の整備を通して民族主義の強調に力を入れた。

その一方で、解放後における植民地支配の記憶から、日本の軍人・軍属として動員された被害者の死と犠牲・記憶は排除され、関連記念施設は全く整備されなかった。朝鮮ではなく日本のために動員された彼らは、解放後必ずしも植民地時代の犠牲者として認められなかったばかりか、戦争で皇国軍人として戦ったことが「反民族行為」だとすら考えられるようになった。とくに朝鮮人特攻隊員の存在は、狂信的な天皇崇拝者であるという偏見や、「志願」による特攻という印象によって、韓国社会の「恥部」「裏切り者」として位置づけられ、韓国社会から忘却されたのである。

再び浮上する朝鮮人特攻隊員の存在

植民地解放後の韓国社会における、朝鮮人特攻隊員に関する報道は一九四六年からはじまる。その第一報は朝鮮人として初めて特攻死した印在雄が、実は生きていて仁川に入港するという内容であった[20]。しかしその後、彼らに関する記事はいきなり途絶える。再び登場したのは一九八四年、卓庚鉉の慰霊碑の建立を計画した日本人・光山稔について報じた『東亜日報』の記事であった[21]。その間約四〇年、韓国社会は朝鮮人特攻隊員問題について口を閉ざし続けてきたのである。その後一九九〇年代中頃から、神風特攻隊そのものを批判する新聞記事はたびたび掲載されてきた[22]。ただし、二〇〇四年に日韓首脳会談の場所として予定されていた鹿児島県が、神風特攻隊の発進基地で軍国主義の色彩が濃いという理由により、韓国政府内部で場所の変更が議論された、という記事からもわかるように[23]、「神風」という単語に日本に対する強烈な嫌悪感を滲ませた論調のなかでは、とても朝鮮人特攻隊員に対する客観的な記事を期待できる状況ではなかったといえる。

こうして埋もれかけた彼らの存在が、本格的に注目を集めはじめたのは一九九五年以降であり、この頃から朝鮮人特攻隊員をテーマとしたドキュメンタリーが放送された[24]。とくに、二〇一二年に放送された『朝鮮人神風　卓庚鉉のアリラン』は、これまでの多くの番組が植民地時代への告発や戦争末期の軍事政策に関する内容を扱うなか、朝鮮人特攻隊員が置かれていた時代的背景や彼らの内面に焦点を絞り、韓国社会に大きな反響をもたらした点は特筆すべきである。

そして、韓国学界が彼らの存在に注目しはじめたのも近年になってからである。朝鮮人特攻隊員に関する研究は、日本では一九八〇年代頃から徐々に注目を集めはじめていたのに比べ[25]、韓国では二〇〇六年にようやく初めての研究が発表された[26]。日本軍の神風特攻隊に朝鮮人が存在したという事実は、近年少しずつ真実が明らかとなっている朝鮮人BC級戦犯、シベリア抑留者問題などとは異なり、韓国社会においては長らく忘れられた主題であった。戦争の最終段階で行われた神風特攻隊、とくに朝鮮人特攻隊員については真剣な学術的接近が全く行われていなかったのである。その原因としては、飛行機操縦という業務の特性上、ごく少数しかいなかった当事者たちがほとんど戦死してしまったことや、彼らに日本人隊員のような膨大な資料はほとんど残されていないがゆえに、内面を分析し理解することは非常に難しかった点、さらに日本のために自殺攻撃を行った親日派の家族という烙印が怖くて遺族側からも詳細を明かせなかったという背景もある。そのような状況のなか、彼らの存在は当時「皇軍の旗艦」として称賛していた日本政府でも、韓国政府でもなく、マスコミや研究者などの個別の縁や関心によって再び歴史の舞台へと登場することが可能となったのである。

三　韓国における映画『ホタル』上映と韓国人の反応

『ホタル』における朝鮮人特攻隊員の登場

「特攻の聖地」という知覧のイメージを日本全国に知らしめた代表的な作品は、二〇〇一年五月に公開され、その年の日本映画で興行収益第九位（二三億三〇〇〇万円）、国内観客数二一〇万人を記録した映画『ホタル』（監督・降旗康男）である。日本を代表する俳優・高倉健が『鉄道員《ぽっぽや》』以来二年ぶりに主演を務めることもあり、撮影前より映画愛好家はもちろん一般観客の関心も集め、東映の創設五〇周年記念作品のひとつとして、一九九〇年代を代表する特攻映画となった。

物語は、「天皇ではなく、朝鮮民族の自尊心のために出撃すると遺言を残した朝鮮人特攻隊員」、「死んだらホタルになって帰ってくると言い、出撃後本当にホタルとなって戻ってくる日本人」と、その過去の遺産である現在との、もつれた糸を解きながら展開されていく。

そして、この映画の特徴は何よりも日朝合作映画『愛と誓ひ』以降、五五年ぶりに日本のスクリーンに登場した「朝鮮人特攻隊員」の存在であり、しかも決して付随的な人物ではなく、物語の鍵を握る主役級として登場している点である。金山少尉（卓庚鉉がモデル）は、登場人物それぞれの回想場面で語られる記憶上の人物であるものの、植民地支配に翻弄され命を落とす悲劇的な運命の体現者であると同時に、彼の死をきっかけに後輩と自身の婚約者であった女性が結ばれる一種の仲介者という役割も担った。さらに、特攻隊への志願が持つ意味を、日本人ではなく朝鮮人の立場から問題提起するなど、降旗監督の「世の中に何かを残したいが残せず亡くなった人びと、彼らが残せなかったことを映画で示したい[27]」という制作目的を満たすうえで、非常に重要な存在である。

また、『ホタル』では、従来の特攻映画とは一線を画す試みがなされた。主役の高倉健は彼元来のキャラクターを活かしつつ、特攻に対する悔恨の感情をうちに秘め、黙々と日常を生きていく山岡役を自然に演じた。知子との夫婦愛も、彼女への深い愛を表に出さず「沈黙」を貫くことで、よりいっそう切ない愛として表現された。佐藤忠男によれば、これまでの作品で「特攻」は、「犬死に」か「英雄的な犠牲」か、という二者択一のような立場のもとで製作されてきたが、『ホタル』ではその問いかけに沈黙を貫くことで、特攻を美化も批判もしないというひとつの表現が見事に成立しているという[28]。『ホタル』上映一週目の観客の六二・七パーセントが六〇歳以上であったというが[29]、言い換えれば、「沈黙」という表現方式は、寡黙で本音を隠す日本の伝統的男性像を象徴しており、激動の昭和時代を経験した彼ら中壮年層の心情的同感を生み出す要因でもあったと思われる。

『ホタル』は韓国においても上映を前にして大衆の関心を集める。映画『鉄道員』や『Love Letter』は韓国内でも高い評価を受けており、高倉健の演技には自然と注目が集まっていた。日本で公開される直前の記者会見では、韓国のマスコミから内容について批判するような質問は特に出されず、日本のメディアは韓国の人びともこの映画を自然に受け止めると分析していた[30]。

映画の見所のひとつが二〇〇一年二月二二日から六日間、韓国の安東《アンドン》市河回《ハフェ》村で行われた韓国ロケであった。撮影は日韓両国から多くのスタッフや俳優陣が集うなか、終始穏やかな雰囲気で進み、多くのメディアや新聞から報道が出され、韓国映画専門雑誌『CINE21』では、撮影および上映前後の時期に数回にわたって関連記事が掲載された。

その後、二〇〇二年一月の韓国上映を目前にして、降旗監督と高倉健による記者会見と試写会が開かれた。同年は「日韓ワールドカップ共催」と「日韓国民交流年」であり、多くの文化・人的交流が活性化した記念すべき年となったが、高倉健は会見で「この小さな動きが両国間交流の懸け橋になってほしい(31)」と話し、試写会には、「日韓の親善大使」的存在であった李盛大《イソンデ》夫婦（李秀賢《イスヒョン》氏の両親）が招待されるなど(32)、映画『ホタル』を通して、日韓関係の友好増進や和解を期待する思惑もみえた。

また、監督は製作意図を問いかける韓国のマスコミに対し「朝鮮人として特攻隊に来た韓国人たちの苦しみ(33)」を映画で表したかったという見解を述べ、映画に朝鮮人特攻隊員を登場させた理由については「やはり日本の兵隊さんが、当時の状況を背負いながら日本人の枠の中で言えることには限界があると思うんです。（中略）もっとちゃんと日本人の兵士が感じていたことを言ってくれるのは、朝鮮半島出身の兵隊さんではないかと思ったんですよ(34)」と話すなど、日本人特攻隊員が抱えていた心の葛藤を、より直接的かつ効果的に見せるために「朝鮮人」を取り上げたと説明した。このような歴史認識について韓国マスコミは、「その人（降旗監督）が韓日関係を見る視線には日帝時代の色が残っていた(35)」と厳しく批判している。

韓国における『ホタル』への賛否

満を持して、二〇〇二年一月一八日に公開された『ホタル』であったが、結果からすると興行や世論の喚起には失敗した。観客数は延べ一万五六三六人、上映した映画館はわずか九か所に過ぎなかった。もちろん、この映画が失敗した大きな原因のひとつは、歴史教科書歪曲問題の勃発であろう。日本では、一九九〇年代半ば以降「新しい歴史教科書をつくる会」が、日本の教科書は反日的・自虐的だと攻撃しながら、日本会議とともに右派運動・歴史歪曲運動を先導しており、二〇〇一年の「新しい歴史教科書をつくる会」の教科書検定合格は、近隣の韓国・中国も巻き込み国際問題化した。この出来事が『ホタル』上映に及ぼした影響は決して少なくなく、韓国のマスコミが「朝鮮の若者が日本の戦争に引っ張られ、無意味な死を強要された歴史的史実に対する説明と描写が欠如している。新たな歴史歪曲である」[36]と報道したとおり、人びとは映画の内容以前に『ホタル』は歴史歪曲映画だという先入観すら持つようになった。さらに当時の韓国では、特攻隊員は日本のために死んだ対日協力者だという認識が依然根強く、映画はともかく、「朝鮮人特攻隊員」という存在自体を受け入れ難かったという面も見て取れる。

こうした韓国内の事情を、製作者側も把握しきれていなかった部分は否めない。映画の終盤、かつて金山少尉の部下であった山岡夫婦が、死を控えた妻のために、妻の前婚約者であり自分の上官でもある金山の遺品を持って、故郷の遺族を訪ねる場面がその象徴である。遺族は当初、頑なに受け取りを拒絶するが、「朝鮮民族と恋人のために死んだ」という金山の遺言を山岡夫婦から伝え聞いて態度が変わり、最終的に遺品を受け取り和解するのである。この場面には、植民地支配という重大な問題を、戦後五〇年という歳月が流れたにもかかわらず亡くなった朝鮮人特攻隊員を忘れなかった日本人夫婦の善行によって一気に和解を試み、歴史の傷口を性急に縫合しようとする日本側の幻想も垣間見える。

これに対して韓国のマスコミは、「韓国植民地支配に対する容赦と和解の握手を求めてくる」[37]「和解の手を差し伸べる日本映画[38]」として製作側の姿勢に一定の評価を与えながらも、「山岡夫婦が彼の家族と会う場面は観る人にとっては不穏な気持ち[39]」「何か物足りなくてむなしい。綺麗な映像と心苦しい感傷だけでは恨みと憎悪で滲んだ日韓の歴史問題の凄まじい重さを支えるには難しい[40]」「観客も金山の家族同様、彼の遺言に感動できるか否かに、この映画の成功と韓日の過去の歴史の和解がかかっている[41]」といったような、戦争の被害者である韓国人の意識からくる拒否反応を報じた。また、「日本の便宜主義的な和解の方式[42]」「これくらいなら和解のジェスチャーになりうると考える日本人の安易な歴史認識を見るようだった[43]」と伝え、日本の植民地支配に対する歴史認識の不足を指摘したのである。

さらに、映画を観終えた一般の人びとからも否定的評価が相次ぐ。なかでも「戦争と軍国主義を美化する映画」「歴史歪曲映画」「年寄りのための映画」「韓国の苦痛をわかるか」といった戦争と歴史認識に関わる批判が多いが、反面、少数ではあるものの肯定的意見として、「愛が良く感じられる映画」「雪・景色などが美しい映画」「穏やかな映画」「暖かい感動」「戦争について考えてみるきっかけになった映画」「アリランの歌に涙を流した」といった意見も存在した。映画に対する多くの意見が氾濫するなかで、二つの意見を紹介したい。

映画は、二つのことを排除しながら観ました。まず一つは、背景が日本であること、もう一つは、日本によって傷つけられた私の国の存在です。ひとりの人間として彼らの生を覗き見ました。歴史の文脈から切り取って、彼らの人生をそのまま理解しようとしました。（中略）そして、私は共感しながら映画を観ました。

古い日記帳の内容を真剣に暴くような映画は、韓国の映画にはないと思いました。製作国が日本だったので、なおさら羨ましかったのかもしれません。私たちが知りえなかった事実が、日本の映画を通じてわかりました。韓国がわざとこの事実を隠そうとしたのかはわかりませんが、自国のことにもかかわらず、私はこの歴史について聞いたことや学んだこと、読んだ記憶などがありません。(44)

二人の感想からは、韓国人が幼少時代より無意識のうちに形成されている「反日」感情と、これまで長年にわたり韓国社会で忘却されてきた朝鮮人特攻隊員の存在が、『ホタル』を通して韓国の人びとの胸のうちに少しずつではあるが確実に浮上してきた点を読み取ることができる。

「朝鮮民族」のための特攻

『ホタル』は、「日本の侵略戦争がアジアの多民族を混乱に巻き込み、どれほどの苦痛を与えたかを反映し、配慮する」点を含め、「祖国を救うための若者の純粋な熱情」を全面に押し出す既存の特攻映画の言説的枠組みを攪乱する可能性をも内包していた。しかし、「日本では神風の惨状を内省した映画として評価を受けたが、韓国ではおおむね軍国主義を美化したという批判集中の的となった。両国民の歴史認識の差を実感させられた(45)」映画となったのである。本編内の「山岡夫婦と金山遺族の和解の過程」「アリラン特攻の過剰なまでの演出」などに見られる強引な設定は、これまでの特攻映画特有の「感傷主義」と何ら変わりがないとすらいえるのである。

たしかに、特攻に行く直前の金山少尉が自分の遺言を山岡に話す、物語のクライマックスとなる場面で、金山は大日本帝国・天皇のためではなく朝鮮民族のため、そして愛する日本人の恋人を守るために出撃するという言葉で自分の悔恨を表すが、この心境を語ったシーンは作為的な印象が拭えない。韓国側からすれば、「この主人公が当時の〝内鮮一体〟政策に同調した人物であったと察することはさほど難しくない。〝日本帝国主義〟云々のセリフは、占領国日本と祖国の利害を一つとするのちのセリフからみると、あまり意味のないセリフとして聞こえる[46]」のであり、「それは朝鮮の独立のための自分の所信であったが、結果的には日帝のための決行であった。だから、日本に協力して独立を勝ち取ろうとした彼の考え、彼の出撃は、民族のための壮烈な抗戦や平和を主張するヒューマニズムではない[47]」と評価されるのである。映画を観たあとに「物足りなくてむなしい」感情が消えない理由は、植民地支配下の民族的差別に対する描写の不在はもちろん、あたかも彼らの「死」が特別な、「朝鮮民族の名誉」として、何の疑いもなく堂々と位置づけられているからではないか。

　実際、彼らが残したであろう出撃前の複雑な心境を記した日記や便箋は、厳しい検閲に遭い、それを内密に伝える家族や知人もいなかった、という理由でほとんど残っておらず、彼らがどのような信念を持ち、自身の「死の任務」を運命として受け入れたのかを把握することは難しい。たとえば、学徒兵出身の金尚弼《キムサンピル》は逃亡を勧める兄に対し、「私は朝鮮を代表している。逃げたら祖国が笑われる。多くの同胞が一層、屈辱に耐えなければならなくなる」と言い残して去り、ほかにも、「俺は朝鮮人の肝っ玉を見せてやる」「日本人の誰もができない任務をやってのけてみせる。朝鮮人の誇りのために」といった彼らの心の一端がうかがえる言葉はたしかに残されている[48]。

　しかしながら、こうした周囲の証言や記憶のみで、彼らが朝鮮同胞や家族の自尊心のためだけに死地に飛び込んでいったと決めつけることには違和感を覚える。なぜなら戦時中「軍神・祖国の誇り」と称えられた彼らの死は、戦争の終結によって、周囲の手の平を返したような非難とともに、生き残った家族の「迷惑」へと一変したからである。金尚弼の兄、金尚烈《キムサンヨル》は「戦後も韓国の反日感情から特攻隊員だった事は語れなかった(49)」と遺族の胸の内を涙ながらに吐露したが、だとすれば、特攻戦死者を「売国奴」と罵る周囲の非難から逃れるため、彼らの「国家と民族」のために死んだ、と遺族側から進んで証言したというのが真相ではないだろうか。

四　知覧特攻基地戦没者追悼式と朝鮮人特攻隊員の慰霊碑問題

「三九年ぶり」の韓国人遺族参列と戦後の一区切り

戦後の日本において、最も早く朝鮮人特攻隊員の存在に注目し、遺族探しに取り組んだのは、かつての戦友たちであった。彼らは何度も韓国在住の遺族と接触し、知覧特攻基地戦没者追悼式への招待と慰霊碑建立を試みた。これまで式に参列するのは日本人の遺族ばかりで、これでは日本に尽くした朝鮮人隊員が浮かばれず、せめて遺族に対し何らかの救済を行いたいと(50)、鹿児島県特操会会長・前田末男が全国の会員に呼びかけ、五年がかりで遺族を探し出し、一九八四年の第三〇回知覧特攻基地戦没者追悼式で「三九年ぶり」の招待に漕ぎ着けたのであった(51)。

韓国からは、遺族探しに協力した卓庚鉉の遺族代理・朴炳植《パクピョンシク》（前田の知人で、元特操見習士官）や、前田と特操第一期の同期生で、同室で起居をともにしながら訓練を受けた縁がある金尚弼の兄・金尚烈夫妻の計三人が参加した。当時の様子について『町報ちらん』は、「鳥濱とめさんと涙の対面　特操会の努力実る」と報道したが、トメは大切に保管していた、出撃前日に卓と並んで写った写真を朴炳植に手渡すことで、一番の気掛かりが晴れてほっとしていると話し(52)、光山さんのことを遺族に伝えることができてもう思い残すことはないと涙ぐんだ。そして三九年ぶりに参列した韓国遺族は、焼香がはじまると万感胸に迫ってか焼香台を叩き、泣き伏していた(53)。

韓国側遺族の招待に至った裏側には、国内の批判勢力に対し、慰霊祭の正当性を見せつけるという主催者側の意図があった点は否めない。実際、仏前で嗚咽しながら死んだ弟の名を叫ぶ遺族の姿は、地元の放送局によって大きく報道され、相当な反響を呼び起こした。これは、一九九〇年代末まで『町報ちらん』の慰霊祭関連記事に、韓国人遺族の参加が漏れなく載せられたことからも確認できる。韓国内の複雑な事情で慰霊することのできない肉親の死を、日本の知覧で毎年手厚く慰霊してくれていることを知り感謝しているというインタビューは、知覧の特攻慰霊に正当性を付与させる格好の素材となったのである(54)。

知覧特攻基地追悼式

39年ぶり韓国人遺族が参列

「弟たちがお世話に」

特攻おばさんと涙の対面

図4　第30回知覧特攻基地戦没者追悼式に39年ぶりに参加した韓国人遺族に関する記事
出典：『南日本新聞』1984年5月4日

ここで注目したい点は、この第三〇回の追悼式を、参加者やマスコミが一様に「戦後の一区切り」と位置づけている点である。「遺族が見つかるまで死に切れない」と戦後もずっと隊員の供養を続けた鳥濱トメは、「私の戦後がやっと終わりました(55)」と声を詰まらせ、『毎日新聞』は式典の様子を伝える記事に「戦後に区切り　特攻隊追悼式」という大見出しをつけた。遺族探しを続けてきた戦友たちや、追悼式を主催した塗木早美・知覧町長も同様の想いを述べている[56]。

初の慰霊碑建立計画と「君の熱烈な忠誠と尊い犠牲」

卓庚鉉の慰霊碑建立計画は、長崎県大村市に住む一人の日本人・光山稔によって進められた。彼自身のルーツが韓国であり、自らも特操に志願し教育を受けた経験を持つなかで、特攻隊員のなかに朝鮮人の卓が存在したことや、彼の日本名が自分の姓と同じ点から興味を持ち、彼の慰霊碑建立計画を立てたのである。光山は、卓の遺族を探す過程で過去の追悼式の記事をたどり前田会長に直接問い合わせ、第三〇回の追悼式に参加して韓国遺族と交流を図ったのである。その後、彼は息子を伴って知覧町を訪れ、鳥濱トメに直接話を聞き、卓の故郷・慶尚南道泗川《サチョン》での私費による建立を決心した。そして地元の同窓生らに協力を呼びかけるとともに土地を購入し、碑文まで起草したのである[57]。『南日本新聞』が「韓国人特攻隊員の遺族　追悼式機に親善の輪　今度は韓国に慰霊碑[58]」と報道したとおり、追悼式後も韓国側遺族と知覧町や鹿児島県特操会との交流は続けられており、慰霊碑の建立事業でさらなる密接な関係を目指したのである。光山は顕彰碑完成を前に同期の特操第一期生に宛てた冊子を配り、除幕式の参加を呼びかけた。

しかし、碑文中の「君の熱烈な忠誠と尊い犠牲」という一文に対して、特攻の賛美につながるという反対の声が韓国内で沸き起こる。それを受けた光山は一部の文言を変更したが、逆風は収まらず、遂に碑の建立中止にまで追い込まれた。光山は寄せられた資金をすべて日韓親善協会に寄付し、材料は他の石碑に使われることとなったのである。

慰霊碑建立をめぐって対立する日韓と「アリランの鎮魂歌碑」

慰霊碑建立に対する議論がはじまって以降、表面上は友好的であった両者の関係に少しずつ亀裂が生じていく。一九八四年に光山の慰霊碑建立計画が韓国の世論の反対に遭って中止となると、今度は知覧特攻平和会館の理事でもあった前田らが、知覧での「朝鮮人特攻戦死者だけの慰霊碑」の建立を計画する。翌年、第三一回の追悼式では、昨年初めて参列した金尚烈が再び参加し、さらなる親睦を深めるなど[59]、「朝鮮人のみ」を慰霊する碑を建立する点に対して、韓国側遺族ら一部の反対は受けたものの、遺族との継続的な交流のなかで建立計画は当初順調に推移した[60]。

しかし、戦後四〇周年や一九八六年末の知覧特攻平和会館の完成に合わせて進められたこの慰霊碑建立計画も、碑文中の「報いなき戦いに強いられて[61]」という文言を刻むべきだという韓国遺族側の意見と「むなしく散りし」では他の戦士隊員の手前は使えないと反発する知覧特攻慰霊顕彰会側の意見が対立し、またしても建立は中止となった。韓国遺族と、日本人側の特攻隊員に対する想いは、ついに交わることはなかったのである。

このように慰霊碑をめぐる対立問題はあったものの、その後も韓国人遺族は毎年にわたる慰霊祭への参加を通して知覧との交流を図っている。そうした折、一九八九年の第三五回慰霊祭には、卓庚鉉の遺族・卓成洙《タクソンス》夫妻が初めて参加する。特操OBはかねてより時の卓の記事を頼りに肉親探しを続けてきたが、ようやく見つかったのが彼の従兄の孫で、泗川に住む卓成洙であった。追悼式に招かれた卓成洙は、鳥濱トメから当時の話を聞いて感極まったのか、トメの手を握り締めて涙を流していた[62]。

その後「戦後五〇周年」を迎えた一九九五年、再び記念事業として知覧から出撃した朝鮮人特攻隊員一一人の慰霊碑を建立しようとする動きが現れた。この計画は、前田が前年に理事会に提案するところからはじまる。彼は何度も韓国と北朝鮮を訪問し、沖縄戦の特攻作戦で戦死した朝鮮人の遺族を

図5　知覧特攻平和会館の敷地内にある「アリランの鎮魂歌碑」（2014年8月6日、筆者撮影）

探し出していた。[63] そして三度目の慰霊碑建立計画が、二月一〇日の知覧特攻慰霊顕彰会の役員会をもって、正式に「戦後五〇周年の記念行事」と定められたのである。[64] そこでは、朝鮮人特攻隊員の「本名だけ」を刻むという新しい提案がなされたが、これは同年、沖縄県糸満市の平和祈念公園に、国籍や軍民の別なく沖縄戦で亡くなった人びと全員の氏名だけを刻み建てられた記念碑、「平和の礎」に知恵を借りたものであった。

しかし結果的にこの計画も、韓国側遺族の強い抗議により三たび中止となった。そもそも一九八四年に知覧訪問が実現した際も「戦友の招きだから行く。日本国の招待なら受け入れない」との条件つきであり、[65] 朝鮮人特攻隊員という存在をいまだに受け入れない韓国社会に、この慰霊碑がもたらす誤解に対する憂慮や、慰霊行為が内包する宗教性に対する遺族側の拒否反応は、戦後何年を経ようとも非常に根強く残ったままであった。さらに、慰霊碑の建立を戦後五〇年記念という「戦後の一切り」とする日本側の意識への反発も重なり、両者納得のうえでの建立にはほど遠い状況であった。

こうした経緯がありながら、遺族の意思とは無関係な慰霊碑が建立されたのは、その四年後、一九九九年のことである。知覧特攻平和会館の敷地内に建てられた「アリランの鎮魂歌碑」は、碑銘からもわかるとおり、朝鮮人特攻隊員を慰霊するために、日本人篤志家の江藤勇（舞踏家）の全額出資・寄付で造られた歌碑である。碑文には、「アリランの　歌声とほく母の国に念ひ残して　散りし花花」と刻まれているが、この碑は遺族の同意も除幕式への遺族の参加もないまま、いつの間にか完工されたものであり、日本側の一方的な「思い」のみがかたちとなった(66)。この碑は慰霊碑建立をめぐる両国の葛藤が全く解決されていない状況下で、突如として登場したのである。

五　朝鮮人特攻隊員・卓庚鉉の「帰郷祈念碑」建立をめぐって

「帰郷祈念碑」建立の動きと「慰霊観光」

韓国通で知られる女優・黒田福美は、二〇〇八年三月一一日、卓庚鉉の慰霊碑を慶尚南道泗川《サチョン》市に建立する計画について日本外国特派員協会で会見した。しかし、皮肉にも戦死した朝鮮人特攻隊員がホタルになって故郷に帰ってくるという映画のストーリーの再現はならず、彼女が中心となって企画した卓の帰郷祈念碑の除幕式は、住民と関連団体の反対デモによって中止となり、慰霊碑は撤去されたのである。この事件によって、戦争で亡くなった人びとに対する慰霊問題や日韓間の歴史認識のさまざまな相違点が明らかとなった。

そもそも、なぜ日本人女優の黒田は卓庚鉉の慰霊碑建立を思い立ったのであろうか。それは遡ること一九九一年、黒田の夢のなかで見知らぬ青年が「戦争で死んだ事は後悔ないが、朝鮮人なのに日本人の名前で死んだ事が残念」と彼女に告げたことに端を発する。その四年後に、この夢の話を新聞のコラムに掲載すると、靖国神社から「その青年は遊就館に遺影がある卓庚鉉ではないか」と連絡を受け、彼女はその遺影を見て初めて彼の存在を知る。これが朝鮮人特攻隊員に関心を持つ契機となり、鳥濱トメの次女・赤羽礼子と知り合い、韓国側遺族とも交流するうちに卓のことを「夢の青年」と信じるようになり、彼の慰霊碑建立を計画したのである。[67]

その後、黒田は戦争で犠牲になった朝鮮人の調査を行っていた、韓国明知大学の洪鍾佖《ホンジョンピル》教授とともに卓の遺族を探し当て、彼の生まれた韓国・泗川市に建立の協力を申し入れた。当初は彼の生家の近くに小さな個人慰霊碑を建てる予定であったが、二〇〇七年に陸軍士官学校出身の元軍人ということもあり、黒田の慰霊碑建立に理解を示した泗川市長が、泗川市西浦面体育公園内の土地を提供、土地代以外の費用はすべて黒田が負担し「帰郷祈念碑」建立の運びとなった。彼女がイメージしたのは、敵味方関係なく犠牲者の名を刻む沖縄の「平和の礎」であり、[68]「近年になって韓国の雰囲気も変わりつつある。黒田さんが碑の建立を持ちかけた所、泗川市の人々は快く応じ、建立のためにと市が公園内に約一万平方メートルもの敷地を確保してくれた。碑の製作も韓国で著名な彫刻家の高承観さんが引き受けてくれた[69]」と日本のマスコミが慰霊碑に対する韓国側の好意的な反応を報じている。

ただし、当初よりこの慰霊碑建立事業に「資本の論理」が強く介入していたのもまた事実である。泗川市は慰霊碑を新たな観光名所として期待し、韓国観光公社は、慰霊碑除幕式を日韓交流拡大の起爆剤とすべく日本の旅行会社とともに多様な旅行商品開発に取り組むなど、[70]観光資源として利用し収入源にしようとする思惑も垣間見えた。

二〇〇八年三月二四日、韓国観光公社日本支社は記者会見を開催し、慰霊碑の完成を支援した黒田福美とめぐる、帰郷祈念碑除幕式ツアーを発表する。彼の命日の前日で、泗川市の「市民の日」でもある五月一〇日の除幕式をメインとし、慰霊登山ハイキングを含む三日間と四日間の二コースを設定した。[71] また、ツアー内では慰霊碑建立について話し合うシンポジウムも企画され、そこには黒田をはじめ、沖縄の「平和の礎」を建立した元沖縄県知事・大田昌秀や、韓国人犠牲者の調査を担当し、慰霊碑建立の立役者となった洪鍾佖教授が参加する予定であった。

韓国内の反対と除幕式中止・撤去

慰霊碑の建立・除幕式は、泗川市の多少の思惑は滲んで見えたものの、地元の強い支持・支援を受けて順調に進行しているように見えた。しかし、インターネットやマスコミを通して帰郷祈念碑の存在を知った韓国の人びとは、建立に猛反対し、除幕式の中止と慰霊碑の撤去を要求する。二〇〇八年五月六日、地域の市民団体で構成された泗川進歩連合が、慰霊碑建立を決定した泗川市長の公開謝罪、除幕式の中止、慰霊碑の可及的速やかな撤去、の三点を要求すると[72]、反対運動は光復会など保守系団体も合流し、左右団体がともに行動してさらに激しさを増した。さらに、インターネットサイト（Daum agora）と泗川市庁掲示板における反対署名運動も繰り広げられるなど、韓国での反響は非常に大きいものであった。

こうした抗議活動を受け、五月九日に慰霊碑建立賛成派と反対派が合同会議を行う。反対派からは、市長の独断であり市議会の承認を得ていない点、日本側の正式な謝罪もないままこのような石碑が建つ点、卓がはたして石碑に刻まれる人物としてふさわしいか吟味されていない点などの疑問が提示され、光復会の会員から、反日独立運動を戦った末裔として靖国神社に祀られている人物の慰霊碑など到底許すわけにはいけないという意見も出された。これに対して、黒田側は市長との約束を信じて慰霊建立を進めてきたこと、あくまで「民間レベル」で交流をする意図であり、国家を代表して謝罪で

図6　韓国の法輪寺に移された帰郷祈念碑（2014年6月4日、筆者撮影）

きる立場にはないこと、石碑は一個人の兵士を祀るものではなく、日本人として亡くなった韓国人の魂が故国に帰郷し安住を願うものであることなどを主張し妥協点を探った[73]。しかし結果的に両者が納得する結論は得られず、泗川市は混乱回避を理由に市長の式典欠席を決定、黒田に対し除幕式の中止を要請するとともに謝罪したのである。

除幕式予定日だった五月一〇日（卓の命日の前日）も、黒田は最後の可能性を信じて日本の取材陣など約三〇人を引き連れ除幕式の現場に出向き、在日民団関係者、太平洋戦争沖縄遺族会の会員、南九州市の霜出勘平市長も式典に駆けつけたが、結局、泗川市は除幕式中止を最終決定し、五月一三日、帰郷祈念碑は撤去されるに至った[74]。日本から釜山《プサン》に移動し晋州《ジンジュ》の観光を終え、いよいよ泗川入りするというところで除幕式の中止が伝えられた約三〇人のツアー参加者たちも、この予測不能な事態に大きく戸惑っていたが、現地当局の決定には従わざるを得ず、遠くから慰霊碑に向かい黙禱を捧げて日本に帰国した。慰霊登山は計画どおり実施されたものの、除幕式前に予定されていたシンポジウムは中止となり、会場を変えて説明会という名目で集会を開くに留まった。

その後、泗川市関係者は石碑から卓の名前を削除すれば再び議論の余地があると述べたが、黒田は「石碑建立以前にそれを提案したことがあり、むしろ市側が名前を削除したのでは意味がない[75]」と批判した。撤去された慰霊碑は泗川市の近くのお寺にしばらく放置されていたが、その後、黒田の依頼により、二〇〇九年一〇月に京畿道龍仁《ヨンイン》市の法輪寺に移され、いまも現存している。

市議会・市民団体と十分な協議をせず強権的に事を進めた泗川市長と、市民の意思を吸い上げなかった市の行政の責任の大きさはいうまでもない。ここでひとつ指摘したい点は、日本の政治家などがたびたび口を滑らせ、妄言ともいえる植民地時代の賛美を繰り返すなかで黒田の「哀悼の主催者として碑の建立意図は民間交流である」(76)という主張が韓国社会にすんなりと受け入れられるという単純な発想や、主催側がこの複雑な歴史認識をめぐる問題を「民間レベルの交流」という安直な方式で強引に封じ合わせようとしているようにすら見えてしまうことが、非常に問題であったということだ。朝鮮人特攻隊員問題に際し、慰霊碑を建立しようとする日本側は「彼らは歴史の犠牲者である」という主観を強引に押し通そうとする一方、韓国側は「日本のために自ら死を選んだ加害者」という偏見からいまだ抜け出せずにいるという、日韓両国の歴史認識の埋めがたい大きな隔たりをまざまざと見せつけられる出来事となったのである。

帰郷祈念碑建立拒否の理由

卓庚鉉の帰郷祈念碑に対し、韓国の人びとはなぜ猛反対したのであろうか。市民団体や反対した人びとの主張をまとめると、理由は大きく三つに分けられる。

第一に、朝鮮人特攻隊員は「志願」して「天皇」のために死を選んだ人間だという点である。「神風は天皇のために忠誠を尽くした極右、天皇のために忠誠を誓約した神風の一組織員」(77)つまり、「卓庚鉉は天皇のために死んだ。我が民族の逆賊」(78)であり、あくまで自らの意志で日本の軍隊に入り、天皇に命を捧げた彼の碑を建立することはできないという主張である。

第二に、卓が靖国神社に合祀されている点である。民族問題研究所は彼が東條英機らＡ級戦犯とともに靖国神社に祀られ、日本の戦争の英雄として顕彰されている事実を問題視し、『中央日報』が「彼の魂は靖国神社に合祀され、たまに日本の総理大臣の参拝を受けたりする。飛行帽を着用した彼の写真も神社の遊就館に飾ってある」(79)と否定的に評価しているように、この批判は韓国新聞内でもよく見られる論調である。

第三に、慰霊碑建立問題を日本政府の歴史認識や歴史歪曲問題、過去の謝罪問題と結びつけて反対する気運である。泗川進歩連合と民族問題研究所は、日本がいまだに歴史を歪曲している状況のなかで、慰霊碑建立を認めるわけにはいかないと主張したのである。

インターネットサイト（Daum agora）や泗川市庁掲示板における反対理由も、これとほぼ同じである。しかし、それらの主張を行ううえで、卓個人が特攻隊に志願した経緯やどんな思想を持っていたのかは決して重要視されていない。韓国における朝鮮人特攻隊員は、植民地支配や歴史認識、靖国問題、戦後補償など、当時から現在に続く日韓関係の歴史的脈略のなかで考えなくてはならない存在であるが、これまで作られた特攻隊員に対する先入観のまま卓を「断罪」しているのである(80)。

一方で、朝鮮人特攻隊員を「戦争の被害者」として認めている世論もたしかに存在していた点は注目すべきであろう。民族問題研究所は「徹底的な皇民化教育下で強要された志願によって動員され、拒否できない出撃命令に身もだえて若い年に悲劇的な生を終えた(81)」と被害者としての側面も認めた(82)。こうした慰霊碑によるある個人の悲劇的な死に対する哀悼は認めるが、建立の事実が日本社会で加害責任の回避や侵略戦争の美化の手段として使われるのであれば断固拒否すべきであり、主催者はこの韓国社会の感情的側面を入念に確認する必要があったという論理も見られたが、当時の韓国内ではあくまで少数派の意見に過ぎなかった(83)。また、慰霊碑をいきなり撤去するのではなく、この碑の何が問題なのかを明らかにしたうえで日韓双方が時間をかけて話し合い、それから冷静に結論を出すべきであったという客観的な意見も、わずかながら存在していた。

慰霊碑撤去後の顚末

これまで述べてきたとおり、朝鮮人特攻隊員の慰霊碑建立の過程で、主催者側に「過去の戦争に対する根本的な省察」が見られない点は大きな問題である。黒田は碑の表側に戦争被害者全般に対する哀悼の文を刻み、裏側に卓庚鉉個人への碑文を刻むことで、この碑が特攻隊員のみを慰霊するものではないことを喚起させようとした。しかし、このような安易な方策のみで当時の韓国社会の認識を一変させることは不可能であった。さらに、除幕式の破局以降、主催者はその責任は泗川市にあると一方的に責めた。これは一見、泗川市に対する憤怒の表出に思えるが、慰霊碑が黒田自身の「私有物」であるという本音を無意識的に表しているともとれる(84)。

一方韓国では、黒田が慰霊碑建立計画を表明した二〇〇七年八月頃から、除幕式が予定されていた二〇〇八年五月頃まで、全国紙を含む各紙で、慰霊碑誕生の経緯や黒田の建立意図の肯定的な紹介程度の記事が掲載されていたが、彼らがいかにして特攻隊員になり死を迎えたのか、その歴史的意味は何なのか、建立への賛否や慰霊碑の存在が韓国内に及ぼす影響といった、この問題の核心を突く論調は全く見られず、一般市民に大きな異論も起こらなかった。

しかし、いざ除幕式が行われる段階になると、地元の市民団体を中心に「神風特攻隊員は絶対に許せない」「慰霊碑を破壊すべきだ」「このような慰霊碑がわが地方に建てられるのは恥ずかしい」といった過去に対する極端な感情が一気に噴出し、結果としてこの問題を考える十分な時間的余裕があったにもかかわらず、合法的な手続きや成熟した議論もないまま慰霊碑は強制的に撤去された。また、卓を「時代の犠牲者」と見なす一部全国紙と、卓の親日性、歴史認識を強調する地元の反論を擁護する地方紙のあいだで意見が割れるなど、民意を主導するような論調が定まっていなかったがゆえに、韓国社会内で朝鮮人特攻隊員問題を真剣に討議する機会を逃してしまったのである。

こうした日韓両国の主張合戦により、論難を経て両社会が相互理解を深める方法を見つけられないばかりか、日韓双方の歴史認識に対する歩み寄りの限界が明らかとなる一方であった。映画のなかの金山少尉はホタルになって故郷に舞い戻って来た。しかし、韓国社会における植民地支配と戦争関連の課題が完全に解決していない状態での、朝鮮人特攻隊員・卓庚鉉の帰還は、現実の人々にとっては心地悪い「迷惑」にすらなっているのである。

六　「朝鮮人特攻隊員」のイメージ変化の兆しと乗り越えるべきノスタルジア

韓国における「朝鮮人特攻隊員」問題の現状と変化

戦時中、差別改善への希望や空への憧れを利用し半強制的に動員されるばかりか、内鮮一体化を推進するため朝鮮総督府の宣伝物として利用されるなど、朝鮮人特攻隊員は支配国である日本に翻弄され続けた。戦後になると、解放・独立運動に沸く韓国では、政治的に不都合な存在として彼らの記憶が歴史から抹消され、映画『ホタル』の公開や「帰郷祈念碑」問題などで表面化することはあっても、今日までその封印が完全に解かれることはないままである。韓国においては、二〇〇〇年代に入り民主化が進展すると、太平洋戦争に参加した一部の軍人・軍属に関しては日本による戦争の「犠牲者」であると認め、彼らの名誉を回復させて補償への道を開こうとする委員会などが発足し、多様で積極的な過去の清算、「親日問題」を政府と市民が具体的に深く議論できる環境が整っている。ただし、特攻戦死者に関しては、慰霊碑建立問題からもわかるように、その社会的評価は従前から大きな変化が見られず、いまなお「対日協力者」と見なされている。

しかし、韓国国内の社会的な成熟とともに、少しずつではあるものの世論の変化も見受けられ、この問題を扱う近年の研究やドキュメンタリー番組の内容を見ても、朝鮮人特攻隊員の位置づけを総合的に判断し、客観的に捉え直す動きは確実に見られる。依然として色濃く残る反日感情などさまざまな要素と結びつき、問題の早期決着は難しい状況のなかで、現代の韓国社会のなかから生まれつつあるこうした流れを、いまを生きる人びとがどのように受容し、議論していくかという点も、今後「朝鮮人特攻隊員」という事実を韓国全体が受け入れ、彼らの存在が正当に認められる社会の構築に向けて一歩ずつ前進するうえで、非常に大きな分岐点となってくるであろう。

特攻隊員へのノスタルジアと「涙」

一方、神風特攻隊員のなかに朝鮮人が存在した事実、そして「アリラン特攻」の卓庚鉉が日本社会のなかで広まり「消費」されるようになったのは、鳥濱トメというメディアの記憶による部分が非常に大きかった。「特攻の母」トメの心のなかで一番印象に残る隊員であった卓と、「ホタル特攻」宮川軍曹の物語は、現在でも特攻の町・知覧とわれわれとをつなぐ架橋になっていることは疑いようもない。とくに、二〇〇一年に「トメの伝説」「アリラン特攻」が全国へと広がる決定的な役割を果たした映画『ホタル』の公開以降、この作品に刺激を受けて国内の放送各局で同テーマのドキュメンタリーが製作・放送され、数々の研究作品が発表されるなど、朝鮮人特攻隊員問題は一気に大衆の関心を集めた。以降の知覧の特攻隊員に関するドキュメンタリーやノンフィクション書籍などの流行も、当然『ホタル』と無関係ではないが、敗戦後の日本における朝鮮人特攻隊員の語られ方は、支配国に従わざるをえない朝鮮人という宿命や、特攻作戦の悲哀性ばかりを引き出し、ことさら『ホタル』に象徴される典型的な「感動」「悲劇の主人公」というイメージが過剰なまでに強調された。そして、そこで描き出された「朝鮮人特攻隊員像」がそのすべてであるかのように、特攻映画の素材や戦後の区切り、日韓親善の手段として日本社会で消費されており、日本の植民地支配に関する批判的な論調からは切り離された次元で扱われる傾向にある。映画や書籍の影響を受け、多くの日本人が鹿児島県の「知覧特攻平和会館」や「ホタル館富屋食堂」などに足を運び、朝鮮人特攻隊員の存在に触れる機会はあったであろう。しかし、知覧特攻平和会館に並べられた朝鮮人特攻隊員一一人の遺影や慰霊碑の前で日本人が流した「涙」には、はたして特攻隊員という悲劇的な犠牲者へのノスタルジア以上の意味は込められていたであろうか。われわれがこうした情動的な観点のみでこの問題を捉えたままでは、いつまで経っても問題の根本的な理解には結びつかないばかりか、先の慰霊碑問題のような日韓間のすれ違いがいつ再び起こっても不思議ではない。いま一度、日本が行った植民地支配が被支配者にもたらした被害・苦痛の大きさを直視し、彼らのような「歴史の犠牲者」を生み出した責任を日本社会が受け止め、自らに対して厳格かつ自省を込めた視点を持ってこの問題と向き合っていかなければならない。

朝鮮人特攻隊員の「居場所」を見つけるということ

日本による朝鮮人特攻隊員の動員は、土地・米穀・労働力に次いで若者の命までも取り立てる、植民地支配の被害が最も如実に表れた制度であった。結果的に彼らは死をもって天皇の臣民であることを証明するよう迫られ、命の代価として「日本人よりも日本人らしく戦った」という歴史的な重荷を背負わされたまま、今日まで靖国神社の「軍神」として祀られている。朝鮮人特攻隊員に関する問題を探ると、日韓両国の社会がそれぞれ抱えている政治的、文化的両面の問題・制約によって、お互いが歴史を正視できていない現状が浮き彫りとなってくる。こうした両国の課題を置き去りにして、朝鮮人特攻隊員問題を既存の皮相的理解・感情論で済ませていてはいけない。戦後七〇周年を迎えても彼らの「居場所」が見つからないのは、日韓両国がいまだに植民地支配に対する正しい理解と清算を行っていないからなのではないであろうか。もちろんこれまでの植民地支配の歴史を塗り替えることはできない。しかし、日韓両国がその関係性を議論する際、まずは相手国の姿勢を否定することありきで、自らの国が抱える解消すべき問題から目をそらしたままでいるから、日韓関係には一向に改善の兆しが見えない。まずは両国が抱える課題をそれぞれが自己消化し、そのうえで改めて共同で「歴史」と「未来」に向き合うことが、日韓両国の狭間で漂流している彼らの魂を、映画『ホタル』の製作者が本当に表現したかったような、彼らの「心の故郷」を見つけ、そこへと還す一番の近道となるのではないか。そして、彼らが「生きた証し」を現代の両国の社会が正しく認めるという姿勢は、現在の複雑な日韓関係を次のフェーズへと推し進めるうえでも、大きな示唆に富んでいるといえるのである。

［註］

（1）植民地支配を受けた朝鮮人は、創氏改名によって日本名を使用するように強制され、戦死した際の戦死者名簿にも日本名で載せられたため、調査該当者が朝鮮人か否かを史料名簿上のみでは把握することができなかった。しかし、二〇〇六年、韓国の研究者・李香哲《イヒャンチョル》によって一六人の朝鮮人特攻隊員の身元が判明し、翌年、裵姈美《ペヨンミ》の研究によって東局一文（韓国名不明）という特攻隊員の存在が明らかとなった。現在判明している陸軍所属の朝鮮人特攻隊員は一七人であるが、海軍所属の隊員についてはその詳細が明らかとなっていない。また、一七人は当時の軍部により特攻死したと規定された人数であり、その他の理由で戦争中に命を落とした人びとや、生き残った人びとの存在を考慮すると、その数はさらに増えると予測される。

（2）拙稿「戦時下植民地朝鮮における身体管理と規律化に関する一考察」有賀郁敏・山下高行編『現代スポーツ論の射程――歴史・理論・科学』文理閣、二〇一一年、六八‐七三頁。

（3）宮田節子『朝鮮民衆と化「皇民化」政策』未來社、一九八五年、五二頁。

（4）今井勇「「内鮮一体」論の展開と徴兵制の導入」『比較民俗研究』一八号、筑波大学比較民俗研究会、二〇〇二年、一一二‐一二二頁。

（5）「今日安昌男君　故国訪問大飛行」『東亜日報』一九二二年一二月一〇日。一九二二年から『東亜日報』は安昌男についてたびたび特集している。最初の報道は「東京の留学生」（一九二一年三月二九日）であり、その後も「新飛行安昌男」（七月一一日）、「朝鮮の科学界のために　航空家の出生を祝う」（七月一二日）、「飛行家のために　二万ウォン安昌男氏の後援会募集」（一一月二七日）とある。翌一九二二年には「故国訪問大飛行」（五月一日）、「朝鮮空中の新現象」（五月二日）、「東亜日報主催安昌男君　故国訪問大飛行」（一〇月一九日）、「空中の勇者安昌男君」（一一月八日）、「郵便飛行に成功にした安昌男君」（一一月一五日）、「機体と技師出発」（一一月一八日）、「故国訪問飛行について」（一一月二二日）、「一三道有志よ！会員になってください」（一二月四日）、「安昌男君　今五日夜京城に到着」（一二月五日）、「汽車から下りる安昌男君」（一二月七日）、「飛行場は一般に公開」（一二月九日）などが続けざまに報道された。

（6）「航空記念日」は一九四一年から九月二〇日に変更された。

（7）たとえば「あなたも私も少年航空兵」『毎日新報』一九四三年一一月一日、「血書で航空兵志願」『毎日新報』一九四三年一一月一八日。裵姈美・野木香里「朝鮮人特攻隊員をどう考えるか」『歴史地理教育』No.七三三、二〇〇八年八月号、二四‐二五頁。

（8）キルユンヒョン『私は朝鮮人神風だ』西海文集、二〇一二年、八九頁、九四頁、九九‐一〇一頁、一二〇頁［韓国語］。

（9）「二機で戦艦一撃沈　四機、四艦船を撃摧」『毎日新報』一九四四年一二月一日。「轟然、巨艦群覆滅　紅顔・

松井伍長な等偉功」『毎日新報』一九四四年一二月二日。なお、『毎日新報』は総督府機関紙という前提はあるものの、史料的価値はとても高い。それは一九四〇年八月に『朝鮮日報』『東亜日報』が廃刊されてから、解放に至る五年のあいだ朝鮮で発行された唯一のハングル新聞であるからである。

(10)「神翼――松井伍長霊前」『毎日新報』一九四四年一二月六日。「松井伍長頌歌」『毎日新報』一九四四年一二月九日。

(11)『毎日新報』一九四四年一二月五日、同・一九四四年一二月六日、同・一九四四年一二月七日。

(12)「総督、総督慰問使　江原社会課長松井家に」『毎日新報』一九四四年一二月四日。

(13)「松井伍長少尉に特進、破格の恩典に感激」『毎日新報』一九四四年一二月二八日。「半島の神鷲　松井秀雄少尉告別式　忠魂は萬古に不滅」『毎日新報』一九四五年二月二二日。

(14)『毎日新報』一九四五年二月一五日。

(15)崔盛旭「今井正と朝鮮」黒沢清ほか編『日本映画は生きている　第四巻　スクリーンのなかの他者』岩波書店、二〇一〇年、一七〇頁。

(16)当初一九四五年五月二七日の海軍記念日を期して公開するとしていたが（『毎日新報』一九四五年五月一一日）、実際には五月二四日に朝鮮内の六都市で公開され、京城では六月二日まで、平壌など他の五都市では六月四日まで公開された模様である（『毎日新報』一九四五年五月二二日および六月一日の広告）。

(17)前掲論文「朝鮮人特攻隊員をどう考えるか」二六―二七頁。

(18)関連施設は韓国内八二三か所、海外七八八か所にも及ぶ。韓国国家報勲処顕忠施設統合情報　http://narasarang.mpva.go.kr/hyunchung/intro/index.html　韓国統計庁 e－国指標　http://www.index.go.kr/　最終アクセス二〇一四年一二月三〇日。

(19)一五九二年の壬辰倭乱で功績を上げた李舜臣《イスンシン》や、一九一九年の全国的独立万歳運動を主導した柳寛順《ユガンスン》など、抗日独立運動義士関連遺跡の整備・聖域化も積極的に進められた。

(20)『東亜日報』一九四六年一月一〇日。「帝国主義日本の浅薄な宣伝政策がいかに憎らしいか」『ソウル新聞』一九四六年一月一〇日［韓国語］。しかし、のちの調査で誤報と判明している。

(21)『東亜日報』一九八四年九月二〇日［韓国語］。

（22）「帝国日本の妄想により麗しい若者が犠牲に」『京響新聞』一九九四年一〇月二〇日。「韓国人神風特攻隊員一人の位牌を送還」『ハンギョレ新聞』一九九五年二月一八日。「文学で会う歴史（10）徐廷柱の親日詩」『ハンギョレ新聞』一九九六年三月二七日など［韓国語］。

（23）『連合ニュース』二〇〇四年一一月三日［韓国語］。

（24）「アリラン」を歌った卓庚鉉の話を紹介した「アリラン　アラリヨ」（一九九五年、MBC放送）、卓庚鉉と金尚弼（日本名・結城尚弼）の二人を中心に、知覧の朝鮮人特攻隊員一一人の行方を一年にわたり追跡した「神風、そして未だに放浪している霊魂」（一九九六年、CTN放送）、一七歳の少年特攻隊員・朴東勳《パクドンフン》（日本名・大河正明）を取り上げた「靖国の神になった少年特攻隊員」（二〇〇五年、SBS放送）、卓庚鉉がなぜ「アリラン」を歌って出撃し、沖縄で戦死したのかを、知覧平和特攻会館やホタル館などでの取材を通して明らかにしようと試みた「朝鮮人神風　卓庚鉉のアリラン」（二〇一二年、KBS放送）などがある。

（25）『開聞岳――爆音とアリランの歌が消えてゆく』（一九八五年）は、朝鮮人特攻隊員に関する最初の本格的分析であり、同年に鹿児島県の南日本放送が放送した「11人の墓標」も県内で相当な話題となり、非常に高い評価を得た。その後、韓国人研究者・裵姈美と日本人研究者・野木香里が、徹底したインタビュー調査と資料分析に基づき、彼らが存在した歴史的背景や特攻志願の過程について、史実とされている事柄を改めて問い直し、戦死した一七人を客観的に概括するという、朝鮮人特攻隊員問題に関する真実を究明するうえで、非常に価値の高い分析を行った。代表的な研究としては、裵姈美・野木香里「特攻隊員とされた朝鮮人」『季刊　戦争責任研究』第五六号、二〇〇七年。同「聞き書き――陸軍少年飛行兵から特攻隊員になった朝鮮人」『在日朝鮮人史研究』No.三七、二〇〇七年などがある。

（26）韓国内の主な研究者は、李香哲、朴晋熯《パクジンハン》、裵姈美、李ヨンジンである。代表的な研究としては、李香哲「神風特攻隊と韓国人隊員」『日本研究論叢』Vol.二四、現代日本学会、二〇〇六年、二六五―三二八頁。朴晋熯他『神風特攻隊から宇宙戦艦ヤマトまで』ソミョン出版、二〇一三年。裵姈美「日帝末期朝鮮人特攻隊員の志願と特攻死」『韓日民族問題研究』No.一三、韓日民族問題学会、二〇〇七年、一八九―二二六頁。李ヨンジン「〝朝鮮人特攻隊員〟という問い」『次世代人文社会研究』七号、東西大学日本研究センター、二〇一一年、一八一―二〇一頁などがある。なお、本稿は四人の研究から多大なる教示を得たことを記しておきたい。また、二〇一二年には新聞記者のキルユンヒョンが朝鮮人特攻隊員問題の概要を初の書籍としてまとめた『私は朝鮮人神風だ』を出版したが、本書中、第一三代韓国空軍参謀総長に就任した周永福《チュヨンボク》のように、特攻隊員のなかで生き残った人びとが、解放後に韓国空軍の設立・発展のなかで重要な地位を占め、その後の朝鮮戦争においても一部の韓国軍が旧日本軍の戦略や戦法をそのまま踏襲していた点など、韓国社会は朝鮮人特攻隊員の存在を黙殺しながらも、実際は植民地時代の戦争経験が色濃く残り続けていたという矛盾点を鋭く指摘したのは非常に興味深い。

(27)『CINE21』二九三号、二〇〇一年三月一三日［韓国語］。
(28) 佐藤忠男「感傷ではなく悔いをこめて」『キネマ旬報』一三三三号、キネマ旬報社、二〇〇一年六月、四〇－四一頁。
(29)『CINE21』三〇四号、二〇〇一年六月五日［韓国語］。
(30)『朝日新聞』二〇〇一年五月一二日（夕刊）。
(31)『国民日報』二〇〇二年一月一五日［韓国語］。
(32)『朝日新聞』二〇〇二年一月二五日（夕刊）。故李秀賢は、二〇〇一年一月二六日に東京のＪＲ新大久保駅で、日本人男性とともに線路に転落した日本人男性を助けようとしたが死亡した。当時留学生であった彼の行動は、その後、国の違いを超えて英雄視され、友好的な日韓関係のシンボル的存在となっていく。父親は韓国大統領や日本総領事の晩さん会などさまざまな行事や会合に招待されている。
(33)『CINE21』二九三号、二〇〇一年三月一三日［韓国語］。
(34)『キネマ旬報』一三三三号、キネマ旬報社、二〇〇一年六月、三八頁。
(35)「映画物等級委員会委員長に再び選出された監督金スョン」『CINE21』二〇〇一年六月二八日［韓国語］。
(36)「日本映画の歴史歪曲」『文化日報』二〇〇一年五月二九日［韓国語］。
(37)『朝鮮ドットコム』二〇〇二年一月一〇日［韓国語］。
(38)『国民日報』二〇〇二年一月九日［韓国語］。
(39)『ハンギョレ新聞』二〇〇二年一月一五日［韓国語］。
(40)『韓国経済新聞』二〇〇二年一月一七日［韓国語］。

(41)『朝鮮日報』二〇〇二年一月一一日〔韓国語〕。
(42)『韓国日報』二〇〇二年一月一四日〔韓国語〕。
(43)「ホタル過去との和解、涙で可能なのか?」『ハンギョレ新聞』二〇〇二年一月一五日〔韓国語〕。
(44)韓国・映画専門サイト http://www.movist.com/ 参照。最終アクセス二〇一四年一一月三〇日。
(45)『韓国日報』二〇〇四年一一月七日〔韓国語〕。
(46)「金ソンジェはなぜ神風となったのか」『CINE21』第三〇七号、二〇〇一年六月二六日〔韓国語〕。
(47)『京響新聞』二〇〇六年五月三日〔韓国語〕。
(48)飯尾憲士『開聞岳——爆音とアリランの歌が消えてゆく』集英社、一九八五年。桐原久『特攻に散った朝鮮人——結城陸軍大尉「遺書の謎」』講談社、一九八八年。
(49)『南日本新聞』一九八四年五月三日。
(50)同前。『南日本新聞』一九八四年四月二七日。
(51)前田が韓国人遺族探しを決意したのは、倉形桃代という若い女性の行動に触発されたことがきっかけであった。倉形は高木俊朗の著書で卓庚鉉の存在を知って以後、あらゆる手を使い独力でその朝鮮人特攻隊員問題を調査していた。その過程で前田と知り合い、交流が生まれたのである。前掲『開聞岳——爆音とアリランの歌が消えてゆく』一五一−一五八頁。
(52)『町報ちらん』第三三四号、一九八四年五月一五日。
(53)『南日本新聞』一九八四年五月四日。
(54)『町報ちらん』第三四六号、一九八六年五月一五日。
(55)『西日本新聞』一九八四年五月四日。
(56)『毎日新聞』一九八四年五月二日。『毎日新聞』一九八四年五月四日。
(57)『毎日新聞』二〇一四年六月二四日。
(58)『南日本新聞』一九八四年九月三日。
(59)『町報ちらん』第三三五号、一九八五年五月一五日。
(60)朝鮮人特攻隊員・朴東勳の死後、母校に建てられた「特攻死」を称える記念碑が八・一五直後に住民によって破壊された経験から、韓国遺族の一部は碑建立そのものに反対した。
(61) 『朝日新聞』一九九〇年九月九日。
(62) 『町報ちらん』第三七九号、一九八九年五月二五日。
(63) 『朝日新聞』一九九四年一二月八日。
(64) 『朝日新聞』一九九五年二月一一日。
(65) 『毎日新聞』二〇一四年六月二四日。
(66) 同前。
(67) 『北陸中日新聞』二〇〇八年三月一一日付。
(68) 『朝日新聞』二〇一〇年四月二八日。
(69) 『読売ウィークリー』二〇〇八年四月六日号。
(70) 『連合ニュース』二〇〇八年三月二四日［韓国語］。
(71) 三進トラベルサービス http://www.sanshin-travel.com/specialsite/unveilingceremony/pamphlet.pdf、最終アクセス二〇一四年一二月二〇日。
(72) 『oh my news』二〇〇八年五月九日［韓国語］。
(73) 三進トラベルサービス http://www.sanshin-travel.com/specialsite/unveilingceremony/report.html。黒田福美「帰郷祈念碑除幕式中止の経過報告」二〇〇八年五月一六日。最終アクセス二〇一五年二月一三日。
(74) 日本メディアはこの慰霊碑建立から撤去までの一連の流れを報道しているが、『朝日新聞』は「特攻隊碑撤去へ」の見出しで、「左右両派からなる韓国の団体が「日本のために死んだ韓国人を称賛できない」などと反発。同市は祈念碑を撤去する方針を明らかにした」（『朝日新聞』二〇〇八年五月一〇日、夕刊）と報道した。また、同誌は、碑は「地元の一部団体から反対が強まり、今月一〇日に予定していた除幕式が前日になって中止に追い込まれたうえ、石碑は一三日夕、市によって撤去されてしまった」（『朝日新聞』二〇〇八年五月二二日）と報道している。
(75) 『ソウル新聞』二〇〇八年五月二九日［韓国語］。
(76) 前掲「帰郷祈念碑除幕式中止の経過報告」二〇〇八年五月一六日。

（77）『oh my news』二〇〇八年五月七日［韓国語］。
（78）『oh my news』二〇〇八年五月一〇日［韓国語］。
（79）『中央日報』二〇〇八年六月二日［韓国語］。
（80）韓国国内の日本の植民地支配に対する拒絶感は根深く、一九九九年、慶尚北道の英陽《ヨンヤン》郡で強制徴用の被害者の霊を慰めるために建てられた「恨の碑」の建立過程が、地域社会を巻き込む大論争に発展するなど、日本に強制的に連行された朝鮮人犠牲者ですら、その慰霊は決して順調とはいかなかったのである。前掲論文「〝朝鮮人特攻隊員〟という問い」一八一-二〇一頁［韓国語］。
（81）二〇〇八年五月七日「陸軍特別攻撃隊員・卓庚鉉の慰霊碑建立に対する我々の立場」
（82）たとえば、韓国の『中央日報』は「志願にしろ、仕方なく行かざるをえなかったにしろ、卓庚鉉もまた歴史の犠牲者にほかならない。死出の旅路へと赴く前夜、祖国を思いアリランを歌った彼が、翌日には〝天皇陛下万歳〟を叫びながら死への航路を突進せねばならなかったというのは全くの悲劇だ。どうすることもできない狂気の歴史のなかでは、個人の運営など弱々しく小さなものでしかない。卓庚鉉のはかない死、だからこそ誰もがそれを悲しむのだ」と卓は歴史の犠牲者にほかならないという点を強調している。『中央日報』二〇〇八年六月二日［韓国語］。
（83）前掲論文「〝朝鮮人特攻隊員〟という問い」一八一-二〇一頁［韓国語］。
（84）前掲「帰郷祈念碑除幕式中止の経過報告」二〇〇八年五月一六日。

第三部

「知覧」イメージのメディア文化史

第八章　「戦闘機」への執着——ミリタリー・ファンの成立と戦記雑誌の変容

佐藤彰宣

館内には、特攻に散った搭乗員達の写真や遺品が展示されており、とりわけ遺書や手紙の量と内容に圧倒される。本来、同館の展示の要はこうした遺品のはずであるが、申し訳ないとは思いつつ展示機に目がいってしまうのは、航空機ファンの性であろうか(1)。

雑誌『丸』にて、二〇〇〇年より連載された大路聡「にっぽん列島航空博物館」では、知覧特攻平和会館がこのように紹介されている。

知覧特攻平和会館の主要な展示といえば、特攻隊員の遺書や遺影であろう[2]。だが、この記事では同館を陸軍機の「飛燕、疾風も残る」「航空博物館」として位置づけている。特筆すべきは、遺書ではなく「展示機に目がいってしまう」戦闘機ファンの心性が綴られている点にある。そこには、遺書や遺品に涙する層とは異質な「知覧」受容のありようが見られる。

とりわけ近年では、『永遠の0』や『風立ちぬ』などの映画作品のヒットを受け、こうしたメカニックな関心による「知覧」受容の傾向はより顕在化している。実際、零戦映画のヒットを契機として刊行された一連の〝零戦ムック本〟では、残存する実機が見られる場のひとつとして、知覧特攻平和会館が紹介されている[3]。

では、こうした戦闘機へのメカニックな関心は、戦後の社会的な文脈のなかでどのように形成されてきたのであろうか。本章では、冒頭に紹介した雑誌『丸』に着目し、特攻との関連でミリタリー・ファンの系譜をたどる[4]。

雑誌『丸』は、現在、四万八〇〇〇部の発行部数を誇り、軍事雑誌の代表的な存在とされる[5]。戦闘機軍事を扱う雑誌はほかにも出版されているが、『丸』の特徴は「戦記と戦史と軍事の月刊雑誌」として、戦闘機へのメカニックな関心と特攻を含めた戦争の記憶とが同居する誌面構成にある。では『丸』は、いつから、なぜこうした誌面構成となったのか。そして、いかなる文脈で、メカへの関心と戦争の記憶は結びつく（あるいは結びつかない）のだろうか。ここでは、とりわけメカニックな関心がどのように生まれたのかに焦点をあて、『丸』が戦記雑誌から軍事雑誌へと趣向を変える一九五〇年代から一九七〇年代について扱う。

当時の『丸』を取り巻く状況として、『丸』一九六二年一一月号に掲載された野沢正「世界の航空」という名の連載記事を参照したい。野沢は雑誌『航空ファン』の編集にも携わっていた航空評論家である。この回では、「〝海と空と陸〟の専門雑誌五十年史」と題して、戦前から戦後の軍事雑誌の変遷を取り上げている。

戦後、日本は軍備をもたない国になった。にもかかわらず、航空雑誌の復活はめざましく（中略）三流航空国が一躍一流航空雑誌国になり、航空母艦をもちろん、巡洋艦一隻もない自衛艦だけの準海運国に（中略）海の専門誌があらわれている。

のみならず、一般の大衆雑誌にしても、戦記ものが年ごとに大繁昌である。

少年誌のなかにあるものはまだ日本が戦争をやっているのかと錯覚を起こしそうな威風堂々たるものがある。(6)

興味深いことに、「軍備をもたない」はずの戦後の日本は、実は兵器を扱う雑誌の「一流国」でもあった。そこには、戦後日本の戦争意識をめぐってあるひとつの疑問が浮上する。

なぜ、「反戦平和」論が盛んな社会において、戦記や兵器を扱う雑誌がかくも「大繁昌」したのか。とりわけ、なぜ直接の戦争体験をもたない少年世代に人気を博したのだろうか。

本章の性格は、必ずしも戦跡としての「知覧」そのものに主たる焦点を当てたものではない。しかし知覧を訪れるひとつの傾向としてたしかに存在している、特攻をメカニックな関心から捉える心性がいかに成立したのか。そうしたミリタリー・ファンの成立過程を、戦記雑誌を手掛かりに紐解くものである。

一　戦記の雑誌

戦友・遺族に向けた雑誌

いまでこそ軍事雑誌として知られる『丸』であるが、実は一九四八年の創刊当初においては「近代人のトピックス誌」を表題に掲げる一種の総合雑誌であった。論考というよりは新たな話題の提供を性格とする雑誌であったために、政治、経済から芸能、スポーツ、果ては自己啓発まで幅広いテーマを集める総花的な構成となり、戦記や軍事の話題もその雑多な誌面の一部に過ぎなかった。それが一転、一九五六年四月号より「戦記特集雑誌」として方針転換を図った。

「戦記特集雑記」となった『丸』では、戦記を「我々の父や子や、兄や弟」といった肉親が戦った戦争の記録として扱った(7)。その意味で『丸』は、戦争体験者や遺族を読者として想定した雑誌だったといえよう。実際、読者自身の戦争体験を募る「私の戦闘記録」や、「旧軍在隊者で、戦友の消息等のお尋ね、あるいは戦友同士の文通など(8)」を企図した「読者交換室」などの欄が設けられている。さらには、その発展として、一九五八年一一月号より「戦友の最後を知らないか――太平洋戦争戦没者御遺族の方へ」の欄が新設される。前号では、以下のように設置目的が説かれている。

いかに戦争とはいえ、肉親たちの戦死の状況も知るよしもなく、しかも一片の通知書だけで、かけがえのない父や夫や子たちの戦死を知らされた御遺族の悲しみに思いをいたすとき、われわれは本当にこれでいいのかと、大きな憤りを感じずにはいられません。（中略）

このたび本誌では、御提供による資料によって、ひろく誌上から読者諸賢に呼びかけ、戦死されたあなたの肉親とどうじ同じ戦場に奮闘しておられた戦友各位からの詳報を各方面に求めて、御遺族各位の期待にこたえたく考えるのであります。ふるってこの欄を御活用いただければ幸いです。[9]

このように「戦記特集雑誌」としての『丸』は、戦友・遺族を読者として想定したメディアであった。では、当時の『丸』が主題として取り上げた「戦記」の内容とは、どのようなものであったのか。

勇壮な特攻記

戦友・遺族を対象とした「戦記特集雑誌」のなかで、人気を博したのが特攻を含む空戦記である。[10]読者からは「『丸』はいずれも神風か回天もしくは連合艦隊の奮戦に相場が決っている」[11]「毎号空戦特に特攻隊ものが多い」[12]と苦言を呈されるほどであった。

その特徴は、特攻記が勇壮な物語として語られている点にある。当時、掲載されていた代表的な特攻記としては、一九五七年一二月号より連載された元台湾航空隊先任参謀・海軍大佐の安延多計夫による「神風特別攻撃隊かく戦えり」が挙げられる。同連載は、人気記事を読者からの投票で決定する第一回「丸読者賞」で、坂井三郎の「撃墜王」「大空の決戦」等に次ぎ、四位に入賞するなど、勇壮な空戦記として好評を博していた。[13]

筆者の安延によると、同連載は「祖国のために散華された英霊に対しいささかの供養」「また遺族の方々をお慰め」を意図したものであった。[14]そのため、特攻隊員の「殉国至誠」や「勇壮な散華」が強調されるとともに、特攻観音堂が紹介されるなど「慰霊」としての文脈で、特攻が語られていた。[15]実際に安延自身が特攻作戦にどれだけ関与したのかは記述されていないが、「元台湾航空隊先任参

図1　特集航空決戦と特攻隊
出典：『丸』1956年5月号

謀・海軍大佐」であった安延にとって、特攻を「散華」の物語として描き、「戦果」を強調することは、「英霊」に対しての「供養」とその遺族に対する「慰め」を意味していた。つまり、「散華」としての勇壮な特攻言説は、遺族への「慰め」のために用意されたものであった。

遺族である読者の側も戦死者を回顧するため、勇壮な空戦記にそのよすがを求めた。実際、読者欄でも遺族からの次のような投書が見られる。

> 何かを探し求めるような心で手にいたしました。〔中略〕このようにも激しかった歴史の一コマの中に苦い日を過ごして参った私たちには、到底忘れることのできない、生々しい心の記憶でございます。ご執筆に当られた先生方の当時のご様子や、また大空を飛び立ち、再びは還らなかった勇士の思いをはせ読ませていただきました。私もまた夫をソロモンの空に失ったものでございます。もうあれから十四年、すべてが夢のようです。涙の谷も幾度か越えて、いまようやく心の平静を取戻した気持です。それでも、何とかして戦死の様子だけは知りたいと願っておりました。全国の読者の中には、きっと私と同じ思いで戦記を読まれている方も多かろうと存じます。(16)

「戦死の様子」を求めて戦記にすがるのは、特攻隊員の遺族も例外ではなかった。遺族にとって戦死者を回想するには、「勇士の思い」を馳せるしかない。とりわけ隊員の遺族にとって、特攻は「犬死に」ではなく「散華」と解釈することでしかやりきれなかった。その意味で、遺族である読者の追悼・慰霊の念が、「殉国至誠」や「散華」としての特攻観を用意したのであった。実際、以下のような特攻隊員の遺族からの投書も見られる。

私の兄は昭和二十年四月七日南西諸島にて特攻隊として国安昇隊長のもと、散華した予備学生谷川隆夫（明大卒）です。御誌において是非、その出撃前後の様子を知っている人からの手記を手配して頂けないものでしょうか。「丸」に対する私どもの気持は、亡き兄たちを思う気持と同じです。(17)

当時、「勇敢に散華した」特攻隊員の「殉国の偉業」として特攻が語られていた背景には、『丸』が遺族に向けた戦記雑誌としての性格が作動していた。換言すれば、肉親を特攻作戦によって失った読者の体験の重さゆえに、勇壮な物語が求められていた。こうして『丸』においては、遺族や生存者による追悼・慰霊の念と、勇壮な空戦記としての特攻言説が接続しえたのであった。

現代批判への読み替え

そもそも『丸』が「戦記特集雑誌」へと転換した背景には、当時の出版界における「戦記もの」ブームの影響がうかがえる。戦記ブームについては、福間良明『焦土の記憶』をはじめとして、戦後日本における戦争体験の語りの系譜を対象とした研究においてしばしば言及される。福間によると、GHQによる占領が終結した一九五一年以降、それまで検閲によって抑え込まれていた反動として

「戦記もの」が多数出版された。[18] 一九五六年当時の『読売新聞』でも、「またも〝戦記もの〟ブーム」として雑誌を中心にした戦記出版の活況が取り上げられている。[19] 同記事では、「日本陸海軍はなやかりしころへの郷愁や日本軍の優秀性を織りこんだ戦争ルポルタージュ」を中心とする「負けおしみ調」の内容にあって、「日本軍の威勢の良いものほど売れ行きがよい傾向さえ現れている」と伝えている。『丸』の「戦記特集雑誌」化は、こうした戦記ブームに沸く出版界の流れに棹差すものであった。

実際、『丸』の誌面においてもこうした「負けおしみ調」は顕著であって、一九五七年三月号の特集「日本・海・空軍勝利の記憶」などはその典型である。同号の編集後記では、その意図を以下のように記している。

戦後ややもすれば、国際的な劣等感にとらわれがちの私たちではあるが、あの世界の大国を向うにまわして戦ってきた私たちの戦史は部分的にはかならずしも敗けてばかりいたのではない。時に胸のすくような快勝の記録がなかったわけではない。この事実があることを私たちは一時でも忘れてはならないと思う。[20]

読者もまた、大局的な戦局を捨象し、あたかも勝利したかのような記事を求めていた。実際、『丸』の読者欄では「もっと大戦頭初の勝いくさを載せて欲しい」「勝ちいくさの記録をお願いします」という声がしばしば見られる。[21]

もちろん、こうした傾向に一方で投書欄では「好戦的」「再軍備に連なる」と危惧する声や、「いたずらに旧軍隊を賛美しているばかり」と批判する声も見られる。[22] それでも「勝ちいくさ」が誌面構成の中心となりえた背景には、「胸のすくような快勝の記録」を求める心性が、その当時の社会に対する不満の裏返しでもあったことに起因する。

敗れたりとはいえ、世界を相手に戦ったその意地の凄さまじさを目の当たりに拝見し、現代の日本に対する一大警鐘となったのではないかと思います。私自身終戦後の乱れた思想にうんざりしていたときでもあり、溜飲を下げた思いでした。(23)

「胸のすくような快勝の記録」を戦記ブームとして社会的に希求されたのは、戦後社会への違和感ゆえであった。「戦後の乱れた思想にうんざりしていた」読者にとって、「世界を相手に戦った」勇壮な戦記はまさに「溜飲を下げ」るものであった。鬱屈した〝現在〟との対比において、勇壮な〝過去〟の記録を振り返る。それは、戦争体験者にとっての「美しい過去」への郷愁を喚起させるものであった。たとえば、次のような二つの投書がその典型であろう。

「丸」は全くなつかしい。戦友の奮闘を語り、別れた先輩の消息を知らせてくれた。思えば当時、助教要員であった私も、特攻隊の訓練中の殉職を目前にみて発奮、十七才にして特攻隊を志願す。振武二九九隊機上無線員。「丸」をよんでいると当時のファイトが燃えてくる、なつかしさと共に！(24)

戦後十余年、マンボ族、太陽族とあまりにも植民地的な風潮に流れている昨今、われわれ日本人としての誇りをもつて今こそ日本再建に大いに努力せねばならない。祖国愛にもゆる若人もまだかなりいる。「丸」こそはこれら若人の心のより所としてこれから発展されんことを一日本人として心から貴誌の奮闘を祈る。(25)

勇壮な戦記は、現代への批判と過去への郷愁が綯《な》い交ぜとなったかたちで受容されていった。先述した遺族のために用意された「殉国至誠」としての勇壮な空戦記も、「マンボ族や太陽族が氾濫する現代社会」のなかで、とくに「若人」への反省を促す材料として読み替えられていった。

このように、「現代の日本社会」批判としての戦記が受容されていく様子に、若い少年世代の読者も呼応した。「ロカビリー・マンボ族が街にはんらんする今日、今後の日本を真剣に考える若人が、一体どれほどあろうか」という投書を一七歳の読者が寄せるなど、少年世代の読者層の存在がここに浮上しはじめてくるのである。(26)

こうして戦争体験を持つ年長者の現代社会への批判と過去への郷愁が一体となった戦記受容は、その後、戦争体験を持たないはずの少年世代も惹きつけ、それに応じて『丸』も少年世代を意識した誌面構成をとるようになる。

二　戦記とメカの同居

メカニック志向の登場

『丸』は、一九六〇年代に入って「戦記特集雑誌」から「軍事総合雑誌」へと微妙に誌面のあり方を変化させていった。その特徴は、兵器の技術的な側面、つまりメカニックな要素（グラフや図解、模型解説など）が登場する点にある。象徴的なのは零戦を設計したことで有名な堀越二郎の寄稿の増加であろう。[27]一九六〇年二月号の特集「零戦」における「私が設計した零戦の秘密」を初出として、同年一二月号「二式水戦についての感想」、一九六一年二月号「九六戦から零戦・烈風にいたる艦戦設計の秘密」、一九六二年二月号「私が設計した零戦一万機の内訳」、同年四月号「零戦設計者のみた世界名戦闘機十傑」、同年九月号「F一〇四超音速戦闘機の設計について」、同年一一月号「名戦ムスタングについての一考察」と次々と記事を寄せ、零戦のみならず、そこから派生して外国機や当時の最新機にまでテーマの対象を広げている。そして、一九六三年二月号からはついに連載「零戦」まで担当するようになる。

メカニックな誌面傾向はほかにも見られる。一九六二年一〇月号より零戦・大和に特化した質問欄「零戦・大和コーナー」なども新設された。また一九五九年二月号より読書欄でも戦闘機や戦艦を描く投稿画が登場し、一九六〇年一〇月号からは『丸』編集部自身が模型代理販売を開始している。

こうした『丸』のメカニックな志向は、「特攻」の取り上げ方も大きく変えた。一九六三年七月号では、特集「特攻機とカミカゼ」が第一特集「ドイツの戦艦――ポケット戦艦から十二万噸戦艦までのメカニズム」や「好評連載名機零戦の一生堀越二郎」と並んで組まれている。

特筆すべきは、まさにメカとしての「特攻機」へ関心が寄せられている点にある。寄稿者と記事名を挙げると元海軍中佐・寺岡謹平「特攻機はなぜ生まれなぜ実施されたか」をはじめ、軍用機研究家・木村源三郎「実戦に参加日本特攻機総まくり」、航空評論家・内藤一郎「脅威と戦慄の特攻兵器「桜花」の正体」など、特攻機の技術的な側面を解説した記事が並ぶ。こうしたメカ志向の特攻像を象徴するものが、「太平洋戦争・日本陸海軍特攻機原色図集」口絵であろう（図2）。

先述したように、戦記特集雑誌だった一九五〇年代においては、勇壮な散華の物語としてあくまで

「特攻隊員」にスポットが当たっていた。しかし一九六〇年代に入ると、このようにメカニックな関心から「特攻機」に注目が集まるようになっていった。

　とはいえ、『丸』の誌面がメカ一色に染まったわけではない。同号の「特攻機とカミカゼ」特集では、「特攻機」の技術解説のみならず、一方で、一九五〇年代の特攻もの連載で人気を博した安延多計夫による「神風特別攻撃隊が果たした偉大な役割」や元陸軍航空審査部員「私は特攻命令に絶対反対だった！」、あるいは「青い眼の見たカミカゼ――その神秘で崇高な殺戮兵器」という米軍からの視点など、特攻隊員の「殉国至誠」や「アメリカにとっての脅威」を説く従来的な記事も掲載されている。

　このように戦記とメカは渾然一体として受容されていた。[28] 実際の誌面を見ても、たとえば、一九六七年一月号「特集・あゝ神風特別攻撃隊」では、第一章をはじめ本書で繰り返し言及されている高木俊朗を紹介した「『知覧』あれから二十余年」が、特攻機のメカニズムを図示した「桜花の解剖図」と隣り合わせに掲載されている（図3）。「特攻隊員」や「特攻作戦」についての関心と「特攻機」への興味が同居していたことを示すシンボリックな構図といえよう。

　また読者欄でも、戦記とメカが連続性をもって読まれていた様子がうかがえる。「ただの読物雑誌としてではなく、技術的なことまでくわしくのっているのが、私の本誌を愛読するユエンなのです[29]」「戦記も模型もいっしょに楽しめるとても良い雑誌です[30]」という投書が見られ、その最たるものとして次の少年読者の声が挙げられる。

　　ぼくはひまにまかせてプラスティックの模型をつくっていましたが、それをみた友だちのすすめで本誌をよむようになりましたが、たんに模型つくりを楽しむだけでなく、今度は一艦一

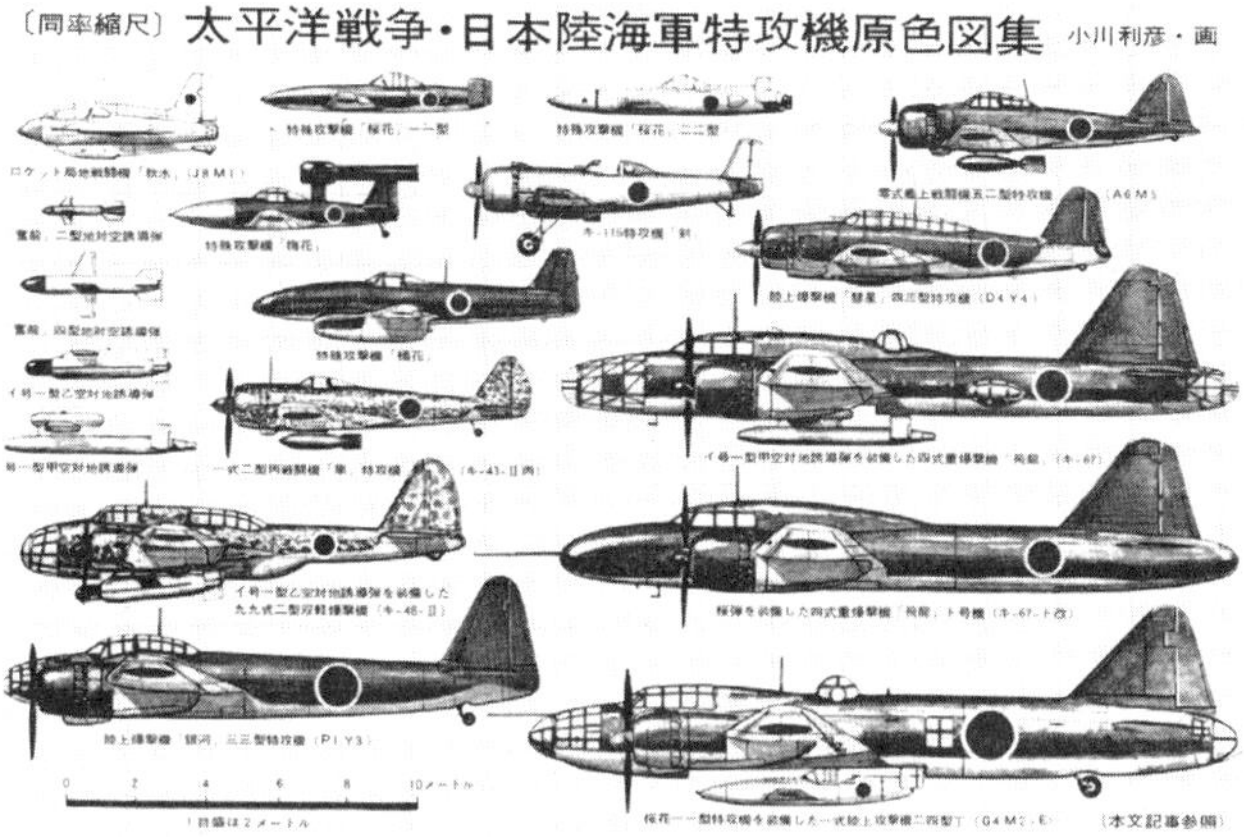

図2　太平洋戦争・日本陸海軍特攻機原色図集
出典：『丸』1963年7月号

図3　特攻機「桜花の解剖図」と高木俊朗「『知覧』あれから二十余年」が隣り合わせに掲載
出典：『丸』1967年1月号

艦の活躍ぶりがよくわかるようになりとてもよろこんでいます。さいきんは本誌をよみながら、一そう精をだして軍艦建造にはげんでいます。[31]

軍艦の模型作りに熱を上げていた少年は、『丸』を読むことでその軍艦の「活躍ぶり」に関心を持つようになったという。まさに「メカ」への興味が「戦記」への関心を促していった様子がここには見てとれる。こうした傾向に一部の読者からは、「最近の本誌は戦争がどんなものであるかを全く知らない若い人たちに迎合し、ただ過去の帝国軍隊や兵器の優越性を繰り返し強調しているに過ぎない」との批判もなされている。[32]ただし、ここで注目したいのは、その批判の対象が「過去の帝国軍隊や兵器の優越性」とされている点にある。その是非はともかくとして、やはりここでも戦記としての「過去の帝国軍隊」とメカニズムとしての「兵器の優越性」が同列に扱われている。

このように一九六〇年代の『丸』において、メカニックな技術解説と勇壮な戦記は連続的なものとして受容されていた。

少年マンガ誌との相互参照

『丸』におけるメカニック志向の登場は、一九六〇年代の少年文化における戦争ブームと連動していた。[33]続く第九章で詳しく論じられているように、一九六〇年代初頭の少年マンガ誌では、戦争マンガブームが到来していた。『丸』の文脈に即して言うと、そこには戦記雑誌と少年マンガ誌との密接な関係性が見えてくる。そこで注目したいのは、一九五六年における「戦記特集雑誌」への転換期に『丸』の編集長となり、一九五九年に潮書房の「主宰」として『丸』の顔となっていく高城肇である。[34]

高城は、一九六〇年代当時、まさに「戦争ブーム」が到来する『週刊少年マガジン』にも大きな影響を与えていた。当時『週刊少年マガジン』の編集長を務めていた井岡芳次は、髙城と『週刊少年マガジン』との関係を以下のように回想する。

日本で最初の少年週刊誌「少年マガジン」（講談社）が創刊されたのは昭和三四年三月で、創刊号は別冊付録がついたこともあり予想以上に多く売れたが、付録が禁止されてから部数が落ち、低迷期が続いた。

読者の好みを調べて早急に対策を考えるよう指示があり、私は、十数軒の書店を訪ね歩き二、三の書店で意外なことを聞いた。中学生くらいの少年に「丸」がよく売れているというのだ。私も愛読していた戦記雑誌がなぜ子供に読まれるのか、疑問を正すべく「丸」の編集長を訪ねた。（中略）これが髙城さんとの初対面であった。

子供の興味は飛行機や軍艦、戦車などのメカニズムなのだと教えられ、口絵や図解ページとして具体化、ほかに「空の王者ゼロ戦」「海の王者大和」「少年太平洋戦史」などの連載読物を次々に執筆していただいたのが、部数上昇の原動力となっていった。[35]

実は『週刊少年マガジン』に「戦争ブーム」をもたらした一因には、髙城と『丸』の存在があった。髙城自身、『週刊少年マガジン』に寄稿するだけでなく、少年画報社の「少年文庫」シリーズ『軍艦』（一九六二年）、『零戦』（一九六三年）、あかね書房の「少年少女20世紀の記録」シリーズ『ゼロ戦物語』（一九六五年）など、少年向けの図書文庫で戦闘機や軍艦に関するものを多数執筆している。『丸』においても、こうした少年マンガ誌における戦争ブームを受けるかたちで、一九六四年四月号より「少年読者のための特設コーナー」が設置されている。[36] そのなかで髙城自身も「爆撃隊の王者・急降下爆撃隊」という挿絵つきの連載を開始している。日本の「世界ナンバー・一部隊」をテーマにした同連載は、勇壮な空戦記ものののスタイルを踏襲しながら、戦闘機の試作の様子を細かく描写するなどメカニックな志向も取り入れた、まさに戦記とメカニズムが同居した作品であった。

そして『丸』の読者欄にも、『週刊少年マガジン』から逆輸入される少年読者の姿が見られる。

少年マガジンの広告を見てはじめて七月号を買いました。ぼくは戦争の本がだいすきで、丸にはぼくのしらない軍艦、飛行機がたくさん載っていたので、これからもつづけて買おうと思ってます。(37)

一九六〇年代の『丸』と『週刊少年マガジン』は、高城肇を媒介として相互参照し合うなかで、さらなる少年読者層の獲得を図っていった。その方策こそがメカニックな誌面を登場させ、従来的な戦記に散りばめていくことであった。いわば、戦記とメカニズムの同居である。『丸』が、戦記のみを扱った「戦記特集雑誌」から、戦記とメカニズムを同居させた「軍事総合雑誌」へと変容していく過程では、従来の遺族に向けたメディアとしての性格は薄れていかざるをえない。そこでは、戦記は追悼・慰霊の文脈よりも技術的なメカニックな誌面とも調和するかたちで、誌面に現れるようになる。

三　ミリタリー的教養

戦無派世代の教養体験

ではなぜ、『丸』のような戦記とメカの雑誌が、少年読者に読まれていたのだろうか。

戦記雑誌を読む少年が一定数存在しているという奇妙な状況は、当時の社会でも一定の話題を集めていた。『週刊文春』一九六〇年二月号では、「戦記雑誌『丸』の読者欄――戦争を知らない少年の夢」として、『丸』と少年読者の意外な関係を取り上げている。

> 大人の雑誌の愛読者が、実はこどもだった、それだけのことなら、おどろくに当らないハズ。実は、その雑誌「丸」は、戦記雑誌なのである。誌面の全部が、ありし日の帝国陸海軍のおもかげを、写真で活字で、描き出したものなのだ。
>
> いまの十代は、もちろん、軍艦マーチをテーマソングにした「大本営発表」を聞いたこともなければ、軍服が街の風物詩になくてはならぬ点景《ママ》だったことも記憶に無い。
>
> そのかれらが、なんで戦記物などに用があるのだろう、というのが大人たちの素朴な疑問になるわけだ。(38)

「公称発行部数八万。毎号につき一万の投書がくる」(39)雑誌『丸』には、「日教組の先生がたが読めば驚倒するような投書が、毎日編集部に殺到する」という。そのうえで、『丸』を読む少年読者の動機を次のように紹介している。

投書マニアの一人、斉藤武文君（一四才）はいう。

「戦争が好きだから読んでいるわけじゃないサ。ただ、みんなが、やたらに日本がわるかったというだけなので、ぼくは事実を知りたかった。歴史の勉強のためにもいい参考になるんだ。」

開成中学三年生、学生服をキチンときてキビキビした好少年だった。マンボにくるい桃色遊戯にふけるタイプではない。

もう一人当たってみた尾崎雅敏君（慶応高校一年一七才）の愛読の理由はこうだ。

「科学が好きなので、〝航空情報〟〝世界の艦船〟などからはじめて、〝丸〟に進んだ。映画の〝あゝ江田島〟もみたが、あの海軍生活の、規律で行動するところは、キレイですてきだなと思った」

やはり、学校では成績の良さそうな、怜悧そうな少年である。マンボ族ではない(40)。

トピックスカウト ① 戦記雑誌『丸』の投書欄
戦争を知らない少年の夢

少年たちの思い描く戦争は、男同士によって演じられる、悲しいほどに美しい詩劇の世界だ。そこには、青空をかけのぼるゼロ戦や、白波をけたてて進む戦艦大和の雄姿がある。これが、新しい少年たちの夢なのだが――。

図4　戦記雑誌『丸』の読者欄――戦争を知らない少年の夢
出典：『週刊文春』1960年2月号

戦無派の少年世代にとって、学校では扱われない戦記やメカといったミリタリー・カルチャーは、「自ら積極的に学ぶべき知」であった。つまり、彼らは、学校教育の歴史観を相対化する知的な態度として、戦記やメカの中にある種の「教養」を見出した。そして、それらを全般に扱う雑誌『丸』は、教養メディアであった。実際、当時の『丸』の読者欄には、「わたしたちのように戦争を直接体験しなかったものにとって、本誌はたいへん参考になります。この雑誌がいつまでも戦争というものの知識のカテとして隆盛しますように。」という旨の投書が寄せられている[41]。

戦記やメカが「教養」たりえたのは、一九五〇年代後半における過去への郷愁と現代社会への批判が一体となった戦記受容を後背としていたためである。先述したように、特攻を含む勇壮な空戦記は、「マンボ族」が氾濫する「堕落した現代」との対比において、「殉国至誠」を掲げた軍隊社会の「規律で行動する過去」を顧みる心性のもとで読まれていた。

「戦史」としての戦記

先に挙げた『週刊文春』の同記事内では、「現代少年のタイプには、一方の極にマンボ族があり、一方の極に戦記族がある」と綴られている[42]。少年世代にとって戦記雑誌『丸』を読むことは、「堕落した現代社会」の象徴「マンボ族」と見なされないためのポーズであった。と同時に他方でそれは、「やたらに日本がわるかった」と説く教師への違和感、いわば反学校文化でもあった。『丸』の読者欄でも実際、特攻に触れながら、次のように教師を批判する投書が見られる。

神風特別攻撃隊についての安延中佐の所論は、まことに傾聴に値します。特に、占領軍の日本弱体化政策およびこれに便乗した物知り顔の先生たちによって指導され、愛国心を忘却している人々に読んでもらいたい[43]。

「物知り顔の先生」が説く歴史観を「受動的」に教えられるのではなく、体験者によって綴られた戦記としての歴史観を「主体的」に選びとることで、少年世代は「自発的に歴史を学び、今の社会を考えるエリート」としてのアイデンティティを得ようとしていた。つまり、「マンボにくるい桃色遊戯にふける」不良でもなく、かといって「日教組に染まった」教師の言うことだけを聞く優等生でもない、「主体的」なエリート意識を充足させる機能を『丸』は果たしていた。

こうした少年たちの反学校文化として『丸』を読む心性を、『丸』の編集部側も掬い上げていた。『丸』一九六五年二月号の編集後記では、次号の特集「日本の百年戦争」の予告として、『丸』の「歴史観」を編集部は次のように言明している。

誰がなんといっても、日本には尊皇攘夷から太平洋戦争まで、ながいながい戦争の歴史があった。そしてこの戦争の歴史すなわち日本の歴史でもあった。政治、思想、世相、軍閥、そして戦略、戦術の変遷から陸海空新兵器の登場まで、この百年の戦争を舞台としたドキュメントを興味深くまとめたのが、次号のトップ特集。学校の教科書にもない真実の史料を採り入れてあり、とくに明日の日本を築くべき真面目な青少年は、必ずごらんねがいたい。(44)

学校で教えられる歴史観や教師の説く歴史観ではなく、『丸』に掲載される戦記やそこで提示される歴史観こそが、「明日の日本を築くべき真面目な青少年」を自認する読者にとっては「教養」として「主体的に選らびとった戦史」であったのである。

リアリティの要求

右記における一九六五年三月号の特集「日本の百年戦争」には、意外にもSF作家・小松左京による第三次大戦後の状況を描いた架空戦記「人類が遺跡となった日」も名を連ねている。では、なぜSFが「戦争の歴史」の特集に含まれたのだろうか。この掲載意図について、編集部は次のように説明している。

> 今号「ドキュメント特集・日本の百年戦争」のしめくくりとして、SF界の第一人者小松左京氏に登場していただいた。第三次大戦は必らず起る、という予言が、もし不幸にして適中するようなことになれば、かくやと思われる〈第三惑星〉最後の姿が万華鏡の如く浮かび上がっている。まさに機智とアイロニイの中から、悲しいばかりの教訓が胸をうつ。[45]

『丸』では、一九六〇年代、顕在化する少年読者層に合わせて、小松らのSF作家による架空戦記も毎号掲載されるようになっていた。注目すべきは、その位置づけである。『丸』にあっては、架空戦記ですら「教訓」的な意味が読み込まれるほどの「事実」性が求められた。実際『丸』の読者欄でも、SFについて読者は次のように述べている。

> SFのSはサイエンス（化学《ママ》）であるが、スペキュレーション（考察）のSでもあると思う。またFもフィクション（小説）だけでなく、ファクト（事実）の頭文字でもある。だから、コウトウムケイな夢物語を書き、それにチョッピリ化学《ママ》的な言葉をヤクミにくわえたようなものは、SFと呼べないだろう。その意味からいって、「丸」に執筆されている（中略）SFは、真の

SFだと思う。(46)

SFであっても「教訓」としての歴史性や「ファクト」としてのリアリティが求められた。こうした過剰な「事実」性の要求は、『丸』に掲載される戦争の「歴史」を教養として捉える少年読者の態度によるところが大きい。『丸』を読むことがある種の教養体験だったがゆえに、徐々に『丸』におけるミリタリー・カルチャーの規範は、先述した一九六〇年代の少年マンガ誌における「戦争もの」やそれに連なる一九七〇年代以降の『宇宙戦艦ヤマト』や『機動戦士ガンダム』をはじめとするポピュラー・カルチャーでのメカニックな興味関心とは異質なものとなっていった。実際、読者は、次のように『丸』に「戦争マンガ」との差異化を求めはじめた。

ちかごろ子供の本の中に戦争マンガがいろいろ書いてありますが、みんな戦争の勇《ママ》ましいだけのように書いていています。本誌は真実のことをかいて正しいことをぼくらにおしえてください。(47)

『丸』の編集部自身が「正しい戦史、真実これが一貫した編集方針である」(48)と語るように、『丸』におけるミリタリー・カルチャーの規範では、あくまで「戦史」としてのリアリティが求められた。少年マンガ誌を入口として『丸』を読むようになった読者も、『丸』で提示される規範を内面化すればするほど「正しい戦史」を求めるようになり、結果としてマンガやアニメといったポピュラー・カルチャーとの差異化を志向するようになっていったのである。

「科学」としてのメカニズム

リアリティの追求は、兵器のメカニズムへの関心とも接続していた。読者欄では、次のような投書が見られる。

従軍記などといわれるものにはとかく誇張や感傷的なものがおおい。わたくしは、そうした主観的な記事より、事実にそったより客観的なもの、あるいは軍艦、航行機などについての技術的な面からみたものがほしい。さいきんの記事はその点たいへんよくなってきていると思う。(49)

「事実にそったより客観的なもの」を求める志向は、「軍艦、飛行機などについての技術的な面」への関心へとつながっていった。それゆえに、こうしたリアリズム志向は、「科学」や「合理性」に重きを置く「海軍史観」ときわめて調和的であった。「海軍史観」については、吉田裕の戦記研究が詳しい。吉田によると、阿川弘之『山本五十六』（新潮社、一九六五年）などの一九六〇年代における海軍を扱った戦記小説のブームを端緒に、「粗暴で精神主義的な陸軍の対極にある存在」として「海軍軍人と海軍という組織の自由主義的で合理主義的な体質」が強調されていったという。(50) いわば、地上戦を主とする陸軍よりも、戦闘機や軍艦などを扱う海軍の方が「スマート」で「メカニック」なイメージを連想させたのであった。

『丸』を発行する潮書房も、一九六〇年代の出版界におけるこうした「海軍ブーム」に棹差すかたちで、一九六六年には書籍部を独立させ、姉妹会社として新たに戦記出版に特化した光人社を設立している。その光人社第一号の出版物が、実松譲『米内光政』（一九六六年）であった。「米内最愛の元秘書官」による同作品について、『丸』に掲載された広告では阿川弘之も「私がつぎにペンを執るなら、米内光政いがいにはかんがえられませんね」とコメントを寄せるなど、『丸』を刊行する潮書房

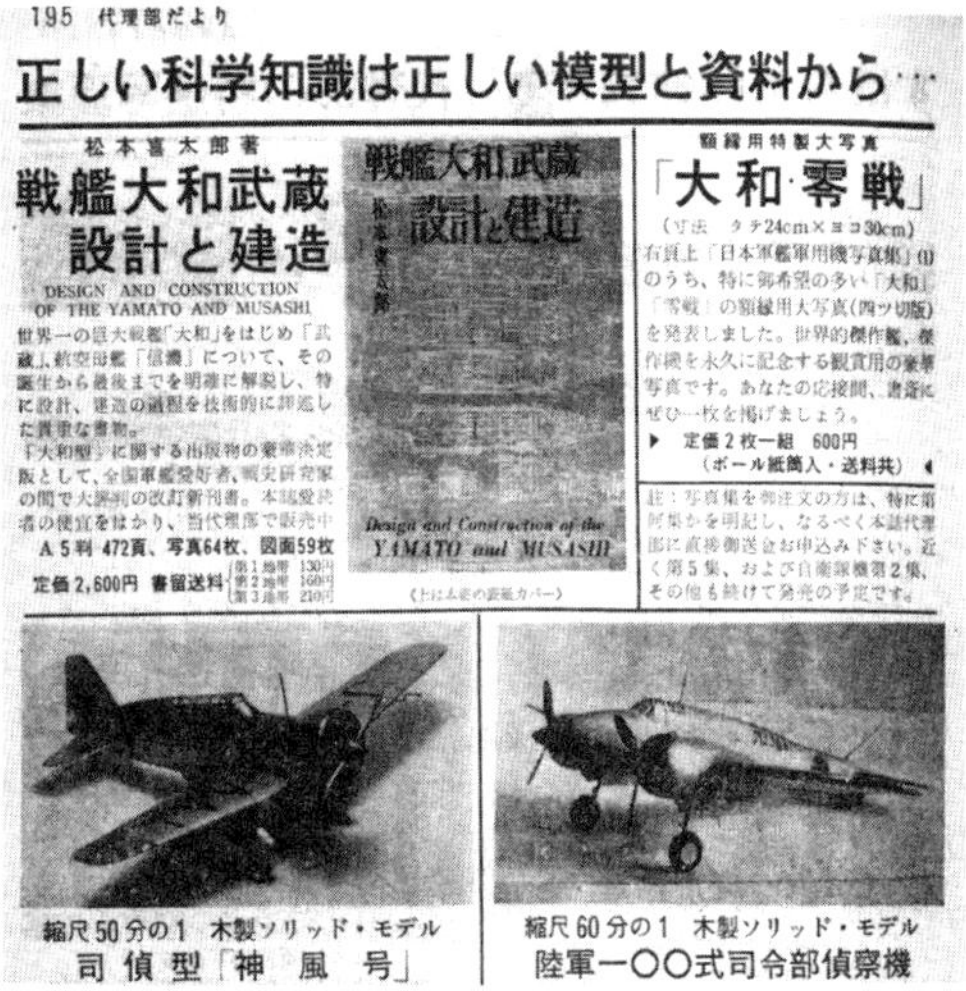

図 5　『丸』誌上での模型の代理販売広告
出典：『丸』1962年2月号

および光人社は当時、「海軍ブーム」を意識した出版を行っていた。(51)

　こうした状況下で、『丸』の誌面において、科学的で合理的なものの象徴として見出されたのが、ほかでもない兵器のメカニズムであった。ここまで紹介してきた一九六〇年代における『丸』のメカニックな誌面の増加傾向は、戦記をリアルな「戦史」として読む少年世代が、その過程で兵器のメカニズムに「科学」を見出したことによる部分が大きい。先述したように零戦や大和の特集が定期的に組まれ、堀越二郎の寄稿が繰り返し掲載されるなかで、「零戦」を特集した一九六一年二月号の編集後記では以下のように述べている。

　零戦を知らずして、飛行機を語るなかれ。世紀の名器、零戦を特集すること、これで三度目であるが、いまだに前二冊のバックナンバーの注文はひきもきらず、空の零戦と、海の大和級は、太平洋戦争における日本科学の結晶として、いまでは、青少年層における、ある意味での信仰の的ともいえるものである。(52)

青少年層にとって、零戦や大和といった兵器はまさに「日本科学の結晶」であった。兵器のメカニズムに着目する『丸』は、模型販売においても「正しい科学知識は正しい模型と資料から」[53]と謳い、そして『丸』自身もやがて「新形式の科学雑誌[54]」と自己定義するようにもなる。もちろん、兵器のメカニズムの中に「科学」を発見する志向には、「誇るべき日本」像を投影するナショナルな欲望もまた孕まれていた点は留意すべきであろう。

ミリタリー的教養

いずれにせよ、なぜ戦記とメカへの関心は同居しえたのか。結論から言えば、戦記とメカニズムの同居は、教養の力学が作動することによって成立していた。つまり、戦記が「戦史」として、メカが「科学」として、ともに「明日の日本を築くべき真面目な青少年」にとって学ぶべきものとして見出された。そして、その規範が『丸』を通じて読者に共有されえたのは、教養主義の流れを汲むものであったからである。

ここでの教養主義とは、竹内洋の言う「哲学・歴史・文学などの人文学の読書を中心にした人格の完成を目指す態度」を指し、一九六〇年代まで大学キャンパスの支配的な文化であった[55]。大学進学率がまだ低く、学歴エリートであることがそのまま社会のエリート的地位を保証していた時代、社会の中心的な役割を担うべく大学生たちは読書を通じ、人格の陶冶を目指した。

大学生が人文学書の読書を通じ、社会のエリートにふさわしい人間になろうとしていたように、エリート意識を持つ少年世代の一部は『丸』を読むことで「明日の日本を築くべき真面目な青少年」たりえようとしていた。その意味で、『丸』を通した戦記やメカを「教養」として捉える規範は、いわばミリタリー的教養といえよう。

もっとも『丸』だけが、ミリタリー的教養を醸成する媒体であったのではない。むしろ、先述した『丸』と相互参照関係にあった少年マンガ誌のように、さまざまなメディアが交錯するなかで、戦記やメカが「学ぶべき知」の対象として見出されていったといえよう。たとえば、坂田謙司「プラモデルと戦争の『知』」で詳述されているように、プラモデルもまた少年世代にとって戦争の「知」を媒介するメディアであった(56)。プラモデルには兵器としての「かっこよさ」が求められ、戦争の結果としての「人の死」は完全に捨象される。しかし、プラモデルにも兵器の火力やそれに基づく戦史などの「戦争の知識」が埋め込まれており、それらは外箱の挿絵や戦記マンガのイメージと交差しながら、「反戦・平和」とは異なる、もうひとつの戦争の「知」を編成してきた。実際、『丸』においても、戦闘機や軍艦の模型が「科学知識」の教材として広告されていたのは、先に見たとおりであり、編集後記でも「最近プラモデル愛好者や兵器ファンの間でも、「丸」人気が上昇している」と綴られている(57)。

総合雑誌としての性格

だがむしろ、一九六〇年代の『丸』において特筆すべきは、一見相容れないはずのメカの「かっこよさ」と戦争における「人の死」が、誌面上で同居していた点にある。それは、当時の『丸』が単に戦記やメカの解説のみに閉じていたわけではなく、政治・社会的な話題にも射程を広げ、さまざまな観点から戦争を問う総合雑誌としての性格を帯びていたことに由来する。

そうした総合雑誌としての性格は、具体的には、論壇で活躍する著名な知識人・文化人からの寄稿に基づいた時局の解説欄や論稿の特集記事などに見て取れる。先述したように一九五〇年代末からの現代社会批判として戦記が受容されていた。そうした誌面の傾向において、一九五九年一二月号よりコラム欄として国防や軍事の関心から時局の政治を論じる「日本の焦点――明日の日本のために」が設けられた。[58]同欄は「発展的解消」というかたちで、一九六四年一二月号より「随想・昨日・今日・明日」に拡張された。その企画の意図について編集後記では以下のように綴られている。

この欄は、日本を代表する各分野の文化人、著名人に現代の資となるような一家言をお願いすることになろう。その声咳に触れて、われわれの視野にいっそうのひろがりをもちたいものである。[59]

「日本を代表する各分野の文化人、著名人」に「お願いする」だけあって、同欄には評論家や作家を中心に、橋川文三などまさに論壇のビッグネームの名も見られる。一方で、特撮監督で有名な円谷英二が戦争体験を綴るなど、政治家や漫画家、落語家らさまざまなジャンルの「著名人」が登場していた。その意味で同欄は、ここだけ見ると創刊当初の「近代人のトピック誌」へと先祖返りしたかのような雑多な内容となっている。

そして、この総合雑誌的な性格の最たる例が、戦後二〇周年となる一九六五年八月号に組まれた「大特集　戦争はなぜ起るかに関する四五の疑問に答える」という企画である。同特集は、当時勃発していたベトナム戦争を意識した第一部の「アメリカの中のなかにあるナゾ」から、冷戦構造をふまえた第二部「アジアの中にあるナゾ」、そして戦史としての第三部「過去の教訓の中にあるナゾ」、最後に今後の展望としての第四部「平和を創造するためのナゾ」という計四部構成で、まさに「昨日・今日・明日」の戦争と社会のあり方を考えるものとなっている。総勢四五人の論者のなかには、評論家の大宅壮一をはじめ、進歩的文化人として平和運動にも参画していた柳田謙十郎（文学博士・日本平和委員会）や日本戦没学生記念会の要職も務めていた山下肇（東京大学助教授）、また丸山眞男の実弟で評論家の丸山邦男などの名も見受けられる。

さらにその後、戦中派世代が発言力を持ちはじめる一九六〇年代半ばにおいては、戦中派知識人の代表格である安田武や村上兵衛らも誌面を飾り、思想としての戦争体験を綴った論稿を寄せている。[60]そこで論じられていたのは、同時代に盛り上がっていた戦友会の活動や海軍ブームのなかで見落とされる、まさに「死の不在」の問題であった。[61]こうした安田らの論調は、ともすれば「かっこよい」戦記やメカ解説が多く掲載される『丸』の誌面のあり方そのものを批判するものとして読むこともできる。しかしながら、むしろ、複数の論調が同じ誌面に掲載される点にこそ総合雑誌が総合雑誌たる所以があるとすれば、その意味で、編集方針とは相反するような安田の論稿さえも載せる当時の『丸』は、まさに軍事を主題とした「総合雑誌」であったといえよう。[62]

こうした『丸』の総合雑誌としての性格こそが、戦記やメカへ耽溺するのではなく、そのミリタリーへの関心を社会的な文脈につなぐ回路となっていた。つまり、論壇で活躍するような知識人の論稿とともに掲載されるがゆえに、戦記やメカニズムは「教養」としての色彩を帯びたのである。大学での教養主義が総合雑誌を通して学歴エリートのあいだで共有されていたとすれば、ミリタリー的教養は総合雑誌との近接性を持ちえた『丸』を通してその読者のあいだで共有されえた規範といえよう。ミリタリーへの関心の延長で社会や政治を語る「軍事総合雑誌」を読み、教養として戦記やメカニズムに触れることで、少年読者層は「リアルな歴史」「リアルな社会」を知りえた気になれたのである。

四　戦跡を訪れるミリタリー・ファン

乖離する戦記とメカ

ここまで『丸』が、一九六〇年代にかけてミリタリー・カルチャーを扱う教養メディアとして読まれるようになった過程を明らかにしてきた。本章の最後に、一九七〇年代以降の『丸』とミリタリー・ファンの状況について概観しておきたい。

その後も『丸』は「戦史と戦記と軍事の月刊雑誌」を掲げていくことには変わりない。しかし一九七〇年代になると、それまで調和的だった戦記とメカニズムの受容に微妙な乖離が見られるようになる。一九七六年の『丸』には、次のような投書が寄せられている。

じつは私は、「丸」を毎号読んでいますが、戦記はほとんどといってもいいほど読まず、ただ新兵器のデザインとか、性能ばかりを見ていました。戦争の恐ろしさは、むろん、わからない世代ですが、知ろうともしなかったのです。これは大きな誤まりだということに気づいたのです。この覧《ママ》の意見を読むと、戦争を知らない世代のマニアが、性能などについてとやかく言っていますが、それはそれでいいのでしょう。しかし、戦争の恐ろしさも、あわせて知る必要があることを痛感しました。(63)

ここでは「兵器マニア」が是認すべきではない対象として論じられている。だが、それは裏を返せば、この時期に、戦記は読まず、ただの新兵器のデザインとか、性能ばかりを見る読者の姿が顕在化しはじめていたことの傍証とみることもできる。

戦記とメカニズムが分離していく傾向は、同時期の『丸』の刊行形態にも見受けられる。一九七〇年代半ばにおいて、本誌『丸』のみならず、兵器のメカニズムに特化した別冊の姉妹誌として、おもに軍艦を扱った『丸スペシャル』（一九七五年創刊）と、日本のみならず世界の軍用機を対象とした『丸メカニック』（一九七六年創刊）が、相次いで創刊された。こうして戦記や軍事を総合的に扱う『丸』から派生し、細分化したメディアによって、戦記に関心を持つ層とメカに関心を持つ層という読者のセグメント化が浮き彫りになってきたのであった。

戦闘機と遺書の同床異夢

では、なぜ戦記とメカは乖離していったのだろうか。一九七〇年代以降における戦記とメカニズムの乖離した受容状況の背後には、『丸』における総合雑誌的性格の退潮と、それに伴うミリタリー的教養の質的な変化が浮かび上がる。

従来、戦記とメカニズムが連続性を持ちえたのは、それらが少年世代にとって「主体的なエリート意識」を充足させる「教養」であったからである。『丸』側も「明日の日本を築くべき真面目な青少年」であれば知っておくべき「戦史」としての戦記、「科学」としてのメカニズムという規範を提示していた。先述したように、そうしたミリタリー的教養を支えていたのは、『丸』が総合雑誌としての性格を備えていた部分によるところが大きい。論壇との近接性を想起させる誌面のなかでこそ、戦記とメカはともに学ぶべき「教養」としての訴求力を持ちえた。

それが一九七〇年代以降になると、大学生にとっての教養主義が没落し、論壇の影響力も低下していく時代状況にあって、知識人が登場して同時代の社会・政治状況にまで積極的に言及する『丸』の総合雑誌としての性格も希薄化していった。それに伴い、先述したようなメカに専門特化した雑誌などにも分化していく傾向が見られた。そうして、戦記と切り離され、メカニズム一色の世界観のみで完結した『丸』受容のあり方も可能となったのである。ミリタリー的教養を支えていた総合雑誌としての性格が誌面から抜け落ちていく過程で、戦記とメカは誌面上では並存しながらも、その受容においては分離していった。もちろん佐藤早苗『特攻基地知覧始末記』のように、近年の『丸』では、知覧から飛び立った特攻隊員に関する連載ルポルタージュが掲載され、後に光人社NF文庫に「戦記」として収められているものもある。しかしながら、今日の『丸』において並列されるそのような戦記とメカニズム、両者を読む関心が接点を持つことははたしてどれだけあるのだろうか。

こうして、歴史・政治状況といった文脈を意識しない、〝モノ〟へ執着するミリタリー・カルチャーが前景化してくる。それは、第三章や第一〇章で論じられているような一九八〇年以降の消費社会での「個人化」「脱文脈化」する戦跡観光のあり方とも調和的であったといえよう。近年の知覧における特攻の記憶は、戦争や国家という大きな文脈さえ後景に置かれ、もはや特攻隊員個人の体験として回収される。このように「個人化」「脱文脈化」する戦跡観光の文脈のなかで、ミリタリー・ファンにとっても、歴史認識や戦争の記憶をあまり意識せず、個々の機体の物語やメカニズムのみに浸れる空間が用意されてきた。ここに、今日の知覧特攻平和会館における、遺書に涙する層と戦闘機に惹かれる層との同床異夢へとつながる素地が見てとれる。

遺書に涙する層による「平和」あるいは「殉国」言説は、声高に語られてきた一方で、本章で検討してきたような「申し訳ないとは思いつつ展示機に目がいってしまう」ミリタリー・ファンの心性それ自体が文字化されることは、これまでほとんどなかったといえよう(64)。だが、戦後社会のなかで形成されてきたミリタリー・ファンは、戦跡観光のありようを考えるうえでも決して見逃すことのできない対象である。

ミリタリー・ファンは今日、平和学習などとは全く異なる文脈で知覧を訪れている。すなわち、戦跡としての「知覧」は〝メカニックなまなざし〟からもまた消費されているのである。展示される「戦闘機」に執着する彼らミリタリー・ファンの目には、「知覧」に溢れる遺書や遺影の数々はどう映っているのだろうか。戦闘機への関心から戦跡を訪れるミリタリー・ファンの存在は、戦跡化した「知覧」において提示される「特攻の記憶」の複数性を問うているのではないか。

［註］

（1）大路聡「にっぽん列島航空博物館 手づくりマップ帳――第9回知覧特攻平和会館」『丸』二〇〇〇年一二月号、二五四頁。

（2）会館作成のリーフレットにおいても「陸軍特別攻撃隊員の遺影、遺品、記録等貴重な資料を収集・保存・展示」を目的とした施設と知覧特攻平和会館自身は紹介している。それは、二〇一四年に南九州市が同館の遺書を「世界記憶遺産」へと登録申請した事例からも明らかであろう。

（3）一例としては、『現存零戦ナビ』（枻出版社、二〇一四年）や『零戦の秘密』（ワールドフォトプレス、二〇一三年）、『大人の零戦大図鑑』（マガジンハウス、二〇一三年）、『国産戦闘機の金字塔「零戦」』（徳間書店、二〇一二年）などが挙げられる。

（4）雑誌『丸』については、これまでおもに戦記研究の領域で扱われてきた。具体的には高橋三郎『「戦記もの」を読む』（アカデミア出版会、一九八八年）をはじめ、吉田裕『日本人の戦争観』（岩波現代文庫、二〇〇五年）や成田龍一『「戦争経験」の戦後史』（岩波書店、二〇一〇年）などでは、一九五〇年代における戦記ブームの傍証として『丸』が言及されている。本稿は、これら既存の戦記研究に示唆を得ながら、その一方でこれまで必ずしも俎上に載せられてこなかった『丸』とメカニックな趣向、そしてミリタリー・ファンの関係に光を当てたものである。

（5）『雑誌新聞総かたろぐ二〇一四年版』メディア・リサーチ・センター、二〇一四年、一八三頁。

（6）野沢正「世界の航空――〝海と空と陸〟の専門雑誌五十年史　軍国美談調からメカニズムの表現へ」『丸』一九六二年一一月号、一二一頁。

（7）戦記雑誌化した最初の号の「編集後記」では、「日本は確かに敗れた。しかし我々の父や子や、兄や弟はよく戦いよく勝ち、そして敗れたのだ。いま我々はここに特集されたあの戦争の秘められた一つ一つの真相をひもといて、明日からの生活の貴重な心の糧にしよう」（『丸』一九五六年四月号、一〇六頁）と記されている。

（8）『丸』一九五八年一月号、一二三頁。

（9）『丸』一九五八年一〇月号、一三七頁。

（10）戦記雑誌化した翌号一九五六年四月号の特集は「航空決戦と特攻隊」であり、戦記特集第二弾にして早くも特攻が取り上げられている。「神風におののく米艦隊」の扉写真や、「米軍をおびえさせた神風特攻はいかに奮戦しいかに全滅したか」が綴られた元海軍中将・福留繁「神風特攻隊顛末記」などが並ぶ。

（11）「読者から編集者から」『丸』一九五七年七月号、一〇八頁。

（12）「読者から編集者から」『丸』一九五七年一二月号、一二三頁。

（13）『丸』一九五八年七月号、二四〇頁。

（14）安延多計夫「連載　神風特別攻撃隊かく戦えり第一回」『丸』一九五七年一二月号、一三七頁。

（15）安延同様「供養」や「慰め」の意図で、一九五〇年代後半に特攻観音堂に言及している者が、『丸』の誌上にもう一人いた。第一章でも詳述されている元陸軍中将・菅原道大である。知覧での特攻観音堂設置の発起人の一人である菅原は、一九五八年九月臨時増刊号の「神風特別攻撃隊総集版――神風と回天」にて「一特攻隊員司令官の告白」との題で寄稿している。そのなかで、菅原は特攻観音堂が「特攻隊縁ゆかりの地」として知覧に設置された経緯について、説明しながら次のように述べている。
「かくてもしみなさまのご子弟をして華々しき戦果をおさめえずして、徒死に終らしめたようなことがあったならば、軍司令官たる私としては罪まさに万死に価するもので、英霊に対し深くお詫び申上げて、その冥福をお祈りすると共に、この欄をお借して、ご父兄たるみなさまにも厚くお詫び申し上げたる次第でありま

す。」（菅原道大「一特攻隊員司令官の告白」『丸』一九五八年九月臨時増刊号、一三七および一三八頁）
菅原の弁によると、特攻観音堂の建立は隊員たちへの贖罪であった。ここでより重要なのは、この記事が特攻隊員の遺族を想定して書かれている点にある。つまり、菅原は、隊員たちの「父兄たるみなさま」が読むことを想定して「お詫び」の旨を綴っているのである。その意味で、戦記雑誌としての『丸』は、遺族が読むメディアであったといえよう。

(16)「読者から編集者から」『丸』一九五七年五月号、二〇八頁。

(17)「読者から編集者から」『丸』一九五八年五月号、二一六頁。

(18) 福間良明『焦土の記憶——沖縄・広島・長崎に映る戦後』新曜社、二〇一一年、四六頁。

(19)「また〝戦記もの〟ブーム」『読売新聞』一九五六年四月一四日。

(20)「編集後記」『丸』一九五七年三月号、一〇八頁。

(21)「読者から編集者から」『丸』一九五六年一二月号、一〇六、一〇七頁。

(22)「胸のすくような快勝の記録」への批判的な言説としては、次のような投書が挙げられる。「『丸』の編集を感謝します。今度の戦争に関係のない家庭は皆無と思います。それだけに巻頭に主題的な条文を明記していただきたい。すなわち、貴誌が好戦的な意識を徴《ママ》発し、再軍備に連なるものではないことを規定すべきです。戦争の惨苦をともすればわれわれは忘れがちです。貴誌はそうした心の動きに対する警鐘であらねばなりません」（「読者から編集者から」『丸』一九五七年四月号、一九二頁）。「私は『丸』を愛するが故に不満を持っている。近頃の『丸』の編集方針を見ていると、いたずらに旧軍隊を賛美してばかりいるようだ。『丸』が誠実な戦記雑誌を自負するならば、軍隊の醜悪な面や戦争の非人間性を剔抉したような記事も載せるべきであると思う」（「読者から編集者から」『丸』一九五九年二月号、二六六頁）。

(23)「読者から編集者から」『丸』一九五七年三月号、一〇七頁。

(24)「読者から編集者から」『丸』一九五八年四月号、二五〇頁。

(25)「読者から編集者から」『丸』一九五七年一二月号、二一三頁。

(26)「『日本を考える会』についての反響」『丸』一九五九年一二月号、一七七頁。もちろん成田龍一が指摘するように、『丸』が戦記特集雑誌となった当初から、読者の多くが一〇代を中心とする若者で占められていた（成田龍一『「戦争経験」の戦後史』岩波書店、二〇一〇年、八二頁)。ただし、『丸』の誌面自体が、若い世代の読者層を意識するようになったのは、後述のように一九六〇年代に入ってからであった。

(27) なお、戦後における「零戦」像と堀越自身の言説については、一ノ瀬俊也『戦艦大和講義――私たちにとって太平洋戦争とは何か』(人文書院・二〇一五年)内で一部論じられている。

(28) 一例として一九六二年二月号の特集「零戦・大和」では、目次においては「零戦のメカニズムと戦績のすべて」として、先述した堀越二郎の技術解説と「血を吐くような連日連夜の激闘つづくソロモンの上空を懐古するゼロ戦戦闘機隊司令の手記」が同じ特集内に掲載されている(『丸』一九六二年二月号、目次)。

(29) 「読者から編集者から」『丸』一九六一年一二月号、二〇四頁。

(30) 同前、二〇七頁。

(31) 「読者から編集者から」『丸』一九六二年一月号、二〇七頁。

(32) 「読者から編集者から」『丸』一九六〇年六月号、一七八頁。

(33) 一九六〇年代の少年文化内での戦争ブームについては、伊藤公雄「戦後男の子文化のなかの『戦争』」(中久郎編『戦後日本のなかの「戦争」』岩波書店、二〇〇四年)や吉田裕『日本人の戦争観』(岩波現代文庫、二〇〇五年)の研究が詳しい。戦後社会と「男の子文化」の関係を鋭く論じている伊藤公雄は、一九六〇年代の少年マンガ誌を取り上げ、マンガにおける「戦争ブーム」を「男の子のミリタリー・カルチャー」として読み解いている。また、戦後における「戦記もの」の変遷を精緻に追った吉田裕も同様に、少年マンガ誌における「六〇年代中頃までのこの異常ともいえる「戦記ブーム」」を、「戦争体験のある種の「風化」」として論じている。

(34) 『出版社要録　昭和三四年度第二篇』東京産経興信所、一九五九年、二六五頁(同書の復刻版となる石川巧編『高度成長期の出版社調査事典第二巻』三〇五頁より)。また『丸』と潮書房および髙城肇との関係については、塩澤実信『出版社大全』(二〇〇三年)や神立尚紀『祖父たちの零戦』(二〇一三年)のなかでも言及されている。

(35) 井岡芳次「出会いから五〇年――本誌主幹故髙城肇を偲ぶ」『丸』二〇一〇年七月号、一一六頁。

(36) 「次号予告」『丸』一九六四年三月号、一九七頁。

(37)「読者から編集者から」『丸』一九六三年九月号、二四六頁。
(38)「戦記雑誌『丸』の投書欄」『週刊文春』一九六〇年二月一五日号、三五頁。
(39)同前、三五‐三七頁。
(40)同前、三七頁。
(41)「読者から編集者から」『丸』一九六二年一月号、二〇七頁。
(42)「戦記雑誌『丸』の投書欄」『週刊文春』一九六〇年二月一五日号、三七頁。
(43)「読者から編集者から」『丸』一九六三年九月号、二四七頁。
(44)「編集後記」『丸』一九六五年二月号、二四二頁。この一九六五年三月号の「大特集・日本の百年戦争」の目玉企画は、林房雄と藤原弘達の対談企画「百年戦争をどう考えどう生きるか」であり、その編集後記でも「『百年戦争』論の宗家的存在」という林房雄の弁は「謹聴精読に値する、われわれの反省資料」として位置づけている（二八頁）。林房雄は当時『大東亜戦争肯定論』を出版し、論争を呼んだ作家であった。この座談会で林の相手を務めた明治大学教授で政治評論家の藤原弘達は、翌号一九六五年四月号より連載「大東亜戦争損得論」を開始する。
(45)「編集後記」『丸』一九六五年三月号、二一八頁
(46)「読者から編集者から」『丸』一九六七年三月号、二六三頁。
(47)「読者から編集者から」『丸』一九六三年二月号、二〇二頁。
(48)「編集後記」『丸』一九六一年四月号、二〇四頁。
(49)「読者から編集者から」『丸』一九六一年三月号、一七八頁。
(50)吉田裕『日本人の戦争観——戦後史のなかの変容』岩波現代文庫、二〇〇五年、一六三頁。
(51)「光人社・出版だより」『丸』一九六六年七月号、一五五頁。
(52)「編集後記」『丸』一九六一年二月号、一八〇頁。
(53)『丸』一九六二年二月号、一九五頁。
(54)「次号予告」『丸』一九六二年四月号、一八九頁。
(55)竹内洋『教養主義の没落——変わりゆくエリート学生文化』中公新書、二〇〇三年、四〇頁。

(56) 坂田謙司「プラモデルと戦争の『知』――「死の不在」とかっこよさ」高井昌吏編『「反戦」と「好戦」のポピュラー・カルチャー――メディア／ジェンダー／ツーリズム』(二〇一一年、人文書院)を参照。
(57) 「編集後記」『丸』一九六五年八月号、二一八頁。
(58) リレー・コラムとして設けられていた同欄の担当執筆者には、当初、「法学博士」瀧川政次郎や「作家」浜野健三郎と並んで、「評論家」鶴見俊輔の名も挙がっている(『丸』一九五九年一二月号、八〇頁)。しかし、結局、鶴見が担当する回は管見の限り見当たらず、鶴見の担当はたち消えになったようである。
(59) 「編集後記」『丸』一九六四年一二月号、二一〇頁。
(60) 戦中派世代と戦争体験の言説の関係については、福間良明『「戦争体験」の戦後史――世代・教養・イデオロギー』(中公新書、二〇〇九年)が詳しい。
(61) 安田武「『あゝ同期の桜』を斬る」『丸』一九六七年五月号、一二六-一三三頁。
(62) こうした複数の価値観が共存する誌面にあっては、戦争体験をめぐる世代間の齟齬を埋める役割も期待されていた。読者欄のなかでは「戦争というものを体験しない若い人たちと、わたくしたち、「戦中派」とのミゾをうすめるのに本誌はとても役に立っているとおもいます」(「読者から編集者から」『丸』一九六二年二月号、二〇三頁)という声も見られる。
(63) 「読者から編集者から」『丸』一九七六年三月号、二四五頁。
(64) ミリタリー・ファンの心性がうかがい知れる数少ない例として、『丸』一九九六年二月号の別冊付録『日本の陸軍戦闘機』に掲載された「『日本軍機』列島残存マップ」内に次のような記述が見られる。

外国にある旧日本軍機の展示と、日本国内のそれとには、大きな違いがみられる。外国での展示物は、科学史を学ぶための参考品であったり、マニアのための娯楽品の性格があり、そのなかの日本軍機は、展示されている各国軍用機のなかのワン・オブ・ゼムである。

これにくらべて国内の展示品は、旧日本軍機ばかりで、他国の軍用機、たとえば日本人にもっとも身近であったB-29爆撃機やグラマン戦闘機の姿はどこにもない。性格が、戦死者や戦争犠牲者を鎮魂し、記念する慰霊の品として祀られているためである。

そのために、南方から、あるいは海中から引き上げたままの無残な形骸で展示されているものもあり、外国人にはなぜ修復をおこなっていないのかと、不思議がられるが、遺骸もしくは墓石としてのこされているのである。（「『日本軍機』列島残存マップ」『丸』一九九六年二月号別冊付録『日本の陸軍戦闘機』、八七頁）

この記述において、『丸』を読むミリタリー・ファンが志向する価値観はおそらく「外国人」側にあることが窺える。「南方から、あるいは海中から引き上げたままの無残な形骸で展示されているもの」の最たる例こそ、知覧特攻平和会館に展示されている「零戦」であり、同記事内でも「残骸遺品」として紹介されている（八八頁）。「特攻」という物語を背負う平和記念会館での戦闘機の展示のされ方は「遺骸もしくは墓石」で、「科学的」＝メカの部分に関心があるミリタリー・ファンとの意図のズレがここには見て取れる。

第九章

コンビニエンスなマンガ体験としての「知覧」

――『実録神風』のメディア力学

吉村和真

手元に一冊のマンガ単行本がある（図1）。

タイトルは『実録　神風特別攻撃隊　完全版』（以下、『実録神風』）。竹書房から「2010年8月24日初版発行」されたものだ。価格は「サービス定価」の税込五〇〇円。カバーはついておらず、紙質は決して良くない。表紙には「320ページの超ボリュームで贈る特攻隊物語の決定版!!」「死地へ旅立つ前、彼らは何を考え何を見たのか!?　涙なくしては読めない感動秘話が明らかに!!」との見出しがある。タイトルのわきには「アンコール発売!!」と記されており、たしかに奥付では「2012

図１　『実録神風特別攻撃隊　完全版』竹書房、2010年、表紙

年8月16日2刷発行」となっている。

実のところ、この『実録神風』は「コンビニマンガ」である。

「コンビニマンガ」とは何かについては後述するが、この一冊のマンガには、二〇〇〇年代における「特攻の町・知覧」のメディア体験を考えるうえで、示唆深い事柄が包含されている。大別するとそれは三つの点に整理できる。第一に、本書に掲載された作品の表現的特徴、第二に、本書のメディア的特性、そして第三に、戦後日本のマンガ史における本書のポジションである。

以下、本章ではそれら三つの点に対応するかたちで論旨を構成しながら、マンガ体験を通じて得られる「知覧」イメージの一端を解き明かす。

そのために、まず、一九七〇年代から一九九〇年代までに発表された複数の特攻マンガと比較しつつ、『実録神風』に描かれた「知覧」の表現的特徴を浮き彫りにする。この作業は、戦後日本のマンガのなかで、「知覧」または「特攻」がどのように描かれてきたかを概観することにもつながるだろう。次に、『実録神風』の生産・流通・消費の実態、すなわち、発行部数や出版工程、売り場や購入動機などに注目し、「知覧」イメージの形成や伝達に与える同書のメディア力学を考察する。そこでは「コンビニマンガ」の特徴や機能を指摘すると同時に、ジェンダーの観点から類似する事例も取り上げることになる。そのうえで、そうした『実録神風』のメディアとしての特質が、戦後日本のマンガ史においてどのようなポジションにあるのかを検討する。その際、一九五〇年代後半から一九六〇年代半ばにかけてブームとなった貸本屋の戦記マンガと、現代のマンガ環境との接点に言及することになる。そして最後に、マンガと戦跡を比較しながら、現代日本のメディア環境がもたらす「知覧」体験の幅に触れつつ、戦後七〇年を迎えるこの時期に、メディア論や戦争社会学の対象としてマンガを視野に入れることの意義を提言したい。

戦後日本では、数多くの戦争マンガが描かれてきた(1)。もちろんそこには、「知覧」を描いた作品も含まれる。ただ、表現とメディアの両面からマンガの影響力を考察しようとする本章では、数ある作品を時系列に羅列するのではなく、一冊の「コンビニマンガ」を全体の主柱に据えながら、節ごとに周辺素材に目配りする論理展開を採用することにした。

はたしてマンガによる「知覧」体験は、現代日本のメディア環境においてどのようなポジションにあり、戦跡による「知覧」体験とどのような影響関係にあるのか。まずは、戦後のマンガ史を遡りながら、特攻マンガに描かれた「知覧」のありようと変容を見ていこう。

一　特攻マンガに描かれた「知覧」

結論からいえば、特攻マンガに描かれた「知覧」は、およそ三つのレベルに区分できる。第一に、単なる基地名として登場するレベル。第二に、基地周辺の建物や景色を伴うかたちで登場するレベル。第三に、「特攻の町・知覧」の表象として機能するレベルである。以下、順にそれぞれの事例を取り

図2　原作・水谷青吾／作画・葉剣英『劇画太平洋戦争　4　神風特別攻撃隊』立風書房、1971年、表紙

上げる。

情報としての「知覧」

まず、基地名として登場するレベルの事例として、水谷青吾・原作／葉剣英・作画『劇画太平洋戦争4　神風特別攻撃隊』（立風書房、一九七一年）を紹介する（図2）。ここには、鹿児島湾を中心とした地図が描かれており、右手の大隅半島に「鹿屋（海）基地」、左手の薩摩半島に「知覧（陸）基地」と記されている（図3）。

同作は、劇画による戦記マンガの集大成ともいうべきシリーズの一冊である。[2] キャッチコピーには「戦争の悲惨さ、闘う人間の姿、兵器、軍艦、飛行機などの冷たいメカニズムを訴える！　これは全く新しい戦記だ！[3]」とある。あらすじとしては、特攻隊に入った主人公が沖縄の出身ゆえに本土の飛行士たちに差別されるも、最終的には、沖縄そして日本を護るために敵艦に突撃するという話である。戦闘機や軍艦のフォルムが陰影を伴いながら綿密にスケッチされているのが印象的だ。

同作の特徴は、多岐にわたる軍事情報が掲載されている点である。開戦決定に至る会議のプロセス、特攻に使われた戦闘機の機種、主人公が搭乗した桜花一一号の機能、連合軍の沖縄進行パノラマ図、軍事問題研究家による解説コラムといった具合で、先ほどの図3もそのひとつである。すなわち、そこに登場する「知覧」は、事実としての地理情報、もしくは基地名であって、それ以上でも以下でも

図3　原作・水谷青吾／作画・葉剣英『劇画太平洋戦争4　神風特別攻撃隊』立風書房、1971年、104頁

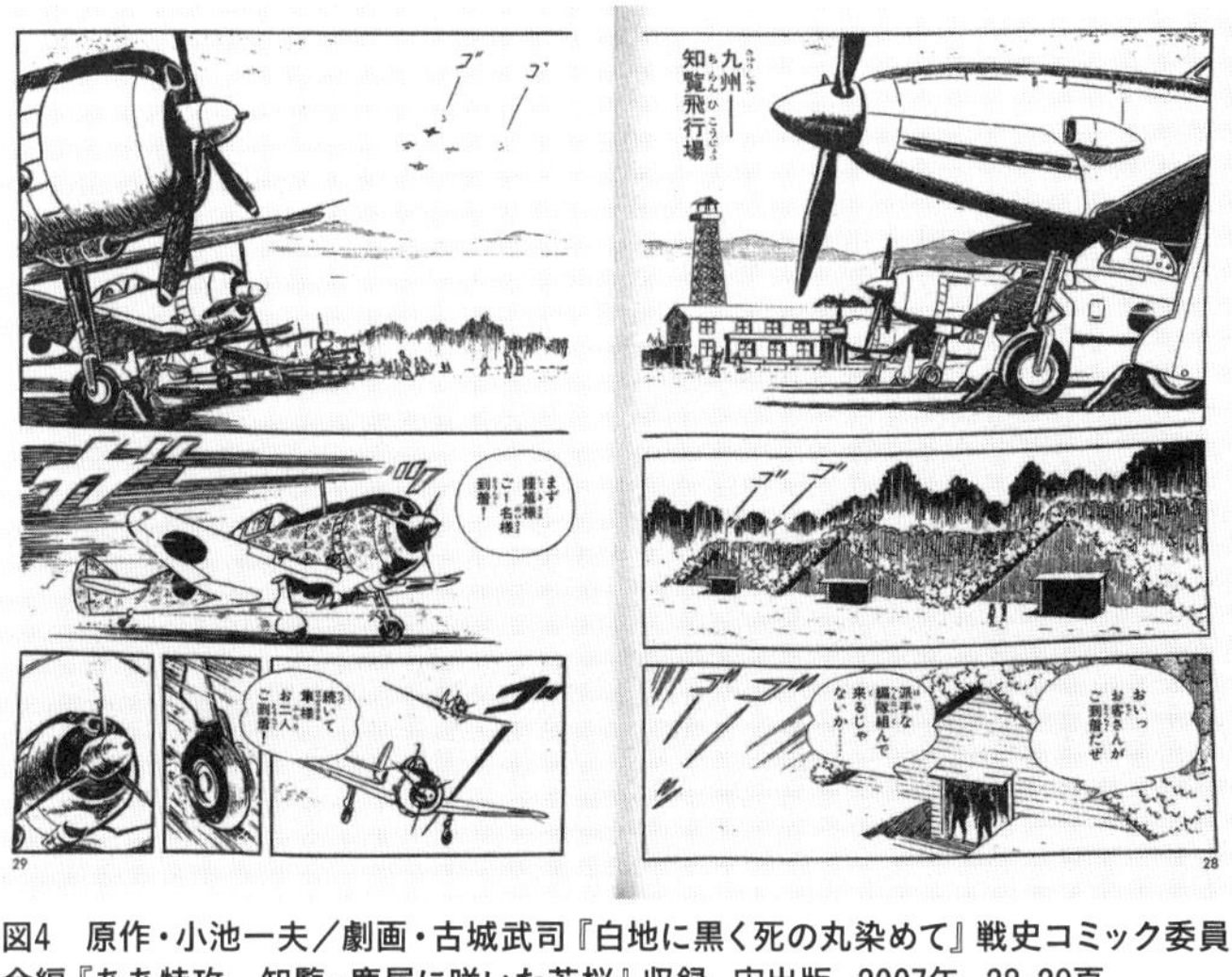

図4　原作・小池一夫／劇画・古城武司『白地に黒く死の丸染めて』戦史コミック委員会編『ああ特攻　知覧・鹿屋に咲いた若桜』収録、宙出版、2007年、28-29頁

図5　バロン吉元『予科練博徒』戦史コミック委員会編『ああ特攻　知覧・鹿屋に咲いた若桜』収録、宙出版、2007年、228頁

ない。ちなみに、桜花を使用したのが海軍であることからわかるように、主人公が配属されたのは、陸軍基地の知覧ではなく、海軍基地の鹿屋のほうである。

次に、基地と周辺の景色や建物が描かれるレベルの事例として、小池一夫・原作／劇画・古城武司『白地に黒く死の丸染めて』を挙げる（図4）。ここには、見開き二頁の上半分を用いて、左右対称に向き合う戦闘機のあいだに「九州——知覧飛行場」と書かれている。奥には基地の建物と兵隊の姿があり、右頁の下半分には三角兵舎も見える。

この作品は、少年画報社『週刊少年キング』に一九七〇年八月二日号から八月二五日号まで集中連載された。のちに数々のヒット原作や漫画家育成を手がける小池のデビュー作で(4)、特攻隊員に出撃指令書を運ぶという任務の重みに苦悩する、若き飛行士を主人公にした物語である。結果的に主人公も特攻隊として突撃することになるのだが、迫力ある戦闘シーンや隊員同士の友情、愛する女性との別れなど、少年マンガと青年向け劇画をうまく組み合わせた内容に仕上がっている。

実のところ、同作は、近年刊行された戦史コミック委員会編『ああ特攻　知覧・鹿屋に咲いた若桜』（宙出版、二〇〇七年。以下、『ああ特攻』）の収録作品であり、本書にはほかにも知覧を舞台にした作品が掲載されている。そのひとつが、バロン吉元『予科練博徒』（双葉社『漫画アクション』一九七〇年一月一五日号掲載）である。そこには、手前に戦闘機、奥には開聞岳と思しき山が配置された上部に「特攻基地―知覧―」と書かれたコマが登場する（図5）。同書の解説では、バロンが鹿児島出身で作品に愛着を持っていることにも言及している。だが、実際には知覧基地から開聞岳は肉眼では見えないため、このコマが事実としての景色ではなく、「知覧」の存在をあまり知らない読者に向けた、表象としての「鹿児島」を内包した「特攻基地」として描かれていることがわかる。

そもそも、およそ一九八〇年代前半まで、特攻基地としての「知覧」の認知度は、現在のように高くなかったようである。管見の限り、この時期の特攻マンガの舞台としては知覧より鹿屋のほうが多い。先の『ああ特攻』の収録作品でも、中島徳博『ゼロ戦岬』（集英社『週刊少年ジャンプ』一九七六年四月一九日号掲載）、小川保雄『ぼくの複葉機』（小学館『週刊少年サンデー』一九七七年新春増刊号掲載）がそれに当たる。ほかにも、少年向けの貝塚ひろし『ゼロ戦行進曲』（少年画報社『少年キング』一九六七年～六八年連載）や少女向けの里中満智子『積乱雲』（講談社『月刊mimi』一九八一年七月号～同年一二月号連載）など、いずれも舞台は鹿屋基地である。

表象としての「知覧」

しかし、およそ一九八〇年代後半から、「知覧」という文字を添えなくとも、特定の描写が「特攻

図6　立原あゆみ『銀翼――一歩』戦史コミック委員会編『ああ特攻　知覧・鹿屋に咲いた若桜』収録、宙出版、2007年、192-193頁

の町・知覧」のイメージを喚起し、かつ、物語の舞台が知覧基地でなくてはならないような、第三のレベルが登場する。すなわちそれは、単なる情報ではなく、表象としての「知覧」描写が成立するレベルのことである。そして、この表象としての「知覧」には、大別して二つの要素を指摘できる。それは風景と遺書である。

まず、風景について考えるうえで、立原あゆみ『銀翼――一歩』（秋田書店『週刊少年チャンピオン』一九九七年五月一日〜同年六月二六日号連載）を取り上げる。やはり先の『ああ特攻』に収録されている本作には、遠景に開聞岳のシルエットが映るコマの直後に、特攻隊員たちが使用していた三角兵舎の屋内がきわめて写実的に描かれている（図6）。

物語では、松林に囲まれたその三角兵舎の近辺で、ちょうど一〇〇時間後の出撃を待機する隊員たちと、そこへ慰問に訪れる知覧高女の生徒たちとの交流が描かれる。

三角兵舎のそばで、彼らのわずかな憩いの時が刻一刻と過ぎゆくさまには、息苦しいまでの「知覧」表象を確認できる。しかも、収録先の『ああ特攻』では、本作の直前に「これが知覧特攻基地の三角兵舎だ」と題したコラムが、復元された三角兵舎の写真とともに挿入されており、そのあと目を通すことになるマンガとの相互作用を誘導している。このように、本作に描写された三角兵舎は、もはや単なる無機質な建物ではいられず、特攻隊員たちに準備された「今生の別れの場」という「知覧」表象として読者に感受されることになる。

次に、遺書について考察するために、花村えい子『君死に給うことなかれ』（秋田書店、一九八八年）を取り上げる。タイトルにある与謝野晶子の反戦歌は、徴兵で戦地に赴く新婚の夫を見送る際に妻が口にするセリフなのだが、結局、夫は特攻で亡くなり、妻は戦争未亡人として戦後を生き抜くことになる。そして、その夫婦が交わした末期の手紙や写真を、のちに生まれた孫娘がたまたま自宅で発見し、現代を生きる若者として平和のありがたさをかみしめるという物語である。

注目したいのは、作品の冒頭、丸一頁を使って夫から妻に宛てた遺影と遺書が登場する場面である（図7）。その遺影の左下横には「二十年六月×日　××基地にて　誠志」と書かれている。これを素直に読めば、いまから本編を読み進めるに当たって、それが「どこ」の基地の「いつ」の出来事なのかということより、遺書に込められた言葉や行間のほうに目を向けてほしいという、作者の気持ちの表れである。すなわち、時間や場所といった事実関係よりも、「愛する人を想う気持ち」が優先されているのだ。厳密には、のちに「鹿児島県知覧」と書かれたコマも登場し、舞台が知覧基地であることは示されている。しかし、物語の終盤には七頁にもわたって夫の最期の言葉が散りばめられており（図8）、遺書そのものが「特攻の町・知覧」の表象として機能していることがわかる。換言すれば、地理や歴史に関する情報よりも、「死を覚悟した者の覚悟や愛情」といった人間の気持ちが前景化す

図7　花村えい子『君死に給うことなかれ』秋田書店、1988年、10-11頁

図8　花村えい子『君死に給うことなかれ』秋田書店、1988年、92-93頁

る場所として、遺書とともに「知覧」が表現されているのだ。

マンガに活用される遺書

この『君死に給うことなかれ』が出版されたのは一九八八年のことである。ご賢察のとおり、その背景には一九八七年一月の知覧特攻平和会館の開館が影響していた。実際、単行本の巻末エッセイでは、知覧の特攻基地を見学した作者が隊員たちの遺書に感動し、現代の読者に戦争の事実を伝えなければと誓った経緯が語られている。

「知覧」表象としての遺書の存在感は、特攻平和会館の認知度とともに高まり、とくに二〇〇一年二月の小泉純一郎による同館訪問によって盛り上がる。さらに、二〇〇一年五月の映画『ホタル』と二〇〇七年五月の映画『俺は、君のためにこそ死ににいく』の公開もそれを後押しした。隣接ジャンルであるマンガに対する映画の影響は大きく、たとえば、先に取り上げた『ああ特攻』の帯も、映画『俺は、君のためにこそ死ににいく』公開の宣伝で占められている。

こうした動向のなかから、「知覧」表象としての遺書の存在感を最大限に活用しようとするマンガが現れた。それがほかならぬ、冒頭で取り上げた『実録神風』である。これから集中的に同書の考察を行うにあたり、内容を詳しく見ていこう。

巻頭言となる「特攻隊の英霊に捧ぐ」では、「『お国のため』という号令のもとに、たったひとつの命を捧げた特攻隊員たちの胸中…本当の想いは如何なるものだったのだろうか？／その想いをうかがい知ることができるのが「遺書」や「手紙」である。／その言葉のひとつひとつに込められた決意、覚悟、そして残して行く者への愛。それは死を目前にした人間が最期に託した言葉」であると述べられており、出版の動機として、特攻隊員たちの遺書の存在があったことがわかる。本編の目次は、プロローグ「特別攻撃隊誕生」、第一章「特攻第一号　関行男大尉」、第二章「蛍よ帰れ　宮川三郎軍曹」、第三章「愛し君よ　穴沢利夫少尉」、第四章「約束　藤井一中尉」、第五章「ほがらか部隊行く千田孝正少尉」、第六章「最後の特攻　中津留達雄大尉」、エピローグ「敗戦～届かなかった遺書～」となっている。要するに、一冊全体を通じて、特攻隊のはじまりから終わりまでを、ひとつの物語として読めるように構成されているのだ。

ここで、そのマンガのなかから、とくに美しくも哀しい文体と内容で知られる穴沢利夫少尉の遺書を題材とした、第三章「愛し君よ」（作画／岩下博美）に焦点を当て、同書の作品がどのように遺書を活用しているのか、具体的に紹介しよう。

扉絵には「涙無くては読めない、最後のラブレター」との見出しがある。本編では、文通によって愛情を育む主人公の穴沢と、その彼女である智恵子の姿が描かれる。二人は穴沢が徴兵されてからも文通を続け、念願の婚約を交わす。しかしそのひと月後、非情にも、特攻出撃の日に認《したた》められた穴沢の最期の手紙が智恵子に届く。そこから一一頁にわたって、死線をかいくぐり敵艦に突撃せんとする穴沢と、落涙しながら手紙を読み続ける智恵子との合間を切り結ぶかのように、穴沢の遺書が画面全体に散りばめられる（図9）。

今さら何を言うかと自分でも考へるが　ちょっぴり欲を言ってみたい
一　読みたいもの　「万葉集」「芭蕉句集」　高村光太郎の「道程」　三好達治の「一点鐘」　大木実の「故郷」
二　観たいもの　ラファエルの「聖母子像」　狩野芳崖の「悲母観音」
三　聴きたいもの　懐かしき人々の声　シュトラウスのワルツ集

図9『実録神風特別攻撃隊　完全版』竹書房、2010年、180-181頁

図10『実録神風特別攻撃隊　完全版』竹書房、2010年、184頁

図11　『実録神風特別攻撃隊　完全版』竹書房、2010年、316-317頁

四　智恵子　会いたい　話したい　……無性に……(6)

この手紙が遺書であることを悟った智恵子の顔は、涙に溢れ、もちろん辛いはずだが、両端が上った口元を見ると、夫からの愛情に満たされたような表情にもうつる（図10）。

本編のマンガを読み終え、次頁をめくると「最後のラブレター戦中の恋」と題した記事が、穴沢の遺影と遺書とともに出てくる。これはほかの章でも同じ構成であり、『実録神風』では、マンガと記事が交互に配置されている。そしてエピローグでは、特攻隊員たちの遺書を懸命に保管し、後世に継承した少女の話が描かれ（図11）、巻末には知覧特攻平和会館の写真つき解説が登場する。

以上のような内容と構成による『実録神風』を読み終えた者は、はたしてどのような「知覧」イメージを抱くのだろう。ひとしきり「遺書による感動」が描かれていることを考えれば、読者の脳裏には「特攻の町・知覧」と遺書との強い関係が残るものと推察したくなる。ただし、身も蓋もない言い方だが、読後の感想やそこで得られる教訓などは、読者によって千差万別であるし、特攻隊員に限らず、遺書が等しく「死を覚悟した人間が最期に認めた文書」であるならば、その感動は「知覧」特有のものでもないはずだ。

その意味では、「どれだけ感動したのか」だけで、「知覧」を含む「戦争の記憶」に対するマンガの影響力を測定することは難しい。しかしながら、そのマンガを「どこで、どのように読んだのか」という、メディア論の基本的問いかけに立ち返る時、この『実録神風』に備わった特殊な力学が違う角度から鮮明になってくるのである。

二　『実録神風』のメディア論

コンビニで出会うマンガ

遺書の存在を最大限に活用することで「特攻の町・知覧」を前景化したマンガを複数収録する、この『実録神風』は、冒頭で述べたとおり「コンビニマンガ」である。

コンビニマンガとは、一九九〇年代半ばより、懐かしの名作の復刻を中心に制作されはじめたもので、近年ではテーマ別の選集や比較的新しい作品の再録、さらに描き下ろしの新作も増えてきた。また、通常の単行本に比べると、紙質が劣り表紙カバーもついていないぶん、ボリュームの割に低価格であることも特徴だ。ただ、本節の文脈からとくに注目したいのは、その呼称が示すとおり、おもにコンビニで販売されている点である。

図12　戦争を題材としたコンビニマンガたち

マンガに限ったことではないが、コンビニと一般の書店やネット販売とでは、雑誌や書籍の購入動機が大きく異なる。たとえば、弁当や飲み物を買うついでに偶然目に入ったから手にしてしまうという具合に、ほかの売り場に比べ、コンビニでは購入動機が「ゆるい」のだ。また、ラインナップが増えてきたとはいえ、書店には及ばない品揃えのなかから選ぶという意味では、購入対象への愛着も「かるい」。要するに、最初から目当てがあって買うというより、つい買ってしまうのがコンビニマンガなのである。

興味深いのは、そうした購入動機の「ゆるさ」や所有欲の「かるさ」が、コンビニマンガの売れ筋にも反映している点である。その売れ筋とは、ギャンブル、芸能、グルメ、エロ、ヤクザ、そして戦争である（図12）。つまり、この『実録神風』は、全国各地に点在するコンビニの本棚で、ゴシップやスキャンダルにまみれたマンガたちと隣り合わせに陳列されているのだ。その事実は、そこに描かれた戦争や特攻、そして「知覧」が、戦争体験の継承や反戦平和の希求といった啓蒙的・教育的な意図からはほど遠い、身近で手頃な娯楽読物、すなわち、文字どおりの「コンビニエンスなメディア」として消費されていることを示唆している。

実際、タイトルには「実録」と冠しているものの、『実録神風』の奥付には「本書は、実話、報道などを元に再構築したものですが、登場する人物、事象など演出上異なる場合があります。ご了承ください」[7]と注記されている。つまり、自らフィクションを含むことを告白しているのだ。とはいえ、これに怒ったり出版社を訴えたりする読者がいるだろうか。むしろわざわざ書かなくとも、それをわきまえたうえで、特攻隊員たちの覚悟や葛藤、愛する人との別れ、そして、それらが凝縮した遺書に感動を覚える人のほうが多いはずである。なぜなら、そもそも「そんなもの」と読者がわかっているからだ。誤解を恐れずに言ってしまえば、コンビニマンガはマンガのなかでも「低俗」な部類と見なされているのである。

このあたりのコンビニマンガのポジションや消費の仕方については後述するが、実は、コンビニでマンガの売り上げが伸びていること自体、国際的に見て日本特有の現象であることは指摘しておきたい。近年でこそ「クールジャパン」などと海外から高く評価されるマンガだが、当の日本では、これまで「かっこいい」ともてはやされてきたわけではないし、教科書や学術書の類として崇められてきたわけでもない。あくまでも肩に力の入らない「低俗」な娯楽読物であり、しかしだからこそ、戦後のマンガが大きな成長を遂げてきたことを、コンビニマンガは素知らぬ顔で思い出させてくれる。

『実録神風』の出版情報と意図

ここで、さらにコンビニマンガのメディア論的考察を深めるために、『実録神風』の書誌や出版に関わる情報を整理しておこう[8]。

前提として、『実録神風』には、それに先立つコンビニマンガ『実録神風特別攻撃隊　命尽きる時』(以下、『命尽きる時』)が二〇〇七年八月一五日付で発行されていた。これが売れ行き良好であり、ほかに出版した真珠湾攻撃や加藤隼戦闘隊などの海戦ものと比べても読者の反響が大きかったため、その完全版をリニューアルする運びとなった。そこで、より多くのエピソードを挿入するために、かつ、一冊全体をひとつの特攻物語として読める構成にするために、第四章「約束　藤井一中尉」と第六章「最後の特攻　中津留達雄大尉」を新たに描き下ろした。その関連記事と合わせて三年後に刊行したものが『実録神風』ということになる。

その後の『実録神風』の売れ行きは堅調で、発行から約四年間で四刷まで版を重ね、累計発行部数は一〇万部以上、元本の『命尽きる時』を含めば総計一五万部を超える。一冊のマンガ単行本としては十分な利益が出たというが、別の出版社から同様のタイトルが刊行される時には重版を見合わせるとのことであり、さらに、戦後七〇周年といった節目にもとくにこだわりはないという。このあたりにも、ほかの一般的な戦争関連書籍と比べると、いかにコンビニマンガの出版意図が「ゆるい」か看取できよう。

作品制作にあたっては、おおまかな企画主旨を編集部から原作者数人に相談し、個別作品の物語構成を決めたのち、それぞれが思い当たるマンガ家に作画を依頼するという流れで、そこに携わる編集者・原作者・作画者が「制作委員会」のメンバーとなる。興味深いことに、その過程で知覧への出張取材は行われず、書籍やインターネットなど、一般に流通している情報をもとに制作されたという。ここにも、知覧や特攻に関するほかの出版物との違いを垣間見ることができる。つまり、繰り返しになるが、啓蒙的・教条的意図よりも、娯楽読物としての内容や商品としての効率のほうが優先されているわけだ。ちなみに、『命尽きる時』に対して年配の読者から一件だけ問い合わせがあり、「特攻隊員は出撃の時『行ってきます』とは言わない。『行きます』と言う」と指摘されたため、完全版では当該のセリフを変更したという。

また、出版元である竹書房のコンビニマンガへの取り組みについて紹介しておくと、毎月六、七点は刊行しているが、描き下ろしは少なく、ほぼ再録ものであり、定価は五〇〇円から六八〇円までに設定されている。会社全体のコンテンツに占める割合としては数パーセントに過ぎないが、出版する雑誌・単行本はすべてコンビニに流通しており、B6判のコンビニマンガに関しては、麻雀・青年・エロ・犯罪などが売れ筋という。ただし、それらの発行部数は一万八〇〇〇部から三万部程度が大半であり、売り上げとしては近年苦戦中とのことである。さらに、既出の作品をコンビニマンガに再録するに当たり、たとえば『荒ぶる獅子』を『山口組四代目　竹中正久』に変えるという具合に、当初のタイトルを端的にわかりやすく変更しているとのことであり、やはり生産者である作者の主義主張や作品へのこだわりよりも、消費者である読者への配慮を優先していることがうかがえる。

それでは、こうしたコンビニマンガによる「知覧」体験は、近年のマンガ状況においてどのように位置づけられるのか。マンガ体験が「知覧」イメージに与える影響力に軸足を置きながら、この問いをもう少し掘り下げるために、続いてジェンダーの観点から別の素材に目を向けてみよう。

『波瀾万丈の女たち』の特攻マンガ

コンビニマンガの主な読者層は、その猥雑なジャンルの傾向からして、または店内に成年指定の本棚もしばしば付近に設置されていることからも、青年もしくは成年の男性であることが推察される。しかし、『実録神風』のように、スキャンダルやゴシップの色合いが強い娯楽読物に戦争マンガが掲載されるケースは、女性向けのメディアにも存在する。それはOLや主婦など、大人の女性を主な読者層に想定した雑誌のことである。ここではその最新事例として、ぶんか社『波瀾万丈の女たち』の二〇一四年六月号から一二月号において、里中満智子『積乱雲』が再録されたケースを紹介する。

この『積乱雲』はもともと、おもにティーン向け女性マンガ雑誌である講談社『月刊mimi』に、

図13　里中満智子『積乱雲』第1巻、講談社、1982年、178-179頁

一九八一年七月号から同年一二月号まで連載された作品である。物語は戦中と戦後の二部構成になっており、三人の女性がそれぞれ独立したエピソードで主人公を務める。第一部では彼女たちの愛する人が特攻に出撃してしまうまでを、第二部では三者三様の戦後を生き抜く姿を描いており、ラストで三人の人生が交錯するという筋立てだ（図13）。『積乱雲』というタイトルは、異なる立場にありながら、「特攻に出撃する愛しい男を見送る銃後の女たち」という共通点を持つ、三人の重層的な人生を連想させる。ちなみに、先述のとおり、作中の舞台となる基地は鹿屋であって知覧ではない。

この作品を三三年ぶりに再録したのが『波瀾万丈の女たち』である。特集「日本を守った女たち」が組まれた同誌二〇一四年九月号の表紙では、もんぺ姿に日の丸の鉢巻き、手に竹槍を握った銃後の女性と一緒に「あの悲劇の戦争を生き延びた大和なでしこ！」とのあおり文が載っている[9]（図14）。「あらゆる時代の女たちの波瀾の人生を描く浪漫コミック」を雑誌のキャッチフレーズにしているだけあって、この特集では『積乱雲』に登場する戦争未亡人だけでなく、戦時下の酒蔵の娘（松尾しより『愛していると告ってくれ』）、ひめゆり学徒隊（金子節子『草の碑』）、日本初の女医（『吟子――日本初の女医』）など、時代や運命に翻弄される複数の女性たちが描かれている。

また、戦争に関する同特集号は七月発売であり、夏季のタイミングに合わせたことはいうまでもないが、むしろ見逃せないのは、ほかの月の特集テーマである。『積乱雲』が掲載された期間のテーマを順に並べると、「命の値段　命の重さ」（六月号）、「最下層の女たち」（七月号）、「母になり　母を知る」（八月号）、「世紀の悪女」（一〇月号）、「花街の涙」（一一月号）、「極道の女」（一二月号）となる。つまり、文字どおり「波瀾万丈」の人生を送った女たちのドラマこそがメインテーマであって、『積乱雲』もその文脈で再録されたことが見えてくる。

図14 『波瀾万丈の女たち』ぶんか社、2014年9月号、表紙

ここでは『実録神風』と同じように、特攻に関する歴史的事実や戦争の悲惨さを語り継ごうといった意図は後景に退いている。加えて、本誌最終頁の目次では、最下段に「同誌掲載作品は、他誌で書き下ろした作品を再掲載しています」とただし書きがされており、できる限り制作の期間や経費を省力化していることもうかがえる。

実際、このぶんか社が発行する女性向け雑誌には、ほかにも『本当にあった笑える話』や『ご近所の怖い噂』『あなたが体験した怖い話』

図15『波瀾万丈の女たち』ぶんか社、2014年9月号、120-121頁

など、スキャンダルやゴシップを売りにしたものが多いが、ここ二〇年ほど続く雑誌不況のなかにあって、これらは商業的には健闘を見せている。その意味でも、同系列にある『波瀾万丈の女たち』では、いわばワイドショー的な「愛と感動」のネタとして特攻マンガが消費されていることがわかる。

　たとえば、『積乱雲』の扉絵の右頁にある、同じぶんか社の『月刊　本当にあった女の人生ドラマ』の広告頁（図15）に目を向けると、特集「幸せ家族の化けの皮　その薄っぺらい仮面をはがさせてもらいます！」「主婦はミタ！」「金がすべてじゃない!!」といったフレーズが踊っている[10]。こうした文言を横目にしながら、「特攻隊員を愛した女たちの戦後」「あなたのいない人生を私は生きていく……」との見出しとともに、『積乱雲』ははじまるのである。そこには、かつて描かれた内容と当然同じでありながら、掲載誌＝メディア＝器の違いによって、装いを新たにした『積乱雲』の別の顔が見えてくる。

もちろん、このような状況を不純だとか不謹慎だなどと言いたいのではない。そうではなく、戦後七〇年という節目を迎える最中、こうした空間や形態をともなって、特攻を題材とするマンガが再生産され、消費されている事態に目を向ける必要性を喚起したいのである。なぜなら、そうでなければ、戦無派世代である私たちの「知覧」ひいては「戦争」イメージに関与する、現代日本のメディア環境とその力学の全体像をつかみ損ねてしまうおそれがあるからだ。

三　コンビニマンガの歴史的ポジション

貸本マンガと戦記ブーム

では、『実録神風』や『波瀾万丈の女たち』をとりまくメディア環境は、現代日本に固有のものであろうか。実は、戦後マンガ史を振り返ってみると、コンビニマンガが持つメディア力学と類似する対象が浮かび上がってくる。それは、およそ一九五〇年代後半から一九六〇年代半ばに起きた、貸本マンガにおける戦記ブームである。すなわち、貸本屋に置かれた戦記マンガが、コンビニに置かれた戦争に関するマンガとの類似性を想起させるのだ（図16）。

著者がそのように考える理由を説明するために、まずは貸本マンガと戦記ブームの関係について、以下に簡単にまとめよう(11)。

貸本屋は、ほぼ昭和三〇年代を通じて全国に市場を広げ、ピーク時の一九六〇年には全国で約三万

図16　戦争を描いた貸本マンガ

軒、都内だけでも約三〇〇〇軒が存在していた。そうしたなか、「連合国軍総司令部（GHQ）の検閲もあり、戦争ものは「空想科学（SF）」の名の下に、マンガや絵物語で宇宙や異世界のものとの闘いで紛らわせてきた。検閲を解かれて一斉に復活した武道マンガに遅れること五年、昭和三二年（一九五七）から三四年にかけて次々と戦争ものが発表され、第一期の戦争マンガブーム(12)を迎えることになる。そこには、ヒモトタロウ『特攻機大空に散る』（曙出版、一九五七年一一月）、浜田あきら『海の特攻隊』（曙出版、一九五八年三月）、三島幸作『秘密特攻隊』（若木書房、一九五八年五月）、宮生金弥『特攻　零戦部隊』（若木書房、一九五八年一一月）、伊藤朋久『特攻作戦』（兎月書房、一九五九年四月）など、「特攻」の二文字を挿入した作品が散見される。

　続く第二期戦記マンガブームは、「昭和三六年（一九六一）から四二年（一九六七）と長く、貸本マンガはA5判ソフトカバーの時代に入る。アメリカのTV映画「コンバット」の影響を受けた「攻撃(コンバット)」シリーズを南波健二が、「零戦太郎」シリーズ、「第二次世界大戦」シリーズをヒモトタロウが描き、貸本短編誌も『戦記画報』『撃墜王』『陸海空』(曙出版)、『少年戦記』『戦記記録』『機動作戦』(兎月書房)、『超音』(若木書房)、『日の丸戦記』(光伸書房・日の丸文庫)、ほかにも『戦争』『決戦』などと、『影』や『街』といったミステリー短編誌さえも「戦記漫画特集号」やその増刊号を、前出の『戦記画報』なども別冊を出すなど、戦記一色といってもいいほど[13]」であった。

はたして、この戦記ブームを支えていたものは何だったのか。戦争が終わって一〇年以上が過ぎ、日本が復興の途上にあったこの時期、もちろん貸本マンガの読者もまだ、戦争体験者が大半を占めていた。ただし彼らが求めていたのは、教条的な反戦平和や政治的な戦争批判というより、雑誌や作品のタイトルからもわかるとおり、世界に誇るべき日本の戦闘機や軍艦、または軍人の戦術や精神の高さであったと推察される。あるいは、戦時下の生活に対する懐かしさや、敗戦の悔しさがまだ生々しく記憶に残っていたことも想像にかたくなく、一種のカタルシスすら感じていたのかもしれない。

同時に、本論の主旨から看過できないのは、メディア空間としての貸本屋のありようである。

戦記ものに限らず、貸本マンガは定価の約一〇分の一の値段で借りることができた。そのため、地方から都市部に職を求めて出てきた若年労働者など、低所得者層には格好の娯楽となっていた。当時、自ら貸本屋を営み、のちに現代マンガ図書館館長を務めた故・内記稔夫氏によれば、都市部では銭湯の煙突を目指して行くと必ず付近に貸本屋があったという。つまり、銭湯の行き帰りの際に、貸本屋に立ち寄って本を借りたり返したりしていたわけである。それだけ貸本マンガは日常に根付いた手軽な娯楽読物として存在していたし、戦記ブームもそうした環境のなかで起きていた。ここには、レンタルかどうかの違いはあるものの、身近な店舗で気軽に入手できるという、「コンビニエンスなメディア体験」としての、貸本マンガとコンビニマンガとの共通点を看取することができよう。

他方、貸本マンガとコンビニマンガには、読者層の点でも類似性を見出せる。そこには、「劇画」の存在が深く関わっていた。

劇画と乱造の戦記マンガ

劇画とは、名づけ親である辰巳ヨシヒロを中心に、一九五九年に結成された「劇画工房」によって、世に知られることになった、新興ジャンルのことである。端的にいえば、マンガの新たな読者層として青年を取り込むために、リアリティを重視する作風を特徴としていた。具体的には、従来の子ども向けマンガの基調であった笑いや勧善懲悪の要素が封印され、スリルやサスペンスを駆使した探偵ものや、忍者や剣豪が活躍する時代ものが多く描かれた。その結果、劇画は一九六〇年代を通じて大学生や若手サラリーマンにも広く支持され、マンガの市場を大人にまで引き上げる原動力となった。また、初期の劇画には、丸味を帯びた従来の子ども向けマンガの描線を踏襲した作品も多く見られたが、リアリティを追求する過程で次第に写実的な絵柄が増え、オーバーアクションが抑制されていくことになった。こうした青年向けの内容と絵柄が下地となることで、劇画が娯楽読物でありながらも、史実や軍事情報を採り入れていた戦記マンガとの相性が合っていた点は指摘しておきたい。

さらに、コンビニマンガとの類似性を考察するうえでやはり重要な意味を持つのは、劇画の主舞台が貸本マンガだったという点である。その理由は、貸本マンガの融通無碍な生産工程にある。実のところ、戦記マンガに限らず、売れゆきの良いジャンルやタイトルに対して、貸本業界では模倣と乱造がしばしば行われていたのである。これに関して、多数の戦記マンガを手がけたマンガ家の長谷邦夫は、「マンガと戦争」を主題とした日本マンガ学会第五回大会分科会「戦後の戦記マンガブーム」で、次のように回想している。当時の戦記マンガの作者が置かれた状況が具体的に見えてくるため、できるだけ詳しく引用したい。


僕は昭和32年から貸本マンガの世界に入っていくわけですが、太平洋戦史みたいなものの中から少年を主人公にした戦記マンガを、曙出版という出版社でたくさん刊行しています。そして、昭和30年代からすごく人気があったと思われるのです。

内記さんの年表を今回チェックしてみましたら、B6判で1957年『死の空中戦』『人魚岬の待伏せ』『肉弾　鬼舞台』という3冊を描いています。1958年に『海戦！　死の記録』『少年空戦王』『南極の鬼将軍』『空中血戦記』。〔中略〕

1959年に『潜行三千キロ』『戦艦大和の最期』『海底人間魚雷』。そのほかA5判の短編集が出る時代になっても刊行しています。『空母撃沈作戦』、これは多分A5判だったと思いますが、正確な記憶は分かりません。

そして、1961年『潜艦黒い不死鳥』というこのあたりまでが、僕が描いた戦記の単行本です。こんなに描いた原因は、ヒモトタロウさんという方の第2次世界大戦史に沿ってかかれた少年向けの戦記マンガ、これが大変な人気で、おまえも描けということなのです。

しょうがなくて描いていくわけですが、やはり自分でいろいろ抵抗していました。「南極の鬼将軍」、南極で第2次大戦は行っておりません（笑）。要するに、そういう空想戦記として舞台を移しているのです。(14)


こうしたやりとりに加え、貸本マンガでは、本編とは別の作家が表紙だけを担当することも多く、かつ、マンガ家に相談せず売れそうなタイトルを出版社が独断でつけることもあったため、結果的に見た目が似通った本棚に並ぶといった状態であった。貸本マンガの量産体制は、このような模倣と乱造による生産工程と不可分だったわけである。試みに、戦記マンガブームのピークを探ってみると、一九五八年には年間約一三〇点の刊行を確認できる。

以上からわかるように、身近で手頃なメディア空間としての貸本屋、劇画による青年向けの内容と絵柄、そして、業界に広がる売れ筋ジャンルの模倣と乱造、これらが相まって貸本屋の戦記マンガブームは支えられていた。すなわち、コンビニマンガと同じように、全国各地の店舗で手にすることができ、世間から「低俗」な娯楽読物として見なされ、しかし、だからこそ可能な楽しみ方を、戦記マンガの読者は享受していたのである。その意味において、コンビニに置かれた戦争マンガは、およそ半世紀の時を経て、「現代に蘇った戦記マンガ」と位置づけることができるかもしれない。

「コンビニエンスなメディア体験」としてマンガ体験を位置付け、それが読者の「知覧」や「特攻」イメージに与える影響力を考察するうえで、こうしたコンビニマンガの歴史的ポジションをめぐる想像力は、決して軽視できない。貸本マンガとコンビニマンガを連続の視点で捉えることは、戦後世代と戦無派世代のメディア体験における共通点や相違点を浮き彫りにするにあたって、さまざまなヒントをもたらしてくれるからだ。

となれば、さらに問われるべきは、このようなマンガ体験によって形成される「知覧」イメージは、そのほかのメディア体験、とりわけ本書の主題である戦跡による「知覧」イメージと、どのような影響関係にあるのかということになる。本章のまとめとして、その問いに触れてみたい。

四　「戦争の記憶」に響くマンガ体験

マンガと戦跡をつなぐ想像力

私たちが抱く「知覧」イメージを考えるうえで、メディア体験としてのコンビニマンガと戦跡との比較から見えてくるものは何か。すぐに思いつくのは、前者が「どこででもできる体験」であるのに対し、後者は「そこでしかできない体験」という差異であろう。もちろん、それに要す時間や費用にも大きな開きがある。しかしながら、そのどちらに深い真正性や強い影響力があるのかを問うことに、はたしてどれほどの意味があるだろう。

第二節で紹介したとおり、『実録神風』は「実録」の文字を冠しながらも、自らフィクションであることを告白していた。しかし、そもそもコンビニマンガが社会的に「低俗」な娯楽読物と見なされ、存在自体が「知覧」の真正性から遠ざかるメディアであるとするならば、反対にその「知覧」の真正性を高めようとしてきた戦跡観光とのあいだのギャップは、単純なフィクションとノンフィクションという区分で把握できるものだろうか。

おそらく、コンビニマンガと戦跡が併存するメディア環境で、あるいは、コンビニでマンガを買うという行為と戦跡を観光するという行為が交差可能な現代日本で、私たちが抱く「知覧」や「戦争」イメージのアクチュアリティをつかむには、代替可能性と固有性、史実と虚実、文化と娯楽など、単純な二項対立図式を見直さなければならない。代わりに必要となるのは、むしろ両者を繋留するための視点と方法、そして想像力ではないか。

たとえば、独りで部屋にこもってコンビニマンガに描かれた特攻隊員たちの遺書に感動しながら、ひとたび外出すればすぐに別のことに気をとられてしまう読者と、遠路はるばる知覧まで足を運び、遺書や遺影を見つめながら今日の日本の平和に想いを馳せる観光客とは、決して交わらない存在なのだろうか。または、日々の仕事に疲れた会社帰りのサラリーマンが、コンビニで夜食を買うついでに目に入った「涙なくしては読めない感動秘話」という見出しに触発され、「これを読んで明日からもがんばろう」と『実録神風』を購入するのだとすれば、それはまさしく第一〇章で論じられている「活入れ」の一例になるのではないだろうか。しかし同時に、それは「わざわざ行く知覧」ではなく、「どこにでもある知覧」という「コンビニエンスなメディア体験」である以上、やはり「活入れ」の効果にも大きな差が生じることになるのかもしれない。さらにいえば、コンビニマンガだけでなく、そもそもマンガを通じて仕入れる情報や雑学と、「知覧」に限らない私たちの「戦争の記憶」は、どこでどのように重なり合い、切り離されているのだろうか。

コンビニマンガと戦跡観光という、一見すると対照的に映るそのメディア体験のあいだに存在するギャップを浮きぼりにするには、そして、そのギャップを論理的かつ実態的に埋めるには、こうした問いに正面から向き合わねばならない。

マンガと戦後七〇年

二〇一三年八月に起きた、松山市教育委員会による学校図書館での『はだしのゲン』閲覧制限問題は、マンガが子供に与える影響について改めて一石を投じた。その是非とは別に、これを奇貨として『はだしのゲン』の単行本には増刷がかかることになったのだが、そのなかにはコンビニマンガも含まれていた。[15]この事実から私たちが注視すべきは、教育的観点から望まれる作品内容の妥当性や表現的特徴だけでなく、作品が置かれた場所や手にする動機がもたらす影響力、すなわち、メディア体験の力学のほうであろう。「学校に置かれた稀有なマンガ」という視点抜きに「はだしのゲン」を論じる識者はもはや少数と思われる。だが、「コンビニに置かれた懐かしのマンガ」として、あるいは「学校とコンビニの両方で子どもが読めるマンガ」として『はだしのゲン』を論じるためには、マンガ研究やメディア論はもとより、教育学や社会学、図書館学や大衆文化論など、これまで以上に学際的なアプローチが求められるはずである。

他方、戦後七〇周年を迎えようとする昨今、過去の戦記マンガおよび戦争マンガの傑作選が相次いで刊行されている。[16] おそらく今年二〇一五年には、単行本や雑誌、コンビニマンガと、硬軟とりまぜるかたちで「あの戦争」を振り返るマンガが多数刊行されることになろう。だが、この節目となるタイミングで、有名マンガ家が新作を発表するとなれば、すぐに「右か左か」のレッテルを貼られる懸念は捨てきれない。とくに戦無派世代の作品に関しては、それが「知覧」であろうと「ヒロシマ」や「オキナワ」であろうと、送り手の意図を超えたところで、作者や出版社の政治的立場やイデオロギーによる色分けがなされてしまうことは容易に想像できる。[17] しかも、そのメディアの形態が、格式のある装丁やカバーになればなるほど、その政治色やイデオロギー色は強度を上げてくる。

しかしながら、これまで考察してきたように、啓蒙的・教条的意図とは縁遠く、低価格で紙質も良くはなく、あくまで「低俗」な娯楽読物として見なされ、フィクションの要素が前景化することにもためらいがなく、読者の購入動機や所有欲もゆるくてかるい、そうしたコンビニマンガにあっては、相変わらす肩に力の入らない、しかし感動的な戦争マンガが刊行されるに違いない。つけ加えるならば、ゴシップやスキャンダルと相性の良い「女の人生ドラマ」を主題とした女性向け雑誌でも、戦後七〇周年企画は着々と準備されているはずである。

はたして、そうしたマンガたちのなかで「知覧」や「特攻」はどのように描かれ、読者にどのようなイメージを付与するのか。そしてそれは、やはり戦後七〇年の節目で例年以上に活況を呈すはずであろう、戦跡観光を通じた「知覧」イメージと、どのように重なり合い、どのように切り離されるのか。マンガが私たちの「戦争の記憶」に与える影響力とその力学への問いかけは、いっそう複雑さと重要さを増している。

［註］

（1）戦後日本で描かれてきた戦争マンガについては、内記稔夫「戦後の戦争マンガ　やや不完全リスト」（『マンガ研究』八号、日本マンガ学会、二〇〇五年）に詳しい。これによれば、小松崎茂『地球SOS』（『冒険活劇文庫』、明々社、一九四八年一〇月）にはじまり、西島大介『ディエンビエンフー』（『コミック新現実』二号、角川書店、二〇〇四年一一月）に至るまで、第二次世界大戦だけでなく日露戦争やベトナム戦争、さらには未来戦争も含むと、八六二作を数える。これに二〇〇五年以後の約一〇年間の作品を追加すると、戦後七〇年を通じて、およそ一〇〇〇作の戦争マンガが描かれた計算になる。

（2）立風書房のダイナミック・コミックス「劇画太平洋戦争」シリーズは全一五巻。ただし五巻が二バージョンあるため通巻では一六冊になる。タイトルは以下のとおり。一九七〇年に、三巻の小田昭次画『壮烈隼戦闘機隊』、一巻の北沢しげる画『零戦』、二巻の阪本誠一（ヒモトタロウ：筆者）画『あゝ戦艦大和』。一九七一年に、四巻の葉剣英画『神風特別攻撃隊』、五巻の加茂たけし画『大陸諜報作戦』。一九七二年に、六巻のあいかわ一誠画『人間魚雷〝回天〟』、七巻の北沢しげる画『激突！戦車部隊』、八巻のおがわあきら画『海軍少年飛行兵』。ただし、ここで取り上げる四巻も含め、表紙や奥付には作画者の名前しか記載されていない。ちなみに、この立風書房には、怪奇系児童書として知られるジャガーバックスがあり、妖怪図鑑や推理ゲームと並んで、太平洋戦争中の軍艦や戦闘機の紹介となるシリーズも同時期に刊行されていた。

（3）葉剣英『劇画太平洋戦争4　神風特別攻撃隊』立風書房、一九七一年、二二六頁。

（4）小池一夫の作風や履歴に関しては、大西祥平『小池一夫伝説』（洋泉社、二〇一一年）に詳しい。
（5）『実録　神風特別攻撃隊　完全版』竹書房、二〇一〇年、四－五頁。
（6）同前、一七九－一八四頁。なお、先に取り上げた花村えいこ『君死に給うことなかれ』に書かれた遺書には、「小生は　国のために立派に　死んだなどと　きれいごとは言いません／できることなら　永らえて　戯曲を書き　芝居にしてみたかった／シェイクスピア劇か　モリエールか　もしくはチェーホフ　ジャン・ジドロウ／欲張ってはいけませんね／やりたかったことが　際限なく浮かんで　いま　この期に　及んで焦りを覚えます」（九三頁）と、穴沢の文章に通じる表現が並んでいることから、花村が実在の遺書に触発されたことが推察される。
（7）同前、三三二頁。
（8）以下の『実録神風』に関する書誌や出版の情報は、同書の担当編集者を務めた宇佐美和徳氏への電話とメールでの取材によるものである。電話取材は二〇一五年一月二五日に、メール取材は同日および同月二八日に実施した。この場を借りて、貴重な情報をご提供いただいた宇佐美氏に深くお礼申し上げる。
（9）『波瀾万丈の女たち』ぶんか社、二〇一四年七月号、表紙。
（10）同前、一二〇頁。
（11）貸本マンガに関する基礎知識や営業当時の実態については、貸本マンガ史研究会編著『貸本マンガRETURNS』（ポプラ社、二〇〇六年）、長谷川裕『貸本屋のぼくはマンガに夢中だった』（草思社、一九九九年）、吉村和真編『マンガの教科書』（臨川書店、二〇〇八年）所収の第二章（内記稔夫「赤本・貸本時代を生きて」）などを参照のこと。
（12）吉村和真編『マンガの教科書』臨川書店、二〇〇八年、一〇三頁。
（13）同前、一〇五頁。
（14）前掲『マンガ研究』八号、六三－六四頁。なお、文中の「内記さんの年表」とは、注（1）で触れた「戦後の戦争マンガリスト　やや不完全リスト」を指している。
（15）『はだしのゲン』の最初のコンビニマンガは、戦後五〇年の節目に合わせ、集英社から発行された「JUMP REMIX」版になる。これに関して、作者の中沢啓治は、自作のコンビニマンガ化に好意的な反応を示していた。詳しくは、福間良明・山口誠・吉村和真編著『複数の「ヒロシマ」――記憶の戦後史とメディアの力学』（青弓社、二〇一二年）所収の第三部「作家インタビュー」「[インタビュー]中沢啓治――戦後の社会史・メディア史における『はだしのゲン』」を参照のこと。

なお、二〇一三年の『はだしのゲン』閲覧制限騒動を受け、ほどなく同じ集英社のコンビニマンガが緊急重版されたほか、汐文社の単行本も増刷、二〇一四年には、それまで愛蔵版を刊行していた中央公論新社からもコンビニマンガ版が刊行された。

(16) たとえば、『漫画が語る戦争　焦土の鎮魂歌』（小学館クリエイティブ、二〇一三年）、『漫画が語る戦争　戦場の挽歌』（小学館クリエイティブ、二〇一三年）のように、同時に複数出版する事例もある。

(17) 本章では「知覧」と「特攻」を題材にしたコンビニマンガを主軸に議論を展開してきたが、むろん、それ以外のマンガや周辺事情にも目配りが必要である。

記憶に新しいように、二〇一三年には百田尚樹『永遠の0』が大ヒットを記録した。しかし、私たちの「特攻の記憶」に作用する、小説版、映画版、マンガ版と、同じ作品の異なるメディアの総合的な影響力については、およそ具体的に検証されていない。ちなみに、本そういちが作画を担当した同作のマンガ版は、双葉社『漫画アクション』に二〇一〇年一月から二〇一二年二月まで連載、単行本は全五巻である。

このほか、例えば、戦闘機同士のバトルや主人公が特攻に向かうラストシーンで知られる、ちばてつや『紫電改のタカ』（講談社『週刊少年マガジン』一九六三年六月三〇日号〜六五年一月一七日号連載）の登場からほぼ五〇年が経過した現在、それを意識したタイトルながらも、女子高生と戦闘機とのミスマッチを逆手にとった野上武志『紫電改のマキ』（秋田書店、『チャンピオンRED』二〇一三年一〇月号より連載中）が若者たちに支持される状況を、どのような文脈で説明できるだろう。あるいは、特攻に限らない戦争マンガにおけるミリタリー要素への欲望については、そのジャンルの立役者である松本零士の作品などをふまえつつも、第八章で論及されているように、『丸』をはじめとする軍事雑誌やプラモデルなど、マンガ以外の隣接メディアと絡めて考察する必要がある。

第一〇章　記憶の継承から遺志の継承へ
――知覧巡礼の活入れ効果に着目して

井上義和

先が見えなくなったとき、壁にぶつかったとき、この場所がいつも僕を救ってくれた
「愛」「感謝」「勇気」「覚悟」　すべての答えは知覧にあった
――永松茂久『人生に迷ったら知覧に行け』より

一　知覧巡礼の勧め

「人生に迷ったら知覧に行け」

次に引用するAmazonのレビューから、もとの本の中身を想像してみてほしい。

涙なしには読めない本でした。自分の生き方はまだまだ自己中心的で、甘いことを思い知りました。誰かのために、社会のために、そう思ってつきたい仕事についたのに、有休や自分の都合を考えて仕事をしている自分。しんどいとか、睡眠不足とか、それが何なんだろ。恥ずかしい。（中略）自分のこと反省して、もっと感謝と思いやりを持って生きよう、そして誰かのために、社会のために、日本のために、もっと頑張ります！(1)

著者と同じ飲食業で、人が人を祝う手伝いをしたいと考えています。ただ、会社の売上比率的にはまだまだ。勝算ある策を社長へ伝えるも、想いは届かず。ままならぬ日々に奮闘しておるところでございます。ままならぬをままならぬまま放置しては、日本の明るい未来に想いを託して逝った人たちに対し申し訳が立ちません。(2)

飲食業の成功者が、仕事を頑張る人に向けて書いた、自己啓発書――というところまでは誰でもわかるはずだ。さらに「涙なしには読めない」や「誰かのために、社会のために、日本のために」「日本の明るい未来に想いを託して逝った人たち」といった言葉から、特攻隊がテーマになっていることを読み取れたあなたは相当鋭い。では、特攻隊と仕事を頑張る（良く生きる）こととはどうつながるのだろうか。その秘密を知りたければ「知覧に行け」というのがこの本の主張である。しかし本章の関心は、良く生きるための秘密ではなくて、特攻基地・知覧が現代人の自己啓発と結びつく秘密のほうにある。

人びとが知覧を訪れる目的には、平和学習や慰霊追悼のほかに、自分の生き方を見つめ直す自己啓発もある。それも漠然とした「自分探し」や「リフレッシュ」などではなく、特定の効果を期待しうる特別の場所として訪れる。あるいは平和学習や慰霊追悼の目的で訪れたところ、意図せずして自らの生き方を見つめ直す契機になることもある。本章では、知覧が、こうした意味での自己啓発の聖地となりつつある社会現象（知覧巡礼）に注目し、それがいつ頃・どのように増加してきたのか、また自己啓発の内実がどのようなものであるかを分析し、「戦争の記憶」研究にどのようなインパクトをもたらすのかを考察する。

自己啓発的な意味での知覧巡礼の勧めは、必ずしも表立ってはなされないとしても、民間（folk）レベルではこれまでも脈々と受け継がれてきた。『人生に迷ったら知覧に行け』は冒頭でAmazonのレビューを紹介した、二〇一四年に刊行された本のタイトルであるが[3]、著者の永松茂久（一九七四年生）はこれを祖父の言葉として引用している。大分県の中津でたこ焼き屋を開業したものの行商生活に疲弊していた二〇〇二年頃、行商先の鹿児島の宿で映画『ホタル』の再放送をぼんやり見ながら考えごとをしている時に、ふと祖父の言葉を思い出す。「シゲ、道に迷ったら知覧に行け。必ず何かが見えてくる」と[4]。知覧が永松の人生にとって特別な場所となった経緯は後で詳しく紹介するが、ともかく本業の飲食店経営では成功を収め、人財育成系の自己啓発界のニューリーダーとして全国各地で講演活動をするまでになった。彼は二時間の講演のうち、最後の三〇～四〇分を使って知覧の特攻隊や鳥濱トメの話をする[5]。そのテーマは、

図1　人生に迷ったら知覧に行け』の表紙

平和でも慰霊でも顕彰でもなく、自分の生き方を見つめ直す契機としての「感謝」だという。永松は知覧巡礼を勧める伝道師の一人である。

これとよく似た「知覧巡礼の勧め」の例は枚挙にいとまがない。クロフネ・カンパニーの中村文昭（一九六九年生）は若い頃に師匠と仰ぐ人物から「二十歳の成人式は一人で知覧に行ってこい」といわれ、知覧で「命の成人式」を行った。[6] プロ野球選手の野村克則（一九七三年生）は現役時代に宮崎キャンプに出発する時、母親の沙知代から「お休みの日には、必ずここに行ってね」と勧められ知覧を訪れた。[7] 同じくプロ野球選手の西岡剛（一九八四年生）も宮崎キャンプの休日に高橋慶彦コーチに個人的に誘われて一緒に知覧を訪れた。[8]『出稼げば大富豪』シリーズ著者のクロイワ・ショウ（一九七九年生）は「元暴走族総長にして現不動産会社エイトのファウンダー、シラヤナギ社長」から「理屈抜きで一度知覧に行ってみてください」と勧められ知覧を訪れた。[9]

「人生に迷ったら〇〇に行け」という台詞にふさわしい場所として、知覧に匹敵するものがはたしてあるだろうか。靖国神社を挙げる人もいるかもしれないが、あとで述べるように、知覧と靖国のあいだには決定的な違いがある。

活入れ効果への着目

彼らを知覧に導いたのは、平和学習の教科書や観光案内パンフレットではなく、親族やコーチや社長といった信頼する他者からの口伝え——民間レベルでの伝承（folklore）による。では、知覧巡礼を他者に勧める理由とは何か。それは冒頭で述べた「特定の効果」、すなわち理屈抜きの「活入れ」を期待するがゆえにほかならない。

「活を入れる」とは、もともとは柔道などで気絶した人に蘇生術を施すことであり、転じて「元気づける」「気力を起こさせる」ことを意味する。[10] 原義から、単に「元気づける・励ます encourage」というだけでなく、ダメになりかけた状態に刺激を与えて本来の生命力を取り戻させる＝「生き返らせる revive」というニュアンスが強い。本章では、知覧を訪れ特攻隊員の物語に触れることで自分の生き方を見つめ直し、ある種の前向きな意識状態に持っていくことを「活入れ」と呼びたい。

二〇一四年に刊行された横井恵一（一九六八年生）の『現状から一歩踏み出し飛躍したい人のセルフパワーコーチング』は、即効性のあるセルフコーチング・メソッドをいろいろ紹介する典型的な自己啓発書であるが、このなかで気持ちを切り替えるためのお勧めスポットとして、岩手県陸前高田市の「奇跡の一本松」と並んで知覧特攻平和会館が紹介されている。[11] 両者が分類されたカテゴリは、「ビッグイベントなどのここ一番の前に訪れたい「心に火をつける場所」」である。[12] 活入れは、差し当たり「心に火をつけること」と理解しておいてもよい。

ただし、活入れの「前向きな意識状態」の内実には、あとで述べるように、さまざまなパターンがある。それをふまえれば、ここでの活入れが、その字面から連想される「気合いを入れれば何とかなる」式の粗雑な気合主義とは似て非なるものであり、したがって昨今のいわゆるヤンキー化論[13]とも一線を画するものであることが理解されよう。

また、活入れは、いつでも・誰にでも同様に起こるわけではない。先述の永松茂久は、実は高校時代に謹慎処分を受けた自分を担任の先生が知覧に連れて行ってくれたことがあったが、「その時は正直、遺書よりも、丸坊主にされてなくなってしまった自分の髪の毛の方が気になって、何にも記憶に残っていませんでした[14]」という。恩師の意図が平和学習ではなく活入れにあったことは明らかだが、永松自身にその構えができていなかったのである。活入れは、目標のために努力したり、困難に挫けそうになったり、人生に迷ったりして、進むべき道を模索する人や前に進む力を求める人にこそ、起こるのであろう。

本章の構成は以下のとおりである。この活入れ効果を織り込んだ研修プログラムがさまざまな領域で実施されているので、それらをスポーツ合宿・社員研修・その他の自己啓発イベントに分けて検討する（第二節）。次に文献調査を通じて収集した活入れ事例を対象に、二〇〇〇年代以降の趨勢を分析する（第三節）。ここまでの検討をふまえて、最後に、この活入れ現象が「戦争の記憶」研究に与えるインパクトについて考察する（第四節）。

研究の便宜のために、巻末に活入れ事例集を添付した。本文中の［事例番号］はこれに対応している。また主要な登場人物に生年情報をつけて、その多くが戦中派（一九二〇年代前半生まれ）の子どもたちより後の世代に属することを確認できるようにした。

二　研修場所に選ばれる知覧

合宿の合間に立ち寄る

さて、知覧を訪れた人がたまたま「活が入る」状態になったり、その経験をふまえて他人にも「ぜひ知覧に行くといい」と勧めたりすることは、これまでもあっただろう。永松茂久が高校の担任の先生に知覧に連れて行かれたのは一九九〇年代初め、中村文昭が師匠に言われ、独りで知覧を訪れ「命の成人式」を行ったのは一九八九年である。それに対して、二〇〇〇年代以降の注目すべき動向は、知覧巡礼が、そうした偶発的・個別的な「民間レベルの伝承」段階を超えて、その活入れ効果が言説化され、意図的ないし方法的な社会化[15]の場として位置づけられるようになってきたことである。具体的には、（1）スポーツ合宿（キャンプ）の合間に立ち寄る場所として、（2）社員研修で連れて行く場所として、（3）その他自己啓発イベントのために集う場所として、知覧が選ばれているのだ。

第一に、宮崎や鹿児島でキャンプを行う際に、[16]知覧特攻平和会館訪問を日程に組み込むことがある。プロ野球界では、これまで野村克則（一九七三年生）や松井秀喜（一九七四年生）、西岡剛（一九八四年生）らが宮崎キャンプの合間に個人的に知覧を訪れていた［事例1・3・4］が、チームとしては、二〇〇〇年代半ば以降に読売巨人軍と千葉ロッテマリーンズ（二軍）が知覧を訪れたことが報道されている［事例7・23］。宮崎と鹿児島は隣同士だが、宮崎市内から知覧特攻平和会館までは一六六キロ、高速道路で二時間四四分かかる（NAVITIMEによる）。往復すれば一日がかりだ。限られた日程のなか、わざわざこのために時間を割くのは、もちろん平和学習や慰霊顕彰のためではない。「「失敗しても死に至ることはない」と思えば大胆に野球ができると感じた」（巨人・木佐貫洋投手）「好きな野球ができることに感謝」（ロッテ・田村龍弘捕手）という感想に典型的に示されるように、野球に向き合う姿勢を正すのがねらいである。[17]

日の丸を背負って戦う「日本代表」も知覧で活入れをする。ラグビーU20日本代表チームは二〇〇八・〇九年の鹿児島強化合宿で知覧を訪れている［事例8］。薫田真広（一九六六年生）監督は「「桜のプライド」を背負う今の若者たちが、（戦争や歴史のことを）どう考えるのかを知りたいから」と意図を説明、「当り前のようにラグビーができることに感謝し、自分も日本ラグビーのために何かをしていきたい」という選手の感想からは活入れ効果が認められる。[18]全日本女子バレーボールチームも二〇一一年の合宿で指宿滞在中に知覧を訪れている［事例15］。特攻平和会館で選手たちは「みな、肩をふるわせて泣いていた[19]」が、それは特攻隊員が可哀そうだからではない。眞鍋政義（一九六三年生）監督はその経験をふまえて「日の丸の重みを認識させ」「我々が負けると日本が負ける」と言い続けたという[20]。彼女たちの涙は、究極の「日本代表」である特攻隊員と自分たちを重ね合わせ、日の丸の重圧をプライドとパフォーマンスに転化するために流されたのである。

以上の例のように宮崎や鹿児島でのキャンプの合間に知覧に立ち寄る、というのとは逆に、別の場所やメディアを介して特攻隊員の物語に触れ、知覧巡礼と同様の効果をねらうものもある。有名な例として、「やくざ監督」こと野々村直通（一九五一年生）監督率いる島根県の私立開星高等学校野球部がある［事例13］。二〇〇一年三月、初めて広島の江田島で合宿を実施、海上自衛隊の教育参考館を見学して特攻隊員の遺書に触れた。「江田島合宿で確実に生徒たちは変わっていった。生きていること、生かされていることの荘厳さに気づいていった。彼らの感想は、〝感謝〟という二文字で埋められていく[21]」。この年夏の大会で甲子園に出場して以来、江田島合宿は毎年春休みの恒例行事となり、一〇年間で春夏合わせて九回の甲子園出場を果たした（野々村監督は二〇一一年三月で退任）。

また元両国の境川豪章（一九六二年生）が親方を務める大相撲の境川部屋では、稽古のあと力士たちが土俵に座り、特攻隊員の遺書を録音したCDを皆で聞く［事例29］。「中にはぽろっと泣いている力士もいます[22]」。境川親方の日本大学相撲部・出羽海部屋の後輩に当たる舞の海秀平（一九六八年生）によれば、相撲部屋のなかでも稽古場に日の丸を掲げているのは境川部屋だけで、「「先人を敬う気持ち」を何よりも大切し、いま平和な世の中で相撲をとれることに心から感謝できることを第一に、力士を育てていい」るのだという[23]。この部屋の豪栄道（一九八六年生）が大関昇進の口上で「これからも大和魂を貫いて参ります」と述べて話題になったが、これも日頃の指導の賜物とみるべきであろう。開星高校野球部も境川部屋も、いずれも特攻隊員の遺書の活用は独自の指導理念に裏づけられており、キャンプの合間にたまたま立ち寄った場合よりも深いレベルの活入れ（次節の［タイプ2］）に到達している可能性がある。

社員研修で連れて行く

第二に、社員研修の場として、あえて知覧が選ばれることがある。たとえば、高知にあるネッツトヨタ南国株式会社では、若手社員を知覧に連れて行く〔事例22〕。経営責任者として同社を全国のトヨタ販売会社三〇〇社中一二年連続で顧客満足度一位を達成した横田英毅（一九四三年生）は、知覧研修の目的を「人はいつか必ず死ぬ。だからこそ、自分の人生を一生懸命に生きなければならない。この大切なことを社員たちに気づいてもらい、やりがいや生きがいを感じてほしい」と述べている。[24] ちなみに新入社員には視覚障害者を介助しながら四国霊場八十八か所をまわるというお遍路研修がある。同社では、知覧は人間力を高める「大切な場」としてお遍路の延長上に位置づけられている。

静岡県の藤枝を中心とする居酒屋グループ岡むら浪漫では、モチベーションアップを目的としてスタッフを知覧に連れて行く〔事例21〕。グループ代表の岡村佳明（一九六二年生）は「私はスタッフと一緒に「知覧特攻平和会館」に行ったり、ものまねのお店に行ったり、静岡にある超有名ニューハーフ・紅ママのお店「プリシラ」に行ったりします。そこには「高い志」や「本気」があるのです」という。[25] 「やる気をだせ！」と上から命令されるよりも、「高い志」や「本気」に触れることで自ら気づいてもらう。その目的において、知覧はものまねのお店や紅ママのお店の延長上に位置づけられている。ちなみに岡村がプロデュースしたモチベーションアップのDVD『神風』（制作・株式会社ラプト）は、彼の自己啓発の師匠・西田文郎（後述）を通じて二〇〇八年の北京五輪女子ソフトボール日本代表チームに提供され、金メダル獲得に貢献した。[26] これなどは先のスポーツ合宿のところで触れた知覧巡礼の代替行為の例である。

図2『山近義幸の知覧道』の表紙

1日目	
16:00	ひとり芝居　たぬきさん
18:10	知覧町・富屋旅館　到着／休憩
18:30	歴史勉強会（第2次大戦と知覧、そして特攻隊）
	ディスカッションタイム
19:30	夕食／懇談会
	終了次第就寝
2日目	
6:30	早朝散歩（知覧の「戦争遺跡」めぐり）
	「三角兵舎」跡の遺跡、映画のロケ地などをめぐる
8:15	朝食
9:00	富屋旅館三代目女将・鳥濱初代さんからの講話
9:45	「富屋旅館」～「ホタル館」（富屋旅館隣接）見学
11:15	富屋旅館（集合記念撮影後）出発
11:30	「知覧特攻平和会館」（平和公園）見学
	「知覧平和公園」にて昼食（富さん弁当）
13:00	知覧町（「知覧特攻平和会館」）出発・解散

図3　知覧研修プログラムの例1
出典：山近義幸『山近義幸の知覧道』ザメディアジョン・エデュケーショナル、2011年、70頁

大阪ミナミのNo・1ホストクラブ・プリンスクラブ紫苑でも、幹部研修で知覧に行ったことがある［事例10］。オーナーの井上敬一（一九七五年生）によれば、映画『俺は、君のためにこそ死にに行く』（二〇〇七年公開）に触発されたという。「知覧に行こう！　少なくとも紫苑の幹部たちには知覧を見てほしい。ここで、歴史を知り、特攻隊員の思いを知り、特攻隊員たちが母と慕っていた女性の献身を知り、平和とは、人が生きるとは、人がつながるとは、ということを学んでほしいと思った。（中略）間違いなく、人として成長できる。そう思ったから[27]」。幹部たちは事前に映画のDVDを観て全員が泣いた。特攻隊員が可哀そうだからではない。彼らの涙は先に紹介した女子バレー選手とはまた違う意味で、特攻隊員の物語を自分たちの仕事の本質と重ね合わせて流されたのである。自動車販売、居酒屋、ホストクラブ……。業種は異なるが、いずれも顧客満足を高める戦いの最前線だ。

スポーツ合宿の合間に知覧に立ち寄る場合、たいていは特攻平和会館を参観するに留まるが、わざわざ知覧を選んで遠方から出かけて行く社員研修の場合には、それに加えて、ホタル館富屋食堂や富屋旅館において鳥濱トメを継承する語り部の講話を聴講し、特攻隊員たちの物語から自分の生き方を見つめ直すヒントを引き出すためのプログラムが組まれることがある。その広がりと継続性において注目すべき事例として、山近義幸（一九六一年生）がCEOを務める株式会社ザメディアジョンの取り組みを紹介する［事例12］。中小企業を対象とした新卒採用コンサルティング事業では、サポートする会社の内定者と採用担当者と経営者を知覧に連れて行く（内定者研修）。また無料で通える一年制の私塾「日本ベンチャー大學」（二〇〇九年四月開学）という人財育成事業では、卒業旅行として二日間かけて青春18切符で在来線を乗り継ぎ、東京から鹿児島の知覧を目指す[28]。知覧では、いずれも富屋旅館に宿泊して濃密な研修を行うが、山近自身も「2ヶ月に一度のペースで[29]」これに同行する。二〇〇〇年代初めから七年間で一〇〇〇人の経営者と学生を知覧に連れてきたため、富屋旅館には「別館」まで建ち[30]、山近は南九州市長から「知覧・観光大使」に任命された[31]。

山近も知覧巡礼の伝道師を自任する一人である。『山近義幸の知覧道――大切なことは〝富屋旅館〟が教えてくれた！』（ザメディアジョン・エデュケーショナル、二〇一一年）は、永松茂久『人生に迷ったら知覧に行け』と並んで、自己啓発の聖地としての知覧を真正面から取り上げた画期的なテキストである。山近が知覧にのめり込んで行った経緯や、研修の具体的な内容、富屋旅館女将の鳥濱初代との対談のほか、社員を連れて研修に参加した経営者三四人の感想文も掲載されており、とくに後者は活入れに関する多角的な証言集となっており貴重である。たとえば、次に引用する映像制作会社社長の感想文は、活入れ効果を最大限に引き出す工夫を伝えてくれる[32]。

一泊二日の知覧研修の「リアル」な体験は、二日目早朝の研修だと、私は個人的に感じた。出撃の朝に備え、まだ暗い同じ時刻に飛行場跡地へ向かう。当時とは異なるバスに揺られながら、同乗した富屋旅館の「おかみさん」が「お国のため、皆を護るため、早朝に特攻隊の人たちは何を思ったでしょうか」車中の皆が神妙な面持ちになった。（中略）「おかみさん」は、時計を見ながら「今まさに出陣する時刻です」タイムリーな状況説明でイメージが湧く。「もう上空にいます」（中略）今日も、ご来光が辺りを照らす。こんなにきれいな太陽は珍しい。「朝日に何を誓いますか？」私は、つくづく有難き時代に生かさせていただいていることを実感する。本日の平和の礎を創ってくれた人たちがいた。私たちは、命をどう使っていくべきか。死ぬ気になれば何でも出来る。今が豊かであることが当たり前ではない。これから先も辛いことはあるだろう。辛抱の種を蒔き、花を咲かせていく。これは「気づき」の研修だった。ここ知覧で、全社員研修を行う「会社」の底力を見た。（傍点引用者）

さらに続きがある。旅館の売店で流されている特攻映画のDVD映像は、前日は何も感じなかったのに早朝研修から戻った後で観ると「切なかった」。「同じ映像なのに、セリフの一つ一つが、前日の印象と全く違い、「リアル」だった。「リアル」な体験が、映像とセリフを生かしていた」[33]と映像制作者らしい視点から驚きを込めて分析している。ここで登場する旅館の女将・鳥濱初代[34]（一九六〇年生）は、陸軍指定食堂で特攻隊員たちを親身に世話した鳥濱トメの孫の嫁として富屋旅館を継承しながら、「トメの正統な語り部」として知覧巡礼者にリアルを充塡し活入れを促すという――ある意味トメ以上に――積極的な役割を果たしている。山近義幸が二〇〇〇年代初めに富屋旅館を訪れ「ここに一〇〇〇人連れてくる」と誓ったのも、この鳥濱初代に感化されたからである。プログラム内容と参加者の感想を併せて読むと、両者の合作ではじまった知覧研修は、活入れ効果を最大化する方向に洗練されてきたことがわかる。

なお、先述の「日本ベンチャー大學」では卒業旅行で知覧を訪れるだけでなく、山口県大津島の回天訓練基地跡で毎年八月に合宿を行っている。その実績を活かし、山口県周南市の周南観光コンベンション協会による「平和の島プロジェクト」[35]（二〇一四年三月発表）のなかの「回天研修」[36]を担当するのが、同グループの株式会社ザメディアジョン・リージョナル（北尾洋二社長）である。特攻関連の戦跡を活入れ資源として再開発する最前線として、ザメディアジョンの取り組みは注目に値する。

自己啓発のために集う

第三に、自己啓発イベントの場として、あえて知覧が選ばれることがある。「能力開発の魔術師」こと西田文郎（一九四九年生）は日本のメンタルトレーニングの草分け的存在で、ビジネス界やスポーツ界に多くの支持者を持つ。その彼が主宰する経営者の勉強会「西田塾」では、「大人の修学旅行」と銘打って門下生を知覧に連れて行く[37]［事例9］。なぜ知覧か。それは特攻という究極の「積極的自己犠牲」の重さ・深さの一端に触れることにより、「いま自分が生かされているという「恩」を感じ、自分を超えて生きるという意味を考えてほしい、本当に大切なものをもう一度思い出してほしいから」[38]である。西田によれば、この恩を感じる力（恩感力）を磨くことで、自分より他人の利益を優先することに喜びを感じ、その結果、富や出世といった社会的成功だけでなく、それを上回る人間的成功者（大成功者）にもなれるのだという。

文郎の息子でメンタルトレーナーの西田一見（一九七三年生）も自ら講師を務める「ＳＢＴ（スーパーブレイントレーニング）プレミアムスクール」の特別合宿の場所に、知覧を選んでいる[39]。なぜ知覧か。

自身のFacebook（二〇一四年一〇月一日付）で次のように説明している。

> 今まで、私は一人で知覧に行っていました。SBTプレミアムスクールをスタートして、何年か経ち、同じ思いを共有できればと考え、この合宿を企画して頂きました。あなたには守りたい人がいますか？　人は自分を犠牲にしてでも守りたい人がいる、そんな時に何事にも変えがたい志に魂が宿ります。（中略）その志を心に刻むには、私はこの知覧の合宿が一番だと思っています。わずか69年前に今私達が住んでいる日本を守る為に積極的自己犠牲を払ったエリートたちの志を感じられます。（傍点引用者）

「特攻＝積極的自己犠牲」という規定は父・文郎と同じだが、西田一見はその「魂」が宿ったエリートたちの「志」を私たち自身の「心」に刻むのだと、より直截的に表現する。

経営コンサルタントの佐藤芳直（一九五八年生）が講師を務める「人財創造クリニック＆セミナー」も知覧で開催される［事例19］。二〇一一年のパンフレットには「知覧から私たちが学ぶこと」として三つが挙げられている。第一に「先人達の想いを知る」。第二に「人間の〝生〟とは利他の追求である」。第三に「託された想いを受け継ぎ力強く未来へ歩み出す」――すなわち、特攻隊員の遺書に綴られた「母への思い、子供への思い、恋人への思い、そして未来の日本への思い」から、死を覚悟した時に発揮される「誰かの為に」という想いに気づかされ、「その「誰か」の一部に、彼らにとって「未来」であった今を生きる私たちが、間違いなく含まれているという事実を、私たちは受け止め[40]」、この「今」をよりよくして未来に手渡す責任を引き受けること。彼らの究極の利他＝積極的自己犠牲に突き動かされて私たちを未来に向けた利他へと駆り立てる玉突きの論理は、西田父子とも共通している。この論理を体得するのに、知覧は最適の場所なのだ。

最後に、冒頭で触れた永松茂久が主宰する「知覧フォーユー研修さくら祭り」を取り上げたい。たこ焼き屋の行商生活に疲れた永松が「道に迷ったら知覧に行け」という祖父の言葉を思い出して、知覧特攻平和会館を二度目に訪れたのは二〇〇二年頃のことだった。その時も活入れには至らなかった。その後はじめたダイニング「陽なた屋」が軌道に乗った頃、スタッフの提案で社員旅行として知覧を訪れた（二〇〇八年一月）[41]。特攻平和会館の入り口近くの桜並木の下でスタッフらを待ちながら、読んでいた本に掲載された遺書の一節に電流が走った[42]。「後に続く生き残った青年が、戦争のない平和で、豊かな、世界から尊敬される、立派な文化国家を再建してくれる事を信じて、茂は、たくましく死んで行きます[43]」――。

> 残りわずかな命の中で自分自身が何のために命を使うのか？ということを考えたときに行き着いた答えが、愛する人を、そして未来を守ること、だったのだと思います。僕はこの遺書から、命がけの「フォーユー」の姿を感じました。（中略）僕の元に一つの「たすき」が来たように感じました。（中略）今の僕にできること、それは自分自身がその先輩たちに恥じないような生き方をすること。後に続く青年たちにその背中を見せていくこと、そしてその意志を後世に残していくことだと気がつきました。（傍点引用者）

永松に活が入った瞬間である。それまで何度も個人的に知覧に通い、特攻隊員の遺書に涙を流してきたが、鮮明かつ論理的に活が入ったのはこの時だった。以後、永松の成功哲学の鍵概念となるフォーユー（for you）とは、佐藤も特攻隊員の遺書に読み込んだ「誰かの為に」であり、永松が受け

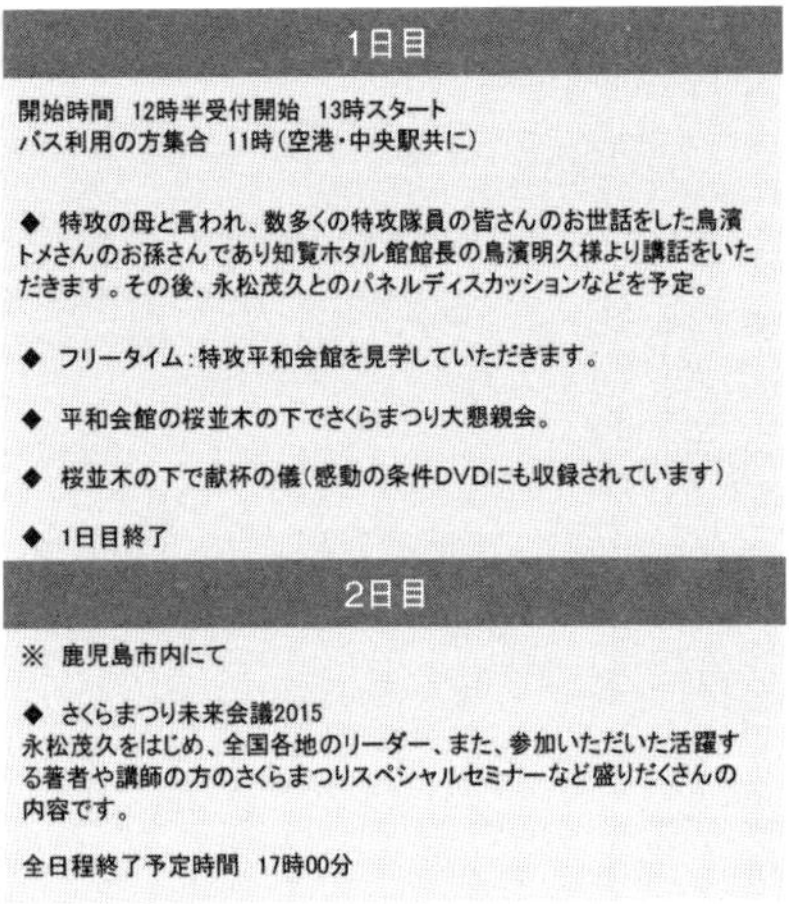

1日目

開始時間　12時半受付開始　13時スタート
バス利用の方集合　11時（空港・中央駅共に）

◆ 特攻の母と言われ、数多くの特攻隊員の皆さんのお世話をした鳥濱トメさんのお孫さんであり知覧ホタル館館長の鳥濱明久様より講話をいただきます。その後、永松茂久とのパネルディスカッションなどを予定。

◆ フリータイム：特攻平和会館を見学していただきます。

◆ 平和会館の桜並木の下でさくらまつり大懇親会。

◆ 桜並木の下で献杯の儀（感動の条件DVDにも収録されています）

◆ 1日目終了

2日目

※ 鹿児島市内にて

◆ さくらまつり未来会議2015
永松茂久をはじめ、全国各地のリーダー、また、参加いただいた活躍する著者や講師の方のさくらまつりスペシャルセミナーなど盛りだくさんの内容です。

全日程終了予定時間　17時00分

図4　知覧研修プログラムの例2
出典：「知覧フォーユー研修さくら祭り2015」公式HP

取った「たすき」とは、佐藤が受け継いだ「託された想い」と同じである。西田一見も永松と同じように、「一人で知覧に行っていた」当時はすぐにはこの境地に至らなかったのかもしれないが、何らかのタイミングで「たすき」を受け取ったことで「同じ思いを共有できれば」と特別合宿の企画に踏み切ったのではないか。

さて、活が入った永松は、その数日後、ホタル館富屋食堂館長・鳥濱明久[44]（一九六〇年生）との出会いがきっかけで花見大会を企画、それが毎年恒例の「知覧フォーユー研修さくら祭り」に発展していく。スタッフだけでなく、店の常連客や全国の仲間たちが口コミで集まり、参加者は三五〇人から四〇〇人に達するというから、もはや社員研修を超えた自己啓発イベントといってよいだろう。各回のテーマには、これまで「結集」「立命」「勇気」「覚悟」「使命」「絆」「愛」「士（サムライ）」「感謝」が選ばれてきた[45]。研修の内容は図4のようなものである。

研修のハイライトは、先に紹介した山近の場合には二日目の朝（飛行場跡地見学～鳥濱初代の講話）だったのに対して、永松の場合は一日目の夜の「桜並木の下での誓いの儀」である。知覧特攻平和会館の前の桜並木の下で「全員が手をつないで目を閉じ、感謝の祈りと自分が今からどう生きていくのか、どんな思いを持って目の前の仕事や、人に向き合っていくのかを一人ひとりがイメージし、献杯をする」。二〇一〇年三月のさくら祭りは曇り空だったが、この「誓いの儀」に入り、三〇〇人が手をつないだ瞬間、ひと月に二回満月が出るというブルームーンが奇跡的に、それも桜並木の一直線上に顔を出して、感動を盛り上げた[46]。

鳥濱トメの実の孫である明久もまた、初代と同様「トメの正統な語り部」として知覧巡礼者に活入れを促すナビゲーターの役割を果たしている。その鳥濱明久に見込まれた永松は、二〇一二年のさくら祭りの打ち上げの時に、ホタル館富屋食堂の「特任館長」に任命された[47]。

本章で知覧を「自己啓発の聖地」と呼ぶ時、狭義にはここで取り上げた第三の場合が該当するが、スポーツ合宿や社員研修で訪れる事例についても、明らかに自らの生き方や職業生活を根底から見つめ直す目的で訪れており、広義の自己啓発に含まれることが理解されよう。

三　知覧巡礼者はなぜ増加しているか

二〇〇〇年代の同時発生

知覧巡礼による活入れとはどのようなものだろうか。その具体的な状況や感想を把握するために、新聞記事データベースや書籍全文検索サービスも利用して、広く事例を収集した[48]。巻末に事例一覧を掲載する。

事例一覧から明らかなように、知覧巡礼による活入れの言説は、相互に連絡のない異業種の人びとにおいて、二〇〇〇年代以降に集中的に発生している。二〇〇〇年以前のものは、一九九六年の野村沙知代・克則の事例1だけである。ただし冒頭で述べたように、表立って言説化される以前の「民間レベルの伝承」段階であれば、時代をもっと遡ることができるだろう。ここで収集された事例の多くは、あくまでも知覧巡礼の活入れ効果が言説化され、意図的ないし方法的な社会化の場として認知されるようになった段階のものである。今後、全文検索サービスの対象書籍が遡及的に拡大していけば、二〇〇〇年以前の事例を発掘しうる可能性はあるが、それでもあとで述べる理由により、「二〇〇〇年代以降の増加傾向」という趨勢は覆らないと思われる。

事例の社会的属性をみると、スポーツ選手、政治家、経営者、コンサルタント、教育関係者など、バラバラである。彼らは現代史や思想史の専門家ではないので、知識人の業界（学界や論壇など）のように共通のテキストを参照しているわけでもない。にもかかわらず同じ時期に言説が集中するとすれば、民間（folk）レベルで自然発生した社会現象であると考えたほうがよい。その一方で共通点もある。ほぼ全員が戦争を知らない世代であり、それも一九六〇年前後以降の生まれが多いということである。戦争の記憶を持つのは、明治神宮外苑競技場で出陣学徒を見送ったという野村沙知代（一九三二年生）だけである。(49) おそらく活入れ現象には世代的な偏りがある。

では、なぜ活入れ言説は二〇〇〇年代以降に戦争を知らない世代のあいだで増加してきたのか。

ここで、映画や小説など特攻もののコンテンツの影響を思いつくかもしれない。たしかに、『ホタル』（二〇〇一年）、『俺は、君のためにこそ死ににいく』（二〇〇七年）、『永遠の0』（二〇一三年）といった映画が、特攻への社会的関心を高め、知覧巡礼を動機づける契機になったことは間違いない。永松茂久は『ホタル』の再放送を観て祖父の「道に迷ったら知覧に行け」という言葉を思い出し、井上敬一は『俺は…』を観て幹部を知覧に連れて行こうと思いついたのだった。

しかしながら、現地で特攻隊員の物語に触れたとしても、「活が入るかどうか」はまた別の問題である。それに特攻ものの映画は二〇〇〇年以前からいくつも公開されてきた。にもかかわらず、その時期には活入れ言説がほとんどなかったとすれば、それはなぜか。あるいは、活入れ現象そのものは存在したとしても、それを目的とした訪問や研修がほとんど認められなかったとすれば、それはなぜか。コンテンツ仮説ではこれらの問いに答えることはできない。

コンテンツ仮説と並んで思いつきやすい説明として、右傾化仮説が挙げられる。これは、社会の流動化や雇用の不安定化などから閉塞感を抱く相対的に下の階層が、心の拠り所を国家的なものに求めて「右傾化」している、という二〇〇〇年代のリベラル論壇に共有された見方[50]を下敷きにしたものだ。すなわち、戦争への反省ではなく自らの「活入れ」を目的に特攻隊員の物語を受容するのも、まさに右傾化しているからではないか――というわけである。ところが、仮に相対的に下の階層から右傾化したとして、彼らがお金のかからないネット上で右傾言説を消費したり、アクセスの良い靖国神社に集結したりするならまだしも、わざわざ鹿児島県の知覧を目指すというのは相当なお金と時間と行動力を要する。知覧巡礼にはそれに見合うだけのものがあるからだが、下の階層を想定した右傾化仮説ではこれをうまく説明できない。

先へ進むための手がかりを得るために、事例から活入れの論理構造を抽出してみよう。

感謝・利他・継承

〈かつて―いま〉〈彼ら―私たち〉の関係の捉え方に着目すると、活入れは差し当たり二つの類型（タイプ）に分けることができる。すなわち断絶・対照関係に照準する［タイプ1］と、連続・継承関係に照準する［タイプ2］である。ただし二つのタイプを当事者自身が区別しているとは限らず、両方のタイプが同居することはありうる。

具体的には以下のとおりである（括弧の数字は事例番号）。

［タイプ1：断絶・対照関係］

①戦争の時代を思えば、平和な時代に生きている私たちは幸せ。〇〇に打ち込める平和な時代に感謝。――「好きな野球ができる幸せ、学校で自由に学べるありがたさ」（1野村沙知代）、「今、野球が出来るって幸せだよ」（3松井秀喜）、「自分はなんて幸せなんだろうと」（4西岡剛）、「当たり前のようにラグビーができることに改めて感謝」（8ラグビーU20日本代表）、「自分がいかに恵まれているかを知り、与えられている幸せに気づいてもらう」（26中山和義）など。

②特攻隊員のことを思えば、今の自分の苦労など何でもない。――「嫌なことがあると、あの特攻隊員の気持ちになってみろと自分に言い聞かしてみます」（2小泉純一郎）、「「ツライ」とか「キツい」とか泣き言をいうのが、それこそ恥ずかしくなる」（5北原照久）、「失敗しても死に至ることはない」（7木佐貫洋）、「死ぬことを思えば何でもできる」（13開星高校野球部員）、「死なないんだから、死ぬ手前ぐらいまではリスクをとって何かをしなくちゃと」（24田沼隆志）など。

③特攻隊員の勇敢さや家族愛に心を打たれ、自分も見習おうと思う。――「精神的に非常に強かった事を改めて確認」（8平林泰三）、「家族への愛情こそ、人生でいちばん大切」（16坂本光司）、「そこには「高い志」や「本気」がある」（21岡村佳明）、「親の子に対する、無償の愛に気付かせる」「家族愛ってすごいんだ」（28高知市立南海中学校）など。

［タイプ2：連続・継承関係］

①特攻隊員は大切な人の幸せを願って出撃した。その究極の利他性に心を打たれる。――「大切な人のために「自分を捧げる尊さ」」（9西田文郎）、「命を大切にして、人のためにこそ生きる」

（10井上敬二）、「愛する人たちのために自分の命を捧げる心は、究極の利他の精神」（11近藤典彦）、「残りわずかな命の中で自分自身が何のために命を使うのか？ということを考えたときに行き着いた答えが、愛する人を、そして未来を守ることだった」（14永松茂久）、「手記につづられていたのは、両親や兄弟、あるいは共同体への思いばかり」（17クロイワ・ショウ）、など。

②特攻隊員は祖国の未来を想って出撃した。私たちが今あるのも彼らのおかげ。彼らに恥じない生き方をする。——「自分が生かされているという「恩」を感じ、自分を超えて生きるという意味を考えてほしい」（9西田文郎）、「すばらしい未来をありがとうございました。あなた方のおかげで、僕たちは、いまを幸せに生きています。しっかりとタスキは未来へとつなげていきます」（14永松茂久）、「未来をつくる勇気、気概は過去への感謝から湧き上ってくる」（19佐藤芳直）など。

［タイプ1］は戦争の時代の彼らと平和の時代の私たちのあいだの落差がもたらす効果であり、いまの相対的に恵まれた環境に改めて目を向けさせ、現在の持ち場で力を尽くすことを促す。戦時中における前線と銃後の落差（「兵隊さんの苦労を思えば……」）に発し、戦後も戦時との落差に置き換えられ（「戦時中の苦労を思えば……」）、下の世代への戒めとして機能してきたと考えられる。戦争の時代のなかでも最高度の極限状況に置かれた特攻隊員を基準点（ancor）とするアンカリング効果[51]と捉えれば、スポーツ選手や受験生はもちろん、性別や年齢に関係なく普遍的な効果が期待できる。

工藤雪枝（一九六五年生）は『特攻へのレクイエム』（二〇〇一年）のなかで知覧特攻平和会館の来館者ノートに記された感想メモを分析している[52]。それによれば、特攻隊員と同世代の若者の多くは「遺書に接して、その筆跡の素晴らしさ、内容の立派さに感動し、いかに特攻隊員達が、自分達とは違うのだろうかという感嘆の気持ち」を表す。また「平和である日本に生まれたことがいかに有り難いことか、いかに自分がぜいたくでぬくぬくとした生活をしているのか気づかされ」、特攻隊員たちの胸中に想いを馳せると「我々は皆、どんな状態であれ生かされている自分の環境に感謝し、また少々の不満や不平などとるにいたらないことだと実感する」。さらに一九九〇年頃の分から読んでいくと「近年になればなるほど「家族愛」に気づいたことを中心として書いている人の割合が増えている」という。以上の特徴が［タイプ1］の論理を網羅していることは容易に確認できる。

［タイプ2］は大切な人の幸せと祖国の未来のために命を使った特攻隊員に感謝し、彼らから受け取った命のタスキを次世代につないでいく使命感を抱く。感謝・利他・継承のセットが論理的一貫性をもって体得され、自分の持てる力をみんなの幸せのために使う動機づけを与える。社会貢献志向の経営者向けといえる。注意を要するのは、特攻（作戦）と戦後日本のあいだに必ずしも因果関係は想定されていないということだ。特攻が「どんな結果をもたらしたか」ではなく、彼らが「何のために命を使ったか」にもっぱら意識が向けられている。その意味で、保守派の掲げる「今日の豊かな日本は、彼らがささげた尊い命のうえに成り立っている」（6安倍晋三）は両義的である。

どちらのタイプも、命のタスキリレーでつなぐ「祖国」の想像力を媒介してはいても、権力や権威の源泉としての「国家」に心の拠り所を求めているわけではない。後者のような権威主義的な意味での右傾化と活入れとの本質的な差異は、とりわけ［タイプ2］の理解にかかっている。

死者に対する負い目感情の昇華

［タイプ2］は何もないところから唐突に現れたわけではなく、ベースとなった古層がある。ひとつは、江藤淳（一九三二年生）が柳田國男（「先祖の話」）を参照しながら日本の make-up of the nation の根源にあると指摘した「死者との共生感」である。[53] これ自体は戦争と関係ない先祖信仰と結びつくも

のであるが、戦争を生き延びた一定の世代を中心に、特有の「死者に対する負い目」が加わった。佐伯啓思（一九四九年生）はこれを「疾《やま》しさ共同体」と呼ぶ。すなわち「「死者たちに申し訳ない」という心情は、その後の戦後が今日あるように、おそるべき勢いで繁栄（虚の繁栄）を続けていけばいくほど、そこに埋没することの「疾しさ」を感じることになるであろう。（中略）戦後の時空を支配するある種の不透明感、割り切れぬ感覚、その基底にある「負い目」とはこのようなものではなかろうか」。負い目や疾しさは、「何ともいえぬ「悲しさ」、あるいはえもいえぬ「やりきれなさ」」とも言い換えられる。佐伯が参照する三島由紀夫（一九二五年生）や吉田満（一九二三年生）といった戦中派は同世代から多くの戦死者を出しているので、その語り口にはためらいと重苦しさがつきまとう。それは戦後社会に対する批判原理になったが、感謝や利他や継承といった感情とのあいだにはまだ距離がある。

他方、自らも戦中派すなわち「決死の世代」だった森岡清美（一九二三年生）は「生き残り者の負い目」（survivor guilt）への向き合い方にはさまざまなかたちがありえたことを指摘したうえで、最後に「新日本建設は戦犯死没者の付託でもあったことを想起するとともに、生き残り者が生き残り甲斐を見出しえた新日本創造の事業は、戦死者・戦犯刑死者を含めておよそ戦没者の犠牲を礎として成り立ちえたことを銘記するものである」と締め括る。森岡の結論を敷衍《ふえん》していえば、生き残り者の負い目が「疾しさ・悲しさ・やりきれなさ」を乗り越える契機があるとすれば、それは死者たちから「新日本」のタスキを託されたという使命感に加えて、彼らの死を犬死にさせないためにこそ遺志を引き受けねばならないという義務感にある。ただし、こうした負い目の乗り越え方は、戦後の言説空間では「特攻の美化」と紙一重だったから、表立って語られることは少なかった。

それがいまや、死者に対する負い目は、ネガティヴな抑圧感情から、死者に対する感謝と未来への利他・継承というポジティヴな使命感へと置き換わりつつあるようだ。後者のポジティヴさには戦中派（生き残り者）のような重苦しい屈託はなく、むしろ素朴な「死者との共生感」をベースにした想像力が発揮されている。活入れ事例からは、一九六〇年前後の生まれがその世代的な境界を示しているのではないかと考えられる。

［タイプ2］のもうひとつの、より深いレベルの古層《アルカイック》として、人類学的な「純粋贈与」との関連も指摘しておこう。今村仁司（一九四二年生）は原始的な社会の相互扶助や利他的行為を貫く原理として、存在論的に刻印された「負い目感情」に注目した[58]。一般に贈与はそれを受け取った者に返礼を義務づけ、当人は返礼を果たすまで「負い目感情」を抱き続ける。ところが、返礼すべき相手がすでにこの世に存在しない場合（純粋贈与）、その「負い目」は原理的に解消されないために（純粋負債）、代償として利他的行為が促される。すなわち「現在の人間の生命的存在は、神々の贈与であると同時に、先祖による贈与でもあるから、死者たちの集合である先祖なる観念もまた神格化される。アルカイックな社会の人々は、そしてアルカイックな心情をもつ現代人でも同じだが、神々と先祖に対してつねに負い目感情をもっていて、生きていくなかでその負い目を解消するようにふるまう[59]」。

今村の議論には特攻に関する言及は見られないし、この贈与と負い目の関係は戦争とも日本文化とも関係のない「アルカイックな社会」を想定した文脈で論じられている。にもかかわらず、これはそのまま［タイプ2］の活入れが利他的行為を促すことの説得的な説明になっている。特攻隊員からの「贈与」に気づいてしまった人が抱く負い目感情が、「純粋負債」として［タイプ2］の活入れ効果を持続的なものにするのである。ただしこのアルカイックな回路が作動するには、相当の時間の経過と世代交代が必要だったということである。

歴史認識の脱文脈化

再び、なぜ活入れ言説は二〇〇〇年代以降に戦争を知らない世代のあいだで増加してきたのかを考えてみよう。社会階層との関連はさて措き、もしも右傾化仮説が正しければ、活入れの人びとは好戦的な思想の持ち主ということになるが、ほとんどの場合それは当てはまらない。たとえば対米英戦争の目的（自存自衛・アジア解放）や特攻作戦を含む戦争指導に対しても、それをそのまま肯定的に評価する人はいない。むしろ戦争そのものがダメ、という場合が少なくない。そこまでは戦後の平和教育の成果ともいえる。しかしながら、特攻も戦争もダメだからといって、特攻隊員もダメ、とはならない。活入れの人びとは、特攻隊員の物語を戦争や作戦の評価とは完全に切り離して、つまり歴史認識を脱文脈化したうえで受容しているのである。前項で検討した活入れの論理構造をみても、反戦の平和思想とも十分に両立可能であることが確認できる。

歴史認識の脱文脈化は、活入れの人びとだけでなく、より一般的な傾向として進行している可能性がある。たとえば二〇一三年一二月二六日の安倍晋三首相の靖国神社参拝をめぐっても指摘されている。保守派の論客でもある漫画家・小林よしのり（一九五三年生）は、安倍首相が参拝後、報道陣を前に「日本は、二度と戦争を起こしてはならない。私は、過去への痛切な反省の上に立って、そう考えています。戦争犠牲者の方々の御霊を前に、今後とも不戦の誓いを堅持していく決意を、新たにしてまいりました」と語ったのを取り上げ、これほど英霊を侮辱する発言はないと憤りを露わにしている(60)。なぜなら、祖国を守るために戦った英霊は断固として「犠牲者」などではないし、ましてや「不戦の誓い」とは彼らが命を賭けた戦争の意義を真っ向から否定するものだからだ。そしてこの安倍発言を問題視することもなく、参拝行為にのみ反応して喝采する保守陣営の「知性の退化、愛国心の劣化」に、小林は深い絶望感を抱く(61)。

興味深いことに、同じ安倍発言をリベラル派の映画監督・想田和弘（一九七〇年生）も取り上げ、これは安倍首相の「本音」を隠すための「戦略」であると警戒を呼びかけている。[62] 映画『永遠の0』が社会の多数派に安心して感情移入してもらえるよう表面上「反戦映画」の体裁をとったのと同じ「戦略」だという。「不戦の誓い」は参拝を穏便に済ませるための目くらましというわけだ。ここで重要なのは、送り手の隠蔽戦略や受け手の知的退化といったことよりも、送り手・受け手双方における歴史認識の脱文脈化である。その点で、同じく『永遠の0』に言及しながら、加藤典洋（一九四八年生）はより普遍的な含意を引き出している。[63]

しかし、いまは、誰しも、特攻に関連し、また戦争の意味に関連し、賛否いずれのイデオロギーなりともたやすくある意味ではショッピングするように自在に手にすることができる。それだけではない。着脱可能といおうか、小説を書くに際し、その感動が汎用的な広がりをもつよう、そのイデオロギーをそこに「入れる」こともできれば、「入れない」でおくことすらできる。イデオロギー、思想が、いよいよそのようなものとなってきたというだけでなく、私たちがある小説に感動するとして、その「感動」もまたそのような意味で操作可能なものとなっているのである。（傍点引用者）

これを本章の文脈で言い換えれば、私たちは特攻隊員の遺書に接した時、自分の気に入った歴史認識と重ね合わせて読むこともできれば、それと切り離して読むことすらできる、となる。歴史認識の脱文脈化とは、人びとの行為に即していえばこうした着脱自在な、操作可能性として捉えることができよう。

このような歴史認識の脱文脈化がいつ頃から進行しているのかについては、今後、慎重に検証していく必要があるが、小林自身の次の発言が手がかりになる。すなわち「わしが『戦争論』（幻冬舎）を上梓して、ベストセラーになった16年前までは、まだどんな発言が右か、あるいは左かくらいの区別は、人々がつけられた」[64]。『新・ゴーマニズム宣言SPECIAL 戦争論』第一巻の刊行は一九九八年であるから、小林の実感によれば、歴史認識の脱文脈化が顕在化してくるのは二〇〇〇年代以降ということになる[65]。

内面の技術対象化

　二〇〇〇年代に顕在化した歴史認識の脱文脈化が、活入れ効果の社会的認知のための必要条件だったとすれば、活入れ効果への需要増を説明する補助命題として、一九九〇年代に自己啓発メディアで進行した「内面の技術対象化」を挙げておきたい[66]。

　牧野智和（一九八〇年生）の詳細な実証分析によれば、その傾向は自己啓発書ベストセラーだけではなく、就職用自己分析マニュアル、女性誌『an・an』、男性向けビジネス誌でも確認されている。「各メディアにおいて、一九九〇年代から二〇〇〇年代にかけて、多少の時間的ばらつきはあるものの、自己という対象、特に一九九〇年代以前は不可視・不可触のものであったその内的世界を、何らかのかたちで技術的な働きかけの対象とみなそうとする志向が同じように浮上したのを観察することができる」[67]。これが内面の技術対象化である。

　その背景として、牧野はギデンズらの後期近代論を援用する。すなわち「脱埋め込み」の作用が徹底する後期近代において、人びとは自らを振り返り、問い直し、再構成し続ける「再帰的プロジェクト」に従事しなければならなくなっており、自己啓発メディアは、その作業を技術的に可能にするだけでなく、「再帰的プロジェクト」化の加速に貢献している、と。牧野の指摘の眼目は、内面そのものへの関心の高まりではなく（それは以前からあった）、内面に変化をもたらす具体的な技術（即効性を追求する方法論）への関心の高まりにある。

本章の文脈で言い換えれば、もともと自己の存在意義（何のために自分は存在するか）は世代間のタスキリレーによって維持される共同体に埋め込まれていた。しかしイエも地域も企業も、そうした共同体たりえなくなると、「何のために」は自明でなくなるので（脱埋め込み）、自分自身で意味を充塡しなければならない（再帰的プロジェクト）。その充塡作業を支援してくれるのが自己啓発メディアやそれと機能的に等価な装置である。知覧巡礼による活入れは、「パワースポット」や「メンタルトレーニング」が本来の宗教やスポーツの文脈を離れて、自己啓発的に受容されるようになったのと同時並行的な現象と考えられる(68)。

知覧巡礼が直接的な答えを与えてくれるわけではない。しかし大切な人の幸せと祖国の明るい未来を願って出撃した特攻隊員の遺書に触れて、自分も先人からの贈与をすでに受け取っていた事実に圧倒されるとき、「何のために」と自分自身に性急に向けられていた問いは自ずと解消する。命のタスキリレーでつなぐ祖国の想像力を取り戻すことで、自らもタスキをつなぐべく自分の持ち場のなかで「何のために」を見出すのだ（「お客様の笑顔のため」も当然アリ）。これは「何のため＝国家のため」と短絡する右傾化とは異なる。自己の不安を国家的なもので穴埋めする右傾化にとって、国家的なものは別のものと機能的に代替可能であるが（したがって転向も容易）、祖国の想像力はいったん覚醒すると後戻りできない。その意味で、右傾化以上に劇薬であるというべきだろう。

＊

まとめよう。「知覧巡礼の勧め」が表立ってなされる以前の民間伝承段階から、その活入れ効果が言説化され、意図的ないし方法的な社会化の場として認知される段階への移行には、一九九〇年代から二〇〇〇年代にかけて自己啓発メディア全体に起こった変化（内面の技術対象化）が寄与していると考えられる。この時、知覧は、自己啓発の観点から効果のある巡礼地として「再発見」されるのであるが、そのうえで活入れ効果が言説化され社会化の場として認知されるためには、歴史認識の脱文脈化が必要であった。特攻隊員の物語を活入れの資源（resource）として再利用するという発想は、戦後の言説空間のなかには居場所を与えられていなかった。それが、あたかも地下水脈を覆っていた固い地盤（歴史認識）がゆるんだことで地表に湧き出てきたかのように、言説化と活入れ資源の再開発が進んだ。なぜ地盤がゆるんだのか。社会全体で進行しつつある歴史認識の脱文脈化と、もともと歴史と切り離れた自己啓発目的での流入増（後期近代化に伴う内面の技術対象化）の両方が同時に起こったためである。

おそらく知覧と同じように「靖国巡礼の勧め」も民間伝承としては存在し、かつ自己啓発目的で靖国神社を訪れる人も少なくないと思われる。しかし、ここは歴史認識の脱文脈化が最も起こりにくい場所でもあるために（むしろ「正しい歴史認識」を標榜）、活入れ効果が認知され研修などで幅広く利用されるにはまだ相当の時間が必要である。(69)

その一方で、歴史認識の脱文脈化が起こりにくいという意味では、学校教育や学問研究、新聞報道などの場で「知覧巡礼の活入れ効果」が認知されるのにも、やはり相当の時間が必要である。民間レベルの伝承としては見聞きしていたとしても、言説空間に居場所を持たないために、「ない」ことになっている。特攻の扱いに関して最右翼の産経新聞でさえ、特攻隊員の遺書を使った授業実践を取り上げはじめたのは二〇一四年になってからである〔事例27・28〕。それに対して知覧巡礼から活入れ効果を貪欲に引き出すのは、言説空間の特有の磁場から比較的自由な（ということは歴史認識の脱文脈化が起こりやすい）、スポーツ選手や経営者たちであった。

二〇〇〇年代の知覧巡礼の契機としては、特定のテキストやコンテンツの影響よりも、依然として、信頼する他者からの勧め（口コミ）が大きいように思われる。ただし、今後は書籍や講演などを通じて、永松茂久をはじめとするカリスマ伝道師たちの影響を受け、知覧を訪れる人びとが増加することが予想される。

四　記憶の継承と遺志の継承

体験継承の二つの枠組み

二〇〇〇年代以降に存在感を増してきた知覧巡礼による活入れ現象を、より大きな文脈のなかに位置づけ、「戦争の記憶」に関する研究状況にどのような問題を提起するかを考えてみたい。戦争体験の継承という場合、一般には「記憶の継承」という研究の視座＝枠組み（framework）のうえで、具体的な課題が設定される。それに対して特攻戦跡で見られる活入れ現象は、それとは異なる「遺志の継承」の枠組みの必要性を示している。

「記憶の継承」はいま新しい局面を迎えつつある。記憶は時間の経過とともに忘却と改変を伴うものであるから、記憶を正確に伝えるためには、忘却に抗する保存技術（どのように鮮度を保つか）と改変に抗する発掘と検証（真実はどうだったか）が必要となる。学問研究に期待される役割もここにある。

ただしこれは時間との闘いである。とりわけ、直接の記憶をもつ体験者がいなくなり、非体験者のあいだで「記憶の継承」が行われるようになると、この忘却と改変に抗する作業は新しい局面を迎えることになる。戦跡観光は、この新局面の先端を切り拓くアイデアの宝庫である。特攻戦跡でいえば、忘却に抗するために積極的に商業ベースに乗せたり（佐藤秀峰の漫画『特攻の島』とタイアップした山口県周南市の「平和の島プロジェクト」）、受動的な改変の先手を打って能動的に「わかりやすい」編集を施したり（本書第四章で分析したホタル館の展示方法）といった事例は、この新しい局面の萌芽と位置づけることができる。(70)

特攻隊員の遺書についても、「記憶の継承」の枠組みは本質的な困難を抱えていた。遺書自体はモノとして保存可能であるが、問題は改変をめぐる疑惑（真実の言葉かどうか）である。すなわち、遺書に記されているのは、軍の検閲体制や軍国主義的な規範が強いる公式見解（建て前）であって、当事者の本当の気持ち（本音）は別のところにあるのではないか、あるいは遺族から提供されて公開・刊行に至る過程において改変が施されているのではないか、という疑惑である。(71)「記憶の継承」の枠組みにおいては、建て前の後ろに隠された本音こそが真実として発掘・保存される価値を認められるが、実際には建て前／本音の判別は、時に本人でさえも困難である。

このアポリアを打開するのは、やはり学問研究ではなく戦跡観光だった。本書第四章が論ずる特攻隊員の「素顔」は、建て前／本音の対立図式に収まらない。隊員たちから母のように慕われ彼らをわが子のように慈しんだ鳥濱トメといえども、一人ひとりの心の奥底（本音）まではわからない。それは実の家族でも恋人同士でも同じである。しかし隊員がトメの前で見せるさまざまな表情は、強がりや弱音を含めそれ自体が一人の若者の「素顔」であることは間違いない。学問研究が本音の発掘と解釈をめぐって四苦八苦しているあいだに、知覧ではトメを媒介とした素顔の発見によって建て前／本

記憶の継承	遺志の継承
「真実はどうだったのか」	「何のために命を使ったか」
建て前／本音	遺志／素顔
遺書に隠された本音 ↑（抑圧） 強いられた建て前	遺書に記された言葉 ↑（強化） 素顔のエピソード
宛先のない気持ち	宛先のあるメッセージ
時間経過とともに風化	語り継がれるほど強化

図5　体験継承の二つの枠組み

音問題をずらし、新しい戦跡観光のニーズを掘り起こしていたのである。

　本章のテーマである活入れは、建て前に隠された本音よりも素顔に裏づけられた言葉のほうに対応する。両者の差異については、次に引用する小川榮太郎（一九六七年生）の考え方が示唆的である。[72]

> あなたは夜、号泣した自分の姿を家族や恋人に知ってほしいか。それが私の人間味で、真実の姿だと語り継いでほしいと思うか。情は抑え難い。人であれば当然である。だがそんな自分を家族に語り伝えてほしいか。生き残っていれば、愚痴も出よう。だが、今まさに死ぬのである。遺影が愚痴であり、号泣であってほしいとあなたは思うであろうか。遺書に書いた通りの、立派な男児としていつまでも記憶してほしいのではあるまいか。最高の笑顔で飛行機に乗り込む勇姿を、生き残った戦友には語り伝えてほしいのではあるまいか。
> （傍点引用者）

引用文中の「号泣した自分の姿」と「最高の笑顔で飛行機に乗り込む勇姿」がそれぞれ本音と建前に対応するが、これまでの「記憶の継承」の枠組みでは、どちらが真実の姿かを争うか、あるいはどちらも真実だと両論併記的に並べるかしかなかった。それに対して小川が隊員に読み取る「素顔」は、両者に引き裂かれながらも、家族や恋人や戦友の記憶に遺したい自画像としてあえて後者を選択する、という意気地である。

この論理に従えば、出撃前夜の「号泣」が本音である場合ほど、「笑顔」があとに託す想いが強くなるという逆説が導かれる。知覧におけるトメを媒介とした素顔の発見は、この構造を強化する。素顔のエピソードが分厚くなるほど、遺書に記された言葉が研ぎ澄まされたメッセージとして読む者の心を突き刺すからだ。活入れで流す涙も、とりわけ［タイプ2］の場合は、「号泣」に同情してのもらい泣きではなく、出撃の朝の「笑顔」に託された想いを直截に感受した証し、ということになる。

この託された想いを位置づけるためには、「記憶の継承」とは別に「遺志の継承」とでも呼ぶべき枠組みを設定する必要があるのではないか。遺志とは死者が生前にあとに託した志であり、命と引き換えのメッセージである。記憶との最大の違いは、遺志においては、心に秘めた本当の気持ちではなく、宛先のあるメッセージに価値が置かれている点である（記憶に宛先はない）。特攻隊員の遺書の宛先は直接的には家族や恋人や友人を名指すことが多いが、「後に続く生き残った青年が……」の一節に自分宛のメッセージを読み取った永松茂久のように、名宛人リストは潜在的に開かれている。そして「これは自分宛だ」と気づいた人を強力に拘束するのである。

また、「記憶の継承」では現代の私たちが過去に対して能動的に働きかけるのに対して、「遺志の継承」では私たちは過去から届くメッセージに対して受動的である。言い換えれば、「記憶の継承」は制度ベースの枠組みなので過去への働きかけと活性化をやめると確実に風化してしまうのに対して、

「遺志の継承」は人格ベースの枠組みなので命のタスキを受け取ってしまう人たちが少数であっても必ず一定数出現する。

「記憶の継承」と比べて「遺志の継承」の枠組みは、遺訓・家訓・辞世などの伝統からも明らかなように時間の経過に強い(73)。保存と伝達のメディアは言葉そのものなので、認知的・感情的な内容と異なり、時間経過に伴う情報の劣化はなく、むしろのちの世代ほど拘束力が強まったり、活入れのように何世代も飛ばして電撃的に届いたりする場合もある(74)。前節で述べた「タイプ2」の活入れの古層をなす「死者との共生感」や「死者に対する負い目」、さらには存在論的な純粋贈与などは、いずれも「遺志の継承」の枠組みにおいて把握される。本音については今後も多様な解釈が競われるだろうが、遺志については「タイプ2」の論理に収斂していくと思われる。一〇〇年のスパンで捉えた時に、時間の経過に耐えうるのがどちらの枠組みかは自ずと明らかである。

戦後七〇年が経過し、戦争体験の継承の担い手が(継承する側もされる側も)非体験者ばかりになりつつある。今後は、「記憶の継承」の枠組みと並んで、「遺志の継承」の枠組みが前景化してくるのではないかと考えられる。すなわち「記憶の継承」の枠組みでは、記憶の風化を防ぐために、すでにコンテンツの活用を中心とした観光資源の再編成が課題となりつつある(75)。それに対して「遺志の継承」の枠組みでは、活入れ資源の再開発が、いまだ民間レベルの取り組みに留まっている。しかし、これが学問研究や学校教育において真面目に議論されるようになるのは、もはや時間の問題である(76)。

遺書のメディア論へ

本章では、「知覧巡礼の勧め」が表立ってなされる以前の民間伝承段階から、その活入れ効果が言説化され、意図的ないし方法的な社会化の場として認知される段階へと移行してきた過程を明らかにしてきた。二〇〇〇年代がその移行期に当たる。以上の分析は逆に、それにもかかわらず、知覧巡礼の活入れ効果を認知できなかったのはどうしてか、という知識社会学的な問題を浮かび上がらせる。これは今後、活入れ資源の再開発を進めるに当たっての当面の障壁となりうる。あるいは、情報技術の進展が、その社会的認知を意図せざる方向へと増幅させる可能性もある。本章を締め括るに当たって、これらの課題について述べておきたい。

注意しなければならないが、「戦後の反戦平和教育が活入れの認知を妨げている！」と断ずるのは拙速である。戦後教育に批判的な保守派の言論人でさえ、活入れ効果の認知は難しいからだ。前節で引用した佐伯啓思は、「死者に対する負い目」を論じた同じ章のなかで、知覧を訪れた時に抱かれる心情にも言及している。(77)

> 確かにここには何かがある。知覧の記念館を訪れたとき、われわれは、そこに凝縮された「日本の精神」のある種の思いがけない露呈を見るといってよいだろう。むろん私は、特攻に「日本的な精神」のすべてを代表させようなどという暴論を唱えるつもりはない。／だがそれは、あらかじめ滅びることを知った者のかなしさと憤りと諦念の入り混じったある種の「日本的な精神」を表象していることはまちがいなかろう。少なくともそれを見る者の心中に、このような心情を呼び覚ますのである。特攻の死者たちがそのような精神を随伴していたからこそ、多くの者が、あの戦争をただ侵略の一語で片付け、「誤った戦争である」として断罪することに躊躇と戸惑いを覚えるのであろう。(傍点引用者)

佐伯は、特攻隊員の遺書の行間から「あらかじめ滅びることを知った者のかなしさと憤りと諦念」

という日本的精神にも通じる本音を読み取ったうえで、それをもって特攻平和会館において無言で展示に見入る人びとの心情を類推している。これは体験継承の二つの枠組みでいえば「記憶の継承」のほうに該当する。おそらく、同じ展示を見ながら、まさか活入れされている人がいようとは――そしてそれが思想的課題になろうとは――思いもよらないに違いない。筆者自身、知覧巡礼による活入れを社会現象として認知するに至ったのは、Amazon や Google の書籍全文検索サービスをはじめとする情報環境の恩恵による。

「かなしさ・憤り・諦念」という本音をいくら掘り下げても、「感謝・利他・継承」への活入れは導かれようがない。[タイプ1]はともかく[タイプ2]の活入れは、本音の忖度《そんたく》ではなく遺志の伝染によって起こるからだ。だから問題は、しばしば誤解されるように、保守かリベラルかといった思想的な立ち位置にあるのではない。建て前に隠された本音を真実とみる「記憶の継承」か、それとも素顔に支えられた言葉を真実とみる「遺志の継承」か、採用する枠組みの違いによる。

両者の違いを明確にしておかないと、無用の混乱や対立を招くことになる。「記憶の継承」の枠組みを前提とする人に向かって、活入れの話をすると、おそらく思想的な左右を問わず「死者（の本音）を冒瀆するものだ」と顔をしかめるに違いない。それは活入れが自己啓発の目的のために隊員の遺書を手段としているように見えるからであろう。しかし「遺志の継承」の枠組みでいえば、そもそも遺書とは本音を吐露する日記とは違い、宛先を持った、命と引き換えのメッセージの伝達媒体《メディア》である以上、感謝とともにその遺志を継がんとする者が後世に現れることは、まさに「死者とともにある」ことにかなうのである。

とはいえ、英霊たちも、まさか自分たちの遺書が動画サイトで一〇〇万回以上も繰り返し再生される時代がやってこようとは、想像すらしなかったに違いない。これも「記憶の継承」では説明できない社会現象であるが、同時に、情報技術の進展が「遺志の継承」のあり方そのものをも大きく変容させようとしている。「知覧巡礼の勧め」が信頼できる他者を媒介した民間レベルで伝承されていたことを想起すれば、現代のSNS（ソーシャル・ネットワーキング・サービス）がそれをどのように代替するのか（しないのか）も今後問題になるだろう。

［註］

（1）投稿者：Amazon Customer、投稿日：二〇一四年七月一三日。
（2）投稿者：なべ、投稿日：二〇一四年七月一七日。
（3）永松茂久『人生に迷ったら知覧に行け――流されずに生きる勇気と覚悟』きずな出版、二〇一四年。
（4）永松茂久『感動の条件』KKロングセラーズ、二〇一一年、一九五頁。
（5）永松前掲『人生に迷ったら知覧に行け』一三九頁。講演で本格的に「知覧の勧め」をするようになったのは三五歳を過ぎてから（同）というから、二〇〇九年以降である。
（6）成田大祐「頼まれ事は試されブログ」の二〇一一年一〇月三〇日付記事「大人の修学旅行@鹿児島知覧に行ってきました」http://blog.td3win.com/archives/2011/10/post-409（最終アクセス二〇一五年二月一五日）ほか。
（7）野村沙知代『猛母猛妻』扶桑社、一九九六年、三四頁。
（8）『朝日新聞』二〇〇五年五月二七日（千葉全県版）。
（9）クロイワ・ショウ『出稼げば大富豪　成功が見えた編』KKロングセラーズ、二〇一二年、三五頁。「シロヤナギ社長」については白柳雅文（一九六四年生）の『一流になりたければ、エリートより落ちこぼれに聞きなさい』あさ出版、二〇一四年を参照。白柳は社員を知覧に連れて行ったことがあるが（同書一〇八頁）、謝辞に「山近義幸」と「鳥濱初代」の名前が挙げられているので（二一一頁）、山近らの企画運営する知覧研修に参加した可能性が高い。
（10）広辞苑第六版より。「喝を入れる」は誤り。武道競技中に仮死状態になった者に活を入れる具体的な方法については、笹間良彦『日本武道辞典（普及版）』柏書房、二〇〇三年、二〇八頁の「活」の項を参照のこと。さらに転じて、電子部品に対し定格電圧以上の電圧を加える行為にも用いる。この場合、定格を上回るクロック周波数に設定させた自作パソコンに対して性能や安定性を向上させる目的で行うのが一般的であるが、劣化した電池を「活入れ」して復活させた、などの用例もネット上ではよく見かける。

（11）横井恵一『現状から一歩踏み出したい人のセルフパワーコーチング』セルバ出版、二〇一四年、一〇二頁。

（12）横井前掲書、第四章には「心に火をつける場所」のほかに、「大自然からパワー充電する場所」（屋久島・那智の滝・弥山（宮島））、「癒しの場所」（地獄谷野猿公苑・姥捨棚田・熊野磨崖仏）、「人生に迷いが生じたときに訪れたい場所」（恐山・鳥取砂丘・武雄の大楠）が挙げられている。

（13）斎藤環『世界が土曜の夜の夢なら――ヤンキーと精神分析』角川書店、二〇一二年、同『ヤンキー化する日本』角川 oneテーマ21、二〇一四年など。

（14）永松前掲『感動の条件』一九五頁。

（15）エミール・デュルケムにならって定義すれば、教育とは、ある社会において必要とされる文化・価値・知識・行動様式を、一定の方法によって次世代に伝達・形成していく作用――すなわち意図的社会化あるいは方法的社会化のことである（石戸教嗣編『新版教育社会学を学ぶ人のために』世界思想社、二〇一三年、一頁）。

（16）スポーツ合宿の先進地は宮崎であるが、二〇〇〇年代以降は鹿児島も誘致に力を入れており、両県の差は着実に縮まっている。鹿児島県の「県外からのスポーツキャンプ・合宿」受け入れ実績の統計によれば、二〇〇〇年度が団体数二六八、延べ人数三万四八三九だったのに対して、二〇一三年度は団体数一一六九（四・四倍）、延べ人数一三万一四〇四（三・八倍）である。宮崎県の同じ統計をみると、二〇〇〇年度の団体数六九八、延べ人数九万六七一に対して二〇一三年度は団体数一二一一（一・七倍）、延べ人数一七万三六三三（一・九倍）だった。「先進地・宮崎に続き鹿児島・沖縄も　地元潤す呼び込みへ誘致加熱」『財界九州』二〇一二年二月号、四五－四七頁、「〈大隅地区〉薩摩半島に比べ「新幹線効果」が薄かったが観光PRを積極化スポーツ合宿やグリーンツーリズムの誘致が奏功し〝広域観光での入り込み増〟にも力を入れる」『財界九州』二〇一三年四月号、一四五－一四七頁も参照。

（17）千葉ロッテマリーンズの林信平球団本部長は「生きる意味や喜びを考えてもらいたい」と意図を説明してい

る（スポニチ、二〇一三年一月二三日＝事例23）。
(18) 日本ラグビーフットボール協会・ユース日本代表（U20）公式サイト。
(19) 眞鍋政義『逆転発想の勝利学』実業之日本社、二〇一二年、一六四頁。
(20) 伏見学「勝利をたぐり寄せる全日本女子バレー・眞鍋監督のコーチング哲学」http://www.itmedia.co.jp/enterprise/articles/1307/05/news116.html（最終アクセス二〇一五年二月一五日）。
(21) 野々村直通『やくざ監督と呼ばれて――山陰のピカソ・野々村直通一代記』白夜書房、二〇一二年、二〇一頁。
(22) 舞の海秀平「特別インタビュー　大相撲からみる日本」『教育再生』二〇一四年九月号、九頁。
(23) 同前。
(24) 横田英毅『会社の目的は利益じゃない』あさ出版、二〇一三年、一三八頁。
(25) 岡村佳明『看板のない居酒屋』現代書林、二〇一三年、一一九頁。
(26) 村田光生「社長ブログ　溶射屋」の二〇一二年九月七日付記事「岡むら浪漫・岡村佳明氏講演会」http://www.murata-brg.co.jp/weblog/2012/09/post_2149.html ほか。映像制作を担当した株式会社ラプト http://www.raptdesign.jp/work/spec.php?d=207（最終アクセス二〇一五年二月一五日）。
(27) 井上敬一『ホストである前に人間やろ』竹書房、二〇〇九年、一九二頁。
(28) 山近義幸『山近義幸の学生道――これからの日本を創ろう！』ザメディアジョン・エデュケーショナル、二〇一〇年、一〇一、一三〇頁。
(29) 同前、八頁。
(30) 山近義幸『山近義幸の知覧道――大切なことは〝富屋旅館〟が教えてくれた！』ザメディアジョン・エデュケーショナル、二〇一一年、七六頁。富屋旅館「別館」は二〇〇六年一〇月に新築オープンした。
(31) 二〇一一年任命。正式名称は「南九州市観光大使」であるが、山近自身は「知覧・観光大使」を名乗る。山近は観光大使任命の際に「地元以外の方に、観光大使をお願いするのは、異例なんです。初めてなんです」と霜出勘平市長から言われたという（『山近義幸の知覧道』三頁）。なお南九州市は二〇〇七年一二月に川辺町・知覧町・頴娃町が合併して発足、二〇一〇年四月に南九州市観光大使設置要綱が告示された。

(32) 同前、二三〇-二三二頁。
(33) 同前、二三二頁。
(34) 鳥濱初代『なぜ若者たちは笑顔で飛び立っていったのか』(致知出版社、二〇一四年)には初代が「トメの語り部」となった経緯も記されている。
(35) 「平和の島プロジェクト」https://ja-jp.facebook.com/heiwapj(最終アクセス二〇一五年二月一五日)。
(36) 「平和の島・大津島で小学生から社会人まで、「回天」を通した研修を企画します。礼儀作法から規律、団体行動と助け合いの心、戦争と平和、日本人としての誇りなど、自分と向き合い、総合的な人間力の向上を目的として研修を行います。平和の島は未来の日本を創るための学びの島にもなれるのです」(平和の島プロジェクト・パンフレットより)。
(37) 西田文郎『一瞬で人生が変わる恩返しの法則』ソフトバンク・クリエイティブ、二〇一一年、一三五頁。
(38) 同前、一三六頁。
(39) 「SBT(スーパーブレイントレーニング)特別合宿in知覧」。
(40) 佐藤芳直『日本はこうして世界から信頼される国となった』プレジデント社、二〇一三年、二二六頁。
(41) 永松茂久『出会いとつながりの法則』大和書房、二〇一二年、二五頁。永松前掲『人生に迷ったら知覧に行け』には「二〇〇五年一月」という記述があるが(一一六頁)、初めて出会った鳥濱明久との会話で二〇〇七年公開の映画『俺は、君のためにこそ死ににいく』に言及したり(一二六頁)、初めて知覧に連れて行った新入社員との会話で二〇〇七年公開(二〇〇八年三月DVD発売)の映画『TOKKO——特攻』に言及したり二〇〇八年三月発売のDVDを観たりしているので、「二〇〇八年一月」が正しいと思われる。
(42) 永松前掲『感動の条件』一九八-二〇三頁。
(43) 田形竹尾『日本への遺言』日新報道、一九九六年、一七六頁。
(44) 永松前掲『人生に迷ったら知覧に行け』には明久が「トメの語り部」となった経緯も記されている。
(45) 同前、一二七頁。知覧研修は二〇〇八年からはじまったはずであるが、二〇一四年に第八回を数えるという。一回多いが、二〇〇八年は一月の社員旅行と四月の花見大会がそれぞれ一回としてカウントされているのかもしれない。二〇一五年三月の第九回については「知覧 For you 研修さくら祭り 2015」公式サイト参照 http://xn--y8jl1ne5mnkieohb4330fk4xejqaj4lk25e.jp/（最終アクセス二〇一五年二月一五日）。なお二〇〇九年のさくら祭りにおける「フォーユープロジェクト出航式」では永松茂久が特攻隊員の姿で決意表明を行った（衣装は舞台『ザ・ウインズ・オブ・ゴッド〜零のかなたへ〜』で脚本・演出・主演の今井雅之が着用したもの）。「居酒屋やまじ　女将のブログ」の二〇〇九年四月一一日付記事に写真がある http://plaza.rakuten.co.jp/soyumi/diary/200904110000/（最終アクセス二〇一五年二月一五日）。

(46) 永松前掲『感動の条件』二〇六－二一〇頁。この時の「奇跡の映像」は付属のDVDのラストシーンで観ることができる。永松前掲『出会いとつながりの法則』の「プロローグ」には、「「俺たちは何かに守られている」と思わざるをえないような奇跡が、毎年必ず起きるのです」（二六頁）として、このブルームーンを含む数々の奇跡のエピソードが紹介されている。

(47) 同前、一八七頁。

(48) 事例収集に際しては、新聞記事データベースやインターネットの一般検索（会社のHPや個人ブログなど）に加えて、二〇〇〇年半ばから整備が進んだAmazonやGoogleの書籍全文検索サービスに相当助けられた。これにより、分野別・テーマ別（たとえば「戦争」や「特攻」）といったカテゴリ単位で網をかけたり、引用・参考文献を芋づる式にたどったりする通常のやり方をはるかに超える範囲まで捕捉可能になった。なお、現代史や思想史の専門家、および特攻もののコンテンツ制作関係者（作者や役者など）は除外した。また知覧を訪れていなくても特攻隊員の物語に触れて活が入った事例も含めている。

(49) 野村前掲書、三四頁。ただし野村沙知代の証言の信憑性については多くの疑惑が指摘されている。たとえば伊東信義監修・サッチー研究会編『サッチー嘘100語録』（光文社、一九九九年）を参照。

(50) たとえば『論座』編集部編『リベラルからの反撃――アジア・靖国・九条』朝日選書、二〇〇六年、一四頁。この認識の問題点については、拙稿「『諸君！』――革新幻想への解毒剤」竹内洋・佐藤卓己・稲垣恭子編『日本の論壇雑誌――教養メディアの盛衰』（創元社、二〇一四年、二三四頁）も参照。

(51) アンカリング（anchoring）とは、特定の情報が印象づけられて判断の基準点（anchor）となるような認知バイアスをいう。行動経済学で注目され、交渉や商品販売などの場面で応用される。

(52) 工藤雪枝『特攻へのレクイエム』中公文庫、二〇〇四年（初出は中央公論新社、二〇〇一年）。以下の引用は

「第八章 現代における特攻」から。工藤自身も、一九九六年に重い自律神経失調症を患い、精神的にも肉体的にも辛く「死んだほうがましだ」とさえ考えるようになったが、特攻隊員の遺稿集を読んで溢れる涙を抑えきれず「何と私は、甘い情けない考えをしていたのか」と思い知らされた、という［タイプ1］の活入れ体験をもつ（六頁）。しかし、それを契機とした取材の成果である『特攻へのレクイエム』では［タイプ2］の活入れに到達している。

(53) 江藤淳「生者の視線と死者の視線」『同時代への視線』PHP研究所、一九八七年、一五〇頁。「死者と〝共生〟しているというのは矛盾のようだけれども、実は死者と共に生きるということがなければ、われわれは生きているという感覚を持てないのですね。その感覚が日本文化の根源にある。つまり、日本の **make-up of the nation** の根源にある」（同前）。

(54) 佐伯啓思『日本の愛国心──序説的考察』NTT出版、二〇〇八年、一七四－一七五頁。

(55) 佐伯前掲書、一九一頁。

(56) 森岡清美『決死の世代と遺書──太平洋戦争末期の若者の生と死・補訂版』吉川弘文館、一九九三年、二一〇頁以下。森岡は同書において「戦争によってもっとも深い痛手を受けた世代」と呼び、単年コーホートの人口が戦争の前後でどの程度目減りしたかを国勢調査の結果から推定して、生き残り率が六五～九パーセントの一九二〇～二三年生まれを「狭義の戦争体験世代」すなわち決死の世代と定義している（一一－一五頁）。森岡の自伝『ある社会学者の自己形成──幾たびか嵐をこえて』（ミネルヴァ書房、二〇一二年）によれば、一九四五年四月に東京文理科大学入学直後に召集され、神奈川県相模原町にあった陸軍通信学校で通信将校を養成する特別甲種幹部候補生（陸軍士官学校の課程を一〇か月で修了させる制度）となり、前線に送られる前に敗戦を迎えるが、「生きて再び家郷に戻ることはあるまい」という「決死の覚悟」を持っていたという（五二頁）。

(57) 森岡清美『若き特攻隊員と太平洋戦争──その手記と群像』吉川弘文館、一九九五年、三〇三頁。森岡はここで「特攻戦死を犬死にさせないための残された人びとの営為」として「志の継承」を吉田松陰の『留魂録』の一節を引きながら指摘している。

(58) 今村仁司『交易する人間──贈与と交換の人間学』講談社選書メチエ、二〇〇〇年。

(59) 同前、六七頁。
(60) 小林よしのり『保守も知らない靖国神社』KKベストセラーズ、二〇一四年。
(61) 同前、四頁。
(62) 想田和弘『熱狂なきファシズム』河出書房新社、二〇一四年、二八二頁。「私たちは国を挙げて英霊をお祀りし、戦争に備えなければならない」という本音は、国民の抱いている根本的な価値観に抵触して、自らの政治生命を危うくするからだという。連載コラム「映画作家・想田和弘の観察する日々　第二〇回　素朴な「感謝」がファシズムを支えるとき」二〇一四年九月一七日（http://www.magazine9.jp/article/soda/14678/）も参照のこと（最終アクセス二〇一五年二月一五日）。
(63) 加藤典洋「解説　もう一つの「0」」島尾敏雄・吉田満『新編　特攻体験と戦後』中公文庫、二〇一四年、二一八頁。
(64) 小林前掲書、四頁。
(65) 歴史学者の與那覇潤もこれを追認する（萱野稔人・小林よしのり・朴順梨・與那覇潤・宇野常寛『ナショナリズムの現在』朝日新書、二〇一四年）。すなわち「90年代後半の歴史教科書論争の頃であれば、少なくとも「歴史観」どうしのぶつかり合いにはなっていたと思うんです。（中略）でも今の「ネトウヨ」的なナショナリズムの盛り上がりって、もはや歴史観のぶつかり合いではないと思います」（一一頁）「小林さんの『戦争論』は、おそらく「物語がぶつかり合う時代」と「もはや物語なき時代」の蝶番のような格好になっていたと思うんです」（同一二頁）。そうした分析をふまえて、二〇〇〇年代以降の日本を「歴史感覚がなくなっている状態」（四六頁）と認めている。
(66) 牧野智和『自己啓発の時代』勁草書房、二〇一二年。
(67) 同前、二三六頁。
(68) 「内面の技術対象化」（牧野）が進んだのは自己啓発メディアだけではない。たとえば一九九〇年代は日本スポーツ界にメンタルトレーニング（スポーツ選手の競技力向上や実力発揮を目的とした心理技能の指導）が定着した時期でもある。その歴史については中込四郎ほか『スポーツ心理学』培風館、二〇〇七年を参照。パワースポットについては、西村大志「構築され消費される癒し〔パワースポット〕」近森高明ほか編『無印都市の社会学』（法律文化社、二〇一三年）を参照。

(69) 北陸と東京を中心に店舗展開する人気カレー店「ゴーゴーカレー」は新人研修として靖国神社の昇殿参拝と遊就館見学を毎年実施しているが、二〇一四年五月、その取り組みが靖国神社の社報『靖国』で紹介されたことがきっかけで、ネット上で話題となった。

(70) 古市憲寿『誰も戦争を教えてくれなかった』（講談社、二〇一三年）は、国内外の実地調査をふまえて、記憶の継承が直面する課題（時間経過による風化）に対して戦争博物館が採りうる方向として、「残された「本物」と、最新技術の活用」によるエンターテインメント性の追求を提案している（二七三頁）。ちなみに巻末の「戦争博物館ミシュラン」で知覧特攻平和会館はエンタメ性四、目的性二、真正性四、規模二、アクセス一（各要素の最高点は五つ星）で総合点五二点（一〇〇点満点）と評価されている（三三六頁）。エンタメ性（どれだけ趣向を凝らして、来館者を楽しませるような展示をしているか）で星四つをつけられた施設としては、ほかに予科練平和祈念館、呉市海事歴史科学館（大和ミュージアム）、旧海軍司令壕がある。

(71) 特攻隊員の遺書を研究資料として用いる際の問題点については、森岡前掲『決死の世代と遺書』一九―二五頁、同「研究資料としての戦没者の既刊手記」『淑徳大学研究紀要』二九号、一九九五年、三一一―三三七頁を参照。森岡は信頼性（公認のレトリックの評価）、完璧性（思いの意識化と意識内容の文章化という二重の障壁）、代表性（手記を遺せた人びとの属性の偏り）の三項について検討している。

(72) 小川榮太郎『『永遠の0』と日本人』幻冬舎新書、二〇一三年、二三三頁。

(73) 深谷克己『死者のはたらきと江戸時代――遺訓・家訓・辞世』吉川弘文館、二〇一四年。

(74) 片岡都美（一九六五年生）の『愛して止まず――特攻の父・海軍中将大西瀧治郎との幻の恋』（日新報道、二〇〇一年）は歴史に無知だった三五歳のホテル経営者の女性が、生まれて初めて訪れた靖国神社の遊就館で「特攻の父」大西瀧治郎海軍中将の遺影と遺書に触れて、「いつのまにか、心に口走っていたのです。大西中将閣下、わたしも…わたしも、いつか、きっと往きます、あなたのあとを追って」（四九頁）……と電撃的に活入れされた状況が活写されている。なお片岡は本書と同時に刊行した『武士道、ここに甦り――骨抜きになった日本の精神をいますぐ叩き直せ』（日新報道、二〇〇一年）で「特攻の思想」擁護論を全面展開している。片岡と同世代に『特攻へのレクイエム』（中央公論新社、二〇〇一年）を著した工藤雪枝（一九六五年）

がいる。いずれも女性の活入れ事例として貴重であるが、両者とも自己啓発を超えた「専門家」になっているので、今回の事例集には含めていない。

(75) たとえば山口誠「メディアとしての戦跡——忘れられた軍都・大刀洗と「特攻巡礼」」遠藤英樹・松本健太郎編『空間とメディア』(ナカニシヤ出版、二〇一五年)を参照。

(76) たとえば貝塚茂樹「「死者への視線」を欠いた「生命に対する畏敬の念」」『現代教育科学』六五一号、二〇一〇年(貝塚『道徳教育の取扱説明書——教科化の必要性を考える』学術出版会、二〇一二年に再録)を参照。貝塚はここで戦後教育が「死者への視線」を欠落させてきたことを重く見て、小中学校の道徳教育が、生命の根源に対する「畏敬の念」とは本質的に異質な「陳腐な生命尊重主義」に陥っていると批判する。

(77) 佐伯前掲書、二〇九頁。

「特攻による活入れ」事例一覧

番号	事例（肩書きは当時）	抜粋	出典
①	野村沙知代（1932生） 野村克則（1973生）＝プロ野球選手	「克則が宮崎キャンプに出発するとき、「実は、ママがずっと行きたかった所なんだけど、行けないから、代わりに行ってちょうだい。ただ見てくるだけでもいいから、お休みの日には、必ずここに行ってね」と言いました。それは知覧にある特攻の記念館です。（略）いま、平和な日本で、好きな野球を自由にできる自分、それは当たり前のことのように思っているかもしれない。しかし、決してそうではないのです。自由なことは当たり前なことではありません。この平和は、何の罪もない多くの人たちが死んで、それと引き換えに得られたものです」34-5頁 「克則の大学時代の短い夏休み、二年続けて、映画に連れていきました。『月光の夏』と『きけわだつみの声』です。（略）そっと隣をのぞくと、彼の目には涙がいっぱい光っていました。これなら大丈夫。しっかり受けとめてくれている。今年一九九六年の夏は、特攻として鹿屋基地を飛び立っていった名古屋軍（現中日ドラゴンズ）のエース石丸進一投手を描いた『人間の翼』を見ました。（略）好きな野球ができる幸せ、学校で自由に学べるありがたさが、しっかり伝わり、平和に感謝する気持ちが素直にわいているようです。」36頁	『猛母猛妻』扶桑社、1996
②	小泉純一郎（1942生）＝内閣総理大臣	「いまだに私は、嫌なことがあると、あの特攻隊員の気持ちになってみろと自分に言い聞かしてみます。（略）今回、総理大臣を拝命した現在も、何かきついこと、つらいことがあればそういう気持ちを思い起こして、あの方々の、特攻隊に乗り組んでいった青年たちの気持ちに比べれば、こんな苦労は何でもないという気持ちで立ち向かっているつもりでございます」	参議院予算委員会2001.5.21会議録
		「総理になる直前、知覧特攻平和会館に行ったんだ。あそこで、日本を守るために死んでいった若い特攻隊員の遺書を見て、胸にグッと込み上げるものがあったんだ」30頁 「もう、あのような人たちを出しちゃならない。自然の発露だ。だから、オレは『（靖国に参拝するのは）不戦の誓いや戦没者への哀悼の念』と説明しているだろう。参拝の理由はそういうことなんだ」31頁 「（──何で知覧に行ったんですか。）何でだったのかなあ。何であのとき、日程に入れたのかなあ。偶然にも、魂が引き寄せられたとしか言いようがないなあ。君は知覧に行ったことがあるのか？（──ありません。）だめだよ。すぐに行ってきたまえ」31頁	週刊現代、2005.8.13「小泉「私は靖国参拝する！」全肉声」（松田賢弥）
		「バルコニー席からはよく見えなかったが、小泉純一郎元首相は、涙を流し、隣席の人に「感動した」と語って帰ったと聞いた。2月2日、東京文化会館でのオペラ「KAMIKAZE─神風─」（作曲・三枝成彰氏）公演でのことである」	日本経済新聞2013.2.17「反戦語になる「カミカゼ」」
		「先日、三枝さんがつくられた神風というオペラが東京文化会館でございまして見に行ったときに、これは知覧が設定されているところで、小泉元総理も来られておりまして、自分も総理になる前に行って号泣したところだから、ぜひ文科大臣として早目に行くようにという話がございましたが、まだ行っておりませんので、ぜひ行って、いろいろな史料を見てきたいというふうに思っております」	下村博文（1954生）＝文部科学大臣、衆議院文部科学委員会2013.3.27会議録

番号	事例(肩書きは当時)	抜粋	出典
③	松井秀喜 (1974生) =プロ野球選手	「「おれは歴史とか伝統とか、そういう重みのあるものに、ひかれるタイプなんだよ」昨秋〔2001〕、松井は宮崎キャンプの合間に鹿児島県知覧町を訪れ、特攻平和会館に足を運んだ。(略) 松井は「時の流れって速い。わずか50、60年前に、あんな時代があったんだよね。今、野球が出来るって幸せだよ」と胸の内を明かした。日本が経験してきた事実そのものが、心に響いた」	読売新聞・東京夕刊、2002.4.23「巨人・松井が行く　歴史、伝統、その重みにひかれるタイプなんだ」
④	西岡剛 (1984生) =プロ野球選手	「キャンプ休日、西岡はある場所に足を運んだ。(略) 西岡をこの場所に誘ったのは現役時代に3度、盗塁王に輝いている高橋慶彦コーチ (48) だった。「オレにとっては若い時から見に行きたいと思っていたところ。これまでチャンスに恵まれなかったけど、今回ようやく行くことが出来た。西岡にその話をしたら、あいつも行きたいといったから連れていった」(略) 記念碑の前で西岡は両手を合わせ静かに祈った。「ボクとちょうど同じくらいの年の子が特攻隊として亡くなった。それに比べると自分はなんて幸せなんだろうと、初めて分かった気がする。人間の命の大切さ、1日を生きるということの重要性が分かった」その時、受けた衝撃が今の西岡を支えている。あれ以来、目の色を変えて練習に励むようになった」	朝日新聞・千葉全県 2005.5.27
⑤	北原照久 (1948生) =株式会社トーイズ代表取締役・横浜ブリキのおもちゃ博物館館長	「われわれが何かといえば「ツラい」とか「キツい」とか泣き言をいうのが、それこそ恥ずかしくなる。われわれは、常日頃ぬるま湯に浸かっているのでしかない。そう思わせるほどに崇高な精神が、そこには間違いなくあった」153頁 「そういう若者たちに、ぜひ一度は知覧の地を訪れるべし…と言いたい。あの研ぎ澄まされた、絶筆、辞世の一言一句を読んでこい、あの美しいまでに澄んだ魂に触れてこい、と」158頁	『珠玉の日本語・辞世の句』PHP研究所、2005
		「僕たちはそういう人たちがいたことを次の世代に伝えなくてはならないし、また彼らのその精神を誇りに思いますよね。そしていま、自分たちがいかに幸せな時代に生かされているかを再認識しなくてはならないと。とにかく「愚痴をやめよう」という気分になりますよね。僕は自分が感じたこと感動を、またこの歴史をできるだけ多くの人に伝えたくて、本でもラジオでも講演でも、とにかく機会があればこの話をするようにしています。実際に僕の話を聞いて知覧まで足を運んでくださった方もたくさんいて、「自分たちの苦労なんて、この人たちのことを考えたら万分の一ですよね」なんて、たびたび話してくださるのです」137頁	『世界一のコレクター北原照久　夢をかなえる授業』こう書房、2011
⑥	安倍晋三 (1954生) =内閣総理大臣	「今日の豊かな日本は、彼らがささげた尊い命のうえに成り立っている。だが、戦後生まれのわたしたちは、彼らにどうむきあってきただろうか。国家のためにすすんで身を投じた人たちにたいし、尊崇の念をあらわしてきただろうか。たしかに自分のいのちは大切なものである。しかし、ときにはそれをなげうっても守るべき価値が存在するのだ、ということを考えたことがあるだろうか」111-2頁	『美しい国へ』文春新書、2006

番号	事例(肩書きは当時)	抜粋	出典
⑦	プロ野球・読売巨人軍／原辰徳（1958生）監督	「薩摩川内市出身の木佐貫洋投手(26)も訪問し、「『失敗しても死に至ることはない』と思えば、大胆に野球ができると感じた。昨年と今年は一軍でプレーできなかったので、来年は15勝してチームに貢献したい」と気持ちを新たにしていた」	読売新聞・西部朝刊、2006.11.10「母子への遺書に感動 巨人軍・原監督ら、知覧特攻平和会館を訪問」
		「見学を終えた内海哲也選手会長は「（特攻隊員の）最期の手紙が印象的だった」と話していた」	読売新聞・西部朝刊、2010.11.11「ぐるり鹿児島」
⑧	ラグビー・U20日本代表／薫田真広（1966生）監督	「合宿中に『知覧特攻平和会館』を訪問するのは、「桜のプライド」を背負う今の若者たちが、(戦争や歴史のことを)どう考えるのかを知りたいからです」(薫田真広・U20日本代表監督) 「「当り前のようにラグビーができることに改めて感謝し、自分も日本ラグビーのために何かをしていきたい」「世界に恥じないようなラグビープレーヤーそして、男になりたい」この他にもそれぞれ特攻平和会館の見学を通し、選手それぞれに感じるもの、心を震わせるものがありました。そしてその中で、戦争の悲惨さを改めて学ぶことともに、日本代表選手としての厳しさ、重さ、プライドなどを感じ取ることができたように思われます」(2008年合宿リポート)	日本ラグビーフットボール協会・ユース日本代表（U20）公式サイト
		「昨日は、U20日本代表選手たちと一緒に、知覧平和会館に行ってきた。(略)自分が住んでいるこの日本と言う国には、勇敢にも僕らの国の為に命を犠牲にした先輩たちがいる事、またその先輩たちが必死の境地に立たされて、精神的に非常に強かった事を改めて確認して、心がグッときた。(略)自分が必死の状態で、彼らのように、色んな思いを越えてしまった後のすがすがしい態度でいろんな事が実行できているだろうか?と自問をした」	平林泰三(ラグビーレフリー）オフィシャルブログ 2008.3.29
		「昨年同様、知覧特攻会館を見学。50年前の同世代が何を考え、その時代をどう生きたか、日の丸を背負うことの意味を考えるよい機会となりました。その日に書かれたレポートは全員が隙間なく、行間を埋めており、このイベントのインパクトの強さを感じました」(2009年合宿リポート)	日本ラグビーフットボール協会・ユース日本代表(U20)公式サイト
⑨	西田文郎（1949生）＝株式会社サンリ代表取締役会長・西田塾塾長・西田会会長	「何年か前、みんなで九州へ行き、鹿児島の知覧にある特攻隊の記念館を見学しました。覚えていますか？（略）彼らが喜んで、あるいは喜びを鼓舞して死地に赴いたのは、祖国のためというより、そこで暮らす父や母、兄弟姉妹、恋人…自分の命より大切と思える人たちが、祖国にはいて、その人たちのためなら死ねると思えたからでしょう。（略）知覧に行くのは、“自分”を超えるという意味を考えてほしい、あなたにとって本当に大切なものをもう一度思い出してほしいからです」60-1頁 「母を呼ぶことで、何度も繰り返し呼ぶことで、“自分”を超えて広がる大きな喜びをわきあがらせ、肯定的に脳を切り替えて任務の遂行に向かっていった。おそらく、そうであったに違いありません」93-4頁	『10人の法則』現代書林、2008

番号	事例(肩書きは当時)	抜粋	出典
⑨	西田文郎(1949生)＝株式会社サンリ代表取締役会長・西田塾塾長・西田会会長	「特攻は、究極の積極的自己犠牲です。すべては、人のため。(略)特攻も戦争も許されることではないし、いまの時代に「命を投げ出す」必要はありません。けれど、「豊かになっていくなかで失ったもの」＝大切な人のために「自分を捧げる尊さ」は忘れてはいけない。「知覧基地」に行くたび、私はそう思います。私が門下生を連れて知覧に行くのは、いま自分が生かされているという「恩」を感じ、自分を超えて生きるという意味を考えてほしい、本当に大切なものをもう一度思い出してほしいからなのです」135-6頁	『一瞬で人生が変わる恩返しの法則』ソフトバンククリエイティブ、2011
⑩	井上敬一(1975生)＝ホストクラブ「紫苑」オーナー	「その頃〔2009年4月〕僕は、神風特攻隊の出撃地となった知覧に幹部研修で行こうと考えていた。命を大切にして、人のためにこそ生きる、そんな思いを持って散って行った特攻隊の歴史に触れながら、命について、人との関わりについて、考えてほしかったから」163頁 「映画『俺は、君のためにこそ死ににいく』を見たとき、ぼろぼろ泣けた。戦争について、学校で習ったり本で読んだこと以外、大した知識はない。ただ特攻と呼ばれる人たちがいたことくらいは知っていた。この映画を見たとき、人の思い、人の絆、人が人であること、仲間とは、家族とは…をものすごく考えさせられた。知覧に行こう！　少なくとも紫苑の幹部たちには知覧を見てほしい。(略)みんな、出かける前にDVDを見た。全員が泣いて胸が苦しくなったと言う」192頁	『ホストである前に人間やろ!』竹書房、2009
⑪	近藤典彦(1947生)＝会宝産業株式会社代表取締役社長	「愛する人たちのために自分の命を捧げる心は、究極の利他の精神です。私が知覧町を訪ねたのは、特攻隊員の御霊に手を合わせるとともに、その魂を自分の体で感じるためでした。戦時中と現在では時代背景が大きく異なりますが、私は特攻隊員たちの足跡を通じて日本人のDNAに息づく究極の利他の精神を確かめたかったのです」227頁	『エコで世界を元気にする!価値を再生する「静脈産業」の確立を目指して』PHP研究所、2011
⑫	山近義幸(1961生)＝ザメディアジョンCEO・日本ベンチャー大學理事長代行・知覧観光大使	「でも、これもあれも、すべて、【富屋旅館】に通うようになってから、強く強く意識するようになった気もします。当社の経営理念が強化されました。命の尊厳…。慈愛の心…。感謝力…。たくさんのたくさんの、今、世の中が放棄しようとしている"大切なこと"を学べる旅館こそ、この知覧・富屋旅館だと思ったので、超が3つ付くくらいの緊急出版です！」9頁 「私が知覧を知ってから、10年近く経ちました。そうです。それ以前は、実は全く知らなかったのです。知覧を知ってからというもの、毎年10回近く、この場所・富屋旅館に、経営者と若者たちをお連れしています。冷静に数えたら、延べ1000名近くの方をお連れしました。宿泊者が増えたものですから、なんと数年前に富屋旅館「別館」まで建ちました!」76頁	『山近義幸の知覧道』ザメディアジョン・エデュケーショナル、2011
⑬	野々村直通(1951生)＝島根県開星高校野球部監督	「江田島へ行くようになったのは、平成十三年春からです。(略)なぜか江田島に行くようになった年から十年間で春・夏九回甲子園に出場しています。(略)生徒は、私が思った以上に感動してくれ、今まで以上に命の大事さや人間の強さ、感謝の思いを強く持つようになります。若くして散った人がいてくれたおかげで今の自分があることに気付き、「じゃあ、僕はこの人たちのためにも命を大事にしよう」と考えて、より良い人生を送ろうとか、家族を大事にしようと思う」	『祖国と青年』2011.10月号「「江田島研修」から甲子園出場へ生徒たちが教育参考館で学ぶ「日本人の誇り」と「感謝の心」」

番号	事例(肩書きは当時)	抜粋	出典
⑬	野々村直通(1951生)＝島根県開星高校野球部監督	「死ぬときこそ、生きてきた価値が清算されることを知るべきである。江田島合宿で確実に生徒たちは変わっていった。生きていること、生かされていることの荘厳さに気づいていった。彼らの感想は、“感謝”という二文字で埋められていく」201頁 「〔甲子園初勝利の2007年〕このチームには、江田島合宿に加え、夏前には当時封切されていた映画『俺は、君のためにこそ死ににいく』を全員に見せた。(略)痙攣を起こしていた選手がダッシュしている姿を見て、涙で視界が曇った。(略)試合後、マスコミの取材で「なぜ全力で走って行ったのか」という問いに、彼は「心配していたチームメートに安心感を与えたかった」と答えた。そして、こうも語っている。「僕たちは“特攻精神”を学んできました。あのときは『死ぬことを思えば何でもできる』と思ったんです。特攻精神を学んでいなかったら、あそこであれ以上は頑張れませんでした」」205-6頁	『やくざ監督と呼ばれて』白夜書房、2012
		「そこで子供たちが学ぶのは、死です。人間はどうせ死にます。では、どこで死ぬのか。参考館に遺書が納められている彼らは、それがわかっていました。死ぬ場所、死に方、死ぬ価値がわかっていた、考えていた。だから明日死んでいくのに笑えるのです。老衰で死ぬのも、人を殺して死刑囚になって死ぬのも死ですが、自分が、このたった一つの命を捨てて、自分の愛する家族が幸せになる。いい日本が来るっていうのなら、こんな命いつでも捨てますよと言って、彼らは死んでいっているのです。(略)たかが高校野球では、死ぬ気で行ったところで失敗しても、生きているということです。ありがたいじゃないかと。(略)所詮はスポーツだということの、このありがたさ。だから、本当に死ぬくらいの野球をしなさい。それで甲子園へ行けないのだったら、それでいいじゃないかと」59-61頁 「ベースボールと野球の違いは、犠打の精神です。身を挺して、自分は死んでもランナーを一人送る。俺は死んでも仲間が得点してくれる。これは特攻の精神です」63頁	『にっぽん玉砕道』産経新聞出版、2012
		「生徒たちは特攻少年たちの遺書を読み、祖国愛と家族愛の奥深さに心を打たれ、感謝と真心をもって練習に取り組み始めた。死を覚悟した少年たちの神聖な心に触れ、魂をゆさぶられたのだ。命と引きかえの行為を知ったことで、今まで辛いと思っていた練習への見方が変わり、怠け心は恥ずかしいことだと気づいたのだ。言い訳をしたり弱音を吐かなくなったのである。明らかに生き様を変え、腹一杯食べられるいまに感謝しだしたのだ」17-8頁 「そこまで徳島商業打線にスライダーを効果的に使い好投していたエース吉田悟が七回の守りのウォーミングアップの途中、痙攣を起こしマウンドで坐りこんでしまった。(略)一〇分も治療を受けたであろうか、意を決して元気良く再びマウンドに走っていった彼は、残り三イニングをピシャリと三者凡退に切ってとり初勝利を実現してくれた。試合後のインタビューで、「死ぬことを思えば何でもできます。特攻隊の少年の心意気でマウンドに上がり頑張ることができました」と答えている」48頁	『強育論』講談社、2013

番号	事例（肩書きは当時）	抜粋	出典
⑭	永松茂久（1974生）＝株式会社人財育成JAPAN代表取締役・知覧ホタル館特任館長	「仲間を引き連れて念願のたこ焼き屋を始めたはいいものの、まったく上手くいきません。（略）そんな中、行商に行った時に泊まった鹿児島の宿で、ある映画が流れていました。それは高倉健さんが主人公を演じた『ホタル』の再放送でした。ぼんやりその映画を見ながら、いろんなことを考えていたら、ふと、じいちゃんの言った一言を思い出しました。「シゲ、道に迷ったら知覧に行け。必ず何かが見えてくる」」194-5頁 「残りわずかな命の中で自分自身が何のために命を使うのか？ということを考えたときに行き着いた答えが、愛する人を、そして未来を守ることだったのだと思います。僕はこの遺書から、命がけの「フォーユー」の姿を感じました。「後に続く日本の若者たちが」と書いたこの文章を読んだ時、僕の元に一つの「たすき」が来たような気がしました」202頁	『感動の条件』KK ロングセラーズ、2011
		「あなたは、道に迷ったとき、これから先がまったく見えなくなったときに元気をくれる場所はあるだろうか？　方向性を指し示してくれる人はいるだろうか？　そういったパワーキーマン、パワースポットがあると、人は強くなれる。僕にもそういう場所がある。そして、そこで待ってくれている男たちが、いつも僕に勇気と生き方を教えてくれる」16頁 「35歳を過ぎ、全国各地での講演活動が増えていったことをきっかけに、本格的に、知覧のことを伝えさせてもらうようになった。平均して、講演にもらえる時間はだいたい2時間。最後の30〜40分は、「感謝」というテーマで、知覧の特攻隊や、鳥濱トメさんのお話をさせてもらっている」139頁 「人として一番大切な、そのことを教えてくれたかつての先人たちへ、この言葉を伝えてから、また、いまから前を向いて一歩ずつ歩き始めたい。「すばらしい未来をありがとうございました。あなた方のおかげで、僕たちは、いまを幸せに生きています。しっかりとタスキは未来へとつなげていきますので、見守っていてください」」190頁	『人生に迷ったら知覧に行け』きずな出版、2014
⑮	眞鍋政義（1963生）＝全日本女子バレーボール監督	「選手はみな、肩をふるわせて泣いていた。自分といくつも変わらない、あるいは年下の青年たちが、戦争の理不尽さに反論する機会も与えられず、それでも笑顔で旅立ち、日本のために散ったのだ。心に響かないはずはない。今こうして日本が平和で、バレーボールができているのは、そういう痛ましい歴史を経てのものだ。立場は違うが、我々も日の丸をつけている。だからこそ、理屈ではなく、その重みを感じてくれたと思う」164頁	『逆転発想の勝利学』実業之日本社、2012
⑯	坂本光司（1947生）＝法政大学大学院政策創造研究科教授	「私が、ゼミの学生たちを必ず連れて行く場所があります。鹿児島県知覧にある「知覧特攻平和会館」です。（略）平和会館を訪問した夜、私たちは食卓を囲みながら一人ひとり感想を述べ合います。皆が、まるで子どものように泣きじゃくりながら話します。そして、日常のなかで忘れていた大切なことをもう一度確認するのです。そのとき、彼らの心の蓋は綺麗に取り払われています。（略）なぜ、私たちは心を打たれるのでしょうか。それは、私たちも特攻隊員と同じ気持ちをもっているからです。家族への愛情こそ、人生でいちばん大切なものだと思っているからです。そして、その大切なものを失わなければならない特攻隊員の悲哀を思うからです。（略）そのことに気づくことさえできれば、私たちは「利他の心」を取り戻すことができます。そして、この「利他の心」こそが、私たちに「本物の強さ」を与えてくれるのです」201-5頁	『強く生きたいと願う君へ』WAVE出版、2012

番号	事例(肩書きは当時)	抜粋	出典
⑰	クロイワ・ショウ(1979生)＝大学院博士後期課程在学中	「自分以外を守ろうとして死んでいった無数の英霊をぼくは感じた。ちょうど、数ヵ月前、八王子の商工会議所で、元暴走族総長にして現不動産会社エイトのファウンダー、シラヤナギ社長から「クロイワさん、理屈抜きで一度知覧に行ってみてください」と言われてやってきた知覧。(略)特攻隊員の遺した手記につづられていたのは、両親や兄弟、あるいは共同体への思いばかりであった。(略)「死」という人生の重大事を意識した時、掴む何かがある」35-7頁	『出稼げば大富豪　成功が見えた編』KKロングセラーズ、2012
⑱	ひすいこたろう(生年不詳)＝作家、コピーライター、漢字セラピスト	「〔少年飛行兵の教官・藤井一中尉のエピソードを紹介して〕あなたは特攻に行かなくていい地位にいたのに・・・。あなたは、なんのためにその命を自ら投げ出したのですか？(略)ひょっとしたら、未来の日本人のため、僕らのためだったのですか？あなたは、なんのために、この命を使いたいですか？　あなたは、なんのために生きていますか？あなたは、なんのために働いていますか？」140頁	『あした死ぬかもよ？』ディスカヴァー・トゥエンティワン、2012
⑲	佐藤芳直(1958生)＝㈱S・Yワークス代表取締役、経営コンサルタント	「〔知覧特攻平和会館にて〕「可哀想ね、若いのにね」　その言葉を聞いて思わず五人組の少女達に語りかけてしまいました。「君たち、ありがとうございましたって言ってあげるんだよ。可哀想ではないんだよ」　きょとん、として私を見つめる少女たちにこう続けたのです。「あなた方のお陰で私たちは幸せなときを生きています。ありがとうございますってね」(略)私たちがどれほどの思いの涯を生きているのか、否、生かされているのか。どれほどすごい「いま」を受け継いだのか。そのことをきちんと知らなければ、感謝の言葉は生まれません」241-2頁 「未来をつくる勇気、気概は過去への感謝から湧き上がってくるのです。経営の現場でも、教育の現場でも、家のなかでの子育てでも同じことが言えると思います。何を受け継いだのか？何を磨くのか？　何を未来へと手渡すのか？　この三点の問いかけが情熱や活力の源となるのです」243頁	『これからのリーダーに贈る船井幸雄の言葉』中経出版、2012
		「特攻が成功するとの確信に彼らが胸をふくらませた幸せ。それこそが、「自分の生命を『何か』に換えることができたことへの喜び」だったのではないかと思うのだ。その「何か」というのは、愛すべき人を守る礎になれたとの確信。そしてきっと自分の死が未来の日本人の勇気の種に成るだろうとの願いだったのではないか。知覧に来て幾多の魂の声に触れると、素直にそう思える」218頁 「今を生きる私たちは、確かに、特攻隊の人々から「未来」を託されている。彼らにだけではない。長い日本の歴史の中で、おびただしい数の命から、「未来」を託されているのだ。「日本の未来はこんなふうになるのか。ぼくたちも生きたかった未来だね。もしぼくたちの死がその一助になったなら、死んだ甲斐があったよ。ありがとう！」先人たちがそう思ってくれるような「今」をつくる。先人たちの思いを心の一片において「今」を生きる。それが、今この日本に生まれた私たちの使命なのではないだろうか」229頁	『日本はこうして世界から信頼される国となった』プレジデント社、2013

番号	事例(肩書きは当時)	抜粋	出典
⑳	高濱正伸（1959生）＝花まる学習会代表	「講演の折に鹿児島県の「知覧特攻平和会館」を見学しました。（略）もうすぐ旅立つというときに書いた母への手紙を読んで、その圧倒的な迫力に私は泣きました。もちろん、このようなことは二度と繰り返してはいけないという結論自体は間違っていないと思います。でも、ただただ感動したのです。（略）生死の際で心にわき上がるのは、やはり母なのです」190-1頁	『伸び続ける子が育つお母さんの習慣』青春出版社、2012
		「そんな特攻平和会館へ、今度は友人Dが父と息子の二人旅として、訪れたそうです。「帰りは、男二人、無言でした」（略）帰りの道のりは、距離も時間も決して短いものではなかったはずなのですが、男二人、ずっとだまったままだったそうです。しかし、その空間が良かった、とDは教えてくれました。思いを共有している空間。男同士がただただ通じ合っている事が分かる、その時間。それがとても心地よかったと――。二人にとって、かけがえのない時間になったことは、間違いありません」174-5頁	『子どもを伸ばす父親、ダメにする父親』角川oneテーマ21、2013
㉑	岡村佳明（1962生）＝岡むら浪漫代表	「私はスタッフと一緒に「知覧特攻平和会館」に行ったり、ものまねのお店に行ったり、静岡にある超有名ニューハーフ・紅ママのお店「プリシラ」に行ったりします。そこには「高い志」や「本気」があるのです。「やる気を出せ」と言うよりも、「高い志」や「本気」を見せる…。これこそが「間接暗示」なのです」119頁 「〔スタッフの言葉〕岡むら浪漫のスタッフとともに学びに行った、鹿児島の知覧特攻平和会館では衝撃を受けました。（略）生きたくても生きられない時代…。今の世の中とは真逆の時代…。それを考えたら、当たり前のことなんてない。当たり前は当たり前ではないと強く思いました。感謝することの意味を知りました。このときから物を大事にする心、人から何かをして頂いたときに「ありがとう」と思える心、誰かの為にしてあげたいと思える心など…、以前の自分とは違う心ができたように思います」134頁	『看板のない居酒屋』現代書林、2013
㉒	横田英毅（1943生）＝ネッツトヨタ南国株式会社相談役	「このような、魂がほとばしるようなたくさんの遺書を目の当たりにすると、胸が震えます。そして、人生について深く考え、「生きるとは何か？」という関心が湧いてきます。人生の興味が湧けば湧くほど、感謝の気持ちがあふれてきます。今まで自分を育ててくれた人、助けてくれた人、仲よくしてくれた人たち――」137頁 「人はいつか必ず死ぬ。だからこそ、自分の人生を一生懸命に生きなければならない。この大切なことを社員たちに気づいてもらい、やりがいや生きがいを感じてほしい。（略）お遍路研修や知覧特攻平和祈念館の参観はそのための大切な場なのです」138頁	『会社の目的は利益じゃない』あさ出版、2013
㉓	プロ野球・千葉ロッテマリーンズ2軍	「ロッテの2軍ナインが鹿児島県南九州市の「知覧特攻平和会館」を訪問するプランが検討されている。同県薩摩川内市で実施される2軍キャンプで最初の休日となる2月4日にも訪問予定で、林信平球団本部長は「生きる意味や喜びを考えてもらいたい」と意図を説明。05年のシーズン開幕前に当時ロッテに所属していた阪神・西岡も個人的に訪れ、同年の日本一に貢献した」	スポーツニッポン 2013.1.23

番号	事例(肩書きは当時)	抜粋	出典
㉓	プロ野球・千葉ロッテマリーンズ2軍	「ドラフト3位の田村龍弘捕手(18=光星学院)は「特攻隊の方々の家族への強い絆、親への感謝の気持ちが伝わってきました」と感慨深げ。高校時代を青森県で過ごしたことから、東日本大震災を引き合いに出し「好きな野球ができることに感謝して生きていかなくてはいけないとあらためて強く思いました」と話した。翔太内野手(21)も同世代の若者が特攻隊として命を落とした時代に衝撃を受け「好きな野球を職業にしている自分がいかに幸せであるか再認識できました。明日からまた気持ちを入れ直して、1軍に上がるために1日1日を大切に頑張っていきたい」と話した」	日刊スポーツ 2013.2.4
㉔	田沼隆志(1975生)=衆議院議員	「私は、政治の原点は鹿児島の知覧でございまして、知覧の特攻平和会館に行きまして、実物の遺書を読みました。あれにもう魂を撃ち抜かれて、三十歳前後ぐらいだったときに行きまして、国のため、ふるさとのため、家族のために命をささげた、私よりもはるかに若い若者がいたということに大変感動。もう涙がとまらず、逆に、自分は何をやっているんだと、豊かなところで平和で安全な自分が恥ずかしくなって、死なないんだから、死ぬ手前ぐらいまではリスクをとって何かをしなくちゃという思いになりました。それでこの世界にゼロから入りました〔2006年8月、アクセンチュア株式会社を退社〕。御英霊に恥ずかしくない国をつくる、脱自虐史観、これが私の原点です」	衆議院文部科学委員会 2013.3.27会議録
㉕	愛知県A中学校	「このA中学校は昨年10月に注目すべき道徳の公開授業を行っている。対象学年は3年生、資料は「特攻隊」、主題は「生き方」、ねらいは「多くの人々の善意や支えにより、日々の生活や現在の自分があることに感謝し、それにこたえる」とした授業である」 「このように「日本人の強さを感じ」「その中の一人として、生まれてこられた」幸せを実感し、自分に対する誇りと自信が持てるようになった子は、人をいじめたりしないだろう。世に行われている人権教育などという授業よりも、何倍もこの授業はいじめ予防の授業にもなるのではなかろうか」	渡邉毅「こんな道徳授業がある―特攻隊の手記が子供を変えた」『教育再生』2013.4月号 → 『WiLL』2013.7月号に転載
㉖	中山和義(1966生)=心理カウンセラー、ビジネスコンサルタント、NPOテニスネットワーク理事長	「少し成長した子どもに、平和の大切さに気づいてもらいたいのならば、鹿児島の知覧にある知覧特攻平和会館に行くことをお勧めします。(略)生きたくても、日本の将来のために、自らの命を捨てて戦ってくれた特攻隊員の言葉には、もらった命を大切にしなければいけないという願いが感じられます。(略)子どもに、自分がいかに恵まれているかを知り、与えられている幸せに気づいてもらうことで、生き方が違ってきます」181-3頁	『父親業!』きずな出版、2013

番号	事例(肩書きは当時)	抜粋	出典
㉗	東大阪市立花園中学校	「荒れた中学校が特攻隊をテーマにした劇を契機に大きく変わろうとしている。大阪府東大阪市の市立花園中学。現3年生は入学時、髪を染めたり、ピアスをしたりといった生徒が「普通」で、暴力、喫煙など非行が絶えなかった。それが、熱血教師らの指導もあって、バラバラだった学年が劇制作などを通じて一つにまとまり、下級生にも「いい影響」が広がりつつあるのだ」 「「1年のころはツッパリだった生徒も喜んで裏方の仕事をやっていました。どの子も自分が自分が、というのではなく、それぞれの役割を黙々と果たし、学年が一つになっていました。こいつらすごい、と思いましたね」　3年生の影響を受け、他学年も変わりつつある。赤壁英生校長によると、校内ですれ違ってもあいさつどころか、目を合わせようともしなかった生徒たちが「あいさつをするようになりました」。また、以前は委員会活動に生徒が参加することはなく、実質、教師だけで行っていたが、最近は積極的に生徒も参加するようになってきたという」	産経新聞2014.3.10「"荒れた中学"変えた「特攻隊」、非行生徒らは明らかに変わった…3年生210人が演じた「特攻劇」、教師も親も泣いた」
㉘	高知市立南海中学校	「「みんなが素子さんなら、亡くなったお父さんにどんな手紙を書きますか」　特攻隊員の遺書を使った授業で、川村教諭は生徒に、こう問いかけた。自分を生んでくれた親に感謝することは、道徳の基本だ。親の子に対する、無償の愛に気付かせるため、教師はあえて教材に特攻隊員の遺書を選んだ。その効果はあったようだ。授業の冒頭、「親はウザい」「口うるさい」と発言していた生徒たちからは、「家族愛ってすごいんだなと感じた」「強い思いで（自分を）育ててくれていることが分かった」といった感想があがった」	産経新聞2014.7.30「道徳授業　「特攻隊員の遺書」に静まりかえった教室　美化一切なく」
㉙	境川豪章（1962生）＝日本相撲協会境川部屋親方	「先の大戦で、出撃していく特攻兵が家族にあてた手紙が残っていますよね。今それがCDになっていますが、境川部屋では厳しい稽古が終った後に、それを聞かせるのです。皆土俵に座って、シーンとしたなかで聞いているのですが、中にはぽろっと泣いている力士もいます。私は、ここから始めるべきではないかと思います。（略）今の自分の存在のありがたさを思い、そこから周りの人達への感謝、大切にする心が生まれると思います。日本人横綱への道はここからなのではないでしょうか」9頁	舞の海秀平（1968生）＝大相撲解説者、「特別インタビュー大相撲からみる日本」『教育再生』2014.9月号

エピローグ――戦跡が「ある」ということ

山口誠

すべての戦場が、自ずと数多の人々が訪れる戦跡になるわけではない。むしろ戦争が終結すれば、かつての戦闘地や基地や軍事施設は遺棄されたり、忘れ去られたり、あるいは戦後の論理で転用されたりする。最も近い太平洋戦争の戦跡でさえ、戦時そのままの状態が長らく保存されるケースは稀である。たとえば世界的に知られる「ヒロシマ」の原爆ドームも、保存と再開発をめぐる議論を幾度も乗り越えて現在の姿に至っている。

いわば戦跡は、戦後を生きる人々によってかたちづくられる。それは戦争の記憶を想起する人々が特別な意味を託した社会的な場であり、戦争の記憶そのものを再編し伝承するメディアでもある。人為を介さずに自然と生まれ育つ戦跡はなく、また立場の違いを乗り越えて万人が共有できる過去の記憶を客観的かつ中立的に展示する戦跡もない。とくに博物館や記念碑や公園などが整備された戦跡は、複雑な記憶のポリティクスの果てに形成され、多くの人々の思いや財を費やして維持されていく。

戦跡が「ある」こと自体が特殊であり、そこに戦後の人々が「くる」こと自体が稀有であることは、忘れられやすい。

そうして生まれた戦跡では、時を経るごとに記憶を語る人々が失われていき、あるいは訪れる人々が減少するなど、つねに風化という難問を突きつけられていく。本書でもふれたように、たとえば「ナガサキ」の被爆体験を伝える長崎原爆資料館は、その来館者数を一九九〇年代半ばのピーク時から、ほぼ半減させている。沖縄のひめゆり平和祈念資料館や沖縄県平和祈念資料館などでも、同様の減少傾向が経験されている。そしてアジアや太平洋の各地には、戦友会や遺族会が建立した数々の慰霊碑が点在し、その多くが草生して朽ち果てようとしている。

このような「戦争の記憶の退潮」ともいえる大方の傾向とは別に、近年になって来訪者数を増加させる戦跡、さらには戦争をめぐる博物館や展示施設を新たに整備して注目を集める戦跡も、少ないながら存在する。そうした「戦争の記憶の高潮」を経験している珍しい戦跡のひとつが、知覧である。

二一世紀に入ったのちに来訪者数のピークを記録し、その後も書籍や映画やマンガなどのメディアでたびたび語られてきた知覧は、特別攻撃隊（特攻）の記憶をいまに伝える戦跡の代表格として知られている。そうした知覧と特攻をめぐる衆目の高まりは、現代日本における「右傾化」あるいはナショナリズムの高潮の象徴的事例と見なされ、しばしば批判されてきた。しかしそうした「答え」が先にあるような視座からは、本書は距離を置く。そこからは、なぜ特攻の記憶が再活性化しているのか、なぜ知覧が特攻の戦跡の代表格と目され来訪者を増やしているのか、その現象の核心が見えてこないからである。

そのため本書では、知覧が戦跡として創られていく歴史過程を一次資料をもとに分析し、あわせてほかの特攻戦跡の成り立ちやメディアでの語られ方を実証的に分析することで、知覧のまちが戦跡としての「知覧」になる道筋とその語りの力学を解明することを目指した。

そもそも戦跡として知覧が歩んできた道は、決して一本道ではなかった。本書の第一部に収められた各章が示すように、自らが特攻兵士ではなかった知覧の住民にとって、特攻の記憶は外部からやってきた「他者の記憶」であり、自らの体験として語り継ぐには心的にも物理的にも隔たりがあった。彼らが特攻の記憶に「感情移入」する回路を見出し、最初の展示施設を自らの手で建造したのは、太平洋戦争の終結から三〇年あまり経た一九七〇年代だった。そうして知覧が特攻の戦跡として自己表象する道を歩み始めた時、知覧に固有の戦争体験者であり語り部である鳥濱トメの存在は、決定的に重要な役割を果たした。やがて同氏が物故し、さらに特攻基地の記憶を持つ人々を失っていった知覧では、複数の特攻の記憶がせめぎ合い、「語り」の真正性をめぐる新たな動きが生じている。

こうして本書の第一部では、知覧が「知覧」になっていく過程を内在的に通時分析した。これに対し第二部では、知覧の外部から「知覧」を捉え、その記憶の語りの力学を比較分析した。そして第三部では、さまざまなメディアを通じて特攻の記憶が語り返されていく結果、知覧という地理的存在を超えた独自の意味と価値を「知覧」が獲得していく（あるいは失っていく）過程を考察した。

そうして本書が試みたのは、特攻の記憶を語り継ぐ代表的な戦跡として「知覧」が生成した過程を明らかにすることであり、その「知覧」から見えてくる現代日本社会における戦争の記憶のポリティクスを考察することである。プロローグで提起した「問いの設定」に立ち返れば、いつ、どのようにして知覧は「知覧」になったのだろうか、それはいかなる社会的な力学を映し出しているのだろうか、ということができる。その答えは本文で詳述したが、議論の不十分や事実の誤認などについてお読み下さった方々からご批判やご教示を頂戴できれば幸いである。

なお本書は、福間良明が主宰する「戦跡研究会」の共同研究から生まれた成果である。戦争の記憶をめぐる歴史社会学に取り組み、数多くの著作を発表してきた福間は、二〇〇八年から「戦争体験の比較メディア論」研究会を開き、翌〇九年には科学研究費補助金を受けて、多くの研究者が参加する共同研究の基盤を整えてきた。その成果の一つに、共著『複数の「ヒロシマ」』（青弓社、二〇一二年）がある。被爆地「ヒロシマ」の生成過程を分析し、現在の「ヒロシマ」が複数の可能態から選びとられていった果てにかたちづくられたことを論じた同書は、本書の問いの原型でもある。

同研究会は二〇一二年に新たなメンバーを迎え、また福間を研究代表者とする科学研究費補助費（基盤研究（B）「戦跡の歴史社会学——地域の記憶とツーリズムの相互作用をめぐる比較メディア史的研究」・研究課題番号二四三三〇一六六）を再び受けることができたため、さまざまな国内外の戦跡を歴史社会学の視座から分析する「戦跡研究会」として再スタートした。当初は「一名一戦跡（メンバーが別々の戦跡を担当）」の予定だったが、最初の会合で福間が独り訪れた知覧について数時間にわたる調査報告を行い、現地で収集した資料の束を見せられた結果、研究会のメンバーは知覧を訪れることを強く望んだ。そして知覧では数々の出会いに恵まれ、「ヒロシマ」とは異なる「知覧」の軌跡に多くのことを学ぶことができた。研究会は知覧合宿を恒例行事とし、さらに新たなメンバーを迎えて、この独特な歴史を有する特攻の戦跡と全員で向き合うことを選択した。

この間、福間は単独でも知覧調査を重ね、郷土資料や町議会の議事録などを丹念に収集して研究会のメンバーに提供していった。また彼と研究会メンバーはそれぞれ戦争社会学研究会、Asian Studies Conference Japan などで研究発表する機会を獲得し、多くの専門家から批判や助言を頂戴する機会を得た。やがて研究会は関西と関東に一〇名のメンバーを擁する大所帯となり、本書を執筆する頃には毎月のように集まり、朝から晩まで議論する会合を重ねた。

そうした福間研究会の「大変さ」にも屈せず、二〇一三年末頃から順次研究会に合流した高井昌吏、白戸健一郎、松永智子、佐藤彰宣は、限られた時間ながら独自のスタンスから調査と執筆に尽力した。そのおかげで万世《ばんせい》や鹿屋《かのや》、戦記ブームなどに本書の議論を広げることができ、またジェンダーの観点から鳥濱トメの軌跡を分析するという不可欠な課題に取り組むことができた。そして「一名一戦跡」のつもりで集まった当初のメンバーも、知覧をめぐるチーム・プレーに徹して、分担したテーマをそれぞれの視角から追求した。

一つのフィールドを一〇人の研究者が分担協力して執筆する共著には特有の難しさがあったが、しかし学ぶことも実に多かった。このように本書は福間良明が数年にわたって組織してきた共同研究の成果であるが、各章の議論の責任は各執筆者に帰すことを記しておきたい。

そして本書は、多くの方々のご協力により上梓することができた。すべての方のお名前を挙げることはできないが、知覧特攻平和会館、南九州市役所、南九州市立知覧図書館、ミュージアム知覧、ホタル館富屋食堂、富屋旅館、豊玉姫神社（南九州市）、万世特攻平和祈念館、南さつま市役所、鹿屋航空基地史料館、鹿屋市役所、戦争を風化させない高須町民の会、鹿児島県立図書館のみなさまに、心からの感謝を申し上げたい。

さらには研究会の目指すところを深く理解し、本書の刊行を快諾してくださった山崎孝泰さんと柏書房のみなさまにお礼を記したい。ほんとうにありがとうございました。

最後に、万世特攻平和祈念館の設立に大きな役割を果たした苗村七郎氏が、二〇一二年一一月に物故されたことを調査中に知った。そして本書の校正作業を開始した二〇一五年四月、知覧特攻平和会館の展示品を全国の遺族から託され、初代館長を務めた板津忠正氏が他界されたという報に接した。文字どおり生涯をかけて特攻の記憶を語り継ぎ、二つの戦跡の礎を築いた両氏のご冥福をお祈りするとともに、長らく危惧されてきた未体験の段階に太平洋戦争の戦跡が到達しつつあることを実感させられた。

それは、戦争体験者と戦争体験者のあいだの「記憶の共有」を第一段階、戦争体験者と非体験者のあいだの「記憶の継承」を第二段階とすれば、戦争の非体験者と同じく非体験者のあいだで行われる「記憶の復元」を基調とする、戦争の記憶の第三段階にいよいよ本格的に入ったことを意味している。プロローグでも記したとおり、今後、あらゆる戦跡は「他者の語り」や「レプリカ」への依存を高めざるをえないだろう。

そうした「記憶の復元」は、一方で「記憶の共有」や「記憶の継承」よりも嘘臭さや説得力の乏しさを伴いやすく、記憶の風化という難問と向き合うには頼りないかもしれない。だが他方では知覚の――より精確には「知覧」のケースが示すように、「記憶の復元」は時に独自の真正性と説得力を調達し、新たな戦跡の想像力をかたちづくって、戦争の記憶を語ることの新たな価値を生み出すこともある。たとえば本書の第一〇章で井上義和が分析した「活入れ」と「知覧」の出会いは、「記憶の復元」の時代に現れた新たな戦跡の道筋を示しているように考えられる。それを「右傾化」と名指したり「戦争の記憶を語っていない」と批判することはたやすく、そして問題の本質を見えなくさせるだろう。

本書の筆者たちが知覧から学んだことは、戦跡における「記憶の復元」の時代が到来し、多くの戦跡で「知覧化」が進行しつつあるいま、安易な批判や実証的な考察を伴わない印象論を避け、戦跡というメディアに映る現代社会の在り方を真摯に見定めることである。そうして事態の核心を観ることができれば、それに対処することも可能になる、とわれわれは考える。

二〇一五年四月

内面の技術対象化　383,385,399
長崎原爆資料館　33,138
なつかしの歌声　119
懐メロブーム　119
なでしこ会　13,102,109,125,128
なでしこ隊　142
日中戦争　68
日本軍慰安婦歴史館　251
日本顕彰会長表彰　114
ニューギニア　61
『人間魚雷回天』　79
人間魚雷回天　103

は

母もの映画ブーム　133
母もの歌謡曲　103
隼　10,165
『波瀾万丈の女たち』　342
万世　103
万世特攻平和祈念館　137,181
万世飛行場　140
万朶隊　48
「非核平和宣言自治体」運動　93
被爆者　102
ひめゆりの塔　113
ひめゆり部隊　102
複製　58
複製技術時代の観光　165
『複製技術時代の芸術』　166
複製品（レプリカ）　165
武家屋敷　13
平和　161
平和教育　103,128,129
平和の礎　266
平和の島プロジェクト　369,387
平和を語り継ぐ町　128
報道班員　46
星の流れに　133
母性　103,104,111,114,118,124,130
『ホタル』　10,130,141,242,359,374
「ホタル」　142
『ホタル帰る』　130,142
ホタル館富屋食堂　104,130,132,146,274,367,372,373

ま

『毎日新報』　246
まちづくり特別対策事業　92
『丸』　24,285,286,288-292,294-310,312-320,322
『未帰還兵の母』　112
ミリタリー的教養　24,301,309,310,312,314
民族問題研究所　270
名誉町民　114,129
メディアミックス　112
模造　56

や

靖国神社　53,266,360,375,381,385,399,400
靖国の母　113
靖国問題　10
勇士の顕彰碑　128

ら

陸軍　68
陸軍少年飛行兵　43
『陸軍特別攻撃隊』　47
陸軍特別操縦見習士官　43,245
陸軍特攻第二一三振武隊　124
ルソン　48
レイテ　48,61
歴史教科書問題　10
歴史認識の脱文脈化　381-383,385
レビューサイト　162
レプリカ　10,162,165
連合艦隊　57
浪曲　111,112,119,120,122,134
浪曲協会　120
ロケーション　172

わ

わかりやすい戦跡　171

GHQ　36
ジェンダー　13
自己啓発　358,359,361-363,367,369,372,373,383-385,392,401
『実録　神風特別攻撃隊　完全版』　323
じゃらん net　163
『週刊朝日』　44,109
『週刊少年マガジン』　299
『週刊文春』　301
受験戦争　122
『出撃』　47,109
純粋贈与　380,390
証言活動　147
招魂社　38
少飛会　43
心情倫理　133
真正性　101-104,106,108,111,118,119,124,125,127,128,130-132,136
神聖性　131,132
素顔　159,387-389
聖域化　50
責任倫理　133
零式艦上戦闘機　191
零戦　56
戦記ブーム　11,291
戦記マンガ　345
戦後五〇年論争　10
『「戦争体験」の戦後史——世代・教養・イデオロギー』　176
戦争の記憶　359,362,374,386
『戦争論』　383,399
戦中派　44,362,379
戦没者慰霊追悼式　117
戦友会　12,43
祖国　378,381,384
西大門刑務所歴史館　251
『空のかなたに』　143
『空よ海よ息子たちよ』　10,74

た

大学進学率　122
第六航空軍　36,57
竹書房　323,340
大刀洗陸軍飛行学校　33,124
脱文脈化　159
茶業　54
朝鮮国防航空団　245
朝鮮人特攻隊員　242
朝鮮人 BC 級戦犯　252
朝鮮総督府　243
『町報ちらん』　106,108,114,115,117
『知覧』　44,109,143
知覧高女なでしこ会　48,80
知覧高等女学校　13,49,68
知覧巡礼の勧め　359,385,393
知覧茶屋　147
知覧町（当時）　142
知覧町護国神社　38
知覧特攻慰霊顕彰会　52,55,263,264
知覧特攻基地戦没者追悼式　260
知覧特攻平和会館　33,104,121,124,127-130,137,182,363,365,367,371,372,392,400
『知覧文化』　109,110,129
追悼式　116
創られた伝統　123,134
テイチクレコード　112,115,119
テレビ黄金時代　112,119
テレビ東京　119
特操会　43
独立記念館　251
とこしえに　50,121
『TOKKO——特攻』　396
特攻遺品館　50,114,121,122,124,127
特攻慰霊祭　118
特攻映画　158
特攻観音堂　104-108,111,115,132,133
特攻基地戦没者　116
『特攻基地知覧』　44,109
特攻くずれ　125,154
特攻作戦開始時の軍令部総長　36
特攻戦没者追悼式　109,114
特攻の母　113
特攻の母像　128
特攻平和慰霊祭　121
特攻平和観音堂　36
富屋食堂　13,104,105,146
富屋旅館　104,130-132,367,368
豊玉姫神社　39
トリップアドバイザー（TripAdvisor）　162

な

内鮮一体　243

事項索引

あ

『あゝ決戦航空隊』 12
『あゝ同期の桜』 12,78
『あゝ予科練』 12
『愛と誓ひ』 249
アウラ 166,167
新しい歴史教科書をつくる会 256
アメリカ同時多発テロ（9・11） 145
アリランの鎮魂歌碑 265
遺影 148
硫黄島 61
遺志 379,388,389,392
遺志の継承 386,388,389,392
遺書 105,148,361,364,370,371,382,384,385,387-389,391,392,400
『遺族』 46
遺族 59
114,121,122,124,127
慰霊祭 50
インパール 48
潮書房 298,307,319
右傾化 375,378,381,384
『永遠の0』 286,374,382
英霊 381,392,399
掩護隊 153
負い目 379,380,390,391
大きな状況 160
小川宏ショー 110
沖縄 61
沖縄県平和祈念資料館 33
オーディエンス 160
『俺は、君のためにこそ死ににいく』 10,165,366,374,396

か

海軍 57
海軍史観 307
海上自衛隊鹿屋航空基地史料館 137,182,209
「花王 愛の劇場」 112
科学航空大博覧会 217
鹿児島県特操会 260
鹿児島県民表彰 114
貸本マンガ 345
貸本屋 345
『風立ちぬ』 286
過疎化 54
語られる存在 129,131
語り部 102-104,111,124,126-132,147
活入れ 360-364,373-375,380,381,383-386,390-392,394
鹿屋 102
カミカゼ 145
観光 103,121,122,128,131,132
感想ノート 162
岸壁の母 111-113,115-121,123,133,134
記憶 132
帰郷祈念碑 265
『きけわだつみのこえ』 36,150
木佐貫原 40
基地の母 113,115-117
教育ママ 123
教育ママ批判 122
共有的価値 169
教養主義 309
キングレコード 111
勤労動員 58
九段の母 116
『雲ながるる果てに』 12,36
軍恩連 59
軍歌 44
軍事郵便 149
軍神 150
劇画 348
検閲 148
後期近代論 383
皇国臣民 243
紅白歌合戦 112,114
皇民化政策 244
個人化 160
固有性 61
コンビニマンガ 324

さ

再帰的アウラ 169
薩摩おごじょ 125-127
三角兵舎 166
サンフランシスコ講和条約 36

光山稔　252,260,262,263
水口紀勢子　133
南次郎　243
峰苫敬二　40
三益愛子　133
宮生金弥　346
宮川三郎　110,111,143,144,151,152,155,
156,273,334
三好達治　334
武者小路実篤　232
村上兵衛　312
本橋英治　123
森岡清美　9,379,400

や

安田武　312
安延多計夫　289,290
柳田國男　378
柳田謙十郎　311
山岡荘八　231,232
山口優行　186
山下ソヨ　103,185
山下肇　311
山田洋次　46,64
山近義幸　367,368,393,395
結城尚弼　278
柳寛順　277
葉剣英　326,327
横井恵一　361
横田英毅　365
吉田松陰　398
吉田満　379
吉田裕　63,307,319
吉永小百合　74
吉峯喜八郎　184
吉峯良二　191
與那覇潤　399

ら

レーガン, ロナルド　77

わ

渡辺美佐子　74

鳥居亮幸　201
鳥濱明久　130-132,146-153,159,161,165,372,373,396
鳥濱トメ　13-16,22,23,26,46,65,84-86,94,101-113-119,124,132,142-144,146,148,149,152,154,156,157,162,163,165,172,173,189,216,233,241,262,263,266,273,367,368,373,387,389,415,417
鳥濱初代　131,132,367,368,372,373,393
鳥濱美阿子　146

な

内記稔夫　347,349
内藤一郎　295
苗村七郎　18,23,176,184-188,190-194,197-199,202-206,239,417
永井優子　182,183
中沢啓治　355
中島徳博　329
永田良吉　214,215,217,218,220,237,240
中津留達雄　334,340
永松茂久　58,357,359,361,362,367,371,372,374,377,389,397
中村玉緒　112
中村文昭　360,362
中山和義　376
成田龍一　294
南波健二　347
二階堂進　227
西岡剛　360,363,376
西田一見　369,370,372
西田文郎　365,369,376,377
新田豊蔵　153
塗木早美　83,86,96,262
野木香里　278
野沢正　286
野添博志　73
盧天命　247
野々村直通　364
野村克則　360,363,373
野村沙知代　373,374,376,397

は

朴正熙　251
朴東勳　278,281
朴炳植　260
迫睦子　232,233
端野いせ　112,116-118
長谷邦夫　348
花村えい子　331,332,355
羽仁五郎　150
浜田あきら　346
浜野健三郎　321
羽牟慶太郎　36-38
林信平　395
林房雄　320
春田ハナ　102
バロン吉元　328,329
日高文子　129
肥田眞幸　221,225
ヒモトタロウ　346
百田尚樹　5
平木場操　40
平林泰三　376
平山郁夫　227
藤井一　334,340
藤原弘達　20
二葉百合子　111-114,116,118-121,123,134
降旗康男　141,253-255
裵姈美　275,278
ベンヤミン，ヴァルター　166,167,169
保阪正康　183
堀越二郎　295,308
洪鍾佖　266,267
本坊輝雄　200

ま

舞の海秀平　364
前田末男　260,262,263,280
前田多恵子　198
牧野智和　383
松井秀雄　246
松井秀喜　363,376
松尾しより　343
松本零士　357
眞鍋政義　363
丸山邦男　312
丸山眞男　312
三浦友和　74
三島幸作　346
三島由紀夫　379
水谷青吾　326,327
光山文博　143,242

木村源三郎　295
清武英利　184
キルユンヒョン　279
工藤雪枝　377,401
国安昇　291
倉形桃代　280
クロイワ・ショウ　360,377
黒田福美　265-269,271
薫田真広　363
小池一夫　327,328
小泉純一郎　139,140,141,333,376
小泉純也　140,184,205
小泉又次郎　140
豪栄道　364
神坂次郎　65
古城武司　327,328
小林よしのり　381-383
小松左京　305
近藤淳　379
近藤典彦　377

さ

斉藤武文　302
佐伯啓思　379,391
境川豪章　364
坂田謙司　310
坂本光司　376
坂元政則　115
笹川良一　88
佐竹裕次郎　98
佐藤早苗　14,315
佐藤秀峰　387
佐藤忠男　78,254
佐藤芳直　370,371,377
里中満智子　329,341,342
実松譲　307
沙飛　201
鮫島三郎　186
鮫島純也　139
サンティ，ラファエロ　334
柴田信也　43
清水秀治　64
志村喬　249
霜出勘平　268,395
シュトラウス，リヒャルト・ゲオルク　334
聶栄臻　201
白柳雅文　360,393
末次信正　214
菅原道大　6,36,43,62,73,81,107,108,133,317
杉山幸照　239
鈴木善幸　77
関行男　228,334
想田和弘　382
徐廷柱　247

た

高木俊朗　10,20,21,44,46-50,63-65,74,77,81,83,94,106-109,118,122,133,143,149,155-157,189,190,231,233,280,296,297
高城肇　298-300,319
高倉健　130,141,142,242,253-255
高田稔　249
高橋慶彦　360
高村光太郎　334
滝川政次郎　321
滝沢英輔　47
滝本恵之助　144,151,152,154,156,168,175
卓庚鉉　242,243,252,254,260,262,263,265,269,270-273,278,280,282
卓成洙　263
竹内洋　309
竹下登　191
竹島春吉　72
立原あゆみ　330
辰巳ヨシヒロ　348
田中収　123
田中裕子　141
谷川隆夫　291
田沼隆志　376
田村龍弘　363
崔寅奎　249
智恵子　334,336
周永福　279
円谷英二　311
坪内敏雄　88,89
鶴田浩二　12
鶴見俊輔　321
デューク・エイセス　12
デュルケム，エミール　394
寺岡謹平　295
東條英機　270
富永恭次　49

人名索引

あ

相澤輝彦　199
青木中　71
赤崎好春　70
赤羽礼子　14,105,110,125,130,142,143,146-148,152,156,157,175,241,266
阿川弘之　307
東家浦太郎　120,123,134
穴沢利夫　334,336,355
安倍晋三　378,381
阿部信弘　247
阿部信行　247
阿部光子　247,248
安倍能成　232
安昌男　245,276
飯野武夫　40,46,47,70
井岡芳次　299
石井宏　14,130,142,143,175,241
石坂浩二　75
石原慎太郎　6,101-103,129,146,242
李秀賢　255,279
李舜臣　277
李盛大　255
板津忠正　18,104,124-128,417
市原悦子　112
伊藤公雄　319
伊藤朋久　346
稲田光男　153
井上敬一　366,374,377
李香哲　275,278
今井正　249
今井雅之　397
今田義基　198
今村仁司　380
李ヨンジン　278
岩下博美　334
印在雄　246-249,252
林長守　249
上野哲郎　200,201
上野己吉　55
ウェーバー・マックス　133
上原良司　149,168,176
上松志朗　221,237
宇垣纏　228
宇佐美和徳　355
上前義彦　221
江藤勇　265
江藤淳　378
遠藤三郎　73
及川古志郎　36
大河正明　278
大木実　334
大西瀧次郎　229
大貫恵美子　9
大森健次郎　112
大宅壮一　311
岡野紘子　91
岡村佳明　365,376
小川榮太郎　388,389
小川宏　110
尾崎雅敏　302
おしげさ　103
小幡晋　238

か

貝塚茂樹　401
貝塚ひろし　329
片岡都美　400
勝野洋　74
勝力和太　72
加藤典洋　382
加藤隼　339
金子節子　343
金丸三郎　81
狩野芳崖　334
賀屋興宣　120,121,134
川端康成　231,232
河辺正三　6,36,38,43,107
菊地章子　65
菊池章子　112-118,121,133
木佐貫洋　363,376
北尾洋二　369
北原照久　376
木下惠介　74,77
木原幸雄　114
金尚弼　259,260,278
金尚烈　259,260,263
金信哉　249

［著者］ ＊50音順、編者は別掲

井上義和（いのうえ・よしかず）
1973年、長野県生まれ。京都大学大学院教育学研究科博士後期課程退学。現在、帝京大学総合教育センター准教授。専攻は教育社会学・歴史社会学。主著に『日本主義と東京大学――昭和期学生思想運動の系譜』（柏書房、2008年）、共編著『ラーニング・アロン――通信教育のメディア学』（新曜社、2008年）、「大学構成員としての学生――「学生参加」の歴史社会学的考察」広田照幸他編『組織としての大学』（岩波書店、2013年）など。

権 学俊（くぉん・はくじゅん）
1972年、韓国生まれ。横浜市立大学大学院国際文化研究科博士課程修了。博士（学術）。現在、立命館大学産業社会学部准教授。専攻は現代日本社会論・スポーツ史。主著に「近現代日本社会における天皇制とスポーツに関する一考察」『日本研究』（21号、2014年）、「戦時下植民地朝鮮における身体管理と規律化に関する一考察」有賀郁敏・山下高行編『現代スポーツ論の射程――歴史・理論・科学』（文理閣、2011年）、『国民体育大会の研究――ナショナリズムとスポーツ・イベント』（青木書店、2006年）など。

佐藤彰宣（さとう・あきのぶ）
1989年、兵庫県生まれ。立命館大学大学院社会学研究科博士前期課程修了。現在、同大学院博士後期課程に在籍。専攻はメディア史。主要論文に「『読むスポーツ』文化の変容――サッカー雑誌の戦後メディア史」（修士論文、2014年）。

白戸健一郎（しらと・けんいちろう）
1981年、北海道生まれ。京都大学大学院教育学研究科修了。博士（教育学）。現在、筑波大学人文社会系助教。専攻はメディア史・歴史社会学。主著に「満洲電信電話株式会社の多言語放送政策」『マス・コミュニケーション研究』（82号、2013年）、「電信―電波―電視のメディア文化政策」佐藤卓己・柴内康文・渡辺靖編『ソフトパワーのメディア文化政策』（新曜社、2012年）、「近藤春雄におけるメディア文化政策論の展開」『教育史フォーラム』（5号、2010年）など。

高井昌吏（たかい・まさし）
1972年、兵庫県生まれ。関西大学大学院社会学研究科博士課程修了。博士（社会学）。現在、桃山学院大学社会学部准教授。専攻はメディア論・文化社会学。主著に編著『「反戦」と「好戦」のポピュラー・カルチャー――メディア／ジェンダー／ツーリズム』（人文書院、2011年）、共編著『メディア文化を社会学する――歴史・ジェンダー・ナショナリティ』（世界思想社、2009年）、『女子マネージャーの誕生とメディア――スポーツ文化におけるジェンダー形成』（ミネルヴァ書房、2005年）など。

松永智子（まつなが・ともこ）
1985年、福岡県生まれ。京都大学大学院教育学研究科博士課程修了。博士（教育学）。現在、東京経済大学コミュニケーション学部専任講師。専攻はメディア史。主著に「『ニューズウィーク日本版』――論壇は国際化の夢を見る」竹内洋・佐藤卓己・稲垣恭子編『日本の論壇雑誌』（創元社、2014年）、「出版メディアにおける『武士道』と『1Q84』のあいだ」佐藤卓己・渡辺靖・柴内康文編『ソフト・パワーのメディア文化政策』（新曜社、2012年）、「英字紙読者の声――ジャパン・タイムスと浅間丸事件（1940年）」『マス・コミュニケーション研究』（81号、2012年）など。

山本昭宏（やまもと・あきひろ）
1984年、奈良県生まれ。京都大学大学院文学研究科博士課程修了。博士（文学）。現在、神戸市外国語大学専任講師。専攻は文化史・歴史社会学。著書に『核と日本人――ヒロシマ・ゴジラ・フクシマ』（中公新書、2015年）、『核エネルギー言説の戦後史 1945-1960――「被爆の記憶」と「原子力の夢」』（人文書院、2012年）。論文に「「祈り」と「怒り」の広島――原爆孤児救護運動とサークル運動を中心に」『史林』（第98巻第1号、2015年1月）など。

吉村和真（よしむら・かずま）
1971年、福岡県生まれ。立命館大学大学院文学研究科博士後期課程退学。現在、京都精華大学マンガ学部教授。専攻は思想史・マンガ研究。主著に「「鉄腕アトム」に込められた手塚治虫の思想――〈宇宙人〉を迎えるために」『慶應義塾大学アート・センター Booklet』（20号、2012年）。共著『差別と向き合うマンガたち』（臨川書店、2007年）、編著『「はだしのゲン」がいた風景――マンガ・戦争・記憶』（梓出版社、2006年）など。

［編者］

福間良明（ふくま・よしあき）

1969年、熊本県生まれ。京都大学大学院人間・環境学研究科博士課程修了。博士（人間・環境学）。現在、立命館大学産業社会学部教授。専攻はメディア史・歴史社会学。主著に『二・二六事件の幻影――戦後大衆文化とファシズムへの欲望』（筑摩書房、2013年）、『焦土の記憶――沖縄・広島・長崎に映る戦後』（新曜社、2011年）、『「戦争体験」の戦後史――世代・教養・イデオロギー』（中公新書、2009年）など。

山口 誠（やまぐち・まこと）

1973年、東京都生まれ。東京大学大学院人文社会系研究科博士課程修了。博士（社会情報学）。現在、獨協大学外国語学部教授。専攻はメディア研究、観光研究、歴史社会学。主著に『ニッポンの海外旅行――若者と観光メディアの50年史』（ちくま新書、2010年）、『グアムと日本人――戦争を埋立てた楽園』（岩波新書、2007年）、共編著に『複数の「ヒロシマ」――記憶の戦後史とメディアの力学』（青弓社、2012年）など。

「知覧《ちらん》」の誕生《たんじょう》
――特攻の記憶はいかに創られてきたのか

二〇一五年六月二五日　第一刷発行

編者　福間良明・山口 誠
発行者　富澤凡子
発行所　柏書房株式会社
東京都文京区本郷二―一五―一三
（〒一一三-〇〇三三）
電話　〇三（三八三〇）一八九一［営業］
〇三（三八三〇）一八九四［編集］
装丁　山田英春
DTP　二神さやか
印刷　壮光舎印刷株式会社
製本　小高製本工業株式会社

ISBN978-4-7601-4610-9